Grundthemen Philosophie

Herausgegeben von
Dieter Birnbacher
Pirmin Stekeler-Weithofer
Holm Tetens

Thomas Hoffmann
Das Gute

Thomas Hoffmann

Das Gute

—

DE GRUYTER

ISBN 978-3-11-035531-4
e-ISBN 978-3-11-036387-6

Library of Congress Cataloging-in-Publication Data
A CIP catalog record for this book has been applied for at the Library of Congress.

Bibliografische Information der Deutschen Nationalbibliothek
Die Deutsche Nationalbibliothek verzeichnet diese Publikation in der Deutschen
Nationalbibliografie; detaillierte bibliografische Daten sind im Internet
über http://dnb.d-nb.de abrufbar.

© 2014 Walter de Gruyter GmbH & Co. KG, Berlin/Boston
Einbandabbildung: Martin Zech
Satz: fidus Publikations-Service GmbH, Nördlingen
Druck und Bindung: Hubert & Co. GmbH & Co. KG, Göttingen
Printed on acid-free paper
Printed in Germany

MIX
Papier aus verantwor-
tungsvollen Quellen
FSC
www.fsc.org
FSC® C016439

www.degruyter.com

Nam illud quod primo cadit in apprehensione, est ens, cuius intellectus includitur in omnibus quaecumque quis apprehendit.

THOMAS VON AQUIN

Was wir liefern, sind eigentlich Bemerkungen zur Naturgeschichte des Menschen; aber nicht kuriose Beiträge, sondern Feststellungen, an denen niemand gezweifelt hat, und die dem Bemerktwerden nur entgehen, weil sie ständig vor unsern Augen sind.

LUDWIG WITTGENSTEIN

I do not know what could be meant by saying that it was someone's duty to do something, unless there was an attempt to show why it mattered if this sort of thing was not done.

PHILIPPA FOOT

In fact I'm talking about the human race
You're trying to cover up the big disgrace
I said yeah yeah yeah
Oh, C'mon C'mon C'mon

JOHNNY THUNDERS

Inhalt

1 Einleitung

1. Im Laufe der Moderne sind sowohl in der Philosophie als auch im Alltagsverständnis vier Grundgedanken immer dominanter geworden, die unsere Vorstellungen der praktischen Vernunft, der Ethik und der Moral geprägt haben. Diese vier Grundgedanken wurden im 20. Jahrhundert, einzeln oder miteinander kombiniert, in teils sehr unterschiedlichen philosophischen Ansätzen mal mehr und mal weniger aus- und nachdrücklich vertreten. Wollten wir diesen Grundgedanken Namen geben, so könnten wir sie mit folgenden Ismen versehen: „metaethischer Nonkognitivismus", „rationaler Instrumentalismus", „ethischer Subjektivismus" und „moralischer Intersubjektivismus".

Diese vier Grundgedanken erzeugen jeder für sich, aber insbesondere alle zusammen, ein bestimmtes Bild von der Rolle, die Vernunft, Ethik und Moral in unserem Leben spielen. Dieses Bild gibt uns philosophische Rätsel auf, die scheinbar nach wie vor ihrer Lösung harren und daher den modernen Moralphilosophen auch beständig Stoff für neue Diskussionen liefern. Denn es scheint nach wie vor strittig, wie sich im Allgemeinen bestimmen lässt, was gut und richtig ist und warum man überhaupt Gutes beabsichtigen und richtig handeln sollte. Wollten wir uns an den etwas sperrigen Titel von Friedrich Schillers Jenaer Antrittsvorlesung anlehnen, könnten wir sagen, dass die moderne Moralphilosophie nach wie vor eine Antwort auf die Frage sucht: Was heißt es und aus welchem Grunde sollte man danach streben, gut zu sein?

Im Folgenden will ich keineswegs den insolenten Versuch wagen, diese Frage erschöpfend zu beantworten. Stattdessen möchte ich vielmehr einen Vorschlag machen, der einige Rätsel der modernen Moralphilosophie nicht löst, sondern nach Möglichkeit auflöst.[1] Letzteres soll dadurch erreicht werden, dass die Skizze eines anderen Bilds an eben jene Stelle gesetzt wird, die noch immer von dem etablierten Bild der modernen Moralphilosophie in Beschlag genommen wird. Die Skizze des neuen Bilds soll allerdings nicht dazu dienen, bessere Darstellungen dessen zu liefern, was ohnehin schon auf dem alten Bild zu sehen ist. Anders als in jenem etablierten Bild der modernen Moralphilosophie, das uns nach wie vor gefangen hält, sollen Ethik und Moral nicht länger nonkognitivistisch, instrumentalistisch, subjektivistisch und intersubjektivistisch schimmern. Vielmehr sollen sie in einem anderen Licht erscheinen: in einem anti-anti-realistischen Licht, das sie in natürlicher Objektivität erstrahlen lässt.

Die mit diesem Unterfangen verbundene Hoffnung besteht darin, dass wir davor bewahrt werden, philosophische Rätsel dort zu sehen, wo es keine gibt. Sehen wir nämlich keine Rätsel, so drängt uns auch nichts zu ihrer Lösung. Und das kann in der Philosophie von Vorteil sein. Denn nur allzu oft führt uns die philosophische Krankheit, erklären zu wollen, zu philosophischen Lösungen, die ihre Rätsel erst hervorbringen.[2]

2. Fügt man die vier genannten Grundgedanken der modernen Moralphilosophie, die heutzutage nahezu selbstverständlich erscheinen, zusammen, so ergibt sich ein Bild von Ethik und Moral, das mindestens ebenso selbstverständlich und fraglos zu gelten scheint, wie seine einzelnen Komponenten. Obgleich seine Geltung scheinbar kaum hinterfragt werden kann, ist es jedoch zugleich eigentümlich nebulös und schwer zu fassen. Das liegt daran, dass es ein dominantes Bild ist und keine einzelne Theorie. Es ist das, was viele und *en detail* womöglich auch recht unterschiedliche Theorien verbindet. Nicht jede einzelne Theorie, die im Zuge der modernen Moralphilosophie präsentiert wurde, enthält daher notwendig alle vier genannten Grundgedanken als explizite Komponenten – auch dann nicht, wenn sie zweifelsohne dazu beiträgt, das dominante Bild zu erzeugen. Die einzelnen Theorien, die sich zu einem Bild fügen, stehen vielmehr im Verhältnis der „Familienähnlichkeit" zueinander, wie man mit Ludwig Wittgenstein sagen könnte.[3]

Ein philosophisches Bild ist daher diffuser als die meisten philosophischen Theorien. Der Zusammenhang seiner Bestandteile ist unbestimmter, und seine Angriffspunkte sind oft weniger klar auszumachen. Dies macht es ungleich schwerer, ein Bild zu verabschieden, als eine Theorie anzugreifen. Dennoch lohnt der Versuch, ein lieb gewordenes Bild, das uns nur schlimm und arg verwirrt, ins Meer der Geschichte hinab zu senken und darauf zu hoffen, dass der Sarg auch groß genug sein mag, um die alten, bösen Rätsel zu begraben. Denn letzten Endes sind es immer bestimmte Bilder, nicht einzelne Theorien, die uns in der Philosophie zu den großen und schweren Rätseln führen und verführen.

Theorien können wir als solche nämlich relativ klar ausmachen. Wir können mehr oder minder genau sagen, wo sie beginnen, wo sie aufhören und worin ihr Inhalt besteht. Wir können sie ziemlich schnell als einen thematischen Gegenstand vor uns bringen. Und sofern wir sie für falsch, inkohärent, kontraintuitiv oder für über Gebühr reduktionistisch halten, können wir uns ihrer auch mit Argumenten entledigen, so wie wir uns kleiner oder mittelgroßer Dinge entledigen können, indem wir sie aus unserer Umgebung entfernen oder wir uns aus ihrer. Denn Theorien sind be- und abgrenzbar. Wir können ihre Grenzen ausmachen, was es uns ermöglicht, sie als einzelne Gegenstände zu betrachten. Philosophische Bilder sind verwirrender und gefährlicher als Theorien, gerade weil sie diffuser und oftmals unthematisiert sind.

Hält uns ein Bild gefangen, so können wir uns zumeist nicht einfach dadurch von ihm befreien, dass wir es, wie eine Theorie, aufgrund dieser und jener systematischen Unzulänglichkeit zurückweisen. Denn oft merken wir gar nicht, dass uns ein Bild gefangen hält, da wir weder seine Grenzen kennen noch das, was hinter ihnen liegt. Sind wir Gefangene des Bildes, ohne es zu merken, so erscheint uns das Bild (anders als eine Theorie) als selbstverständlich und fraglos gültig. Anstatt das Bild kritisch zu betrachten, halten wir es von vornherein für die unhinterfragbare Wirklichkeit, innerhalb derer kritische Betrachtungen überhaupt nur angestellt werden können. Dann wird das Problematische des Bildes durch unsere kritischen Betrachtungen oftmals aber gerade nicht aufgedeckt, sondern geradezu verschleiert. Wir diskutieren dann kritisch einzelne Theorien, die immer schon im Bilde sind.

Ich versuche mich nachfolgend eher mit philosophischen Bildern zu beschäftigen, als mit einzelnen Theorien. Gehe ich gelegentlich etwas detaillierter auf die Position dieses oder jenes Philosophen ein, so nur deshalb, weil sie mir paradigmatisch für ein bestimmtes Bild erscheint. Denn wird unser Denken letztlich nicht so sehr von einzelnen philosophischen Theorien gefangen gehalten als vielmehr von bestimmten philosophischen Bildern, so sollten wir auch weniger einzelne Theorien und ihre Details diskutieren, sondern uns wieder stärker auf die grundlegenderen Probleme konzentrieren, die uns philosophische Bilder bereiten.

In der Gegenwartsphilosophie, mit ihren Myriaden von unverbunden nebeneinander stehenden Sub-Diskursen der Spezialisten, ist der Drang zum theoretischen Detail freilich ungebrochen. Aber es wäre meines Erachtens schon eine sehr merkwürdige Auffassung von Philosophie, betrachtete man es als Selbstzweck, etwa dafür zu argumentieren, dass David Chalmers' Bestimmung des *Type-E-Dualism* unzulänglich ist, weil sie Frank Jacksons Ansichten zum ontologischen Status von Qualia nicht angemessen wiedergibt.[4] Statt philosophische Landkarten zu zeichnen, auf denen man fein säuberlich die Positionen von Chalmers, Jackson und allen anderen an der Qualia-Diskussion beteiligten Philosophen einträgt, sollte man sich hier besser fragen, ob die philosophische Erfindung des Quale, die vielen Philosophen so attraktiv erscheint, überhaupt kohärent vorgestellt werden kann. Denn erst Fragen solcher Art – wie sie etwa Wittgenstein oder John McDowell stellen[5] – haben das Zeug, unser Denken von den Rätseln dominanter Bilder zu erlösen.

3. Um uns aus der Gefangenschaft eines philosophischen Bildes befreien zu können, müssen wir zuallererst versuchen, das schwer zu fassende Bild als solches zu erkennen, indem wir damit beginnen, die Familienähnlichkeiten derjenigen Theorien ausfindig zu machen, die das Bild und seine Rätsel erzeugen. Daher versuche ich im zweiten Kapitel, *Moderne Moralphilosophie*, die Probleme und Rätsel in den Blick zu bekommen, die der metaethische Nonkognitivismus, der rationale Instrumentalismus, der ethische Subjektivismus und der moralische Intersubjektivismus hervorbringen.

Im dritten Kapitel, *Moralische Wahrheiten*, werde ich die nonkognitivistische These fehlender Wahrheitsfähigkeit moralischer Urteile näher betrachten. Denn meines Erachtens ist die Ansicht, dass moralische Urteile nicht wahrheitsfähig sein können, zwar nicht der Grund allen Übels, aber zumindest die Grundierung desjenigen Bildes, das uns zu falschen Vorstellungen über die Rolle der Moral in unserem Leben treibt. Ich werde argumentieren, dass es zwar auf der Ebene einer formalen Wahrheitssemantik für die Sätze einer bestimmten Sprache keine größeren Probleme gibt, die Wahrheitsbedingungen von Sätzen anzugeben, mit denen wir moralische Urteile artikulieren können. Aber ganz abgesehen von der Frage, ob eine formale Wahrheitssemantik für natürliche Sprachen überhaupt ein erhellendes bedeutungstheoretisches Projekt der Sprachphilosophie sein kann, werde ich deutlich zu machen suchen, dass man auch als moralphilosophischer Kognitivist schlecht beraten wäre, glaubte man, sich dadurch von einem robusten Nonkognitivismus befreien zu können, dass man auf die Möglichkeiten einer formalen Wahrheitssemantik verweist. Denn ein robuster Nonkognitivismus muss die Möglichkeit einer formalen Wahrheitssemantik für Sätze, durch deren Äußerung man moralische Urteile fällen kann, gar nicht bestreiten. Was durch einen robusten Nonkognitivismus vielmehr bestritten wird, ist die Möglichkeit des objektiven Bestehens moralischer Tatsachen und Eigenschaften in der natürlichen Welt.

Einerlei, was man von korrespondenztheoretischen Versuchen der Wahrheitsdefinition halten mag – und ich halte davon nicht sehr viel –, muss man das nonkognitivistische Verneinen der Möglichkeit des objektiven Bestehens moralischer Tatsachen und Eigenschaften in der natürlichen Welt ernst nehmen, will man angemessen auf den Nonkognitivismus reagieren. Und das heißt, so die Quintessenz des dritten Kapitels, dass man sich nicht mit wahrheitssemantischen oder wahrheitstheoretischen, sondern vor allem mit ontologischen (und auch erkenntnistheoretischen) Fragen auseinandersetzen muss, die die Möglichkeit des Bestehens moralischer Tatsachen in der natürlichen Welt betreffen.

Im vierten Kapitel, *Szientistische Seltsamkeit*, setze ich mich daher mit der Ansicht auseinander, die Vorstellung des objektiven Bestehens moralischer Eigenschaften und somit moralischer Tatsachen in der natürlichen Welt sei ontologisch (und epistemisch) „queer", also höchst seltsam. Ich versuche zu zeigen, dass diese Ansicht nur die ethische Schattenseite einer erkenntnistheoretischen und ontologischen Medaille ist, auf deren Vorderseite empiristisch-szientistische Auffassungen zum verlässlichen Wissen und zur natürlichen Welt glänzen. Diese Auffassungen haben ihren etwas verblassten Ursprung im klassischen britischen Empirismus (insbesondere David Humes), während ihr Glanz im letzten und leider auch noch in diesem Jahrhundert vom logischen Positivismus Wiener Provenienz (vor allem Rudolf Carnaps) herrührt. Ich argumentiere dafür, dass beide

Seiten der Medaille – deren Vorderseite in der zweiten Hälfte des 20. Jahrhunderts vor allem von Willard Van Orman Quine und seinen Nachfolgern kräftig poliert wurde – unplausibel sind, wobei die schattige Unplausibilität einer non-kognitivistischen Ethik sich nur aus der glänzenden Unplausibilität einer szientistischen Ontologie ergibt, die ich „szientistischen Naturalismus" nenne.

Obgleich es mir hier zuvorderst um die Möglichkeit des Bestehens objektiver moralischer Tatsachen als solcher in der natürlichen Welt geht, kann man das, was im dritten und im darauf folgenden fünften Kapitel gesagt werden wird, auch als den allgemeineren Versuch auffassen, den Begriff der Tatsache insgesamt aus seinem allzu engen empiristischen Korsett zu befreien. Dazu muss man nicht bestreiten, dass wir es mit höchst unterschiedlichen Sachverhalten zu tun haben, wenn es entweder darum geht, dass gerade ein Kaninchen an einem Gebüsch vorbeihoppelt, oder darum, dass Diebstahl schlecht ist. Und man muss freilich ebenso wenig bestreiten, dass die Art und Weise, wie wir die entsprechenden Urteile oder Aussagen rechtfertigen würden, höchst unterschiedlich ist. Denn es wäre nicht nur eine sehr beschränkte Sicht auf die Welt, sondern geradezu absurd, glaubte man ernsthaft, es gäbe so etwas wie eine einheitliche Methode, mit der man sowohl Urteile über das Vorbeihoppeln von Kaninchen als auch über die Schlechtigkeit von Diebstahl verifizieren könnte. Aber daraus folgt keineswegs *eo ipso*, dass es nicht ebenso eine objektiv bestehende Tatsache in der natürlichen Welt sein kann, dass Diebstahl schlecht ist, wie es eine objektiv bestehende Tatsache in der natürlichen Welt sein kann, dass gerade ein Kaninchen an einem Gebüsch vorbeihoppelt.

Mir scheint, dass man nur dann geneigt ist, den Begriff der Tatsache mehr oder minder exklusiv für Fälle letzterer Art zu reservieren, wenn man bereits – unter der Hand oder ausdrücklich – den Tatsachenbegriff bestimmten empiristischen Dogmen unterworfen hat. Das sind zum einen Dogmen, die ganz bestimmte Verfahren und Methoden der Rechtfertigung von Urteilen bzw. Aussagen vor vielen anderen Arten der Rechtfertigung und Begründung auszeichnen, die wir tagtäglich in unserer gewöhnlichen Praxis vollziehen. Und es sind zum anderen Dogmen, die schon ganz bestimmte ontologische Festlegungen beinhalten, was als Teil der natürlichen Welt und als natürliche Welt zu gelten habe – Festlegungen, die von einer naturwissenschaftlich dominierten Sicht der Welt und des in ihr Seienden herrühren.

Eine solche Sicht, die sich dem szientistischen Naturalismus fügt, ist zwar heutzutage populär, aber sie ist deshalb nicht auch schon selbstverständlich. Und daher ist man meines Erachtens auch nicht ohne weiteres dazu gezwungen, den Begriff der Tatsache von vornherein als einen empiristischen Begriff auszubuchstabieren – und damit unter anderem das Bestehen objektiver moralischer Tatsachen als solcher in der natürlichen Welt von vornherein unmöglich zu machen. Stattdessen kann man auch so frei sein, den heutzutage wohl leider eher waghalsigen Versuch zu unternehmen, ein Bild der Welt zu skizzieren, in dem diese als vollständig natürlich dargestellt wird, ohne dabei vollständig naturwissenschaftlich dargestellt zu werden.

Das fünfte Kapitel, *Geistreiche Welt*, ist einem solchen Versuch gewidmet. Denn in diesem Kapitel bemühe ich mich, eine Alternative zum gegenwärtig nahezu uneingeschränkt anerkannten szientistischen Naturalismus zu skizzieren, die ich „hermeneutischer Naturalismus" nenne. Das ontologische Bild, das ich dabei zu zeichnen suche, lehnt sich an Hans-Georg Gadamers, Martin Heideggers und Wittgensteins Begriff der Sprache an. Es stützt sich auf Heideggers „Erschlossenheit", Gadamers „Welt", Aristoteles' *„ousia"* und Georg Wilhelm Friedrich Hegels Begriff des Begriffs. Und es macht auch, gewissermaßen „zur Hälfte", Gebrauch von McDowells Begriff der *second nature*. Ausgiebig Gebrauch wird nämlich von derjenigen Hälfte gemacht, die von der Natur handelt, während jene, die Ordinalia betrifft, meiner Ansicht nach eigentlich gar nicht gebraucht wird.

Denn das Bild des hermeneutischen Naturalismus ist – wenn man das so sagen will – etwas „hegelianischer", als es McDowells Rede von der zweiten Natur nahelegt. Ich behaupte nämlich, sehr kurz und rabiat ausgedrückt, dass die zweite Natur gleich in mehrfacher Weise die erste und letztlich einzige Natur all jener Wesen ist, die in der Welt sind. Und das sind meines Erachtens auf jeden Fall wir Menschen (wer oder was auch immer sonst noch in der Welt sein mag). Anders als die Umwelt subrationaler Tiere, so werde ich im fünften Kapitel sagen, ist die natürliche Welt als solche immer schon vorgängig in einer und durch eine umfassende holistische Totalität erschlossen, die ich als „begrifflich strukturierte Praxis des In-der-Welt-Seins" bezeichne. Deshalb ist die Natur des in der Welt (d.h. innerweltlich) Seienden nichts anderes als sein Begriff, wie ich zu zeigen versuche. Natur und Begriff sind die je bestimmte allgemeine Form, die eine in der Welt seiende Substanz als solche in der natürlichen Welt hat und die ihr zuallererst und zuallerletzt innerhalb der objektiven Sinn- und Verweisungszusammenhänge der Praxis des In-der-Welt-Seins zukommt. Daher, so scheint mir, können wir sagen, dass die Welt als solche immer schon zugleich natürlich *und* geistreich ist (in einem nicht irgendwie dubiosen realistischen oder bloß projektivistisch gemeinten Sinne).

Die Natur des in der natürlichen Welt Seienden ist folglich nicht die bloß naturwissenschaftlich begriffene Natur, sondern das *Wesen* dessen, was in ihr ist. Natur und Begriff einer in der Welt seienden Substanz sind – mit Aristoteles oder Thomas von Aquin gesprochen – deren *zweite ousia* oder *essentia*. Sie sind die Substanzform derjenigen Substanzen, die sie exemplifizieren. Diese Substanzformen sind uns in unserer begrifflich strukturierten Praxis des In-der-Welt-

Seins zuvorderst und zumeist als implizites Hintergrundwissen erschlossen. Aber wir können dieses implizite Hintergrundwissen partiell explizit machen, indem wir es in Form generischer Urteile bzw. Aussagen explizieren. Was das heißt, wird gegen Ende des Kapitels zu erläutern versucht.

Im sechsten Kapitel, *Natürliche Normativität*, wird zunächst die Subkategorie generischer Urteile charakterisiert, die nicht lediglich Substanz-, sondern Lebensformen betrifft. Für das Verständnis moralischer Urteile und die Möglichkeit des Bestehens moralischer Tatsachen ist es nämlich von zentraler Bedeutung, sich über diese Urteile, die ich mit Michael Thompson „naturhistorische Urteile" nenne, Klarheit zu verschaffen – und damit auch über das Wissen, das mit ihnen explizit gemacht wird. Nicht minder wichtig ist für das Verständnis moralischer Urteile und die Möglichkeit des Bestehens moralischer Tatsachen allerdings auch Peter Geachs Analyse von „gut" als attributives Adjektiv. Geachs scharfsinniges Argument, das all jene, die oft und gerne auf den Spuren George Edward Moores vom „naturalistischen Fehlschluss in der Ethik" sprechen, in Nachdenklichkeit versetzen sollte, ist im letzten Jahrhundert leider kaum in angemessener Weise gewürdigt worden. Eine der wenigen Moralphilosophen des 20. Jahrhunderts, die Geachs Moore-Kritik jedoch gebührend beherzigt haben, ist Philippa Foot. In ihrem Buch *Natural Goodness* verbindet sie auf brillante Weise Geachs Einsicht mit Thompsons Ausführungen zum Begriff der Lebensform.

Meiner Ansicht nach können wir Foots Beitrag zur gegenwärtigen Moralphilosophie gar nicht hoch genug schätzen. Denn ich glaube, man kann ohne Übertreibung sagen, dass uns Foot mit ihrem Buch die Möglichkeit eröffnet, nach all den Irrungen und Wirrungen, die die moderne Moralphilosophie durchlebt hat, Ethik und Moral wieder in einem neuen Licht zu sehen – das in gewisser Weise auch ein sehr altes, aber in der philosophischen Moderne fast erloschenes Licht ist. Allerdings birgt der bewundernswert unkomplizierte und mitunter sehr pointierte Stil von *Natural Goodness* auch die Gefahr, dass ein oberflächlicher Leser die oftmals weitreichenden und tief gehenden Implikationen von Foots Gedanken verpasst, ohne dies auch nur zu ahnen. Und wie man an manchen Diskussionen der letzten Jahre sieht, geschieht dies offenbar nur allzu leicht und nicht so selten. An der einen oder anderen entscheidenden Stelle ihres Buches ist Foot allerdings tatsächlich derart kurz angebunden und thetisch, dass es nicht wirklich verwundern kann, dass es stark divergierende Verständnisweisen und Einschätzungen dessen gibt, was in *Natural Goodness* eigentlich gesagt wird.[6] Ich versuche daher, meine Sicht auf solche Urteile zu erläutern, von denen Foot sagt, sie artikulierten die natürliche Qualität eines Lebewesens in Abhängigkeit von den natürlichen Normen, die für dieses Lebewesen gelten, weil es seine Lebensform exemplifiziert. Und das heißt zugleich: Ich versuche zu erläutern, was wir unter „natürlicher Qualität" und „natürlicher Normativität" verstehen können und sollten. Dies tue ich im sechsten Kapitel noch nicht mit Blick auf Menschen, sondern weitgehend mit Blick auf Lebensformen subrationaler Tiere.

Dabei werde ich gegen Ende des Kapitels auch deutlich zu machen suchen, weshalb die Ideen natürlicher Qualität und Normativität keineswegs zu einem Sein-Sollen-Fehlschluss führen, wie er Hume als Einwand vorschwebte. Das dem nicht so ist, hat etwas damit zu tun, dass Hume ein Empirist war – und etwas mit dem, was im vierten Kapitel zum Empirismus und szientistischen Naturalismus gesagt wird. Aber das Missverständnis, das der Berufung auf das sogenannte Hume´sche Gesetz zugrunde liegt, um die Ideen natürlicher Qualität und Normativität zurückzuweisen, tritt freilich noch viel deutlicher hervor, wenn man diesen Einwand vor dem Hintergrund dessen betrachtet, was im fünften Kapitel über die natürliche Welt und die in ihr seienden Substanzen gesagt wird. Denn teilt man auch nur ansatzweise die Darstellung unseres In-der-Welt-Seins, die der hermeneutische Naturalismus skizziert, so wird klar, dass der Einwand eines Sein-Sollen-Fehlschlusses gegen die zuvor skizzierten Ideen natürlicher Qualität und natürlicher Normativität keinen Sinn ergibt. Unter Berufung auf das Hume´sche Gesetz kann man sich nämlich nur dann gegen die Ideen natürlicher Qualität und Normativität wenden, wenn man – unter der Hand oder ausdrücklich – auch die Prämissen teilt, die das empiristische Bild des szientistischen Naturalismus grundieren. Weshalb man diese Prämissen aber keineswegs teilen sollte, können das vierte und fünfte Kapitel hoffentlich klarmachen.

Während im sechsten Kapitel die Idee natürlicher Qualität und Normativität mit Blick auf vor allem subrationale Lebewesen erläutert wird, argumentiere ich im siebten Kapitel, *Menschliche Güte*, dafür, dass die vorherigen Ausführungen zur natürlichen Qualität und Normativität *formal* auch ohne Einschränkung für diejenigen rationalen Lebewesen gelten, die wir sind. Und ich vertrete die Ansicht, dass moralische Qualität eine natürliche Qualität des Wollens, des Handelns und des Charakters von Menschen ist, die durch die natürlichen Normen bestimmt ist, welche für Exemplare der menschlichen Lebensform gelten, weil sie diese exemplifizieren. Der Rest des siebten Kapitels beschäftigt sich dann weitgehend mit dem Umstand, dass menschliches Wollen Beabsichtigen und menschliches Tun Handeln ist – und dass dies Bewegungen im Reich der Freiheit und der Vernunft sind, welches der Raum der Gründe ist. Denn das unterscheidet menschliches Wollen und Tun zweifelsohne von den dranghaften Begierden und gerichteten Körperbewegungen subrationaler Tiere. Allerdings spricht dies, wie ich argumentieren werde, keineswegs dafür, dass moralische Qualität nicht als eine natürliche Qualität des Beabsichtigens, des Handelns und auch des Charakters von Menschen begriffen werden kann. Im Gegenteil: Wenn wir verstehen wollen, wie es wahre moralische Urteile geben kann und wie das Bestehen objektiver moralischer Tatsachen in der natürlichen Welt möglich ist, so müssen wir moralische Qualität als etwas begreifen, das sich an den natürlichen Normen bemisst, die für Menschen gelten, weil sie Exemplare der menschlichen Lebensform sind. Sprechen wir über Rationalität und Moral, so können wir allerdings wenig Erhellendes sagen, wenn wir versuchen, die menschliche Lebensform hinter uns zu lassen, um noch eine Abstraktionsstufe höher zu steigen und uns formal auf so etwas wie „reine Vernunftwesen" zu beziehen. Denn, was rational und gut für Menschen ist, lässt sich nicht rein formal und unabhängig von der menschlichen Lebensform erläutern.

Im *Nachwort* werde ich schließlich deutlich zu machen suchen, dass es im vorliegenden Text nicht nur Versäumnisse gibt, die mir unbemerkt unterlaufen. Zum einen gibt es nämlich allgemeinere handlungstheoretische Fragen, die das Hervorbringen einer Handlung betreffen und die zu diskutieren prinzipiell wichtig ist, auf deren ausführlichere Diskussion ich hier jedoch verzichte, weil ich den Eindruck habe, dass dies zu weit wegführt von meinem eigentlichen moralphilosophischen Anliegen. Zum anderen sollte aber auch einiges aus dem unendlichen Meer all dessen, was im nachfolgenden Text nicht geleistet wird, meines Erachtens von der Moralphilosophie besser nicht zu leisten versucht werden. Und so werde ich das *Nachwort* auch dazu nutzen, dasjenige zu benennen, was nicht versäumt wurde, sondern meiner Ansicht nach mit voller Absicht unterlassen werden sollte.

4. Die Hoffnung, die hinter all dem steckt, ist natürlich die, dass wir zumindest ansatzweise in der Lage sein könnten, uns aus der Gefangenschaft des Bildes der modernen Moralphilosophie zu befreien, das ich auszumachen glaube. Das Anliegen – wie naiv und überheblich es auch immer sein mag – besteht also darin, dass wir uns vielleicht besser verstehen werden, indem wir besser verstehen, was wir tun, wenn wir moralische Urteile fällen und unser Handeln am Guten orientieren. Verstehen wir derlei besser, so ist dies nicht belanglos für unser Urteilen und Handeln. Denn sofern wir vernünftig sind, sind Theorie und Praxis ebenso wenig zwei Paar Schuhe, wie Metaethik, normative Ethik und angewandte Ethik drei Paar Schuhe sind.[7] Das hier verfolgte Anliegen ist dabei mit dem Ehrgeiz verbunden, den zuvor angedeuteten Gedankengang so einfach und allgemeinverständlich zu formulieren, wie dies nur eben möglich ist. Denn gute Philosophie muss so einfach und allgemeinverständlich wie möglich sein! Allerdings: „Wirklich einfach und allgemeinverständlich ist leider nur schlechte Philosophie"[8], wie Franz von Kutschera in der Einleitung zu einem seiner Bücher schreibt. Vielleicht mag sich ja von Kutscheras Anmerkung zunächst wie philosophische Arroganz gegenüber dem so genannten „gesunden Menschenverstand" anhören. Sie hat jedoch einen wahren Kern, der durch die gegenwärtigen Tendenzen zum populistischen *Philotainment* (die freilich nur anbiedernde Marktkonformität sind) nicht verschliffen werden sollte. Denn weder reproduziert gute Philosophie einfach nur die Überzeugungen und theoretischen Ordnungen, die ohnehin schon im philosophischen Mainstream etablierte Lehrmeinung sind. Noch redet sie einfach nur dem „Mann auf der Straße" nach dem Mund. Sie formuliert nicht einfach nur das, was unmittelbar vertraut ist und ohne weiteres einleuchtet. Vielmehr versucht gute Philosophie über das uns unmittelbar Vertraute und ohne weiteres Einleuchtende zu reflektieren und es dabei in einer Weise zu beschreiben, die es uns hoffentlich besser verstehen lässt.

Über das uns unmittelbar Vertraute und ohne weiteres Einleuchtende zu reflektieren und es dabei so zu beschreiben, dass wir es besser verstehen, muss aber zwangsläufig heißen, es *anders* zu beschreiben, als man es auf unmittelbar vertraute und ohne weiteres einleuchtende Weise beschreiben würde. Gute Philosophie formuliert daher Neubeschreibungen des uns Altbekannten. Und eine solche Neubeschreibung verhält sich notwendig kritisch gegenüber den gemütlichen Gewissheiten des allseits Akzeptierten. Ist es aber ein Merkmal guter Philosophie, Neubeschreibungen zu formulieren, um ein besseres Verständnis des Altbekannten zu ermöglichen, so kann sie zwangsläufig nicht auf die gleiche Weise vertraut und einleuchtend sein, wie das uns unmittelbar Vertraute und ohne weiteres Einleuchtende selbst. Und daher kann sie nie im selben Grade einfach und allgemeinverständlich sein. Denn diesen Grad an Einfachheit und Allgemeinverständlichkeit könnte sie nur dann erreichen, formulierte sie keine reflektierende Neubeschreibung des uns Altbekannten, sondern reproduzierte sie lediglich das uns Altbekannte. Will man es jedoch anders und besser beschreiben, so spricht man zwar *über* das unmittelbar Vertraute und ohne weiteres Einleuchtende, aber man spricht nicht *im* unmittelbar Vertrauten und ohne weiteres Einleuchtenden.

Insofern ist ein Text, der ein Stück gute Philosophie ist, nicht nur etwas, das „schwer" ist und sowohl vom Autor als auch vom Leser „Kraft" und „Ausdauer" erfordert, wie von Kutschera ebenfalls anmerkt.[9] Ein Text, der ein Stück gute Philosophie ist, ist zudem auch immer mit einer scheinbar unlösbaren Schwierigkeit konfrontiert. Der Schwierigkeit nämlich, dass die Neubeschreibung nie so einfach und allgemeinverständlich sein kann, wie das uns unmittelbar Vertraute und uns ohne weiteres Einleuchtende, dass sie aber so einfach und allgemeinverständlich wie nur eben möglich sein muss. Denn wäre sie nicht so einfach und allgemeinverständlich wie nur eben möglich, wäre es umso schwerer, die von ihr formulierte Neubeschreibung zu verstehen.

Dass die philosophische Neubeschreibung möglichst schwer verständlich oder gar absichtlich dunkel, kryptisch und esoterisch ist, kann nicht im Interesse eines redlichen Autors liegen. Denn die Neubeschreibung soll ja dazu verhelfen, das uns unmittelbar Vertraute und ohne weiteres Einleuchtende besser zu verstehen. Um dies zu erreichen, muss sie aber möglichst gut verständlich und auch plausibel sein. Und dazu muss sie an das uns unmittelbar Vertraute und ohne weiteres Einleuchtende irgendwie anschließen, obgleich sie nie in gleicher Weise einfach und allgemeinverständlich sein wird – und diese Schwierigkeit sich nie vollständig auflöst. Ob der nachfolgende Text nun ein Stück gute Philosophie ist, weiß ich nicht. Ich weiß lediglich, dass ich mir Mühe gegeben habe, möglichst einfach und allgemeinverständlich meine Gedanken zu formulieren. Und nun hoffe ich einfach, von Kutschera zum Trotz, dass das Nachfolgende zumindest nicht allein schon deshalb schlechte Philosophie ist. Denn mehr kann man wohl nicht tun.[10]

2 Moderne Moralphilosophie

5. Zu Beginn der Einleitung sagte ich, dass im Laufe der Moderne vier Grundgedanken immer dominanter geworden sind, die Vernunft, Ethik und Moral betreffen. Und ich bezeichnete diese vier Grundgedanken, die im 20. Jahrhundert einzeln oder miteinander kombiniert in verschiedenen expliziten oder impliziten Spielarten vertreten wurden, als „metaethischen Nonkognitivismus", „rationalen Instrumentalismus", „ethischen Subjektivismus" und „moralischen Intersubjektivismus". Jeder dieser Gedanken ist für sich genommen mit Problemen behaftet. Aber insbesondere alle zusammen führen zu einem Bild der Rolle von Ethik und Moral in unserem Leben, das uns Rätsel aufgibt. Diese Rätsel der modernen Moralphilosophie möchte ich jetzt näher betrachten.

Wenn auch nicht die Wurzel allen Übels, so ist meines Erachtens der Nonkognitivismus doch zumindest die Wurzel dieser Rätsel. Denn er bestreitet, dass ethische und moralische Urteile Überzeugungsgehalte sind. Damit wird bestritten, dass der Gehalt eines ethischen oder moralischen Urteils Wissen darstellen kann. Denn das, was kein Überzeugungsgehalt sein kann, kann auch nicht entweder wahr oder falsch sein. Und das, was nicht entweder wahr oder falsch sein kann, kann auch nicht zutreffender- oder irrtümlicherweise für wahr gehalten und erfolgreich oder erfolglos als wahr gerechtfertigt werden. Es kann keine Tatsache sein, die gewusst wird.

Das ist meines Erachtens ein Übel. Aber dieses Übel besteht nicht unbedingt darin, dass das Wahrsein schlechthin von Belang ist oder dass nur das von Gewicht ist, was eine Tatsache sein kann. Hat man nicht bereits die eingeschränkte Sicht desjenigen, der in bestimmten Debatten der vorzugsweise analytischen Philosophie gefangen ist, so stellen „Wahrheit" und „Tatsache" nicht ohne weiteres und gleichsam von selbst die maßgeblichen Paradigmen dar. „Wahrheit" und „Tatsache" sind auch nur Worte. Allerdings sind es Worte, die, naiv – aber allein deshalb nicht auch schon unzutreffend – gesprochen, in unserer gewöhnlichen Sprachpraxis zum Ausdruck bringen sollen, dass etwas in der Welt objektiverweise wirklich soundso ist. Und dies ist meines Erachtens der entscheidende Punkt: Bestreitet man, dass ethische und moralische Urteile entweder wahr oder falsch sind und dass sie Tatsachen artikulieren können, so bestreitet man, dass das, was solche Urteile besagen, objektiverweise in der Welt wirklich so sein kann. Damit verneint man aber, dass das, was diese Urteile besagen, als solches einen Platz haben kann in der Welt, in der wir uns natürlicherweise bewegen.

Verneint man dies und will ethische und moralische Urteile nicht schlicht als Unfug begreifen, so wird man vielleicht geneigt sein, Urteile wie „In s zu φ-en ist gut/schlecht/richtig/falsch", „Die Absicht zu haben, in s zu φ-en, ist gut/ schlecht/richtig/falsch", „X hat einen guten/schlechten Charakter" oder „X ist ein guter/schlechter Mensch" auf andere Urteile zurückzuführen. Nämlich auf solche Urteile, von denen man glaubt, dass das, was sie besagen, als solches einen Platz in der Welt haben kann. Urteile also, von deren Gehalten man annimmt, dass sie in irgendeiner Weise ein „sicheres" oder zumindest „verlässlicheres" bzw. „genaueres" Wissen darüber darstellen können, was objektiverweise in der Welt wirklich ist.

Im Mainstream der modernen Moralphilosophie werden spätestens seit den einflussreichen Ausführungen, die David Hume in seinem *Treatise of Human Nature* zu Affekten, Vernunft und Moral machte, die Gehalte psychologischer Urteile über einzelne Menschen als Kandidaten für ein Wissen betrachtet, das „sicher" oder „reliabel" sein kann, während die Gehalte ethischer oder moralischer Urteile nicht mehr als Kandidaten für ein solches Wissen angesehen werden. Während die Vorstellung ethischer und moralischer Tatsachen den meisten modernen Moralphilosophen Kopfzerbrechen bereitet, scheint die Vorstellung psychischer Tatsachen ihnen eigentümlicherweise mehr oder minder problemlos möglich zu sein. Und dementsprechend wurde und wird die moderne Moralphilosophie von der Tendenz dominiert, ethische und moralische Urteile dadurch verständlich machen zu wollen, dass man sie auf bestimmte psychologische Zustände zurückführt, die zwar keine Überzeugungen sind, über die man aber psychologische Urteile fällen kann, die Überzeugungen sind.

Selbst moderne Moralphilosophen, die ansonsten von der praktischen Philosophie des sicherlich einflussreichsten Antipoden Humes, nämlich Immanuel Kants, beeindruckt sind, halten dies für nötig. Dass ein Mensch allein aus Achtung vor den Forderungen der Vernunft, die moralisch sind, hinreichend motiviert sein kann, diesen Forderungen gemäß zu handeln, erscheint ihnen nämlich dann doch allzu unmenschlich, weil zu „rationalistisch". Glaubt man beispielsweise, wie Ernst Tugendhat, man müsse die Motivation zum moralischen Handeln eines Akteurs durch sein „autonomes Gewissen" erklären,[1] das nichts anderes ist als seine internalisierte *Angst* vor negativer Sanktionierung durch andere Personen, so ist dies eine sophistizierte Spielart der Idee, dass moralisches Handeln nur dadurch verständlich wird, dass man es mit Zuständen des Akteurs in Verbindung bringt, die ethische oder moralische Urteile, aber keine wahrheitsfähigen Überzeugungen sind, welche Tatsachen artikulieren können. Was stattdessen als ausschlaggebend angesehen wird, sind bestimmte Pro- und Contra-Einstellungen, die Ausdruck einer volitiven, konativen, affektiven oder auch nur appetitiven Regung sind: eines Wunsches, einer Vorliebe, eines Verlangens, eines Begehrens etc. Das kann auch beispielsweise der Wunsch sein, die Empörung anderer und die eigene Scham zu vermeiden. Oder auch das Verlangen, von den anderen anerkannt, geschätzt, bewundert oder geliebt, zumindest jedoch nicht aus der moralischen Gemeinschaft ausgeschlossen zu werden.

Derlei soll uns dann nicht nur verständlich machen, weshalb wir eigentlich vernünftigerweise motiviert sein können, unsere Freiheit „einzuschränken" und uns in unserem Urteilen und Handeln den Forderungen einer (uns ursprünglich externen) Moral zu „unterwerfen". Sondern es soll uns auch die logische Grammatik ethischer und moralischer Urteile verständlich machen, indem unser ethisches und moralisches Urteilen psychologisch beschrieben wird. Psychologische Urteile über unser ethisches und moralisches Urteilen erscheinen hier also irgendwie als „sicherer" oder „verlässlicher" und objektiver als unsere moralischen Urteile selbst, nach deren Wahrsein nicht mehr gefragt wird, sondern die als mentale Phänomene beschrieben werden.

Dieses Misstrauen gegenüber unseren ethischen und moralischen Urteilen ist aber verwunderlich – insbesondere dann, wenn ausgerechnet Moralphilosophen es hegen. Und eben dieses erkenntnistheoretische und ontologische Misstrauen gegenüber dem Ethischen und dem Moralischen öffnet dem rationalen Instrumentalismus, dem ethischen Subjektivismus und dem moralischen Intersubjektivismus Tür und Tor. Abgesehen davon scheint es mir aber auch schon selbst Rätsel zu generieren, betrachtet man ethische und moralische Urteile als nicht wahrheitsfähig und hält man das Bestehen oder Nichtbestehen ethischer und moralischer Tatsachen für unmöglich.

Betrachten wir ein ethisches oder moralisches Urteil mit den Augen des Nonkognitivisten lediglich als Ausdruck einer bestimmten Pro- bzw. Contra-Einstellung, dann wird es nämlich rätselhaft, was wir eigentlich tun, wenn wir uns über ethische oder moralische Urteile streiten. Dies tun wir jedoch tagtäglich. Jedenfalls tun wir es weitaus öfter, als uns über empirische Urteile zu streiten, die gemeinhin als Paradebeispiele wahrheitsfähiger Urteile gelten, welche Tatsachen artikulieren können. Wäre ein ethisches oder moralisches Urteil lediglich Ausdruck einer bestimmten Pro- bzw. Contra-Einstellung des Urteilenden und somit ein nicht wahrheitsfähiger Ausdruck seiner volitiven, konativen, affektiven oder appetitiven Regungen, so könnten wir uns aber überhaupt nicht sinnvoll über ethische oder moralische Urteile streiten. Denn über die volitiven, konativen, affektiven oder appetitiven Regungen, die eine Person hat, kann man sich nicht sinnvoll streiten. Man kann sich allenfalls darüber streiten, ob die Person diese Regungen hat. Das heißt: Man kann sich über das Wahrsein psychologischer Urteile streiten, die besagen, dass diese und jene Person die-und-die Regung hat.

Dass Alfred Unlust beim Brechen von Versprechen empfindet, kann ebenso eine psychologische Tatsache sein, wie jene, dass Charles Gefallen an Berninis *Verzückung der Heiligen Theresa* findet oder dass Richard eine Schwäche für gedünstete Schweinekutteln hat. Wenn wir uns um ein ethisches oder moralisches Urteil streiten und im Zuge unseres Streits Gründe anführen, dann streiten wir uns aber nicht darüber, ob diejenige Person, die das Urteil fällt, sich in dieser oder jener psychologischen Verfassung befindet und die-und-die Regung hat. Denn die Gründe, die wir anführen, wenn wir uns über ein ethisches oder moralisches Urteil streiten, sind Gründe, die den Gehalt des Urteils betreffen und nicht einen psychologischen Zustand des Urteilenden, der den Akt seines Urteilens begleitet. Führen wir einen ethischen oder moralischen Streit, so streiten wir uns nicht darüber, ob Alfred in einer Situation *s* zum Zeitpunkt *t* beim Brechen eines Versprechens Unlust empfand oder nicht, sondern darüber, ob es gut/schlecht/richtig/falsch ist, in Situationen wie *s* Versprechen zu brechen.

Darüber, ob es gut/schlecht/richtig/falsch ist, in Situationen wie *s* Versprechen zu brechen, können wir uns aber nur streiten, indem wir uns darüber streiten, ob das Urteil „In Situationen wie *s* Versprechen zu brechen, ist gut/schlecht/richtig/falsch" (in dem nirgendwo ein psychologisches Prädikat auftaucht) wahr oder falsch ist. Denn die Gutheit oder Richtigkeit einer Handlung oder auch einer Absicht oder eines Charakters kann nur dadurch begründet oder bestritten werden, dass das Wahrsein eines Urteils über die Gutheit oder Richtigkeit einer Handlung, einer Absicht oder eines Charakters begründet oder bestritten wird. „Gutheit" oder „Richtigkeit" können daher keine vom Wahrheitsanspruch unabhängigen „Geltungsansprüche" sein. Gut/schlecht/richtig/falsch kann etwas nur dann sein, wenn ein Gehalt, der besagt, dass es dies ist, wahr ist.

Nicht diese oder jene volitive, konative, affektive oder appetitive Regung des Urteilenden ist also offenbar Thema unseres Streits, wenn wir um ethische oder moralische Urteile streiten. Vielmehr dreht sich unser Streit offenkundig um die Frage, ob der Gegenstand, auf den das Urteil Bezug nimmt – nämlich eine bestimmte Handlung, eine Absicht oder ein Charakter –, die ethische oder moralische Qualität hat, die ihm mit dem Urteil zugesprochen wird. Wenn der Gegenstand die ethische oder moralische Qualität hat, dann ist das Urteil wahr. Und ist das Urteil falsch, dann hat der Gegenstand nicht die ethische oder moralische Qualität. Streiten wir uns mit Gründen darum, wie es sich nun verhält, so führen wir im Verlauf unseres Disputs Gründe dafür an, dass das Urteil wahr ist, oder Gründe dafür, dass es falsch ist. Das sind entweder Gründe dafür, dass der Gegenstand die ethische oder moralische Qualität hat, die ihm mit dem Urteil zugesprochen wird. Oder es sind Gründe dafür, dass der Gegenstand nicht die ethische oder moralische Qualität hat, die ihm mit dem Urteil zugesprochen wird. Und würde ein Disputant im Zuge unseres Streits die Auskunft geben, dass beispielsweise eine bestimmte Handlung falsch sei, weil er sie nicht schätzt, so würden wir zwar verstehen, dass der Disputant offenbar seine Contra-Einstellung gegenüber der fraglichen Handlung zum Ausdruck bringen möchte. Aber wir würden dies gerade nicht als das Anführen eines Grundes auffassen, der die ethische oder moralische Qualität der Handlung betrifft. Eine solche Selbstauskunft über die psychologische Verfasstheit des Disputanten wäre kein argumentativer Zug innerhalb unseres ethischen oder moralischen Streits, sondern ein Abbruch des Streits.

Betrachten wir ein ethisches oder moralisches Urteil mit den Augen des Non-kognitivisten als bloßen Ausdruck einer bestimmten Pro- bzw. Contra-Einstellung des Urteilenden, so wird die Bedingung der Möglichkeit des mit Gründen geführten Streits um ein ethisches oder moralisches Urteil also zu einem Mysterium. Denn es wird völlig rätselhaft, wie wir uns über das, was ein solches Urteil besagt, überhaupt streiten können, wenn wir uns nicht darüber streiten können, ob das ethische oder moralische Urteil entweder wahr oder falsch ist. Damit wird es aber auch zu einem Rätsel, wie die Behauptung eines ethischen oder moralischen Urteils richtig oder falsch sein kann. Und was es eigentlich heißen könnte, dass wir „mit Gründen" disputieren, versteht man ebenfalls nicht mehr. Kann eine Handlung, eine Absicht oder ein Charakter nur dann gut/schlecht/richtig/falsch sein, wenn ein Gehalt, der besagt, dass es so ist, entweder wahr oder falsch sein kann, so überträgt sich die Rätselhaftigkeit, die das Urteil betrifft, auch bruchlos auf seinen Gegenstand. Unverständlich wird dann also auch, wie eine bestimmte Handlung, Absicht oder ein Charakter überhaupt eine bestimmte ethische und moralische Qualität haben kann. Und weshalb Philosophen eigentlich versuchen, normative Ethiken zu formulieren, die Kriterien für die ethische oder moralische Qualität von Handlungen, Absichten oder Charakteren beinhalten, wird auch auf ewig im Dunkeln bleiben, betrachtet man ein ethisches oder moralisches Urteil mit den Augen des Nonkognitivisten.

6. Obgleich der metaethische Nonkognitivismus also keineswegs bloß periphere Rätsel aufwirft, erscheint er jedoch innerhalb der modernen Moralphilosophie als attraktiv. Denn er eröffnet nicht nur die Möglichkeit, die Frage ethischer und moralischer Qualität von der Frage nach der Wahrheitsfähigkeit ethischer und moralischer Urteile zu lösen, sondern stellt ethische und moralische Urteile auch als Pro- und Contra-Einstellungen dar. Und beides kommt – auf den ersten Blick – einem Moralphilosophen entgegen, der ethische und moralische Urteile als vernünftig und als handlungswirksam darstellen möchte, ohne dabei gegen jene Auffassung praktischer Rationalität zu verstoßen, die kennzeichnend ist für den handlungstheoretischen Mainstream der Moderne.

Diese Auffassung habe ich zuvor als „rationalen Instrumentalismus" bezeichnet. Das, was ich unter diesem Ismus verstehe, beinhaltet vor allem vier notwendige formale Bedingungen, deren vollständige Erfüllung zusammengenommen von seinen Vertretern als notwendig und hinreichend angesehen wird, um berechtigterweise sagen zu können, dass ein Akteur in seinem Handeln vollkommen praktisch rational ist. Die erste Bedingung können wir als „kognitive Bedingung praktischer Rationalität" bezeichnen. Sie besagt, dass ein Akteur, um in seinem Handeln praktisch rational sein zu können, sich eines Zwecks seines Tuns als Ziel seiner Handlung bewusst sein muss. [2] Die zweite Bedingung können wir als „deliberative Bedingung praktischer Rationalität" bezeichnen. Sie besagt, dass ein Akteur, um in seinem Handeln praktisch rational sein zu können, Überlegungen darüber anstellen können muss, welche Handlung das beste Mittel zur Realisierung seines Handlungsziels ist. Die dritte Bedingung können wir als „motivationale Bedingung praktischer Rationalität" bezeichnen. Sie besagt, dass ein Akteur, um in seinem Handeln praktisch rational sein zu können, den Vollzug derjenigen Handlung beabsichtigen können muss, von der er, aufgrund seiner Überlegungen, glaubt, dass sie das beste Mittel zur Realisierung des Handlungsziels darstellt. Die vierte Bedingung, die wir die „exekutive Bedingung praktischer Rationalität" nennen können, besagt schließlich, dass ein Akteur, um in seinem Handeln praktisch rational sein zu können, seiner Handlungsabsicht gemäß handeln können muss, sofern keine äußeren oder inneren Zwänge, die nicht in seiner Macht stehen, dies verhindern. Akzeptiert man die vollständige Erfüllung dieser vier Bedingungen zusammengenommen als notwendig und hinreichend für das Vorliegen praktischer Rationalität, so akzeptiert man damit das heutzutage noch immer dominante Bild praktischer Rationalität.

Charakteristischer als die vier genannten Bedingungen ist für dieses Bild jedoch der Umstand, dass eine Bedingung jetzt nicht genannt wurde, weil sie aus Sicht der rationalen Instrumentalisten nicht notwendig ist. Um einen Akteur in seinem Handeln als vollkommen praktisch rational begreifen zu können, muss man nach instrumentalistischer Auffassung nämlich nicht die Erfüllung einer Bedingung annehmen, die die nicht-subjektive Qualität der Handlungsziele betrifft. Denn anders als beispielsweise Christine Korsgaard oder Philippa Foot glauben rationale Instrumentalisten nicht, dass die kantische oder aristotelische Frage nach der nicht-subjektiven Qualität der Ziele, die ein Akteur mit seinen Absichten und in seinem Handeln verfolgt, eine Rolle bei der Bestimmung der rationalen Qualität seiner Absichten und seines Handelns spielt. [3] Während die beiden genannten Philosophinnen der Ansicht sind, dass der Einsatz eines Mittels nur dann praktisch rational und normativ gefordert sein kann, wenn die Realisierung des Ziels nicht-subjektiv richtig ist, weil das Ziel nicht-subjektiv gut ist, sind Instrumentalisten der Ansicht, dass es – wenn überhaupt – nur eine einzige praktische (Meta-)„Norm" gibt, nämlich ein rein formales instrumentelles Prinzip. Ein solches instrumentelles Prinzip betrifft jedoch nicht die nicht-subjektive Qualität der Handlungsziele, sondern ausschließlich die nicht-subjektive Qualität der Mittel zu ihrer Realisierung. In seiner allgemeinsten Form könnte man dieses Prinzip so formulieren: Diejenige Handlung, die das beste Mittel zur Realisierung des Handlungsziels eines Akteurs ist, ist diejenige Handlung, deren

Vollzug vom Akteur normativ gefordert ist, sofern der Akteur in seinem Handeln praktisch rational sein will.[4]

Welches Handlungsziel von welchem Akteur dabei jeweils angestrebt wird und wie es um die nicht-subjektive Qualität des Gehalts dieses Ziels bestellt ist, bleibt dabei gänzlich offen. Denn die nicht-subjektive Qualität des Handlungsziels ist nach Ansicht der Instrumentalisten einfach keine Frage, die zum Thema der praktischen Rationalität gehört. Praktisch rational ist ein Akteur, wenn er die oben genannten vier Bedingungen erfüllt, was für Ziele er auch immer haben mag. Wichtig ist nur, dass er über das nötige instrumentelle Geschick verfügt, seine Handlungsziele zu realisieren. Und natürlich auch: dass es wirklich *seine* Ziele sind. Die Ziele, an denen er in seinem Handeln orientiert ist, sind aber nur dann seine Ziele, wenn sie durch seine Pro- und Contra-Einstellungen[5] konstituiert sind, die Ausdruck seiner volitiven, konativen, affektiven oder appetitiven Regung sind.

Typisch für Instrumentalisten ist dabei, dass sie zunächst, wie etwa Bernard Williams, die begriffliche Unterscheidung zwischen handlungsmotivierenden internen Gründen eines Akteurs, welche seine Handlungen psychologisch erklären, und normativen externen Gründen, welche seine Handlungen als rational rechtfertigen, aufgreifen, um sie dann vollständig zugunsten der internen Gründe aufzulösen: „A has a reason to φ if A has some desire the satisfaction of which will be served by his φ-ing."[6] Die internen Gründe eines Akteurs können hiernach nicht nur seinen Vollzug einer Handlung psychologisch erklären, weil ihre Gehalte aus seinen faktisch vorliegenden handlungsmotivierenden Pro-Einstellungen bestehen, die seine Handlungsziele konstituieren.[7] Vielmehr können sie zugleich auch als normative Gründe fungieren, die zusammen mit den instrumentellen Überzeugungen des Akteurs hinsichtlich der Realisierung seiner Ziele den Vollzug der Handlung als rational rechtfertigen.

Wenn ein Akteur diejenige Handlung vollzieht oder zu vollziehen beabsichtigt, von der er überzeugt ist, dass sie die Eigenschaft besitzt, das beste Mittel zu sein, um das zu realisieren, was der Akteur wünscht, verlangt, begehrt oder bevorzugt, so ist diese Überzeugung in Verbindung mit seinem Wunsch sein interner Grund für den Vollzug der Handlung, der den Vollzug der Handlung motiviert und als praktisch rational ausweist. Mit anderen Worten: Hat man die zielkonstituierende Pro-Einstellung zu ψ-en, und ist man der Überzeugung, dass zu φ-en das beste Mittel ist, um zu ψ-en, dann ist es praktisch rational zu φ-en. Besitzt die Handlung, die der Akteur vollzieht oder zu vollziehen beabsichtigt, tatsächlich die Eigenschaft, das beste Mittel zu sein, und realisiert ihr Vollzug gewöhnlich das, was der Akteur wünscht, verlangt, begehrt oder bevorzugt, dann ist der Vollzug der Handlung nicht nur als praktisch rational ausgewiesen, sondern auch in Abhängigkeit von den jeweiligen akteursspezifischen Pro-Einstellungen normativ gefordert. Mit anderen Worten: Ist zu φ-en das beste Mittel, um zu ψ-en, so ist es normativ gefordert, zu φ-en, wenn man die Pro-Einstellung hat, zu ψ-en. Der interne Grund ist hier also nicht nur motivierender und erklärender Grund, sondern auch normativer und rechtfertigender Grund: ein *guter* Grund des Akteurs zum Handlungsvollzug.[8]

Allerdings wird es mit dieser instrumentalistischen Charakterisierung praktischer Rationalität zum einen rätselhaft, wie die Befolgung des formalen instrumentalistischen Prinzips, das besagt, dass das jeweils beste Mittel zur Realisierung der je subjektiven Handlungsziele zu wählen ist, ihrerseits als praktisch rational begründet werden kann. Denn die Befolgung des instrumentalistischen Prinzips kann selbst offenkundig nicht instrumentalistisch als praktisch rational begründet werden. Das Prinzip kann nicht seine eigene Befolgung begründen, da das Prinzip die Begründung erst etabliert. Wenn aber das alles entscheidende formale Prinzip des rationalen Instrumentalismus selbst nicht instrumentalistisch begründet werden kann, dann wird es unverständlich, inwiefern das, was mit Verweis auf dieses Prinzip instrumentalistisch als praktisch rational begründet sein soll, zu guter Letzt tatsächlich rein instrumentalistisch als praktisch rational begründet sein kann.[9]

Zum anderen wird es vor dem Hintergrund des Instrumentalismus aber auch zu einem Rätsel, wie es unabhängig von den je subjektiv motivationalen Pro-Einstellungen eines jeweiligen Akteurs überhaupt etwas geben kann, was ein guter Grund für eine Handlung eines bestimmten Akteurs ist. Denn als Instrumentalist kann man überhaupt nur auf die Kategorie des internen Grunds zurückgreifen. Externe Gründe als solche erscheinen aus instrumentalistischer Sicht nämlich als praktisch vollkommen redundant, da sie mit Blick auf die Erste Person des Akteurs *weder* motivierend *noch* rechtfertigend sein können. Die Gehalte externer Gründe müssen immer erst die Gehalte interner Gründe werden, damit sie überhaupt eine Handlung rechtfertigen können. Ein guter Grund, der eine Handlung eines Akteurs rechtfertigt, kann also nur etwas sein, das neben instrumentellen Überzeugungen notwendig immer auch eine subjektive motivationale Pro-Einstellung des Akteurs umfasst. Ist ein Akteur nicht motiviert zu ψ-en, da er nicht die Pro-Einstellung hat zu ψ-en, dann gibt es weder einen guten Grund zu ψ-en noch einen guten Grund zu φ-en, sofern zu φ-en das beste Mittel ist, um zu ψ-en. Denn gute Gründe zum Vollzug einer Handlung sind aus instrumentalistischer Sicht stets akteursspezifisch, weil ihre Gutheit stets instrumentell abhängig davon ist, inwiefern die Handlung ein geeignetes Mittel zur Realisierung der jeweiligen akteursspezifischen Handlungsziele darstellt, welche durch die subjektiven Pro-Einstellungen des Akteurs konstituiert werden, die wiederum Ausdruck seiner volitiven, konativen, affektiven oder auch nur appetitiven Regung sind.

Im rationalen Instrumentalismus sind gute Handlungsgründe formal also stets akteursrelativ und material subjektiv, niemals akteursneutral und nicht-subjektiv. Und die Angabe dessen, was praktisch rational ist, hat auch stets eine *hypothetische* Form. Denn es hängt immer maßgeblich von den je zielkonstitu-ierenden Pro-Einstellungen eines Akteurs ab, welche Handlungen jeweils ratio-nalerweise zu vollziehen sind. Praktisch rational ist nur das, was im instrumen-tellen Dienst der Realisierung individueller Handlungsziele steht, worin auch immer diese bestehen mögen. Damit stehen wir jedoch vor dem instrumentalisti-schen Rätsel, wie die Gründe, die eine Person für bzw. gegen eine Handlung oder Handlungsabsicht anführt, jemals gute Gründe für bzw. gegen den Vollzug der Handlung oder das Verfolgen der Absicht sein könnten, welche auch für andere Personen gelten, gleich, ob sie nun entsprechende zielkonstituierende Pro-Ein-stellungen haben oder nicht.

Dadurch wird es aber wiederum mysteriös, wie wir uns überhaupt mit Gründen darüber streiten können, ob der Vollzug einer Handlung oder das Ver-folgen einer Absicht rational ist oder nicht. Denn es wäre nun unverständlich, wie wir die Handlungen und Absichten einer anderen Person überhaupt als irra-tional oder nur bedingt rational auffassen können. Und letztlich würde so auch der Begriff des guten Grundes selbst zu einem Mysterium werden. Denn unter der Voraussetzung des rationalen Instrumentalismus würde uns, ob aller Akteursre-lativität und mangelnder instrumentalistischer Begründbarkeit des instrumen-talistischen Prinzips, der Maßstab für die Qualität eines Grundes abhandenkom-men.

7. Die instrumentalistische Auffassung praktischer Rationalität und guter Gründe hat sich merklich auf die moderne Auffassung der Ethik als Lehre vom guten Leben ausgewirkt.[10] Begünstigt durch die politische Lehre des frühen Liberalis-mus, der zu Recht die Trennung von Privatem und Öffentlichem betont sowie die besondere Schutzwürdigkeit des Privaten hervorhebt, führte der Instrumentalis-mus nämlich zu eben jenem dritten Grundgedanken der modernen Moralphilo-sophie, den ich zu Beginn des Kapitels als *„ethischen Subjektivismus"* bezeichnet habe.

Subjektivismus in der Ethik, so wie ich diesen Ausdruck hier verwende, meint die zunächst einmal nicht weiter spezifizierte Ansicht, dass alles, was im je akteursspezifischen Sinne des Instrumentalismus praktisch rational und gut begründet ist, auch gut für den Akteur ist. Wenn ein Akteur die zielkonstituie-rende Pro-Einstellung hat, zu ψ-en, und wenn er der Überzeugung ist, dass zu φ-en das beste Mittel ist, um zu ψ-en, und wenn zu φ-en das beste Mittel ist, um zu ψ-en, dann ist es gut für den Akteur, zu φ-en. Denn zu φ-en bedeutet dann, dass er seiner Pro-Einstellung gemäß handelt und (unter gewöhnlichen Umständen) sein Ziel, zu ψ-en, realisiert. Dauerhaft seinen Pro-Einstellungen gemäß zu handeln und seine Ziele zu realisieren, ist vom Standpunkt des ethischen Subjektivismus aus nichts anderes als das gute Leben eines jeweiligen Individuums.

Diesen subjektivistischen Gedanken kann man pointierter vielleicht auch so ausdrücken: Gut ist für jemanden all das, was dazu beiträgt, dasjenige zu verwirklichen, was er verwirklichen will. Der grenzenlose Subjektivismus, der in diesem Gedanken steckt, ist offensichtlich. Denn bezogen auf eine (menschliche) Person besagt der Gedanke, dass die Verwirklichung beliebiger Ziele einer jeweiligen Person deshalb gut ist, weil die Person die Verwirklichung dieser Ziele will. Grenzenlos subjektivistisch ist eine solche Ansicht, weil hier ohne viel Federlesen das (individuelle) Gutsein auf das (individuelle) Für-gut-Halten reduziert wird. Dies wird noch deutlicher, wenn wir uns an Aristoteles' Einsicht halten, die die Scholastiker auf den handlichen Slogan *quidquid appetitur, appetitur sub specie boni* brachten.[11] Hiernach heißt „etwas wollen" oder „etwas beabsichtigen" oder „etwas mit Absicht tun" nichts anderes als: etwas praktisch als gut vorstellen. Aber während Aristoteles und die Scholastiker damit lediglich sagen wollten, dass jede Person, die etwas will, es als gut vorstellt, ganz gleich worin es bestehen mag und wie gut oder schlecht es auch immer sei, sagt der ethische Subjektivist, dass es bezogen auf die Person, die es als gut vorstellt, auch gut ist, eben weil sie es als gut vorstellt.

Aus Sicht der Subjektivisten mögen zwar andere Personen die Handlungen, Absichten und Handlungsziele eines Akteurs nicht als gut, sondern als unsinnig, als schlecht, als lasterhaft oder gar als böse bewerten. Aber ganz im Sinne der instrumentalistischen Idee interner Gründe und der nonkognitivistischen Idee nicht wahrheitsfähiger ethischer und moralischer Urteile, die beide maßgeblich auf dem Konzept der Pro-Einstellung beruhen, kann dieser Bewertung durch andere auch nur ein subjektiver Status zukommen. Denn derartige Bewertungen sind wiederum Artikulationen subjektiver Pro-Einstellungen, die die anderen Personen jeweils gegenüber dem haben, was der Akteur absichtlich tut, zu tun beabsichtigt und als Ziel anstrebt. Was der Akteur will und für gut hält, halten womöglich andere Personen nicht für gut, weshalb sie es auch nicht für gut halten, dass der Akteur dies will. Aber mehr als das je individuelle Für-gut-Halten, das Ausdruck der je subjektiven Pro-Einstellungen der Beteiligten ist, kann es aus der Sicht ethischer Subjektivisten nicht geben. Denn jede Bewertung, die eine Person vornimmt, ist durch ihre subjektiven Pro-Einstellungen konstituiert, die wiederum nur Ausdruck ihrer eigenen volitiven, konativen, affektiven oder appetitiven Regung sind.

Der ethische Subjektivismus beläuft sich also nicht auf die plausible *empirische* Erwartung, dass man bei der praktischen Durchsetzung dessen, was man für gut hält, damit rechnen sollte, dass andere das vielleicht nicht für ganz so gut halten, wie man selbst. Und er beläuft sich auch nicht auf die zutreffende *politische* Einsicht, dass man bei der praktischen Durchsetzung dessen, was man für gut hält, auf die Kraft des besseren Arguments vertrauen sollte, anstatt auf den Einsatz von Zwangsmitteln. Vielmehr gibt es aus Sicht des ethischen Subjektivismus schon bei der *ethischen* Beurteilung nur Subjektivität *all the way down*. Und deshalb sollten wir uns, so das subjektivistische Credo, zu der Einsicht durchringen, dass für jede Person das gut ist, was sie für gut hält, weil sie es für gut hält.

Auch hier treffen wir wieder auf das Rätsel, das wir in ähnlicher Form schon vom Nonkognitivismus und vom Instrumentalismus kennen: Es wird unverständlich, wie wir uns überhaupt mit Gründen darüber streiten können, ob der Vollzug einer Handlung oder das Verfolgen einer Absicht für eine Person gut ist oder nicht. Aber eben dies tun wir – dem Subjektivismus zum Trotz – im Alltag nicht weniger, als uns z.B. darüber zu streiten, ob hinter dem Haus eine Rosskastanie steht oder nicht. Ich vermute sogar, wir tun es öfter. Aber was wir tun, wenn wir dies tun, lässt sich mit Hilfe des Subjektivismus nicht mehr erläutern, es sei denn, wir fassten die Urteile, die wir austauschen, im Sinne des Nonkognitivismus als psychologische Aussagen über unsere Pro-Einstellungen auf, die Ausdruck unserer volitiven, konativen, affektiven oder appetitiven Regungen sind. Dass dies nicht sehr weit trägt und zumindest *prima facie* auch nur schwer zu vereinbaren ist mit der Form ethischer Urteile, haben wir aber bereits gesehen.

Träfe der Subjektivismus zu, dann könnte der Wunsch von John Miltons Teufel nicht einmal mehr paradox sein, weil er vollends unverständlich wäre.[12] Auch wäre es kaum mehr zu verstehen, was die Erste Person damit meinen könnte, wenn sie retrospektiv behauptet, dass sie diese oder jene Handlung oder Absicht nur für gut hielt. Und zu einem Rätsel würde es auch werden, wie wir selbstschädigende Handlungen und Absichten als solche begreifen könnten. Wie könnten wir noch begründeter Weise behaupten, dass es gut für Gertrud wäre, würde sie ihre Lungenentzündung von einem Arzt behandeln lassen, wenn Gertrud es für schlecht hält, ihre Lungenentzündung von einem Arzt behandeln zu lassen? Wie sollten wir begründen, dass es schlecht für Elisabeth ist, wenn Elisabeth von nun an auf ihr Recht der freien Meinungsäußerung verzichtet, sofern Elisabeth eben diesen Verzicht für gut hält? Warum ist es für uns jedoch andererseits so leicht nachvollziehbar, dass Margarete es für gut hält, ihre Lungenentzündung von einem Arzt behandeln lassen und auf ihr Recht der freien Meinungsäußerung nicht zu verzichten? Träfe der Subjektivismus zu, so wäre dies purer empirischer Zufall – nämlich die zufällige Übereinstimmung unserer beliebig subjektiven mit Margaretes beliebig subjektiven Bewertungen des angemessenen Umgangs mit Lungenentzündungen und der Wichtigkeit freier Meinungsäußerung.

Wäre der Subjektivismus zutreffend, so würden sowohl der Begriff des Guten als auch das Gutsein letztlich selbst zu einem Mysterium werden. Denn unter der Voraussetzung des Subjektivismus würde uns der Maßstab für die ethische Qualität einer Handlung oder Absicht – und auch eines Habitus oder Charakters einer Person – abhanden kommen. Aber damit nicht genug: Glauben wir Wilfrid Sellars' Ausführungen zum Verhältnis von „X looks φ to S" und „X is φ"[13], wonach dieses die begriffliche Voraussetzung ist, um jenes verstehen zu können, und übertragen wir Sellars' Einsicht auf unseren Fall, so folgt daraus, dass die Rätselhaftigkeit des Gutseins auch vor dem Begriff nicht haltmacht, auf dem der ganze Subjektivismus gründet, nämlich dem Begriff des Für-Gut-Haltens. Denn, wenn Sellars Recht hat, so gilt auch im Falle des Für-Gut-Haltens, dass wir „Für-Gut-Halten" erst dann verstehen können, wenn wir „Gutsein" bereits verstanden haben.

8. Vertritt man einen ethischen Subjektivismus, so wird man vermutlich dennoch zugeben, dass wir, bei aller Subjektivität in der Ethik, irgendwie miteinander auskommen müssen. Wir müssen zusammenleben und das nach Möglichkeit so, dass wir nicht, wie kantische Teufel in einer hobbesschen Welt, unentwegt übereinander herfallen. Der jetzt skizzierte Subjektivismus gibt uns aber keinen wirklichen Hinweis darauf, wie das möglich sein könnte. Zwar betont der Liberalismus die Wichtigkeit der Nichteinmischung, aber ethische Nichteinmischung ist offenkundig nicht genug für ein gedeihliches Miteinander.

Der typische subjektivistische Ausweg aus dieser Zwangslage besteht darin, die Ethik von der Moral auf eine Weise zu scheiden, die zwei prinzipiell ganz verschiedene Arten von Bewertungshinsichten und Kriterien für die Qualität einer Handlung oder Absicht einführt. Als einen der Ahnherren dieser Differenz können wir John Stuart Mill ansehen, der mit Blick auf das Handeln eines Akteurs feinsinnig zwischen „self-regarding faults" und „moral vices" unterschied.[14] Moralisch relevant ist eine Handlung oder Handlungsabsicht demnach nur dann, wenn sie die Zweite und Dritte Person betrifft. Betrifft sie dagegen lediglich die Erste Person, dann ist sie moralisch irrelevant. Denn anders als moralische Laster stellen die selbstbezogenen Handlungen und Absichten eines Akteurs, die aus Sicht der Zweiten und Dritten Person Torheiten sein mögen, keine Verletzungen von moralischen Pflichten dar, solange sie die Zweite und Dritte Person nicht betreffen: „They may be proofs of any amount of folly, or want of personal dignity and self-respect; but they are only a subject of moral reprobation when they involve a breach of duty to others, for whose sake the individual is bound to have care for himself."[15] Moralische Pflichten sind nämlich, laut Mill, ausschließlich dazu da, unser Miteinander zu regeln. Und daher kann die Erste Person nach Mills Auffassung moralische Pflichten auch überhaupt nur hinsichtlich dessen haben, was die Zweite und Dritte Person betrifft, nicht jedoch, hinsichtlich dessen, was lediglich die Erste Person selbst betrifft.

Schließt man sich dieser Abgrenzung von moralisch irrelevanten Belangen gegenüber den Belangen der Moral an, so kann man Ethik und Moral anhand der Adressaten möglicher Handlungen oder Handlungsabsichten unterscheiden. Darüber hinaus kann man aber die zunächst so getroffene Unterscheidung auch erheblich ausschmücken, so dass sie weit mehr wird als eine bloße Adressaten- oder Perspektivendifferenz. All das, was ausschließlich die eigene Person (oder Personengruppe) betrifft, ist dann von lediglich intrasubjektiver Bedeutung und kann weiterhin als Bündel grenzenlos subjektiver Pro-Einstellungen aufgefasst werden. Derlei wird dann aber auch nicht als Thema der Moral angesehen, sondern bleibt der Ethik überlassen. Die Belange der Moral indes sind intersubjektiv und daher hat das, was die Moral besagt, nicht den Status subjektiver Pro-Einstellungen, sondern den Status intersubjektiver Pflichten, die für alle Betroffenen gleichermaßen gelten. Und dieser Unterschied zieht auch einen gewaltigen Unterschied der Kriterien zur Bewertung der Qualität einer Handlung oder Absicht nach sich. Das Kriterium *ethischer* Qualität besteht darin, inwiefern eine Person (oder Personengruppe) die durch ihre subjektiven Pro-Einstellungen konstituierten Handlungsziele realisieren und ihre Vorstellung eines individuell guten Lebens verwirklichen kann. Das Kriterium *moralischer* Qualität besteht hingegen darin, inwiefern eine Person (oder Personengruppe) in ihrem absichtlichen Handeln andere Personen (oder Personengruppen) nicht schädigt und so ihren negativen intersubjektiven Pflichten nachkommt. Oder in einem womöglich schwächeren Sinne auch darin, inwiefern sie anderen Personen (oder Personengruppen) hilft und so ihren positiven intersubjektiven Pflichten nachkommt.[16]

Eine solche an Mill orientierte Unterscheidung zwischen „Ethik" und „Moral" hat im moralphilosophischen Mainstream der Gegenwart offenbar noch immer nichts von ihrer Attraktivität eingebüßt. Nach wie vor ist sie bei vielen modernen Moralphilosophen mindestens ebenso beliebt wie Immanuel Kants Bestimmung von „Moral", wonach „Moral" der rationale Teil der Ethik ist, der die formale Ausformulierung derjenigen allgemeinen Gesetze betrifft, welche thematisch begrenzt sind durch den erfahrbaren Gegenstand des Sittlichen.[17] Und zumeist unter der Hand wird heutzutage die Unterscheidung zwischen einer intrasubjektiven Ethik und einer intersubjektiven Moral gerne verschränkt mit Kants Bestimmung der Moral als formal. Dabei muss man allerdings nicht nur geflissentlich übersehen, dass Kant der Grundgedanke eines ethischen Subjektivismus ebenso fremd war wie der Grundgedanke eines Instrumentalismus der praktischen Rationalität.[18] Um eine derartige Verschränkung auch nur halbwegs kohärent hinzubekommen, muss man mindestens ebenso geflissentlich missachten, dass Kant „Ethik" und „Moral" nicht einmal ansatzweise im Stile Mills voneinander abgrenzte und auch keineswegs der Ansicht war, moralische Pflichten seien lediglich intersubjektive Pflichten.[19]

Da es aber den meisten Philosophen im Ernstfall wenig Schwierigkeiten bereitet, von derlei Petitessen abzusehen, sind viele moralphilosophische Ansätze der
Gegenwart mehr oder minder deutlich erkennbar von einer derartigen Verschränkung Kants und Mills gekennzeichnet. Eine ausgesprochen deutliche Version
dieser Verschränkung vertritt z.B. Jürgen Habermas, wenn er einerseits, an Kant
orientiert, einen formalen Universalisierungsgrundsatz als *das* Prinzip der Moral
annimmt[20] und andererseits, an Mill orientiert, behauptet: „Wir machen von der
praktischen Vernunft einen moralischen Gebrauch, wenn wir fragen, was gleichermaßen gut ist für jeden; einen ethischen Gebrauch, wenn wir fragen, was
jeweils gut ist für mich oder für uns."[21] Obwohl Habermas' Unterscheidung zwischen „Ethik" und „Moral" mitunter als eigentümlich bezeichnet oder als originär habermasianisch dargestellt wird, ist sie das meines Erachtens keineswegs.
Betrachtet man sie vor dem Hintergrund der dominanten Tendenzen in der
modernen Moralphilosophie, so ist sie einfach nur die klarste und eindeutige
Ausformulierung derjenigen Vorstellung, die kennzeichnend ist für die weitaus
größte Zahl moderner moralphilosophischer Ansätze. Nämlich eben jener Vorstellung, dass unser Nachdenken über die Qualität unserer Handlungen, Absichten und Ziele einerseits den Kriterien gehorchen kann, die auf dem privaten und
nur subjektiv relevanten Feld der Ethik beheimatet sind, und dass es andererseits
den Kriterien gehorchen muss, die ihre formale und prinzipielle Heimstatt auf
dem öffentlichen und intersubjektiv relevanten Feld der Moral haben.

9. Mit der jetzt angedeuteten Unterscheidung zwischen einer material reichhaltigen, aber grenzenlos subjektiven Ethik und einer formalen (oder zumindest
material weitestgehend ausgedünnten) intersubjektiven Moral, sind wir bei dem
vierten Grundgedanken der modernen Moralphilosophie angelangt, den ich zu
Beginn des Kapitels als *moralischen Intersubjektivismus* bezeichnet habe.

In einem gewissen Sinne – nämlich sehr roh, aber dafür klar – kann man
sagen, dass aus Sicht des Intersubjektivismus die einzige Aufgabe der Moral darin
besteht, die divergierenden und womöglich konfligierenden subjektiven Pro-Einstellungen der einzelnen Personen, die miteinander zusammenleben müssen,
in Schach zu halten und zu koordinieren. Dabei ist der Intersubjektivismus aber
nicht nur deshalb ein echter Inter-*Subjektivismus*, weil er die Beziehungen zwischen einzelnen Personen betrifft. Vielmehr ist er auch inter-*subjektivistisch*,
was die von ihm verfochtene Begründung dafür anbelangt, weshalb moralische
Normen vernünftigerweise befolgt werden sollen bzw. praktisch befolgt werden
müssen.

Die für den Intersubjektivismus typische Begründungsstrategie zielt nämlich
darauf ab, zu zeigen, dass es – ganz im Sinne des rationalen Instrumentalismus –
alles in allem praktisch rational für jede Person ist, in ihrem Handeln und Beab-

sichtigen den für alle Personen gleichermaßen und in gleicher Weise geltenden Normen einer universellen Moral zu folgen. Dass die Befolgung dieser Normen für jede Person alles in allem praktisch rational ist, ergibt sich aus der Notwendigkeit, dass jede Person in irgendeiner Weise mit anderen Personen zusammenleben muss. Unter dieser Vorraussetzung stellt nämlich die Befolgung universell und egalitär geltender moralischer Normen für jede Person das beste Mittel dar, um ihre je individuellen – ganz im Sinne des ethischen Subjektivismus verstandenen – Vorstellungen vom guten Leben weitgehend zu verwirklichen. Denn wenn alle Personen sich diesen Normen unterwerfen, dann kann jede Person zumindest denjenigen subjektiven Pro-Einstellungen gemäß leben, die keine andere Person daran hindern, ihren subjektiven Pro-Einstellungen gemäß zu leben. Die Einschränkungen, die die Befolgung der moralischen Normen jeder einzelnen Person auferlegt, sind für sie gewissermaßen das kleinste Übel, um die größtmögliche subjektive Freiheit unter der Notwendigkeit des Zusammenlebens aller Personen zu gewährleisten.

Aus intersubjektivistischer Sicht muss eine Begründung der Moral, die plausibel sein soll, eben dies jeder instrumentell rationalen Person klarmachen können. Und erst dann, wenn eine Begründung moralischer Normen jede instrumentell rationale Person, die von ihnen betroffen ist, dazu motivieren kann, der Befolgung dieser moralischen Normen zuzustimmen, sind diese Normen aus intersubjektivistischer Sicht auch tatsächlich gerechtfertigt.[22] Das intersubjektivistische Verständnis der Moral, dass in dieser Anforderung an eine plausible Moralbegründung zum Ausdruck kommt, läuft darauf hinaus, dass Handlungen und Handlungsabsichten dann als moralisch richtig gerechtfertigt sind, wenn sie Normen des sozialen Miteinanders entsprechen, die die folgende Bedingung erfüllen: Alle rationalen Akteure, die von einer moralischen Norm betroffen sind, halten die Befolgung der Norm durch alle von ihr Betroffenen für moralisch richtig und haben die Pro-Einstellung, der Norm zu folgen, weil sie es für gleichermaßen rational und gut für alle Betroffenen halten, dass alle Betroffenen die Norm befolgen. Eine moralische Norm, die diese Bedingung erfüllt, ist aus intersubjektivistischer Sicht als richtig gerechtfertigt. Und folglich sind die Handlungen und Absichten, die ihr entsprechen, ebenso als richtig gerechtfertigt, während diejenigen, die ihr nicht entsprechen, es nicht sind.

Die Erfüllung der intersubjektivistischen Bedingung soll – zumindest prinzipiell – dadurch erreicht werden, dass die Inhalte der moralischen Normen von allen Betroffenen im intersubjektiven Prozess des rationalen Abwägens ihrer je subjektiven Pro-Einstellungen und Vorstellungen vom guten Leben bestimmt werden. Das Ergebnis dieses Prozesses muss dann die konsensuelle Einigung über die Inhalte der fraglichen Normen sein. Üblicherweise wird der Prozess dieser konsensuellen Einigung dabei von Intersubjektivisten entweder als ein nicht durch asymmetrische Machtverhältnisse verzerrter Diskurs zwischen vernünftigen Beteiligten dargestellt, in dem lediglich der „zwanglose Zwang des besseren Arguments"[23] herrscht. Oder er wird mit Hilfe des Modells eines Kontrakts unter gleichberechtigten rationalen Vertragspartnern dargestellt. Der so erzielte Konsens darüber, dass die Befolgung der entsprechenden Normen gleichermaßen rational und gut für alle von ihnen Betroffenen und daher moralisch richtig ist, rechtfertigt dabei die Richtigkeit der Normen und ihre universelle und egalitäre Geltung unter den Betroffenen. Man könnte auch sagen: Die so etablierte Geltung der Normen rechtfertigt die Normen als richtig, da das intersubjektive Zustandekommen ihrer Geltung als gerecht gelten kann.[24]

Sind alle von einer moralischen Norm betroffenen rationalen Akteure konsensuell der Überzeugung, dass die Befolgung der Norm gleichermaßen rational und gut für alle von ihr Betroffenen und daher richtig ist, so erheben sie dementsprechend alle reziprok die Forderung, der Norm zu folgen. Damit legen sie sich wechselseitig, je nach Inhalt der betreffenden Norm, entweder eine positive oder eine negative moralische Pflicht auf (und erkennen das ihrer Pflicht korrespondierende moralische Recht der anderen Personen an). Weist ein Betroffener keinen *lack of moral sense* auf, so reagiert er gerechtfertigter Weise mit Empörung (und womöglich auch weiterreichender negativer Sanktionierung) auf die Normverletzungen seines Gegenübers. Die eigenen Normverletzungen erfüllen ihn dagegen mit Scham, und er betrachtet die Empörung (und die womöglich auch weiterreichende negative Sanktionierung) seines Gegenübers als gerechtfertigt.[25]

Sowohl die diskursethische als auch die kontraktualistische Version, den rationalen Prozess konsensueller Einigung näher zu erläutern, kann als der intersubjektivistische Versuch verstanden werden, die Geltung moralischer Normen so auszubuchstabieren, dass durch sie der grenzenlose ethische Subjektivismus begrenzt und überwunden wird, ohne dass dazu jedoch auf eine Instanz oder Autorität verwiesen werden muss, die den betroffenen Individuen übergeordnet ist und ihre Autonomie in Frage stellt. An die Stelle einer übergeordneten Autorität (wie etwa Gott), auf die Bezug genommen wird, um dem je subjektiv Guten der Individuen eine reichhaltige Konzeption des *objektiv* Guten gegenüberzustellen und so eine allgemein verbindliche Moral zu begründen, tritt eine formale Konzeption des Richtigen, das auf konsensueller Einigung der Individuen beruht. Das Gute spielt nur noch insofern eine Rolle bei der Begründung der Moral, als es ganz im je Subjektiven der Individuen belassen wird, die sich, im Bewusstsein der Subjektivität und der damit einhergehenden Relativität ihrer Vorstellung vom guten Leben, einvernehmlich auf eine formale Konzeption des Richtigen einigen, das die weitestgehende Verwirklichung jeder subjektiven Vorstellung vom guten Leben der Betroffenen unter der Notwendigkeit ihres Zusammenlebens zulässt.

Die Geltung der moralischen Normen soll also gleichsam in einem „detranszendentalisierten" Sinne begründet werden.[26] Und diese detranszendentalisierte Begründung soll insofern eine originär *moralische* (und nicht ethische) Begründung sein, als das Richtige nicht mehr durch Berufung auf das von einer transzendenten Autorität vorgegebene objektiv Gute begründet wird, sondern durch das, was die betroffenen Akteure konsensuell für richtig halten und reziprok voneinander einfordern. Es ist jedoch fraglich, ob der Intersubjektivismus das halten kann, was er verspricht. Denn es ist durchaus nicht ohne weiteres verständlich, weshalb diejenigen Normen richtig sein sollten, deren Befolgung von allen Akteuren, die von ihnen betroffen sind, konsensuell als richtig angesehen wird. Und dies liegt daran, dass es begrifflich alles andere als klar ist, ob „Richtigsein" sich in konsensuellem „Für-richtig-Halten" erschöpft, wie der Intersubjektivist, sofern er konsequent ist, letztlich behaupten muss. Erschöpft sich „Richtigsein" nicht in konsensuellem „Für-richtig-Halten", dann führt jedoch die für den Intersubjektivismus typische Begründungsstrategie des moralisch Richtigen zu einem weiteren Rätsel der modernen Moralphilosophie.

10. Wenn wir uns an die bereits zuvor erwähnte Einsicht Sellars' erinnern, die besagt, dass das Verständnis von „X is φ" die Vorraussetzung dafür ist, „X looks φ to S"[27] verstehen zu können, und wenn wir diese Einsicht auf das Verhältnis der Begriffe „Richtigsein" und „Für-richtig-Halten" übertragen, so liegt mehr als nur der starke Verdacht nahe, dass sich „Richtigsein" schon aus begrifflichen Gründen nicht in konsensuellem „Für-richtig-Halten" erschöpfen kann. Wenn nun zudem ein Fall denkbar wäre, in dem die von bestimmten Normen Betroffenen alle konsensuell die Befolgung dieser Normen für richtig halten, wir aber nichtsdestoweniger die Befolgung dieser Normen kaum anders als falsch, unmoralisch, ungerecht etc. begreifen können, dann ist mit der Denkbarkeit eines solchen Falls auch intuitiv einleuchtend gezeigt worden, dass sich „Richtigsein" nicht in konsensuellem „Für-richtig-Halten" erschöpft. Ist dies gezeigt worden, so ist es allerdings rätselhaft, wie der Intersubjektivismus das leisten kann, was er aus Sicht der Intersubjektivisten leisten soll: nämlich die Geltung moralischer Normen zu begründen. Ich glaube, das nachfolgende Gedankenexperiment – das wirklich nicht allzu viel Phantasie erfordert – konfrontiert uns mit genau einem solchen Fall:

Stellen wir uns vor, wir kämen von weit Außerhalb und besuchten das alte Europa. Stellen wir uns weiterhin vor, Karl Marx hätte seine revolutionären Überlegungen für sich behalten und in Europa würde heutzutage ein allseits geteilter Konsens darüber herrschen, dass die Ausbeutung der Arbeiter und auch der Angestellten für alle gleichermaßen gut ist. Hierüber herrscht nicht nur Konsens unter den Bessergestellten, sondern auch unter den Schlechtergestellten, ähnlich wie dies offenbar lange Zeit für das Kastensystem in Indien galt. Dabei gebrauchen sowohl die Schlechtergestellten als auch die Bessergestellten das Wort „Ausbeutung" so, dass wir ihren Wortgebrauch als hinreichend ähnlich zu unserem Gebrauch des Wortes „Ausbeutung" begreifen und sagen können, dass sie im Großen und Ganzen über den Begriff der Ausbeutung verfügen. Die europäischen Arbeiter und Angestellten verfügen aber nicht nur über den Begriff der Ausbeutung, sondern können auf Nachfrage auch allerlei (interne) Gründe für ihre feste Überzeugung anführen, dass es sowohl für sie als auch für alle anderen gleichermaßen gut ist, wenn sie von einer kleinen bourgeoisen Elite ausgebeutet werden. Als von den ausbeuterischen Normen Betroffene stimmen sie hierin untereinander und mit ihren Ausbeutern konsensuell überein. Und dementsprechend hat jeder Schlechtergestellte auch die Pro-Einstellung, möglichst weitgehend, umfassend und erschöpfend ausgebeutet zu werden. Die ihren Pro-Einstellungen entsprechenden Zustände des gesellschaftlichen Miteinanders sehnen die Schlechtergestellten daher nicht nur passiv herbei. Ihre Pro-Einstellungen konstituieren ihre subjektiven Handlungsziele, deren Realisierung sie aktiv in ihrem Handeln verfolgen, und zwar mit allerlei instrumentellem Geschick. Wenn es darum geht, die größtmögliche Ausbeutung zu erfahren, möchte jeder Arbeiter und Angestellte der Erste sein! Denn sowohl die Schlechtergestellten als auch die Bessergestellten halten eben dies für moralisch richtig und sind der festen Überzeugung, dass genau dies das gute oder gar das beste Leben für sie ist. Und folglich gelten nicht nur die dominantesten unter den Ausbeutern, sondern auch die devotesten unter den Ausgebeuteten, die bis zum körperlichen Zusammenbruch servil sind, zugleich als moralische Vorbilder und als wahre Meister des *Savoir-vivre*.[28]

Bei unserer Einschätzung der Lage im alten Europa wird der Umstand, dass alle Betroffenen die ausbeuterischen Normen konsensuell für moralisch richtig halten und davon überzeugt sind, dass sie gleichermaßen rational und gut für alle Betroffenen sind, kaum etwas daran ändern, dass wir das, was hier offensichtlich intersubjektiv legitimiert ist, als moralisch falsch beurteilen. Vielleicht werden wir ja auf unserer Heimreise über Basis und Überbau, Aufklärung und Massenbetrug sowie die Vielfalt bestehender Verblendungszusammenhänge nachdenken. Auf jeden Fall jedoch werden wir keine Gründe finden, weshalb das, was sich gerade im alten Europa abspielt, als Ermöglichung eines für Menschen guten Lebens zu betrachten sei und als moralisch richtig angesehen werden muss. Ausbeutung – ebenso wie Entrechtung, Unterdrückung oder Verstümmelung – kann nicht richtig und gut sein für Menschen. Und dies wird es auch dann nicht, wenn dem alle betroffenen rationalen Akteure konsensuell zustimmen und dabei die formal-prozessualen Bedingungen erfüllt sind, die Intersubjektivisten von einem konsensuellen Diskurs oder Kontrakt verlangen. Denn dadurch, dass alle betroffenen rationalen Akteure übereinstimmend glauben, dass etwas gleichermaßen richtig, gut und rational für alle Betroffenen sei, ist es dies nicht auch schon. Anders gesagt – nämlich auf Sellars' Schultern stehend: „Für-richtig-Halten" setzt begrifflich „Richtig-Sein" voraus, weshalb „Richtig-Sein" nicht auf „Für-richtig-Halten" reduziert werden kann, auch nicht auf konsensuelles „Für-richtig-Halten" mit geteilten Gründen.

Als Reaktion auf derlei Gedankenexperimente könnte man nun als moralischer Intersubjektivist versuchen, das Rätsel dadurch zu lösen, dass man nicht nur bestimmte formale Mindestanforderungen formuliert, die der Diskurs oder Kontrakt erfüllen muss, sondern die auch die Diskursteilnehmer oder Vertragspartner selbst erfüllen müssen und die über das, was Instrumentalismus und Subjektivismus besagen, hinausgehen. So könnte man beispielsweise von den Betroffenen verlangen, sie dürften nicht lediglich „zweckrational"[29] agieren, sondern müssten „diskursiv vernünftig" sein.[30] Tut man derlei, so ist man jedoch nicht nur mit dem Problem konfrontiert, dass man jetzt begründen können muss, warum offensichtlich nicht mehr alle von einer Norm in gleicher Weise Betroffenen auch als Diskursteilnehmer oder Vertragspartner in gleicher Weise zugelassen sind, sofern nicht alle von den Normen Betroffenen auch diskursiv vernünftig sind. Vor allem ist man mit dem Problem konfrontiert, dass man „diskursiv vernünftig" nicht im Sinne des Instrumentalismus und des Subjektivismus bestimmen kann, sondern darüber hinausgehende allgemeine inhaltliche Kriterien des geforderten Vernünftigseins angeben muss. Es ist aber mehr als nur schwer, die goldene Mitte zu treffen, wenn es um die Frage geht, wie stark material angereichert die Beschreibung der zur Bedingung gemachten Art des Vernünftigseins der Beteiligten sein darf, und wie ideal der Diskurs oder Kontrakt.[31]

Wird die Beschreibung der Diskursteilnehmer oder Vertragspartner von vornherein material zu stark mit Überzeugungen angereichert, die in einem nicht-subjektiven Sinne ethisch gut und moralisch richtig sein sollen, so stellt sich die Frage, wozu es überhaupt noch der formal-prozessualen Bedingungen des Diskurses oder Kontrakts bedarf, um etwas als moralisch richtig zu rechtfertigen. Denn die Qualität der Normen, über die ein Konsens erzielt werden soll, hängt dann offensichtlich gar nicht mehr von der konsensuellen intersubjektiven Einigung ab. Vielmehr ist diese Qualität unter der Hand schon dadurch festgelegt, dass gute und richtige Überzeugungen und Intentionen auf Seiten der hinreichend rationalen oder vernünftigen Beteiligten vorliegen. Diejenigen, die als rationale oder vernünftige Beteiligte des Diskurses oder Kontrakts zugelassen sind, haben ihre Zulassung gerade deshalb erhalten, weil sie bereits bestimmte ethische und vor allem moralische Kriterien erfüllen. Das hieße aber, dass der diskursive oder vertragliche Konsens in Gefahr gerät, letztlich gar nichts zur Begründung moralischer Normen beizutragen.

Reichert man die hier zur Bedingung gemachten Eigenschaften des Rational- oder Vernünftigseins der Beteiligten dagegen material zu schwach oder gar nicht an, wird man Fälle wie den im Gedankenexperiment angeführten nicht ausschlie- ßen können. Worauf sich die Betroffenen jeweils konsensuell einigen, wird dann aber zu einem bloßen empirisch-kontingenten Faktum, das von der je zufälligen psychologischen Verfasstheit der betroffenen Personen und ihren jeweiligen sub- jektiven Pro-Einstellungen abhängt. Manchmal könnte der Konsens zufällig zu Normen führen, die auch plausibler Weise als moralisch richtig und begründbar erscheinen. Aber ebenso gut könnte der Konsens auch zu Normen wie jenen aus unserem Gedankenexperiment führen, bei denen es vollkommen kontraintui- tiv wäre, zu behaupten, sie seien moralisch richtig und könnten gut begründet werden.

11. Neben dem jetzt aufgeworfenen Rätsel des Intersubjektivismus gibt es aber noch ein weiteres Problem, das sich nur vordergründig als Problem des Inter- subjektivismus darstellt. Tatsächlich resultiert es viel stärker aus der Verbin- dung der vier Grundgedanken, die das Bild ausmachen, welches die moderne Moralphilosophie von Ethik und Moral insgesamt zeichnet. Denn die Verbindung von Nonkognitivismus, Instrumentalismus, Subjektivismus und Intersubjekti- vismus ruft den moralphilosophischen Skeptizisten auf den Plan. Dessen typi- sche Frage richtet sich nur deshalb zuvorderst an den Intersubjektivismus, weil diesem innerhalb des Bildes die Aufgabe zukommt, das Konzept des eigentlich Moralischen zu entfalten. Die Frage des moralphilosophischen Skeptizisten stößt uns auf das Rätsel, wie man, unter Voraussetzung der vier Grundgedanken der modernen Moralphilosophie, überhaupt die allgemeine Befolgung universell und egalitär geltender moralischer Normen durch jede Person als praktisch rati- onal und gut für jede Person begründen könnte. Denn die typische Frage des moralphilosophischen Skeptizisten kann man in etwa so formulieren: Warum eigentlich sollte ein praktisch rationaler Akteur sein Beabsichtigen und Handeln an dem orientieren, was von allen anderen als rational und gleichermaßen gut für alle angesehen wird – und somit als richtig –, sofern er herausfindet, dass er seine subjektiven Handlungsziele alles in allem *auch* oder *besser* oder vielleicht sogar *nur* realisieren kann, wenn er sich in seinem Handeln und Beabsichtigen gerade nicht an das hält, was von allen anderen als rational und gleichermaßen gut für alle – und somit als richtig – angesehen wird?

Diese skeptische Frage, mit der das Bild der modernen Moralphilosophie konfrontiert ist, zielt nicht lediglich auf die empirische Möglichkeit der man- gelnden Motivation zur Befolgung moralischer Normen ab, wie sie z.B. irgend- welchen okkulten Bösewichten eigen sein mag, die darauf fixiert sind, möglichst unmoralisch zu handeln und lasterhaft zu leben. Und sie betrifft auch nicht die mangelnde Motivation von Akteuren, die einen *lack of moral sense* aufweisen, den wir auf ihre begrenzten kognitiven Fähigkeiten zurückführen könnten. Die Frage hat vielmehr Akteure im Blick, die der Konzeption praktischer Rationalität genügen, welche der Instrumentalismus entwirft, und die zudem auch nicht als Selbstzweck Böses im Schilde führen, sondern nur das realisieren wollen, was für sie – ganz im Sinne des Subjektivismus – gut ist, weil sie es für gut halten.

Genau mit Blick auf solche Akteure scheinen die Zweifel, die der moralphilosophische Skeptizist gegenüber der intersubjektivistischen Begründung der Geltung moralischer Normen hegt, nicht unberechtigt. Denn es wird rätselhaft, wie man, ausgehend vom Nonkognitivismus und vor dem Hintergrund des Instrumentalismus und des Subjektivismus, einem moralischen Trittbrettfahrer mit dem Intersubjektivismus beikommen könnte. Das Rätsel entsteht dadurch, dass unklar ist, was irrational und schlecht daran sein könnte, wenn ein Akteur, durch geschickte Wahl der Mittel, dasjenige realisiert, was er für gut hält – und zwar einerlei, ob alle anderen es als rational und gleichermaßen gut für alle ansehen und es somit für richtig halten. Denn aus instrumentalistischer Sicht wäre es praktisch irrational, nicht gegen die moralischen Normen zu verstoßen, wenn der Verstoß eine Realisierung der subjektiven Handlungsziele ermöglichen würde.

Wollte man das vom Skeptizisten aufgeworfene Problem der modernen Moralphilosophie auf seinen mysteriösen Gipfel treiben, so ließe sich das relativ leicht dadurch bewerkstelligen, dass man überspitzt fragt: Was sollte nun eigentlich irrational und schlecht daran sein, sich moralisch falsch zu verhalten? Und was sollte am moralisch richtigen Verhalten eigentlich praktisch rational sein, wenn sich das ethisch Gute durch moralisch falsches Verhalten realisieren lässt? Kann man diese Fragen nicht überzeugend beantworten, so kann man dem Trittbrettfahrer auch nicht erklären, warum er eigentlich nicht falsch, sondern richtig handeln sollte, indem er die moralischen Normen befolgt.

Der Hinweis darauf, dass alle anderen die Befolgung für richtig halten, scheint den Trittbrettfahrer dabei ebenso wenig beeindrucken zu müssen wie der Umstand, dass er es nicht wollen kann, dass sich jeder so verhält, wie er. Denn der Trittbrettfahrer kann ohne weiteres akzeptieren, dass dasjenige, was von allen anderen für richtig gehalten wird, im Prinzip auch moralisch gerechtfertigt ist. Und er kann dann auch bejahen, dass die so gerechtfertigten moralischen Normen für „diese Leute" universelle, egalitäre und sogar unbedingte Geltung besitzen. Das muss ihn jedoch keineswegs daran hindern, die normativen Forderungen der Moral rationalerweise von sich zu weisen, sofern Subjektivismus, Instrumentalismus und Nonkognitivismus zutreffen. Der listige Trittbrettfahrer könnte nämlich *erstens* (laut Subjektivismus) behaupten, dass das moralisch Richtige ihn einfach nicht interessiere und es daher keine Rolle für seine zielkonstituierenden Pro-Einstellungen spiele, weshalb das moralisch Richtige auch nicht in dem für ihn Guten enthalten sei. Und er könnte *zweitens* (laut Instrumentalismus) anführen, dass der Verstoß gegen die moralischen Normen von ihm sogar normativ gefordert sei. Denn aufgrund der speziellen Art seiner subjektiven Handlungsziele können sie auch, besser oder nur durch den Verstoß realisiert werden. Daraus könnte er schließlich, ohne einen logischen Fehler zu begehen, den Schluss ziehen, dass für all diejenigen, die sich für moralische Belange interessieren, die moralischen Normen selbstverständlich universelle, egalitäre und unbedingte Geltung haben, dass sie für ihn jedoch nicht gelten und es praktisch rational und normativ gefordert von ihm sei, dass er gegen sie recht geschickt und ausdauernd verstößt.

Die üble Pointe einer solchen Überlegung des listigen Trittbrettfahrers besteht natürlich darin, dass die angeführte Begründung gerade für jene speziellen Arten von subjektiven Handlungszielen maßgeschneidert zu sein scheint, die wir als besonders verwerflich, lasterhaft und unmoralisch betrachten. Uns mag das Ergebnis der Überlegung daher abstoßen. Aber innerhalb des zuvor gezeichneten Bilds der modernen Moralphilosophie gibt es keinen Platz, der es uns ermöglichen würde, dem Trittbrettfahrer vorzuhalten, er sei praktisch irrational und könne nicht das Gute verfolgen, weil er den moralischen Normen nicht folgt.[32]

12. Unsere Hilflosigkeit gegenüber dem listigen Trittbrettfahrer rührt meines Erachtens daher, dass die Forderungen der intersubjektivistischen Moral einfach *viel zu spät* kommen, um noch eine Lösung der zuvor angesprochenen Rätsel zu bieten. Denn Nonkognitivismus, Instrumentalismus und Subjektivismus haben das Feld bereits so beackert, dass zwar die Blumen des Bösen sprießen können, aber die Moral nicht mehr erblühen kann. Die Vorstellung des intersubjektiven Konsenses zwischen Personen, die ihre subjektiven Pro-Einstellungen hegen und pflegen, die ihre rein subjektiven Handlungsziele im Blick haben und für die alles gut ist, was sie als gut vorstellen, kann nicht zu einem Verständnis der Forderungen der Moral führen, das uns deren universelle, egalitäre und vor allem objektive Geltung verstehen lässt.

Trennt man die Moral von der Ethik in der beschriebenen Weise, fasst man die Rolle der Rationalität im menschlichen Leben rein instrumentell auf und ist man der Ansicht, ethische und moralische Urteile seien nicht wahrheitsfähig, so kann es nicht gelingen, einen nicht-subjektiven Begriff des Guten und des Richtigen plausibel zu skizzieren. Vielleicht ist dies ja der Preis, den man eben zu zahlen hat, wenn man Ethik und Moral „detranszendentalisieren" möchte, indem man das Gute versubjektiviert und das Richtige verintersubjektiviert. Ich halte diesen Preis jedoch für zu hoch. Und ich bin der Ansicht, dass wir nicht das Projekt der „Detranszendentalisierung" verfolgen sollten, sondern uns stärker darum bemühen müssen, einen objektiven Begriff des Guten verständlich zu machen. Damit dies gelingen kann, müssen wir allerdings viel früher ansetzen, als der moralische Intersubjektivismus es tut. Wir müssen den rationalen Instrumentalismus und den ethischen Subjektivismus, die sich im Bild der modernen Moralphilosophie unbotmäßig in den Vordergrund gedrängt haben, wieder dahin rücken, wo sie hingehören – nämlich so weit in den Hintergrund, dass man sie kaum mehr sieht. Um dies zu bewerkstelligen, müssen wir aber damit beginnen, die im 20. Jahrhundert populäre Lehrmeinung in Frage zu stellen, wonach ethische und moralische Urteile als solche keine Überzeugungen und wahrheitsfähigen Urteile sein können. Denn dieser Grundgedanke des Nonkognitivismus eröffnet überhaupt erst die Möglichkeit, das Gute als Gegenstand einer Lehre vom lediglich subjektiv guten Leben aufzufassen und das praktisch Rationale bloß als geschickte Wahl der Mittel zu begreifen, die zur Realisierung des stets nur subjektiv vorgestellt Guten dienen.

Können Urteile darüber, was gut und was schlecht ist, als Urteile begriffen werden, die entweder wahr oder falsch sind, so kann das Gute als objektiv begriffen werden. Wird das Gute als objektiv begriffen, so kann es nicht mehr als grenzenlos subjektiv begriffen werden. Kann das Gute nicht mehr als grenzenlos subjektiv begriffen werden, so kann praktische Rationalität aber auch nicht mehr nur dadurch bestimmt sein, dass sie bloß in der Wahl der besten Mittel zur Realisierung von beliebigen Zielen besteht, die lediglich je subjektiv für gut gehalten werden. Und gelingt es, einen objektiven Begriff des Guten plausibel zu erläutern, so hat dies auch Auswirkungen auf die Unterscheidung zwischen „Ethik" und „Moral" im Stile Mills und Habermas'.

Kann das Gute als objektiv begriffen werden, so kann man zwar – wenn man dies unbedingt will – die Worte „Ethik" und „Moral" noch immer so verwenden, dass sie einen Unterschied der Adressaten markieren, wobei dann „Ethik" für Selbstbezügliches und „Moral" für Fremdbezügliches stehen mag. Aber es gibt dann keinen Anlass mehr, Ethik und Moral in der Weise zu scheiden, dass sie zwei ganz unterschiedliche Themenfelder bezeichnen, weil es ganz verschiedene „Kriterienkataloge" der ethischen und der moralischen Qualität gibt. Können nämlich Urteile darüber, was gut und was schlecht ist, als Urteile begriffen werden, die entweder wahr oder falsch sind, so müssen dies freilich nicht nur partikulare Urteile sein, die besagen, dass das-und-das für die-und-die menschliche(n) Person(en) gut ist. Zwar trifft es zu, dass immer nur die-und-die menschliche(n) Person(en) Urteile fällen können, aber die Urteile, die sie fällen können, können auch universeller Art sein, nämlich dann, wenn sie besagen, dass das-und-das für menschliche Personen gut ist. Ist ein solches Urteil wahr, dann ist das, was gut ist, sowohl für die Erste Person als auch für Zweite und Dritte Personen gut, sofern Erste, Zweite und Dritte Person menschliche Personen sind. Dann besteht jedoch auch kein Grund zu glauben, es gäbe ganz verschiedene ‚Kriterienkataloge‘ ethischer und moralischer Qualität. Und dann spricht auch nichts dagegen, zu sagen, etwas könne moralisch gut sein, anstatt darauf zu beharren, es könne immer nur ethisch gut oder moralisch richtig sein. Ein solches Beharren wäre nur noch das verbissene Festhalten am ethischen Subjektivismus.

13. Meiner Ansicht nach ist es (aus Gründen, die hoffentlich noch deutlicher werden) in der Tat so, dass die Bedingungen, von denen es abhängt, ob eine menschliche Handlung oder ein Beabsichtigen oder ein Charakter selbstbezüglich gut ist, sich nicht wesentlich von den Bedingungen unterscheiden, von denen es abhängt, ob eine menschliche Handlung oder ein Beabsichtigen oder ein Charakter fremdbezüglich richtig ist.

Ich betrachte „gut" vielmehr als basalen Begriff und fasse ihn so auf, dass „richtig" dabei schon immer inkorporiert ist. Und mit Blick auf die Frage der Selbst- und Fremdbezüglichkeit halte ich mich insofern an Kants Wortgebrauch, als ich jetzt nachfolgend nur noch von „Moral" spreche und damit sowohl Selbst- als auch Fremdbezügliches meine. Das Wort Ethik verwende ich hingegen ab jetzt nur noch als Bezeichnung derjenigen Philosophie, die die Moral zum thematischen Gegenstand hat – i. e. Moralphilosophie.[33]

Eine grundlegende Frage der Ethik lautet dann, wie genau ein Urteil zu verstehen ist, welches besagt, dass ein Beabsichtigen, ein Handeln oder ein Charakter eines Menschen moralisch gut ist. Und dieser Frage sollten wir uns jetzt zuwenden!

3 Moralische Wahrheiten

14. Um den im vorherigen Kapitel angesprochenen Rätseln der modernen Moralphilosophie zu entgehen, benötigen wir einen anderen Blick auf die Moral. Wir müssen eine Alternative an die Stelle desjenigen Bildes setzen, das die moderne Moralphilosophie zeichnet. Dieses Unterfangen können wir in Angriff nehmen, indem wir damit beginnen, die im 20. Jahrhundert populär gewordene Lehrmeinung in Frage zu stellen, dass moralische Urteile kein Ausdruck moralischen Wissens sein können. Und genau damit möchte ich jetzt beginnen.

Die Mehrheit der Philosophen, die heutzutage über Moral nachdenken, sind der Ansicht, dass moralische Urteile scharf zu scheiden sind von empirischen Urteilen. Während es ihnen als selbstverständlich gilt, dass empirische Urteile Ausdruck empirischen Wissens sein können, bezweifeln sie, dass es Urteile gibt, die moralisches Wissen zum Ausdruck bringen. Anders als globale Skeptizisten bezweifeln sie also keineswegs ausnahmslos, dass Urteile durch Gründe als wahr gerechtfertigt werden können. Aber sie bestreiten, dass es Urteile gibt, die man zugleich als irreduzibel moralisch begreifen und als wahr rechtfertigen kann. Dies tun sie in der Regel jedoch nicht dadurch, dass sie offenkundig epistemische Zweifel gegenüber moralischen Urteilen formulieren. Denn der ethische Nonkognitivismus beginnt in der Regel schon eine Stufe früher. Er beruht nämlich auf der Ansicht, dass moralische Urteile als solche weder wahr noch falsch, also überhaupt nicht wahrheitsfähig sind.

Vertritt man die Ansicht, dass moralische Urteile als solche nicht wahrheitsfähig sind, so ist es gleich, ob man Platons klassischer Bestimmung von „Wissen" folgt[1] oder ob man mit Edmund Gettier meint, dass diese Bestimmung nicht hinreichend ist.[2] Denn ein Urteil, das nicht wahrheitsfähig und daher keine Überzeugung ist, kann nicht einmal die Bedingungen der klassischen Bestimmung erfüllen. Was nämlich nicht wahrheitsfähig ist, kann auch nicht wahr sein. Und was nicht wahr sein kann, kann auch nicht für wahr gehalten und als wahr gerechtfertigt werden. Daher ist es auch egal, ob man nun etwa David Armstrong oder Alvin Goldman folgt, um auf Gettiers Kritik zu reagieren. Es ist einerlei, ob man, wie Armstrong, für einen „rationalen" Wissensbegriff plädiert, der reichhaltiger ist als die klassische Bestimmung,[3] oder ob man, wie Goldman, eine lediglich reliabilistische Theorie des Wissens favorisiert.[4] Trifft nämlich der nonkognitivistische Grundgedanke zu, so können moralische Urteile auch nicht die Minimalbedingungen eines reliabilistischen Wissensbegriffs erfüllen. Denn für Reliabilisten ist es zwar nicht nötig, dass die Erste Person den Gehalt ihrer Überzeugung als wahr rechtfertigen kann, aber selbst Reliabilisten können nicht auf die Möglichkeit des Wahrseins verzichten (und sei es auch nur, um „Wahrheit" dann auf irgendeinen anderen Begriff zu reduzieren). Sind moralische Urteile als solche nicht wahrheitsfähig, so können sie also keine originär moralischen Gehalte haben, die man als solche wissen kann – gleich, welchen der heutzutage in Umlauf befindlichen Wissensbegriffe man zu Grunde legt.

Moralische Urteile artikulieren kein Wissen, da sie nicht wahrheitsfähig sind! Das ist also die Kernthese, die ethische Nonkognitivisten vertreten. Der Grund, warum sie dieser Ansicht sind, besteht zuallererst darin, dass moralische Urteile in der Regel durch die Äußerung von Sätzen artikuliert werden, die zum Beispiel Einsetzungsfälle folgender Formen sind: „Dass X in s φ-te, war gut/schlecht/ richtig/falsch"; „In s zu φ-en ist gut/schlecht/richtig/falsch"; „Zu φ-en ist gut/ schlecht/richtig/falsch"; „X hat einen guten/schlechten Charakter"; „X ist ein guter/schlechter Mensch" etc. Durch die Äußerung entsprechender Sätze werden nach nonkognitivistischer Auffassung keine wahrheitsfähigen Urteile artikuliert, da solche Sätze Wörter wie „gut", „schlecht", „richtig" und „falsch" enthalten.[5]

15. Gemeinhin gilt Alfred Ayers Emotivismus als Geburtsstunde des ethischen Nonkognitivismus. Ebenso wie Willard van Orman Quine besuchte Ayer als junger Mann das philosophische Wien der frühen 1930er Jahre. Und nicht anders als bei Quine hinterließ der Aufenthalt in Wien auch bei Ayer merkliche Spuren, die sich in *Language, Truth, and Logic* mehr als deutlich erkennen lassen.

Dort behauptet Ayer, dass diejenigen Sätze, die wir für gewöhnlich verwenden, wenn wir moralische Urteile äußern, sich entweder auf propositional gehalt- volle empirische Aussagen zurückführen lassen oder schlicht propositional gehaltlos sind.[6] „Es war falsch von Dir, dass Du sein Geld gestohlen hast" besagt nach Ayer lediglich „Du hast sein Geld gestohlen", während „Geld zu stehlen, ist falsch" überhaupt keinen propositionalen Gehalt aufweist: „If I [...] say, ‚Ste- aling money is wrong', I produce a sentence which has no factual meaning – that is, expresses no proposition which can be either true or false."[7] Denn „Geld zu stehlen, ist falsch", reduziert sich auf „Geld stehlen".

Für Ayer besteht das Signifikante moralischer Sprachspiele nicht darin, dass moralische Urteile als solche gefällt werden, sondern dass ein Sprecher, wenn er sich moralisch äußert, seine Emotionen zur Schau stellt.[8] Ein moralisches Urteil zu äußern, hat demnach keine wesentlich andere semantische und kogni- tive Signifikanz als etwa „Aua!" zu schreien, nachdem mir jemand auf den Kopf gehauen hat. Wie der Schrei von „Aua!" Ausdruck meines Schmerzes ist, ist ein moralisches Urteil Ausdruck meiner emotionalen Pro- und Contra-Einstellungen, die durch meine Wahrnehmungen von Handlungen, Absichtsäußerungen oder Personen verursacht werden. Und meine Expression solcher Emotionen kann wiederum die emotionale Befindlichkeit derjenigen Personen kausal beeinflus- sen, die meine Expression wahrnehmen – so wie mein Schreien von „Aua!" bei anderen Personen z.B. verursachen kann, dass sie Mitleid oder Schadenfreude empfinden.

Eine etwas raffiniertere Form des Emotivismus legte, nicht lange nach Ayer, Charles Stevenson in *Ethics and Language* vor. Während nach Stevenson mit der Äußerung empirischer Aussagen entweder behauptet wird, dass etwas der Fall ist oder dass es nicht der Fall ist, muss man bei Sätzen, mit denen wir moralische Urteile zum Ausdruck bringen, zwischen zwei – oder genauer gesagt: drei – Komponenten unterscheiden. Der Satz „Es war falsch von Dir, dass Du sein Geld gestohlen hast" muss nämlich so analysiert werden, dass er die folgenden Bestandteile umfasst: (1) „Du hast sein Geld gestohlen"; (2a) „Ich missbillige das, was der Fall ist, wenn (1) wahr ist"; (2b) „Missbillige bitte auch Du, was der Fall ist, wenn (1) wahr ist!".[9] Mit (1) bringt ein Sprecher seine deskriptive Überzeugung hinsichtlich eines Sachverhalts zum Ausdruck, der in der erfahrbaren Welt entweder der Fall ist oder nicht. Diese Überzeugung kann als empirische Aussage artikuliert werden, die entweder wahr oder falsch und auch beweisbar oder nicht beweisbar ist. Mit (2a) bringt der Sprecher dagegen seine Contra-Einstellung zum Ausdruck und artikuliert mit (2b) einen Befehl, eine Bitte, eine Aufforderung oder (wie Stevenson später sagt) eine „Einladung"[10] an die Zweite Person, die gleiche Einstellung einzunehmen wie der Sprecher selbst. Im Gegensatz zu (1) sind (2a) und (2b) weder wahrheitsfähig noch beweisbar, sondern haben, wie Stevenson glaubt, lediglich eine „emotive Bedeutung". Aufgrund dessen können die beiden Komponenten eines moralischen Urteils auch nicht in einem logischen Verhältnis zueinander stehen: Aus den Beweisen und Argumenten, die die erste Komponente betreffen, folgt nichts, was notwendig auch die zweite Komponente betrifft. Dies hat unter anderem zum Resultat, dass „persons who make opposed ethical judgements may [...] continue to do so in the face of all manner of reasons that their argument includes, even though neither makes any logical or empirical error."[11]

Obgleich Stevensons Ansatz formal etwas elaborierter ist als Ayers Emotivismus, ist er keineswegs gemäßigter. Denn diejenige Komponente, die laut Stevenson moralische Urteile signifikant von empirischen Urteilen unterscheidet, wird auch von ihm als kognitiv irrelevant dargestellt. Auch er sieht das eigentlich Signifikante moralischer Urteile lediglich in der möglichen kausalen Wirkung, die ihre Expressionen durch Sprecher auf etwaige Zuhörer haben können. Stevensons zweite Komponente, die zur emotionalen „Einladung" dient, hat genauso wenig etwas mit Wissen zu tun, wie bei Ayer das gesamte moralische Urteil.

Die Äußerung moralischer Urteile als Expression der momentanen emotionalen Befindlichkeit des Sprechers aufzufassen und dabei der Äußerung von „Aua!", „Hurra!" oder „Buh!" anzugleichen, reduziert die semantische und kognitive Signifikanz eines moralischen Urteils also nicht nur auf die pragmatische

Signifikanz seiner Äußerung. Die pragmatische Signifikanz seiner Äußerung wird zudem auch noch rein kausal bestimmt. Abgesehen davon, dass Laute ausgestoßen werden, beläuft sich die Signifikanz der Äußerung moralischer Urteile damit allerdings mehr oder minder auf die Signifikanz, die auch das Schneiden von Grimassen haben kann. Denn ebenso wie das Grimassieren erscheinen nun moralische Urteile lediglich als Ausdruck der aktuellen emotionalen Befindlichkeit einer Person, welche durch ihre Wahrnehmung von irgendwas verursacht wurde. Und ebenso wie das Grimassieren können moralische Urteile als Expressionen der aktuellen emotionalen Befindlichkeit einer Person nur noch rein kausal bewirken, dass andere Personen, abhängig von ihren je aktuellen emotionalen Befindlichkeiten, irgendetwas fühlen, denken oder tun. Dieser emotivistische Subjektivismus ist zwar äußerst gefühlvoll, aber auch äußerst absurd, sofern es uns darum geht, zu verstehen, was wir tun, wenn wir moralische Urteile als solche äußern. Denn im Emotivismus tauchen moralische Urteile als solche, d.h. als Urteile und als etwas, das in irgendeiner Weise von moralischer Bedeutung ist, überhaupt nicht mehr auf. Ayers und Stevensons Vorschlag kommt – so muss man, glaube ich, alles in allem sagen – weniger einer Explikation als vielmehr einer Elimination moralischer Urteile nahe.[12]

16. Wirkungsgeschichtlich war am Emotivismus kaum das Emotivistische bemerkenswert. Zwar hatte es der Emotivismus bis Mitte der 1950er Jahre geschafft, zumindest unter englischsprachigen Moralphilosophen eine geläufige Position zu werden. Aber nicht wenigen erschien der konstruktive Teil von Ayers und Stevensons Ansätzen zu Recht ziemlich unplausibel zu sein. Die Ansicht, dass moralische Urteile letztlich nur die bloß subjektiven Gefühle eines jeweiligen Sprechers ausdrückten, fand kaum rückhaltlose Zustimmung. Obwohl der konstruktive Teil des Emotivismus jedoch eher mit Skepsis betrachtet wurde, begannen die meisten Moralphilosophen, die negative Saat zu teilen, die Ayer und Stevenson gelegt hatten. Denn fast alle prominenten moralphilosophischen Ansätze in der zweiten Hälfte des 20. Jahrhunderts gehen davon aus, dass moralische Urteile nicht wahrheitsfähig sind.

Zur Verfestigung der nonkognitivistischen Kernthese dürfte dabei wesentlich ein Ansatz beigetragen haben, der ab den 1950er Jahren einen steten Zuwachs an Popularität verzeichnete und irgendwann in der zweiten Hälfte der 20. Jahrhunderts zu einem Grundpfeiler des moralphilosophischen Mainstreams wurde. Der Ansatz, den ich hier meine, ist Richard Hares so genannter „universeller Präskriptivismus", den er zuerst in *The Language of Morals* skizzierte. Dort geht Hare davon aus, dass es innerhalb natürlicher Sprachen einen Bereich sprachlicher Ausdrücke gibt, den wir als „präskriptive Sprache" bestimmen und von anderen Bereichen abgrenzen können.[13] Die Sprache der Moral betrachtet Hare wiederum als einen speziellen Teil dessen, was er „präskriptive Sprache" nennt und dessen Fundament seiner Ansicht nach Imperative sind. Dementsprechend beginnt Hare mit der Analyse von Imperativen und arbeitet sich dann zu „Werturteilen" vor, um schließlich bei Urteilen anzukommen, die er „moralische Werturteile" nennt. Dabei greift er in abstrahierender Weise Stevensons Idee der Zwei-Komponenten-Analyse moralischer Urteile auf und behauptet, dass Indikative und Imperative stets zwei Bestandteile enthalten, die er als *phrastic* und *neustic* bezeichnet. So hätten zum Beispiel die Sätze „Shut the door!" und „You are going to shut the door" das gleiche Phrastikon, nämlich „Your shutting the door in the immediate future". Die beiden Sätze unterscheiden sich jedoch insofern, als in „Shut the door!" zum Phrastikon das Neustikon „please" und in „You are going to shut the door" das Neustikon „yes" hinzukommt.[14]

Reformuliert man Hares eigentümliche Unterscheidung zwischen Phrastikon und Neustikon in einer heute üblicheren Redeweise als Unterschied zwischen dem propositionalen Gehalt und dem grammatikalischen Modus eines Satzes, der konventioneller Weise die performative Kraft seiner Äußerung anzeigt,[15] so lässt sich Hares weiterer Gedankengang in *The Language of Morals* kurz und knapp in etwa wie folgt auf den Punkt bringen:

Mit der Äußerung von Sätzen im grammatikalischen Modus des Indikativs wird angezeigt, dass ein Sprecher beabsichtigt, eine Behauptung aufzustellen. Mit der Äußerung von Sätzen im grammatikalischen Modus des Imperativs wird angezeigt, dass ein Sprecher beabsichtigt, einen Befehl zu geben. Anders als Sätze im Indikativmodus haben Sätze im Imperativmodus keine wahrheitsfähige Form. Moralische Werturteile werden zwar durch Sätze im Indikativmodus zum Ausdruck gebracht. Aber ihre primäre Verwendungsweise besteht nicht darin, dass mit ihrer Äußerung Wahrheitsansprüche auf Deskriptionen erhoben werden. Denn Sätze, mit denen man moralische Werturteile artikuliert, enthalten die Ausdrücke „gut", „richtig" oder „sollte". Die primäre Verwendungsweise dieser Ausdrücke ist dadurch gekennzeichnet, dass sie wertend gebraucht werden. Der wertende Gebrauch dieser Ausdrücke darf dabei keinesfalls mit dem prädikativen Gebrauch verwechselt werden. Der wertende Gebrauch besteht nämlich nicht darin, einem Referenzobjekt vom Sprecher unabhängige Eigenschaften zuzuschreiben. Vielmehr besteht er darin, die Entscheidungen des Sprechers zum Ausdruck zu bringen, bestimmte Handlungsvorschriften als universelle Prinzipien des Handelns anzuerkennen. Mit dem Äußern moralischer Werturteile verpflichtet sich ein Sprecher nämlich auf bestimmte Handlungsvorschriften und bringt damit zugleich zum Ausdruck, dass er sie als universelle Prinzipien des Handelns anerkennt. Die durch das Äußern moralischer Werturteile vom Sprecher anerkannten universellen Prinzipien des Handelns sind dann für ihn verbindliche kontexttranszendierende Handlungsvorschriften, die ihrerseits nicht weniger verbindliche kontextspezifische Befehle implizieren.

Hare zufolge besteht die primäre Funktion eines moralischen Werturteils demnach darin, indirekt *präskriptiv* zu sein. Denn als Artikulation der Anerkennung eines universellen Handlungsprinzips, das je kontextspezifische Befehle impliziert, verpflichtet das moralische Werturteil denjenigen, der es artikuliert, rationaler Weise darauf, jeweils das zu tun, was ihm die je kontextspezifischen Befehle, die durch das allgemeine Handlungsprinzip impliziert werden, zu tun vorschreiben. So impliziert z.B. die Artikulation des moralischen Werturteils „Geld zu stehlen, ist schlecht" die Anerkennung eines kontexttranszendierenden Handlungsprinzips, das das Befolgen je kontextspezifischer Befehle impliziert, welche durch Sätze folgender Form artikuliert werden: „Stiehl nicht zu t_1 an l_1 in s_1 das Geld von X!"; „Stiehl nicht zu t_2 an l_2 in s_2 das Geld von Y!", „Stiehl nicht zu t_3 an l_3 in s_3 das Geld von Z!" usw.[16]

Die Quintessenz dieses Gedankengangs ist in Hares gesamtem Œuvre die gleiche geblieben. Man kann sie so zusammenfassen: Ein moralisches Urteil ist in seiner primären Funktion nicht wahrheitsfähig, obgleich es durch einen Satz im Indikativmodus zum Ausdruck gebracht wird. Denn der Indikativsatz und seine Äußerung als moralisches Urteil erhalten ihre primäre semantische und pragmatische Signifikanz dadurch, dass sie je kontextspezifische Befehle implizieren. Befehle werden durch Äußerung von Sätzen im Imperativmodus angezeigt. Diese haben aber keine wahrheitsfähige Form, weshalb mit ihrer Äußerung auch nicht Behauptungen aufgestellt und Wahrheitsansprüche erhoben werden können.

17. Damit läuft Hares negativer Befund auf das gleiche nonkognitivistische Ergebnis hinaus, zu dem auch Ayer und Stevenson gelangten: Moralische Urteile sind als solche – oder wie Hare wohl sagen würde: in ihrer primären Funktion – nicht wahrheitsfähig. Dennoch sollte man Hares universellen Präskriptivismus nicht in eben jene obskure subjektivistische Ecke rücken, in der sich der Emotivismus zu Recht befindet.[17] Tut man dies nämlich, so ist das nicht nur ein wenig unfair gegenüber Hare, weil es seine Idee der universellen Geltung von Handlungsprinzipien etwas unter den Tisch fallen lässt. Sondern es wird dann auch kaum verständlich, weshalb Hares Position in der zweiten Hälfte des 20. Jahrhunderts so einflussreich wurde und maßgeblich dazu beitrug, die noch immer andauernde Dominanz des nonkognitivistischen Kerngedankens zu verfestigen.

Fragt man sich, wie es dazu kommen konnte, so scheint mir, dass der negative Befund mangelnder Wahrheitsfähigkeit moralischer Urteile gerade auch deshalb so viele Moralphilosophen überzeugte, weil der konstruktive Teil von Hares Ansatz keineswegs die Absurdität aufweist, die Ayers und Stevensons Vorschlägen eigen ist. Denn im konstruktiven Teil von Hares universellem Präskriptivismus werden an die Stelle von Ayers subjektiven Emotionen und Stevensons emotionalen „Einladungen" die von einem Sprecher geäußerten Handlungsvorschriften gesetzt, durch deren Äußerung er sich, laut Hare, auf die Erfüllung von mindestens drei Bedingungen verpflichtet. Der Sprecher muss nämlich zum einen die von ihm geäußerten Handlungsvorschriften mit Gründen als universell gültige Prinzipien rechtfertigen (oder zumindest zu rechtfertigen suchen). Er muss sie zum anderen konsistent und kohärent anwenden, indem er mit Blick auf hinreichend ähnliche Kontexte die gleichen Handlungsvorschriften artikuliert. Und er muss sie schließlich als allgemeine Prinzipien seines eigenen Handelns und Beurteilens von Handlungen anerkennen.[18]

Das bedeutet nicht nur, dass der Sprecher die moralische Qualität sowohl seiner Handlungen als auch die moralische Qualität der Handlungen anderer, ihm hinreichend ähnlicher Akteure in hinreichend ähnlichen Situationen in gleicher Weise an diesen Prinzipien zu messen hat. Es bedeutet vor allem auch, dass der Sprecher seine Handlungen in hinreichend ähnlichen Situationen an diesen Prinzipien orientieren muss. Zumindest muss er dies, solange es seiner Ansicht nach keine guten Gründe gibt, die gegen diese Prinzipien oder für ihre Modifikation sprechen. Stehen die Handlungen eines Akteurs im Widerspruch zu den von ihm geäußerten Handlungsvorschriften, so zeigt dies laut Hare, dass der Sprecher als Akteur die von ihm formulierten moralischen Prinzipien nicht ernst nimmt. Denn er kommt in seinem Handeln nicht den Befehlen nach, die die von ihm aufgestellten allgemeinen Präskriptionen implizieren. Ein solcher Akteur ist, laut Hare, in seinem Handeln unaufrichtig und unredlich. Aber nicht nur das. Handlungen sind nämlich, wie Hare sagt, „in a peculiar way revelatory of moral principles", denn „the function of moral principles is to guide conduct".[19] Deshalb begeht der unaufrichtige Sprecher bereits einen logischen Fehler, wenn er als Akteur nicht die Befehle befolgt, die durch die moralischen Prinzipien impliziert werden, welche er artikuliert. Er verkennt damit nämlich die logischen Eigenschaften dieser Prinzipien und der in ihnen enthaltenen moralischen Wörter, wie Hare meint. Denn: „The moral words do, as a matter of linguistic fact, have the logical properties of prescriptivity and universalizability". Und dies ist „established by appeal to *linguistic* (not *moral)* intuitions".[20]

Ich glaube, erst durch Hares universellen Präskriptivismus war es dem nonkognitivistischen Kerngedanken letztlich möglich, seinen philosophischen Siegeszug anzutreten. Denn Hares Hervorhebung der logischen Regeln einer Sprache der Moral befreite den ethischen Nonkognitivismus von der bloßen Gefühlsduselei des Emotivismus. Die Betonung von Kohärenz und Konsistenz sowie der Verweis auf die Notwendigkeit der rationalen Rechtfertigung des universellen Geltungsanspruchs von Handlungsprinzipien, holten die moralischen Urteile wieder zurück in den Raum des Denkens und der Vernunft. Um Nonkognitivist zu sein, musste man moralische Urteile nicht länger als grenzenlos subjektivistisch darstellen und moralisches Urteilsvermögen für ungefähr so rational halten wie Zahnschmerzen. Anders als Ayer war man als Nonkognitivist dementsprechend auch nicht länger gezwungen, eine tiefergehende philosophische Beschäftigung mit moralischen Urteilen für so entbehrlich zu halten wie Zahnschmerzen. Ohne im Sumpf der in Ayers Wien gescholtenen Metaphysik versinken zu müssen, weil man den im 20. Jahrhundert obligatorischen *linguistic turn* verpasst hatte, konnte man in Hares Fußstapfen nun endlich wieder Moralphilosophie betreiben.

Mit dem universellen Präskriptivismus wurde den Moralphilosophen kurzum ein wirksames Werkzeug an die Hand gegeben, das es ihnen ermöglichte, Moral wieder als rational begreifen zu können, ohne dabei den Grundgedanken des Nonkognitivismus aufgeben zu müssen. Und so nistete sich in der zweiten Hälfte des 20. Jahrhunderts der nonkognitivistische Kerngedanke tief in die Metaethik, aber ebenso sehr in die normative Ethik ein. Er wurde zur Lehrmeinung und galt ab einem gewissen Zeitpunkt den meisten Moralphilosophen als mehr oder minder selbstverständlich.

Daher überrascht es auch kaum, dass viele der Philosophen, die nicht von vornherein versuchen, ausschließlich mit dem Vokabular der Psychologie, Soziologie oder Evolutionsbiologie Moralphilosophie zu betreiben,[21] nach wie vor daran festhalten, dass moralische Urteile als solche nicht wahrheitsfähig sind. Freilich gab es auch stets eine philosophische Minderheit, die die Moral als *sui generis* begriff und die Wahrheitsfähigkeit und Objektivität moralischer Urteile betonte. Aber der nonkognitivistische Mainstream scheint auch heutzutage noch so dominant zu sein, dass selbst erklärte Gegner der relativistischen Implikationen nonkognitivistischer Auffassungen weiterhin davor zurückschrecken, moralische Urteile als wahrheitsfähig zu bezeichnen. So bestreitet etwa Jürgen Habermas nach wie vor, dass ein moralisches Urteil als solches behauptet werden kann. Denn er verneint, dass ein Anspruch auf das Wahrsein dessen, was das Urteil besagt, erhoben wird, wenn man das Urteil äußert. Stattdessen bevorzugt Habermas die eigentümliche Rede von einem „wahrheitsanalogen Geltungsanspruch"[22], mit der er die relativistische Gefahr zu bannen sucht.

18. Aber warum sollte man eigentlich so schreckhaft sein, wenn es um die Wahrheitsfähigkeit moralischer Urteile als solche geht? Wieso sollte man lieber etwas nebulöse Geltungsansprüche erfinden, anstatt zu sagen, ein moralisches Urteil sei entweder wahr oder falsch? Weshalb sollte man zögern, zu sagen, dass ein moralisches Urteil eine Überzeugung ist, die man dadurch äußert, dass man einen Aussagesatz behauptet? Betrachtet man die Ausführungen Hares, so könnte man meinen, dies hänge damit zusammen, dass Befehle das Fundament einer Sprache der Moral bilden und Befehle konventionellerweise dadurch angezeigt werden, dass man Sätze gebraucht, die im grammatikalischen Modus des Imperativs stehen, welche, anders als Sätze im Indikativmodus, keine wahrheitsfähige Form haben.

Diese Antwort befriedigt aber aus zweierlei Gründen nicht. Denn zum einen ist es zumindest *prima facie* alles andere als plausibel, mit Hare zu behaupten, dass ein Indikativsatz und seine Äußerung als moralisches Urteil ihre primäre semantische und pragmatische Signifikanz nur dadurch erhalten, dass sie je kontextspezifische Befehle implizieren. Aber selbst dann, wenn dem so wäre, würde die Antwort aus einem zweiten Grund immer noch nicht befriedigend sein. Denn der Verweis auf die grammatikalische Form derjenigen Sätze, mit denen man konventionellerweise anzeigt, dass man einen Befehl geben will, liefert kein ausreichendes Argument für die mangelnde Wahrheitsfähigkeit moralischer Urteile.

Warum das Argument nicht ausreicht, können wir uns klarmachen, wenn wir uns an einige Bemerkungen erinnern, die David Lewis zu diesem Thema gemacht hat, vor allem jedoch, wenn wir die Ausführungen von Donald Davidson in *Moods and Performances* beherzigen.[23] Folgen wir nämlich Davidson, so zeigt sich, dass der grammatikalische Modus von Sätzen zwar ein konventionelles Mittel darstellt, die vom Sprecher intendierte performative Kraft seiner Äußerung eines Satzes anzuzeigen. Aber es gibt keine Konvention, die bestimmt, dass z.B. aus der Verwendung eines Satzes im imperativen Modus *eo ipso* folgt, dass die Äußerung des Satzes auch die performative Kraft eines Befehls hat. Denn einerseits kann der Sprecher mit der Äußerung eines Imperativsatzes auch etwas anderes beabsichtigen. Andererseits kann er aber auch einen Befehl geben, ohne dabei einen Imperativsatz zu äußern. Und ebenso wenig erfasst ein Interpret die vom Sprecher intendierte performative Kraft seiner Äußerung allein schon dadurch, dass er den grammatikalischen Modus des Satzes erkennt, den der Sprecher äußert.

Der grammatikalische Modus des Imperativs mag zwar ein konventioneller Fingerzeig sein, dass der Sprecher beabsichtigt, einen Befehl zu geben. Ob er jedoch einen Befehl gibt, hängt nicht von einer Konvention ab, sondern davon, ob er beabsichtigt, mit der Äußerung des Satzes einen Befehl zu geben. Denn nicht grammatikalische Modi geben Befehle oder stellen Behauptungen auf, sondern Sprecher tun dies. Und äußert ein Sprecher einen Satz im grammatikalischen Modus des Imperativs und will damit einen Befehl geben, so hat seine Äußerung des Imperativsatzes, aber nicht der Imperativsatz, die pragmatische Signifikanz eines Befehls.[24] Die befehlende Kraft gehört also zu den pragmatischen Merkmalen der Äußerungen von Sätzen, aber nicht zu ihren grammatikalischen Merkmalen.

Ist dem so, dann mag es zwar womöglich unkonventionell, aber nicht unmöglich sein, den Sprechakt des Befehlens auch durch Verwendung solcher Sätze anzuzeigen, die eine wahrheitsfähige Form haben. Äußere ich mit einem

Satz, wie (1) „Stiehl nicht zu t_1 an l_1 in s_1 das Geld von X!" einen Befehl, so kann ich die performative Kraft meiner Äußerung auch explizit anzeigen, indem ich den folgenden Satz äußere: (2) „Ich befehle dir, das Geld von X zu t_1 an l_1 in s_1 nicht zu stehlen". Statt diesen Satz zum Befehlen zu verwenden, könnte ich aber ebenso gut einen Befehl äußern, indem ich die beiden folgenden Sätze gewissermaßen in einem Atemzug äußere: (3) „Meine folgende Äußerung eines Satzes hat die performative Kraft eines Befehls", (4) „Du stiehlst nicht zu t_1 an l_1 in s_1 das Geld von X".

Ich glaube, für die jetzigen Zwecke ist es einerlei, ob wir (3) für einen Indikativsatz halten oder lediglich als einen satzbezogenen Operator begreifen, den wir, wie Davidson, „Modusregler" nennen. Entscheidend ist vielmehr Folgendes: Man kann durch die Äußerung von (3) und (4) ebenso einen Befehl erteilen wie durch die Äußerung von (1), von (2) und auch von (4) allein. Während (1) und (2) jedoch keine wahrheitsfähige Form haben, haben sowohl (3) als auch (4) eine wahrheitsfähige Form.[25] Dabei hängt das Wahrsein von (3) davon ab, ob die Äußerung von (4), die auf die Äußerung von (3) folgt, die performative Kraft eines Befehls hat. Das Wahrsein von (4) hängt indes davon ab, ob die mit „Du" angesprochene Person das Geld von X zu t_1 an l_1 in s_1 nicht stiehlt. Der Zusammenhang von (3) und (4) ist also nicht der einer Konjunktion und führt daher nicht zu dem merkwürdigen Ergebnis, dass man keinen Befehl gegeben hat, wenn er nicht befolgt wird.

Falls es so etwas wie eine abgrenzbare „Sprache der Moral" überhaupt geben sollte und falls ihr Fundament aus Befehlen bestehen sollte, die man konventionellerweise mit Sätzen formuliert, welche keine wahrheitsfähige Form haben, so kann dieses Fundament also offensichtlich nicht zur Begründung der nonkognitivistischen Kernthese herangezogen werden. Denn dieses Fundament kann durchgängig so analysiert werden, dass jeder seiner Teile die wahrheitsfähige Form hat, die die Beispiele (3) und (4) haben.

Folgt man Davidson auch noch in jene wahrheitssemantische Richtung, die er seit *Truth and Meaning* und *Radical Interpretation*[26] in unzähligen Aufsätzen vorgegeben hat, so kann man nun auch Folgendes feststellen: Für jeden Satz, der die Form von (3) oder (4) hat, kann man W-Sätze formulieren, deren Form eine invertierte Version von Alfred Tarskis *Konvention T*[27] ist und „,p' in L ist wahr gdw. p" lautet. Für (3) und (4) wären das etwa die folgenden W-Sätze: „,Meine folgende Äußerung eines Satzes hat die performative Kraft eines Befehls' in L_D ist wahr gdw. meine folgende Äußerung eines Satzes die performative Kraft eines Befehls hat" und „,Du stiehlst nicht zu t_1 an l_1 in s_1 das Geld von X' in L_D ist wahr gdw. du nicht zu t_1 an l_1 in s_1 das Geld von X stiehlst".[28] Auf der jeweils rechten Seite der Äquivalenz gibt man dabei die Wahrheitsbedingung desjenigen deutschen Aussagesatzes an, der auf der jeweils linken Seite zitiert und somit benannt wird.

Kann man derartige Wahrheitsbedingungen angeben – was man offenkundig kann –, dann kann man auch ohne weiteres davon ausgehen, dass man es mit wahrheitsfähigen Sätzen zu tun hat. Denn ein Satz, der Wahrheitsbedingungen hat, muss auch entweder wahr oder falsch sein können. Sind seine Wahrheitsbedingungen nämlich erfüllt, so ist er wahr, sind sie es nicht, so ist er falsch. Folgt man hier Davidson, so ist also kaum anzunehmen, dass die von Hare behauptete Abhängigkeit der Indikativsätze, mit denen wir moralische Urteile äußern, von Imperativsätzen, mit denen wir Befehle äußern, einen daran hindern müsste, sie als wahrheitsfähige Aussagen aufzufassen.

Indem man auf diese Weise gewissermaßen den nötigen Platz für Wahrheitsbedingungen schafft, kann man all jenen Nonkognitivisten begegnen, die glauben, dass Befehle und Imperativsätze eine wahrheitssemantische Sicht auf „die Sprache der Moral" verhindern. Und Gleiches gilt auch dann, wenn man Nonkognitivisten gegenübersteht, die meinen, dies läge an den Wörtern „gut", „schlecht", „richtig" und „falsch". Denn die Möglichkeit, ohne größere Probleme für einen Aussagesatz einer Sprache einen entsprechenden W-Satz zu formulieren, besteht freilich nicht nur dann, wenn es um die Indikativsätze geht, die das Analysans von Imperativsätzen sind, mit denen wir Befehle äußern. Sie besteht noch viel offenkundiger, wenn man es mit Indikativsätzen zu tun hat, mit denen wir moralische Urteile äußern und in denen die Wörter „gut", „schlecht", „richtig" oder „falsch" enthalten sind.

Nichts einfacher als das: „,Tapferkeit ist gut' in L_D ist wahr gdw. Tapferkeit gut ist"; „,Charles Manson hat einen schlechten Charakter' in L_D ist wahr gdw. Charles Manson einen schlechten Charakter hat"; „,Gertruds Absicht, ihr Versprechen zu halten, war richtig' in L_D ist wahr gdw. Gertruds Absicht, ihr Versprechen zu halten, richtig war"; „,Geld zu stehlen, ist falsch' in L_D ist wahr gdw. Geld zu stehlen, falsch ist". Sätze, mit denen man moralische Urteile äußern kann, verhalten sich hier nicht wesentlich anders als Sätze, mit denen man empirische Urteile äußern kann: „,Es regnet' in L_D ist wahr gdw. es regnet"; „,Schnee ist weiß' in L_D ist wahr gdw. Schnee weiß ist". Und selbst für Sätze, mit denen man Geschmacksurteile äußern kann, kann man problemlos W-Sätze angeben: „,Berninis *Heilige Theresa* ist schön' in L_D ist wahr gdw. Berninis *Heilige Theresa* schön ist"; „,Schweinekutteln sind lecker' in L_D ist wahr gdw. Schweinekutteln lecker sind".

19. Falls sie keine anderen Probleme haben, besteht für Freunde einer wahrheitssemantischen Bedeutungstheorie im Stile Tarskis jetzt also vermutlich ebenso wenig Grund zur Beunruhigung wie für all diejenigen, die einfach nur die Zitate von Sätzen beseitigen wollen.[29] Sollte man allerdings nun auch als ethischer Kognitivist hoffen, dass man jetzt endlich Ruhe hat vor jeglichem nonkognitivistischen Opponenten, weil man in der Lage ist, W-Sätze zu bilden, so muss man sich auf eine Enttäuschung gefasst machen. Es gibt nämlich gute Gründe, als Nonkognitivist jetzt nicht zu verstummen, sofern man nicht, wie Hare, die mangelnde Wahrheitsfähigkeit moralischer Urteile an einer bestimmten grammatikalischen Form von Sätzen festmacht, die man mit bestimmten Sprechakten engführt. Und das muss man natürlich nicht zwangsläufig, um überhaupt die nonkognitivistische Kernthese vertreten zu können (wie man etwa an Simon Blackburns und Allan Gibbards Ansätzen sieht, auf die ich gleich noch zu sprechen komme).

Beruft man sich zur Begründung der nonkognitivistischen Kernthese nicht auf die grammatikalische Form von Sätzen, so muss es einen nicht sonderlich beeindrucken, dass man auf jene monotone und triviale Weise, die gerade vorgeführt wurde, W-Sätze bilden kann. Als ethischer Nonkognitivist, der keinen universellen Präskriptivismus vertritt, muss man nämlich weder bestreiten, dass alle Sätze einer bestimmten Sprache in eine wahrheitsfähige Form gebracht werden können. Noch muss man bestreiten, dass man für jeden derart umgeformten Satz entsprechende W-Sätze formulieren kann.[30] Allerdings kann man zu Recht bestreiten, dass es bei der Frage nach der Wahrheitsfähigkeit moralischer Urteile überhaupt darum geht, ob man für die Sätze einer bestimmten Sprache W-Sätze formulieren kann oder nicht.

Der Disput zwischen ethischen Kognitivisten und Vertretern eines robusteren Nonkognitivismus dreht sich nämlich um die Wahrheitsfähigkeit moralischer Urteile, nicht jedoch um die Wahrheitsbedingungen von Sätzen dieser oder jener Sprache, mit denen man sie äußern kann. Das heißt zum einen: Er dreht sich darum, ob moralische Urteile Überzeugungen sind, d.h. wahrheitsfähige *translinguale* Gehalte. Und ohne sich dadurch auch nur andeutungsweise auf den problematischen Ansatz einer realistisch verstandenen Korrespondenztheorie der Wahrheit zu verpflichten, kann man das auch so ausdrücken: Es geht nicht um die Wahrheitsbedingungen von Sätzen einer bestimmten Sprache, sondern um die Bedingungen des Bestehens moralischer Tatsachen.[31]

Daher kann es lediglich gegenüber Hare weiterhelfen, die Möglichkeit hervorzuheben, dass wir jeden beliebigen Satz letzten Endes so analysieren können, dass wir einen oder mehrere Aussagesätze erhalten, für die wir wiederum problemlos W-Sätze bilden können. Denn wie wir zuvor sahen, können wir immer nur W-Sätze für Aussagesätze einer je bestimmten Sprache formulieren. Sagen wir „‚Schnee ist weiß' in L_D ist wahr gdw. Schnee weiß ist", so bedeutet „in L_D", dass wir mit dem im W-Satz enthaltenen Zitat einen Satz der deutschen Sprache benennen: nämlich den deutschen Aussagesatz „Schnee ist weiß". Das heißt aber: In unseren gerade angeführten W-Sätzen kommt „... ist wahr" im Grunde gar nicht vor, sondern lediglich „... ist wahr in L_D". Wären die jeweils auf der linken Seite der Äquivalenz angeführten Satzbenennungen Zitate von Sätzen der englischen, arabischen oder isländischen Sprache gewesen, hätten unsere Beispiele dementsprechend auch nur „... ist wahr in in L_E", „... ist wahr in in L_A" oder „... ist wahr in in L_I" enthalten, sofern sie korrekte W-Sätze gewesen wären. Wir können jedoch nur um den Preis sprachlichen und ontologischen Unfugs behaupten, es gäbe deutsche, englische, arabische und isländische Tatsachen. So gebrauchen wir das Wort „Tatsache" nicht. Ist etwas eine Tatsache, so ist es eine Tatsache der Welt, ganz gleich in welcher Sprache sie artikuliert wird.[32]

Nicht wesentlich anders kann es sich mit Urteilen verhalten, die wahre Überzeugungen sind, sofern wahre Überzeugungen Tatsachen artikulieren. Behaupten wir, dass moralische Urteile wahrheitsfähig sind, und bestreiten Nonkognitivisten eben dies, so betrifft unser Disput nicht entweder die Wahrheitsbedingungen des deutschen Aussagesatzes „Geld zu stehlen, ist falsch" oder die Wahrheitsbedingungen des englischen Aussagesatzes „Stealing money is wrong". Uns interessieren nicht deutsche oder englische Sätze. Worum es geht, ist die Frage, ob das moralische Urteil, dass es falsch ist, Geld zu stehlen, eine wahre Überzeugung sein kann. Und dabei ist es einerlei, ob das Urteil nun mit einem deutschen, einem englischen oder einem Aussagesatz irgendeiner anderen Sprache geäußert wird. Das kann man wiederum auch so ausdrücken: Es geht um die Bedingungen des Bestehens der Tatsache, dass es falsch ist, Geld zu stehlen. Der springende Punkt ist also einfach der, dass nach den Wahrheitsbedingungen bestimmter translingualer Gehalte gefragt wird. Und gerade dann, wenn man keine realistisch verstandene Korrespondenztheorie der Wahrheit vertritt, läuft diese Frage auf das Gleiche hinaus, wie die Frage nach den Bedingungen des Bestehens bestimmter Tatsachen.

Wollte man als Kognitivist dem Problem der Gebundenheit von W-Sätzen an Sätze einer je bestimmten Sprache ausweichen, indem man W-Sätzen entsprechende W-Äquivalenzen für translinguale Gehalte formuliert, so könnte man das vielleicht dadurch versuchen, dass man Paul Horwichs „minimale Theorie der Wahrheit"[33] invertiert. Aber unabhängig davon, dass es mehr als fraglich ist, ob ein Ansatz im Stile Horwichs die Gebundenheit der W-Äquivalenzen an Sätze einer je bestimmten Sprache überhaupt erfolgreich umgehen könnte,[34] kann ihn auch ein Vertreter eines robusteren Nonkognitivismus für erfolgreich halten, ohne sich damit in Widerspruch zu seinem Nonkognitivismus zu begeben. Denn auch dann, wenn ein solcher Versuch gelingen würde, würde er nichts zur Beantwortung der Frage nach der Wahrheitsfähigkeit moralischer Urteile beitragen. Geht es nämlich um die Möglichkeit des Wahrseins oder des Falschseins moralischer Urteile, so hilft es nichts, die disquotierte Wiederholung eines zitierten Urteils als Bedingung anzuführen, die genau dann erfüllt ist, wenn das Urteil wahr ist. Da eine W-Äquivalenz trivialerweise korrekt ist, wenn ihre rechte Seite aus der disquotierten Wiederholung des Zitats auf der linken Seite besteht, ist es nämlich überhaupt nicht fraglich, welche Bedingungen genau dann erfüllt sind, wenn moralische Urteile wahr sind. Fraglich ist vielmehr, wie eigentlich die Möglichkeit näher zu erläutern ist, *dass* diese Wahrheitsbedingungen erfüllt sind (oder nicht erfüllt sind).

Gegenüber dieser Frage, die ethische Kognitivisten und Vertreter eines robusteren Nonkognitivismus umtreibt, verhalten sich W-Äquivalenzen ebenso neutral wie gegenüber jenen Fragen, die metaphysische Realisten und Anti-Realisten beschäftigen. Ohne allein dadurch auch schon seinen eigenen Definitionsversuch von „Wahrheit" gutheißen zu müssen, kann man das mit Hilary Putnam (und an Michael Dummett anschließend) auch so ausdrücken: Zwischen ethischen Kognitivisten und Vertretern eines robusteren Nonkognitivismus ist das Verständnis der Wahrheitsfähigkeit moralischer Urteile im *externen* Sinn von „Wahrheit" strittig, nicht das Verständnis im *internen* Sinn.[35] Fraglich ist also nicht, dass „p" und „‚p' ist wahr" als äquivalent aufgefasst werden können und dass genau dann, wenn „p" wahr ist, auch „‚p' ist wahr" wahr ist. Fraglich ist vielmehr, wie man verständlich erläutern kann, *dass* p wahr ist und dass folglich auch „‚p' ist wahr" wahr ist. Und zu einer solchen Erläuterung kann „‚p' ist wahr gdw. p" aus ersichtlichen Gründen nicht sehr viel beitragen.

20. Als ethischer Kognitivist die Vorzüge einer wahrheitssemantischen Bedeutungstheorie im Stile Tarskis zu loben und die Möglichkeit der Formulierung von W-Äquivalenzen zu preisen, hilft also nicht wirklich weiter, sobald man mit Formen des Nonkognitivismus konfrontiert ist, die robuster sind als Hares Begründung der nonkognitivistischen Kernthese. Angesichts solch robusterer Formen des Nonkognitivismus muss man nämlich nicht die formalsemantische Möglichkeit aufzeigen, dass die Wahrheitsbedingungen durch Formulierung von W-Äquivalenzen trivialerweise angebbar sind. Vielmehr muss man verständlich machen, dass das Bestehen moralischer Tatsachen in der Welt möglich ist und ein wahres moralisches Urteil eine moralische Tatsache der Welt artikuliert, während ein falsches moralisches Urteil dies nicht tut.

Das heißt selbstverständlich nicht, dass man sich als ethischer Kognitivist nicht auch weiterhin um wahrheitssemantische Belange kümmern und auf die Einhaltung der Gesetze der Logik achten sollte. Natürlich sollte man Nonkognitivisten weiterhin etwa mit dem Frege-Geach-Problem[36] (und seinen Variationen) konfrontieren, sofern sie beanspruchen, eine expressivistische Semantik zu formulieren, die all das (und noch mehr) leisten kann, was auch eine Wahrheitssemantik leistet. Denn dann beanspruchen sie, dass ihre formalsemantischen Vorschläge auch den üblichen Gesetzen der klassischen Logik gerecht werden, denen die Wahrheitssemantik folgt. Damit erheben sie aber unter anderem den Anspruch, die in der klassischen Logik gültigen Schlüsse auch expressivistisch als gültige Schlüsse reformulieren zu können. Und stellt sich, im Angesicht des Frege-Geach-Problems, heraus, dass dieser Anspruch nicht erfüllt werden kann, so ist das freilich schlecht für die betreffende expressivistische Semantik bzw. für den mit ihr erhobenen Anspruch.

Wie schon angedeutet, sind m. E. Blackburns und Gibbards Ansätze das, was man als „robuste Formen des Nonkognitivismus" bezeichnen kann. Insbesondere Blackburns Spielart des Nonkognitivismus, die er „Quasi-Realismus"[37] nennt, aber auch Gibbards nonkognitivistischer „Norm-Expressivismus"[38], enthält den Vorschlag einer expressivistischen Semantik, die all das (und noch mehr) leisten soll, was auch eine Wahrheitssemantik leistet. Und wird ein solcher Anspruch erhoben, so ist es nur zu berechtigt, mit Verweis auf das Frege-Geach-Problem (oder andere Probleme) kritisch zu hinterfragen, ob er auch erfüllt wird.[39] Kann man zeigen, dass er nicht erfüllt wird, so hat man allerdings nur den formalen Bestandteil des konstruktiven Teils eines nonkognitivistischen Ansatzes als mangelhaft zurückgewiesen. Den negativen Gehalt der nonkognitivistischen Kernthese hat man damit noch nicht erschüttert.

Sich auf die etwaigen Unzulänglichkeiten der formalsemantischen Vorschläge von z.B. Blackburn und Gibbard zu stürzen, kann also allein schon deshalb kein Allheilmittel sein, um die nonkognitivistische Kernthese zurückzuweisen. Dementsprechend scheint es mir nicht nur so, dass sich die logisch-semantische Debatte um mögliche Variationen des Frege-Geach-Problems und mögliche expressivistische Erwiderungen in den vergangenen Jahrzehnten etwas verselbständigt hat und auf teils ziemlich repetitive Weise ausgeufert ist. Sehr viel stärker noch scheint es mir so, dass diese Debatte mit all ihren Nuancen die eigentlich entscheidenden Fragen eher verdeckt. Diese Fragen, die ich als entscheidend erachte, wenn man mit robusteren Formen des Nonkognitivismus als Hares Präskriptivismus konfrontiert ist, sind nämlich weniger logisch-semantische, als vielmehr ontologische (und auch erkenntnistheoretische) Fragen.

Es sind Fragen, die das Verständnis der Möglichkeit des Bestehens moralischer Tatsachen in der Welt (und ihres Erkennens) betreffen. Denn von allen anderen Übereinstimmungen und auch Unterschieden abgesehen, bestreiten sowohl Black-burn als auch Gibbard, dass moralische Urteile insofern entweder wahr oder falsch sein können als moralische Tatsachen entweder in der Welt bestehen oder nicht bestehen können. Ihrer Ansicht nach sind moralische Urteile nicht wahrheitsfähig, da sie nichts artikulieren können, was von unseren psychischen Zuständen unabhängig ist. Vielmehr müssen unsere moralischen Urteile, ihrer Ansicht nach, letztlich immer als Expressionen unserer Pro- und Contra-Einstellungen begriffen werden. Fassen wir diese Expressionen im Alltag so auf, als würden sie moralische Tatsachen artikulieren, dann projizieren wir lediglich unsere Pro- und Contra-Einstellungen auf die Welt. Beides tun wir im Alltag ununterbrochen, wie vor allem Blackburn meint. Wir stülpen der Welt ständig unsere Pro- und Contra-Einstellungen über und fassen dabei die Gehalte unserer Projektion naiver Weise so auf, als wären sie die Gehalte wahrer moralischer Urteile, mit denen wir objektive moralische Tatsachen in der natürlichen Welt artikulieren. Und da wir dies im Alltag ununterbrochen tun, erscheint es ethischen Kognitivisten auch so attraktiv, die realistischen Redeweisen der Moral, derer wir uns im Alltag bedienen, für bare Münze zu nehmen. Aus Sicht von Quasi-Realisten oder Norm-Expressivisten ist dies aber nur die Fortsetzung unserer alltäglichen Naivität mit philosophischen Mitteln, und gerade keine Analyse unserer moralischen Urteile und Praktiken, in denen sie eine Rolle spielen.

Blackburn und Gibbard interpretieren moralische Urteile demnach als Expressionen, die sie dann wiederum projektivistisch deuten. Allerdings wollen sie dem ihrer Ansicht nach naiven Kognitivismus nicht bloß einen simplen Projektivismus entgegensetzen. Vielmehr erheben sowohl Blackburn als auch Gibbard den Anspruch, einen Nonkognitivismus ausbuchstabieren zu können, der die realistischen Redeweisen des Alltags nicht nur antirealistisch reformuliert, sondern darüber hinaus auch erklärt, weshalb wir im Alltag zu diesen realistischen Redeweisen der Moral neigen.[40]

Blackburn schlägt vor, die Redeweise vom Wahrsein eines moralischen Urteils und vom Bestehen einer moralischen Tatsache kohärentistisch zu reformulieren. Demnach wird ein moralisches Urteil von einer Person dann „wahr" genannt, wenn die mit dem moralischen Urteil ausgedrückte Pro- oder Contra-Einstellung sich kohärent einfügt in die übrigen Pro- und Contra-Einstellungen der Person. Gibbards etwas verwickeltere norm-expressivistische Reformulierung lautet dagegen, kurz gesagt, so: Fällt ein Sprecher das moralische Urteil, dass eine Handlung eines Akteurs schlecht oder falsch ist, so sagt er damit, dass es rational ist, dass der Akteur sich seiner Handlung schämt und seine Mitmenschen über den Vollzug der Handlung empört oder verärgert sind. Und ein solches Urteil ist genau dann „wahr" zu nennen, wenn es rational ist, derartige emotionale Contra-Einstellungen gegenüber der fraglichen Handlung zu haben. Sie zu haben, ist wiederum genau dann rational, wenn dies bestimmten Normen entspricht, die besagen, dass es erlaubt oder gefordert ist, gegenüber derartigen Handlungen diese Contra-Einstellungen zu haben. Das moralische Urteil des Sprechers ist demnach eine Expression seiner Pro-Einstellung gegenüber diesen Normen, die seine Anerkennung dieser Normen zum Ausdruck bringt.[41]

Nach den Reformulierungen kommen dann die Erklärungen – oder zumindest die Verweise auf die bevorzugten Arten von Erklärungen. Moralische Urteile artikulieren zwar keine moralischen Tatsachen, sondern sind nur Expressionen unserer Projektionen von Pro- oder Contra-Einstellungen auf die natürliche Welt. Dass wir allerdings unsere Pro- oder Contra-Einstellungen auf die natürliche Welt projizieren und sie für objektive moralische Tatsachen halten, ist zweifelsohne eine objektive Tatsache der natürlichen Welt. Nur ist dies eben keine moralische, sondern eine empirische Tatsache. Es ist nämlich eine psychologisch, soziologisch, anthropologisch, evolutionsbiologisch und auch neurobiologisch erklärbare Tatsache, die nichts anderes in der natürlichen Welt betrifft – außer uns Menschen selbst. Und dementsprechend muss unser Drang, Moralen hervorzubringen und auf die Welt zu projizieren, auch psychologisch, soziologisch, anthropologisch, evolutionsbiologisch oder neurobiologisch erklärt werden.[42]

21. Zweifelsohne versuchen Blackburn und Gibbard mit ziemlich hohem argumentativen Aufwand, uns davon zu überzeugen, dass wir unsere realistischen Redeweisen der Moral, die wir im Alltag pflegen, nicht für bare Münze nehmen sollten – und es auch nicht müssen, dank des von ihnen vorgeschlagenen Nonkognitivismus. Dies drängt uns aber geradezu die Frage auf, warum sie eigentlich einen derartigen Aufwand betreiben, nur um die Möglichkeit des Bestehens moralischer Tatsachen in der natürlichen Welt möglichst plausibel verneinen zu können. Denn: Was wäre eigentlich so schlimm daran, würde man sagen, dass moralische Tatsachen in der natürlichen Welt bestehen können?

Woher rühren also die offenbar tiefsitzenden ontologischen Aversionen ethischer Nonkognitivisten gegenüber der Möglichkeit des Bestehens moralischer Tatsachen in der Welt und damit gegenüber der Wahrheitsfähigkeit moralischer Urteile als solcher? Ich glaube, diese Frage lässt sich am besten beantworten, wenn wir Blackburns und Gibbards Ansätze als Versuche begreifen, das unbefriedigende und kontraintuitive Ergebnis von John Mackies moralskeptizistischer *error-theory* zu umgehen.[43] Fassen wir ihre Ansätze nämlich so auf, dann treten nicht nur die in philosophischen Lehrbüchern beschriebenen und ziemlich offenkundigen Unterschiede zutage, die zwischen dem ethischen Nonkognitivismus und Mackies moralischem Skeptizismus bestehen. Viel interessanter als die Unterschiede sind die tieferliegenden ontologischen und auch erkenntnistheoretischen Gemeinsamkeiten von Blackburns und Gibbards Ansätzen und Mackies Irrtumstheorie. Denn diese Gemeinsamkeiten erhellen nicht nur, weshalb Blackburn und Gibbard und mit ihnen so viele andere Moralphilosophen heutzutage eine Spielart des ethischen Nonkognitivismus bevorzugen. Vielmehr sind sie, wie ich glaube, auch insgesamt konstitutiv für das Bild der Moral in der empiristischen Moderne.

Das Resultat von Mackies Irrtumstheorie, die er in *Ethics* formuliert, lautet kurz und knapp gesagt so: Moralische Urteile der Form „In s zu φ-en ist gut/ schlecht/richtig/falsch" haben als solche zwar eine wahrheitsfähige Form, sind also Überzeugungen; aber als solche können sie nur stets falsch sein, da ihnen prinzipiell keine objektiven moralischen Tatsachen der natürlichen Welt entsprechen.[44] Mit Blick auf die realistischen Redeweisen der Moral, die wir im Alltag vorbringen, erklärt Mackie dementsprechend auch frank und frei: „that ordinary moral judgements include a claim to objectivity, an assumption that there are objective values in just the sense in which I am concerned to deny this."[45]

Nach Mackie begehen wir gewöhnlichen Sprecher einen radikalen Fehler, sofern wir das, was wir tun, wenn wir ein moralisches Urteil fällen, so auffassen, als würden wir ein wahres Urteil fällen oder eine wahre Überzeugung haben. Denn damit das, was das Urteil besagt, wahr wäre, müsste das, was es besagt, eine moralische Tatsache sein. Etwas kann aber nur dann eine Tatsache sein, wenn es in der natürlichen Welt objektiver Weise der Fall ist. Um objektiver Weise in der natürlichen Welt der Fall zu sein, muss es jedoch schlechthin, d.h. unabhängig von uns, der Fall sein. Das, was ein moralisches Urteil besagt, kann aber nicht schlechthin der Fall sein. Denn mit moralischen Urteilen, in denen die wertenden Prädikate „... ist gut", „... ist schlecht", „... ist richtig" oder „... ist falsch" enthalten sind, postulieren wir bestimmte Werte, die präskriptive Funktionen haben. Die Annahme, dass die von uns postulierten Werte schlechthin als objektive Tatsachen in der natürlichen Welt bestehen, würde bedeuten, dass objektive Werte als präskriptive Tatsachen unabhängig von uns in der natürlichen Welt bestehen. Diese Annahme ist jedoch derart absonderlich, dass nur festzustellen bleibt: „There are no objective values."[46]

Natürlich meinen Blackburn und Gibbard als Nonkognitivisten nicht, wie Mackie, dass alle moralischen Urteile prinzipiell falsche Überzeugungen sind, weil in der natürlichen Welt keine objektiven moralischen Tatsachen als solche bestehen. Wie wir gesehen haben, meinen sie vielmehr, dass moralische Urteile überhaupt keine Überzeugungen sind und daher weder wahr noch falsch sein können, weil in der natürlichen Welt keine objektiven moralischen Tatsachen als solche bestehen. Im Sinne der Irrtumstheorie zu behaupten, dass moralische Urteile prinzipiell und allesamt falsch sind, würde nämlich von Anfang an Blackburns und Gibbards Anspruch durchkreuzen, die realistischen Redeweisen der Moral plausibel reformulieren und erklären zu können. Denn dies zu behaupten, lässt nicht nur unsere alltäglichen Redeweisen der Moral und die Gesamtheit der mit ihnen verbundenen Praktiken zu einem unbegreiflichen Mysterium werden. Auch schon rein begrifflich ist es kaum zu verstehen, wie moralische Urteile prinzipiell falsch sein könnten. Um falsch sein zu können, müssen sie nämlich Überzeugungen sein. Um Überzeugungen sein zu können, müssen moralische Urteile aber wahrheitsfähig sein. Wie sollen sie jedoch wahrheitsfähig sein, wenn sie prinzipiell niemals wahr sein können? Und wie sollte ein moralisches Urteil falsch sein können, wenn moralische Urteile prinzipiell niemals wahr sein können?[47] Hier werden nicht nur unsere alltäglichen Redeweisen der Moral und die Gesamtheit der mit ihnen verbundenen Praktiken zu einem Rätsel, sondern auch die Begriffe des Falschseins, des Wahrseins und der Überzeugung selbst.

Was auch immer Mackie sich jedoch dabei gedacht hat, so leugnet er jedenfalls nicht, dass moralische Urteile eine wichtige Rolle in unserem Leben spielen, obgleich sie seiner Ansicht nach prinzipiell falsch sind. Um diese beiden, sich zunächst doch recht deutlich widerstreitenden Ansichten zu versöhnen, plädiert er im weiteren Verlauf von *Ethics* für eine Spielart des ethischen Fiktionalismus. Und auch hierin unterscheidet er sich von Blackburn und Gibbard. Denn ethischer Fiktionalismus ist ein simpler Projektivismus, welcher aus Blackburns und Gibbards Sicht einer quasi-realistischen oder norm-expressivistischen Fundierung bedarf, um nicht in einen moralphilosophischen Skeptizismus zu münden, der unsere realistischen Redeweisen der Moral im Alltag nicht sinnvoll reformulieren und erklären kann.[48]

In diesen Punkten unterscheiden sich Blackburns und Gibbards Ansichten also klarer Weise von denjenigen Mackies. Worin sie sich indes keineswegs von Mackies Ansichten unterscheiden, wird deutlich, wenn wir seine Begründung betrachten, weshalb die Annahme, dass objektive moralische Tatsachen in der natürlichen Welt bestehen könnten, derart absonderlich ist. Diese Begründung ist Mackies *argument from queerness*. Es besagt: Anzunehmen, dass moralische Urteile wahr sein und in der natürlichen Welt bestehende Tatsachen artikulieren können, ist deshalb so absonderlich, weil man dann auch annehmen müsste, dass die in den Urteilen enthaltenen wertenden Prädikate „... ist gut", „... ist schlecht", „... ist richtig" oder „... ist falsch" für Eigenschaften stehen, die etwas in der natürlichen Welt objektiver Weise hat. Das hieße jedoch, natürliche Eigenschaften annehmen zu müssen, die gleich in doppelter Weise ausgesprochen *seltsam* sind.[49]

Mackie zufolge wären derartige Eigenschaften nämlich zum einen im ontologischen Sinne einer *metaphysical queerness* durch und durch seltsam. Denn moralische Eigenschaften als Eigenschaften in der natürlichen Welt anzunehmen, hieße, natürliche Eigenschaften anzunehmen, die in keiner Weise zu dem passen, was wir ansonsten als natürliche Eigenschaften von Gegenständen oder Ereignissen in der natürlichen Welt beschreiben. Zum anderen hält Mackie derartige Eigenschaften aber auch im erkenntnistheoretischen Sinne einer *epistemological queerness* für nicht minder seltsam. Denn moralische Eigenschaften als natürliche Eigenschaften in der natürlichen Welt anzunehmen, hieße auch, natürliche Eigenschaften anzunehmen, die für uns prinzipiell epistemisch unzugänglich sind. Denn wir Menschen können mit unseren fünf Sinnen (oder mit wie vielen auch immer) keine moralischen Eigenschaften durch Beobachtung der natürlichen Welt in Erfahrung bringen. Das hieße aber auch, dass wir niemals

Wissen über die in der natürlichen Welt bestehenden Tatsachen haben könnten, die wir mit moralischen Urteilen zum Ausdruck brächten.

Blackburn und Gibbard haben zwar offenkundig nichts für Mackies morals-keptizistische *error-theory* übrig, aber ebenso offenkundig teilen sie die ontologischen und erkenntnistheoretischen Ansichten, die Mackie mit seinem *argument from queerness* formuliert. Der Grund, weshalb Blackburn und Gibbard ihren Quasi-Realismus und Norm-Expressivismus (die Spielarten eines elaborierten Projektivismus sind) überhaupt formulieren, ist kein anderer als eben jener, den Mackie im *argument from queerness* nennt und der ihn dann zu seinem Fiktionalismus führt (der ein simpler Projektivismus ist).

Dieser Grund besteht darin, dass die Annahme des Bestehens moralischer Tatsachen als solcher in der natürlichen Welt die Annahme natürlicher Eigenschaften voraussetzen würde, die in keiner Weise zu dem passen, was wir ansonsten als natürliche Eigenschaften von Gegenständen oder Ereignissen in der natürlichen Welt beschreiben und als Tatsachen der natürlichen Welt begreifen. Denn das, was wir ansonsten so beschreiben und begreifen, sind sowohl nach Mackie als auch nach Blackburn und Gibbard eben jene Eigenschaften und Tatsachen, die dann in Erscheinung treten, wenn wir empirische Beschreibungen der natürlichen Welt formulieren. Oder genauer gesagt: wenn wir eine bestimmte Teilklasse von empirischen Beschreibungen formulieren, nämlich naturwissenschaftliche Beschreibungen. Ebenso wie Mackie glauben nämlich auch Blackburn und Gibbard, dass letztlich nur das eine objektive Tatsache der natürlichen Welt sein kann, was durch ein wahres naturwissenschaftliches Urteil als Tatsache der Welt artikuliert wird.

22. Teilt man Mackies ontologische und auch erkenntnistheoretische Ansichten, möchte jedoch zugleich das Ergebnis der Irrtumstheorie und einen simplen Projektivismus vermeiden, so ist es verständlich, dass man Aversionen gegenüber der Möglichkeit des Bestehens moralischer Tatsachen hegt und von der Unentbehrlichkeit eines Quasi-Realismus oder Norm-Expressivismus überzeugt ist. Denn geht man von diesen ontologischen und erkenntnistheoretischen Ansichten aus, so kann einem ein Nonkognitivismus, der ein elaborierter Projektivismus ist, als einzig einleuchtende Lösung eines Problems erscheinen, das Blackburn so formuliert hat: „The problem is one of finding room for ethics, or placing ethics within the disenchanted, non-ethical order which we inhabit, and of which we are a part."[50]

Die Sicht auf die Moral, die in dieser Problemstellung zum Ausdruck kommt, ist allerdings nicht nur Blackburn oder Gibbard eigen, sondern sie ist letztlich diejenige, die allen ethischen Nonkognitivisten mehr oder minder ausdrücklich gemein sein muss. Wahrheitssemantische Metaethiker, die der Moral nur imaginäre Räume zur Verfügung stellen, teilen die hier zum Ausdruck kommende Sicht ebenso, wie metaethische Reduktionisten, die lieber gleich alle Räume an die Biologie oder die Physik abtreten. Und selbst in der normativen Ethik scheint es mir so, dass z.B. die intersubjektivistischen Konzeptionen des Kontrakts oder des Konsenses vielen Philosophen deshalb attraktiv erscheinen, weil sie diese Sicht unhinterfragt voraussetzen.

Diese Sicht ist jedoch eine empiristische Sicht auf die Moral. Sie besagt nicht nur, dass moralische Urteile keine empirischen Urteile sind, aber nur empirische Urteile in einem nontrivialen Sinne wahr sein können, weil nur sie objektive Tatsachen der natürlichen Welt artikulieren können. Wie an Blackburns Problemstellung deutlich wird, besagt sie noch weit mehr. Folgen wir nämlich Blackburn und den meisten Moralphilosophen der Gegenwart, so besteht die aktuelle Aufgabe der Metaethik darin, die Moral in der amoralischen Ordnung der von den empirischen Wissenschaften entzauberten Welt zu verorten, damit sie überhaupt noch in irgendeinem Sinn als wirklich begreifbar sein kann. Das Empirische wird hier also zum Maß gemacht, an dem sich das Moralische messen lassen muss.

Dass die Empirie als solche jedoch etwas hätte, was der Moral als solcher abgehe, so dass diese nicht, jene aber sehr wohl objektive Tatsachen umfasse und den Maßstab dessen darstelle, was wirklich sei, ist eine Ansicht, die meines Erachtens falsch ist. Und die daraus resultierende Auffassung, dass wir die Moral erst dann verstehen und als wirklich begreifen können, wenn wir sie gerade nicht mehr als einen Bereich *sui generis* begreifen, sondern auf unsere naturwissenschaftlichen Beschreibungen der natürlichen Welt zurückführen, zeugt meines Erachtens nicht nur von einem falschen Verständnis der Moral, sondern auch von einem falschen Verständnis dessen, was „wirklich", was „natürlich" und was „Welt" heißt.

Eine solche Auffassung ist ein empiristisches Dogma, das Philosophen unter anderem auch daran hindert, die Moral zugleich als solche und als natürlich zu begreifen. Das Dogma macht es unverständlich, wie in der natürlichen Welt objektive moralische Tatsachen als solche bestehen können, d.h. wie etwas zugleich irreduzibel moralisch und objektiverweise in der natürlichen Welt bestehend sein kann. Und solange das Dogma dies unverständlich macht, solange wird es auch unverständlich bleiben, wie wir wahre moralische Urteile fällen können und moralische Tatsachen bestehen können. Daher möchte ich im nächsten Kapitel versuchen, das empiristische Dogma der modernen Philosophie, das sich durch die philosophische Interpretation der beeindruckenden Erfolge der modernen Naturwissenschaften zu einem szientistischen Dogma verfestigt hat, ins Wanken zu bringen. Gelingt dies zumindest ansatzweise, dann kommt im darauf folgenden Kapitel hinter dem wankenden Dogma vielleicht die zauberhafte Welt in Sicht, in der wir leben und in der wir nicht erst einen Platz für die Moral finden müssen.

4 Szientistische Seltsamkeit

23. Im vorherigen Kapitel habe ich unter anderem deutlich zu machen versucht, dass Moralphilosophen wie Blackburn und Gibbard sich vor allem aus zwei Gründen veranlasst sehen, eine elaborierte projektivistische und expressivistische Form des ethischen Nonkognitivismus zu vertreten. Einerseits wollen sie unsere gewöhnliche Rede von wahren und falschen moralischen Urteilen – anders als Ayer oder Mackie – nicht als schlichten Unsinn oder als Fehler erscheinen lassen. Andererseits bestreiten sie – ebenso wie Ayer und Mackie –, dass moralische Tatsachen zugleich als solche und als natürlich begriffen werden können. Denn die Vorstellung vom Bestehen objektiver moralischer Tatsachen als solcher in der natürlichen Welt halten auch sie für eine ontologische und auch erkenntnistheoretische Seltsamkeit.

Letzteres, so sagte ich, ist nicht nur typisch für den ethischen Nonkognitivismus, sondern für weite Teile der gegenwärtigen Moralphilosophie. Und ich habe behauptet, dies liege daran, dass die moderne Sicht auf die Moral (aber nicht nur auf die Moral) durch ein empiristisches Dogma der Moderne verschleiert wird, das inzwischen zu einem szientistischen Dogma geronnen ist. Wie gegen Ende des vorherigen Kapitels angekündigt, möchte ich jetzt versuchen, dieses Dogma in Frage zu stellen. Das ist meiner Ansicht nach unter anderem deshalb nötig, weil besagtes Dogma auch dazu führt, dass die meisten Metaethiker sich gegenwärtig veranlasst sehen, die Moral in der amoralischen Ordnung einer von den Naturwissenschaften entzauberten Welt zu verorten, damit Moral überhaupt noch in irgendeiner Form als wirklich begreifbar sein kann. Auf diese Weise wird es allerdings unmöglich, moralische Tatsachen als solche und als objektive Tatsachen der natürlichen Welt zu begreifen. Und solange dies unverständlich ist, wird es auch unverständlich bleiben, wie wir wahre moralische Urteile fällen können, sofern wahre moralische Urteile moralische Tatsachen artikulieren.[1]

Um das philosophische Bedürfnis, die Moral in der amoralischen Ordnung einer von den Naturwissenschaften entzauberten Welt zu verorten, besser nachvollziehen zu können, und die damit einhergehende Anziehungskraft der nonkognitivistischen Kernthese besser zu verstehen, muss man sich vor allem klar zu machen suchen, wie es dazu kommen konnte, dass Metaethiker moralische Eigenschaften und Tatsachen als solche für ontologische und erkenntnistheoretische Seltsamkeiten halten. Um sich dies klar zu machen, ist es meines Erachtens wichtig, zunächst dorthin zurückzukehren, woher Ayer kam, bevor er *Language, Truth, and Logic* veröffentlichte.

Wir müssen jetzt also kurz zurückkehren in das philosophische Wien der frühen 1930er Jahre. Denn das Fundament des ethischen Nonkognitivismus besteht letzten Endes gar nicht aus originär ethischen Überlegungen. Stattdessen beruht die nonkognitivistische Kernthese auf den vor allem bedeutungs- und erkenntnistheoretischen Ansichten der logischen Positivisten des Wiener Kreises und den ontologischen Annahmen ihrer Nachfolger. Auf diesem Fundament wurde das theoretische Gebäude errichtet, das zuallererst die epistemische Rechtfertigung empirischer Aussagen betraf und sich etwas später zu einer ganzen szientistischen Seinslehre auswuchs. Und dieses Fundament ist es auch, dass *ex negativo* zu der Ansicht verführt, moralische Urteile seien sinnlos oder falsch oder lediglich im projektivistischen Sinne (quasi-)wahr und (quasi-)falsch, weil sie keine moralischen Tatsachen also solche artikulieren können. Mit einem Wort: Der ethische Nonkognitivismus ist nur die moralphilosophische Schattenseite derjenigen erkenntnistheoretischen und ontologischen Medaille, auf deren Vorderseite empiristisch-szientistische Ansichten der natürlichen Welt glänzen.

24. Natürlich ist es immer etwas heikel, von *dem* Wiener Kreis zu sprechen. Denn zumindest zwischen Otto Neurath, Rudolf Carnap und Moritz Schlick gab es seit Beginn der 1930er Jahren merklich zunehmende Differenzen. So stießen insbesondere der von Neurath eingeführte Physikalismus sowie Neuraths Kohärentismus und seine immer stärker werdenden holistischen Ansichten vor allem bei Schlick keineswegs auf Gegenliebe.[2]

Wenn wir uns aber auf denjenigen Philosophen konzentrieren, der von allen Wiener-Kreis-Mitgliedern den größten Einfluss auf Ayer ausübte, nämlich Carnap, so können wir sagen, dass er zu Beginn der 1930er Jahre gewissermaßen eine Mittelstellung zwischen Schlick und Neurath einnimmt. Denn einerseits greift Carnap nicht nur Neuraths Terminus „Protokollsatz" auf, sondern rückt auch von seiner ursprünglichen phänomenalistischen Charakterisierung der Erfahrungsbasis ab,[3] um Neuraths Physikalismus zu übernehmen. Andererseits lehnt er jedoch Neuraths Kohärentismus und Holismus ab. In diesem Punkt eher auf der Seite Schlicks stehend, sind Carnaps Ausführungen aus dieser Zeit noch ganz von dem durchdrungen, was Quine später als empiristisches Dogma des Reduktionismus kritisiert hat.[4]

Wollte man die damalige Position Carnaps auf ihre zentralen Gedanken verkürzen, so böten sich hierzu vielleicht die folgenden zwei Zitate an. Erstens: „Ein Satz besagt nur das, was an ihm verifizierbar ist. Daher kann ein Satz, wenn er überhaupt etwas besagt, nur eine empirische Tatsache besagen. Etwas, das prinzipiell jenseits des Erfahrbaren läge, könnte weder gesagt, noch gedacht, noch erfragt werden."[5] Zweitens: „Die Nachprüfung (Verifikation) von [...] Sätzen durch ein Subjekt S geschieht dadurch, daß aus diesen Sätzen Sätze der Protokollsprache des S abgeleitet und mit den Sätzen des Protokolls des S verglichen werden. Die Möglichkeit derartiger Ableitungen von Sätzen der Protokollsprache macht den Gehalt eines Satzes aus."[6] Carnaps Position, die mit diesen beiden Zitaten angedeutet ist, kann man etwas ausführlicher, aber noch immer stark verkürzt, auch in etwa so reformulieren:

Eine „wissenschaftlich angemessene" Theorie über etwas in der Welt muss eine Theorie sein, deren Sätze sich einheitlich und widerspruchsfrei auf physikalische Sätze über beobachtbare Gegenstände und Ereignisse in der Welt zurückführen lassen. Denn aus jedem Satz einer solchen Theorie, der ein hypothetischer Satz über etwas in der Welt ist, müssen sich Sätze einer physikalischen Protokollsprache ableiten lassen, die potentielle Protokollsätze sind. Diese potentiellen Protokollsätze umfassen die elementaren Gehalte, aus denen sich der komplexe Gehalt zusammensetzt, den der hypothetische Satz neben seiner begrifflichen Komponente aufweist.[7] Daher kann der hypothetische Satz der Theorie mit Hilfe der aus ihm abgeleiteten potentiellen Protokollsätze verifiziert oder falsifiziert werden. Lässt sich nämlich durch Beobachtung der physischen Gegenstände und Ereignisse feststellen, dass die physikalischen Gehalte der potentiellen Protokollsätze tatsächlich empirische Gehalte sind, so heißt das nicht nur, dass die potentiellen Protokollsätze tatsächliche Protokollsätze des physikalischen Beobachterprotokolls sind. Vielmehr heißt es auch, dass der komplexe Gehalt des hypothetischen Satzes, aus dem sie abgeleitet wurden, einen verifizierten empirischen Gehalt hat. Der hypothetische Satz ist dann sinnvoll und wahr. Stellt sich hingegen durch Beobachtung der physischen Gegenstände und Ereignisse heraus, dass die abgeleiteten potentiellen Protokollsätze keine empirischen Gehalte haben, so ist der hypothetische Satz der Theorie falsifiziert.

Lassen sich aus einem hypothetischen Satz indes gar keine potentiellen Protokollsätze ableiten, so erweist sich der Satz als sinnlos. Er ist weder wahr noch falsch, also nicht wahrheitsfähig. Denn er kann weder verifiziert noch falsifiziert werden, da sein komplexer Gehalt nicht auf potentielle Protokollsätze zurückgeführt werden kann, deren empirische Gehaltsamkeit qua Beobachtung überprüft werden kann. Eben solche Sätze sind, gemäß Carnap, z.B. „Geld zu stehlen, ist falsch"; „Tapferkeit ist gut"; „Charles Manson hat einen schlechten Charakter"; „Elisabeths Absicht, ihr Versprechen zu halten, war richtig". Solche Sätze sind weder analytische Sätze noch sind sie empirisch überprüfbare Sätze. Denn obgleich sie nicht trivial sind und ihrer Oberflächengrammatik nach auf die beobachtbare physische Welt bezogen zu sein scheinen, lassen sich aus ihnen keine Sätze der physikalischen Protokollsprache ableiten, da in ihnen ein evaluatives oder normatives Prädikat enthalten ist. Das heißt aber, dass sich solche Sätze nicht auf beobachtbare physische Gegenstände und ihre Eigenschaften beziehen können und sich daher auch nicht durch Beobachtung – oder auch nur irgendeine wissenschaftlich angemessene Methode – verifizieren oder falsifizieren lassen. Sie sind, Carnap zufolge, nicht-triviale Sätze ohne empirischen Gehalt. Sätze ohne empirischen Gehalt sind allerdings empirisch leer. Und nontriviale Sätze, die empirisch leer sind, sind semantisch sinnlos. Es gilt nach Carnap kurzum: „[D]ie objektive Gültigkeit eines Wertes oder einer Norm kann [...] nicht empirisch verifiziert oder aus empirischen Sätzen deduziert werden; sie kann daher überhaupt nicht (durch einen sinnvollen Satz) ausgesprochen werden."[8]

25. Die jetzt angedeutete bedeutungs- und erkenntnistheoretische Position Carnaps können wir als „physikalistischen Verifikationismus" bezeichnen. Mit seinem physikalistischen Verifikationismus übte Carnap nicht nur großen Einfluss auf nachfolgende Philosophen wie Ayer aus. Mit ihm stand er zugleich auch auf den recht alten Schultern der britischen Empiristen. So etwa auf denen David Humes, der schon knapp zweihundert Jahre zuvor Folgendes zu bedenken gab: „Wilful murder, for instance. Examine it in all lights, and see if you can find that matter of fact, or real existence, which you call vice. In which-ever way you take it, you find only certain passions, motives, volitions and thoughts. There is no other matter of fact in the case. The vice entirely escapes you, as long as you consider the object."[9]

Ebenso wie sein Vorgänger Hume und sein Nachfolger Ayer bezweifelt Carnap, dass moralische Urteile als solche sinnvolle Urteile sein können. Denn seiner Ansicht nach ist ein Urteil nur dann sinnvoll, wenn das, was das Urteil besagt, eine empirische Tatsache sein kann. Und nicht anders als sein empiristischer Vorgänger ist er der Ansicht, dass ein Urteil nur dann eine Tatsache besagt, wenn man seinen Gehalt – zumindest prinzipiell – mit dem empirischen Mittel der Beobachtung verifizieren kann. Sieht man davon ab, dass Carnap (nach der *Begriffsschrift*, den *Principia Mathematica* und dem *Tractatus*)[10] der Logik und Semantik natürlich mehr Aufmerksamkeit zollt, als es Hume je tat, besteht das eigentlich Neue an Carnaps physikalistischem Verifikationismus vor allem darin, dass er den Empirismus radikalisiert, indem er ihn physikalistisch zuspitzt. Denn Carnap verbindet seine von Neurath übernommene Idee der physikalischen Protokollsätze (anstelle phänomenaler Beobachtungssätze) folgerichtig mit der Behauptung, dass die physikalische Sprache *die* Universalsprache sei, in der alles, was sich überhaupt sinnvoll sagen lässt, gesagt werden kann.[11] Folgerichtig ist dies, weil man dann, wenn man wie Carnap davon ausgeht, dass jeder sinnvolle Satz auf physikalische Protokollsätze zurückführbar sein muss, auch davon ausgehen muss, dass jedes Urteil prinzipiell mit dem Vokabular der Physik reformulierbar sein muss, sofern es nicht bloßer Unfug oder „metaphysisch" ist (was aus Carnaps damaliger Sicht so ziemlich auf das Gleiche hinausläuft). Und sieht man die Sache so konsequent, wie Carnap es tat, dann muss dies freilich nicht nur für die nontrivialen Sätze dieser oder jener Theorie oder Sprache gelten, sondern sowohl für alle nontrivialen Aussagen aller natürlichen Sprachen des

Alltags als auch für alle nontrivialen Aussagen aller Fachsprachen der wissenschaftlichen Disziplinen.

Carnaps emphatische Sicht der Physik, die als Königsdisziplin der Naturwissenschaften eben jenes Vokabular bereitstellt, mit dem man alles, was sich überhaupt sinnvoll sagen lässt, sagen kann, wurde von ihm aber nicht nur an Ayer weitergegeben. Noch weit stärker ging Carnaps Begeisterung für Physik und Naturwissenschaft vor allem auf Quine über, und auch auf Wilfrid Sellars. Beeindruckt von der Idee einer „physikalischen Universalsprache" belassen es Quine und Sellars allerdings nicht bei der Bedeutungs- und Erkenntnistheorie des physikalistischen Verifikationismus. Anstatt sich auf die Auszeichnung eines bestimmten Vokabulars und bestimmter Methoden der Überprüfbarkeit zu beschränken, behaupteten sie vielmehr offensiv und recht pragmatistisch das, was freilich auch schon bei Carnap unter der Hand immer mitanklingt. Quine und Sellars erklären nämlich ohne allzu große Umschweife, dass die Physik bzw. die Naturwissenschaft schlichtweg die beste uns zur Verfügung stehende und daher die für uns maßgebliche *Ontologie* darstellt – die Lehre vom Sein punktum.

Sellars vertritt die Ansicht, dass das gewöhnliche, von ihm so genannte „manifeste Bild" vom Menschen und der Welt zwar ein äußerst nützliches Instrument in unserem alltäglichen Leben ist. Ontologisch gesehen ist es aber letztlich „inadequate and should not be accepted as an account of what there is all things considered"[12]. Stattdessen gelte vielmehr: „[...] in the dimension of describing and explaining the world, science is the measure of all things, of what is that it is, and of what is not that it is not."[13] Und während Sellars zumindest noch von der gesamten Naturwissenschaft spricht, ergänzt Quine (in diesem Punkt ganz Carnapianer) mit physikalistischer Begeisterung hierarchisierend: „Physics investigates the essential nature of the world, and biology describes a local bump. Psychology, human psychology, describes a bump on the bump."[14]

Nicht zuletzt aufgrund von Quines Kritik an Carnaps bedeutungs- und erkenntnistheoretischen Ansichten ließ zwar im Laufe des 20. Jahrhunderts die Zustimmung zum physikalistischen Verifikationismus merklich nach. Kaum noch jemand behauptet heutzutage ernsthaft, dass sich ausnahmslos alle sinnvollen nonanalytischen Sätze fein säuberlich aufteilen lassen in begriffliche und empirische Komponenten, wobei letztere allesamt vor das physikalische Tribunal der Erfahrung treten müssen.[15] Aber Quines bedeutungs- und erkenntnistheoretische Kritik am physikalistischen Verifikationismus hat in keiner Weise den von Carnap behaupteten Primat der Physik geschwächt. Im Gegenteil: Dadurch, dass Quine seine Vorliebe für das physikalische Vokabular mit seinem semantischen und epistemischen Holismus verband,[16] hat er Carnaps emphatische Sicht der Physik von dessen unplausiblen, weil allzu atomistischen und reduktionistischen Verifikationismus geschieden. Und gerade dadurch hat Quine es den ihm nachfol-

genden Generationen von Philosophen ermöglicht, sich weiterhin für die Physik
begeistern zu können, ohne dabei befürchten zu müssen, dass sie diese Begeisterung *eo ipso* auf Carnaps problematischen Verifikationismus verpflichtet.

Allerdings hat Quine noch sehr viel mehr getan, als Carnaps Physikalismus
vor Carnaps Verifikationismus zu retten. Denn Quines unverkrampfter Pragmatismus erlaubt es ihm offenbar auch, so abgeklärte Dinge zu sagen, wie:

For my part I do, qua lay physicist, believe in physical objects and not in
Homer's gods; and I consider it a scientific error to believe otherwise. But in point
of epistemological footing the physical objects and the gods differ only in degree
and not in kind. Both sorts of entities enter our conception only as cultural posits.
The myth of physical objects is epistemologically superior to most in that it has
proved more efficacious than other myths as a device for working a manageable
structure into the flux of experience.[17]

Gerade aufgrund der erkenntnistheoretischen Vorteile, die der Mythos physikalischer Objekte, laut Quine, mit sich bringt, gibt es für einen unverkrampften
Pragmatisten aber auch keinen Grund, weshalb er Carnaps universelles, finales
und basales Vokabular nicht – alles in allem und aller ontologischen Relativität
zum Trotz – zu unserer basalen und maßgeblichen Ontologie erklären sollte.

26. Quines bedeutungs- und erkenntnistheoretische Kritik an Carnaps physikalistischem Verifikationismus berührt also Carnaps Verifikationismus, aber sie
berührt nicht im geringsten Carnaps Physikalismus. Und sollte etwas noch unberührter als unberührt sein können, so ist der von Sellars postulierte ontologische
Primat der Naturwissenschaften freilich noch unberührter von der Kritik am physikalistischen Verifikationismus. Denn diese ontologische Position verpflichtet
einen nicht einmal mehr darauf, die ontologische Vormachtstellung der Physik
als Königsdisziplin der Naturwissenschaften zu verteidigen und ihr Vokabular
als das universelle, finale und basale Vokabular auszuweisen. Spricht man dem
großen Garten der naturwissenschaftlichen Disziplinen insgesamt den Status der
maßgeblichen Ontologie zu, so hat man sich damit auch der Aufgabe entledigt,
die königliche Rolle der Physik als letztlich basale Einheitswissenschaft verteidigen zu müssen.

Carnaps spezielle Begeisterung für die Physik als Einheitswissenschaft nicht
verteidigen zu müssen, kann sicherlich von Vorteil sein angesichts der praktischen Frustrationen, die in den Naturwissenschaften dann eintreten, wenn versucht wird, die Einsichten der einzelnen Disziplinen im Vokabular der Physik zu
reformulieren und umgekehrt. Und vielleicht ist es nicht nur angesichts praktischer Frustrationen, sondern auch aufgrund theoretischer Überlegungen vor-
teilhaft, die physikalistische Begeisterung Carnaps zu dämpfen, anstatt sie wie
Quine mehr oder minder bruchlos zu übernehmen. Denn so könnte man viel-

leicht von vornherein die begrifflichen Schwierigkeiten umgehen, die auf einen zukommen, wenn man die nomologischen Aussagen der Einzelwissenschaften als lediglich technolektale Beulen physikalischer Gesetze begreift. Man könnte dann vielleicht, wie etwa Jerry Fodor, zwar die Allgemeinheit der Physik anerkennen, aber ansonsten einen entspannten nonreduktiven Physikalismus vertreten, der den einzelnen Naturwissenschaften erlaubt, nomologische Aussagen in ihrem Vokabular auch dann zu formulieren, wenn diese nicht aus den im Vokabular der Physik formulierten Gesetzen ableitbar sind.[18] Ob die Haltung des nonreduktiven Physikalismus gegenüber den Gesetzen der Einzelwissenschaften allerdings wirklich so entspannt sein kann, ist auch nicht unstrittig, wie beispielsweise David Papineau deutlich zu machen sucht.[19]

Wie auch immer es jedoch um das Verhältnis zwischen der Physik und den anderen Naturwissenschaften bestellt sein mag: Auch dann, wenn man die einzelnen naturwissenschaftlichen Disziplinen nicht lediglich als lokale Unebenheiten der königlichen Physik ansieht, begreift man das Vokabular der übrigen Disziplinen in struktureller Hinsicht nicht anders als das Vokabular der Physik. Man begreift es nämlich als geordnetes System nomologischer Allaussagen, die Kausalbeziehungen artikulieren. Daher können wir die für Wissenschaftstheoretiker gewiss interessante und knifflige Frage nach dem Status der Physik innerhalb der Naturwissenschaften jetzt unberücksichtigt lassen. Denn um uns verständlich zu machen, warum es so vielen Gegenwartsphilosophen unverständlich erscheint, dass es moralische Eigenschaften und moralische Tatsachen als solche in der natürlichen Welt geben kann, reicht es aus, sich an die ontologische Auszeichnung der Naturwissenschaft im Allgemeinen zu halten, die zwar von Carnaps Idee einer physikalischen Universalsprache herrührt, aber nicht ausschliesslich auf die Physik fixiert ist.

27. Geht man von der empiristischen Annahme aus, dass die Naturwissenschaft unsere basale und maßgebliche Ontologie darstellt, so heißt das auch, dass wir ihr kausal-nomologisches Vokabular als universelles, finales und basales Vokabular ansehen müssen. Zu behaupten, dass die Naturwissenschaft das Maß aller Dinge ist, besagt nämlich auch, dass alles in der Welt Seiende letztes Endes unter Verwendung des naturwissenschaftlichen Vokabulars beschrieben und erklärt werden muss, soll es etwas in der Welt Seiendes sein. Diese Sicht der Dinge möchte ich als „szientistischen Naturalismus" bezeichnen.

Wollen wir das soeben Gesagte ein wenig auswickeln, dann können wir die ontologische Kernthese des szientistischen Naturalismus in ihrer einfachsten Form so auffassen, dass sie aus zwei Teilthesen besteht. Die erste Teilthese besagt, dass das Sein dessen, was in der Welt seiend ist, seine Natur ist. Und die zweite Teilthese, die die eigentlich signifikante ontologische These des szientistischen Naturalismus ist, besagt, dass nur das als Natur begriffen werden kann, was sich letzten Endes mit dem Vokabular der Naturwissenschaft beschreiben und erklären lässt, um so einen Platz im kausal-nomologischen Reich der naturwissenschaftlich begriffenen Natur zu bekommen.

Etwas kann demnach nur dann eine natürliche Eigenschaft haben, ein natürlicher Gegenstand sein oder eine Tatsache in der natürlichen Welt darstellen, wenn es mit dem Vokabular der Naturwissenschaft als Zustand, Objekt oder Ereignis in der Welt bestimmt werden kann.[20] Alle beobachtbaren oder postulierten Entitäten, die nicht ohnehin durch Verwendung des naturwissenschaftlichen Vokabulars bestimmt sind, müssen folglich auf Entitäten zurückgeführt werden, die mit dem Vokabular der Naturwissenschaften bestimmt werden können. Im szientistischen Naturalismus sind „Welt", „Realität" und „Natur" nämlich untrennbar mit dem kausal-nomologischen Vokabular der Naturwissenschaft verbunden. Und eine Natur der Dinge in der unabhängigen Realität der objektiven Welt, die nicht die kausal-nomologisch begriffene Natur der Naturwissenschaft ist, scheint heutzutage schlicht denkunmöglich zu sein.[21] Denn die Popularität des szientistischen Naturalismus ist spätestens seit der zweiten Hälfte des 20. Jahrhunderts, sowohl innerhalb der Philosophie als auch in der so genannten „breiten Öffentlichkeit", so groß und ungebrochen, dass es gegenwärtig geradezu verrückt wirken muss, gegen die ontologische Kernthese des szientistischen Naturalismus argumentieren zu wollen und etwa auf die Irreduzibilität geistigen Gehalts zu bestehen.

Salopp gesagt, ist es in der Philosophie also seit spätestens Mitte des 20. Jahrhunderts um all jenes recht schlecht bestellt, das als solches nicht in irgendeiner Weise zurückführbar oder erklärbar ist auf die kausal-nomologisch begriffene Natur der Naturwissenschaft. Denn Seinsbereiche jenseits der naturwissenschaftlich begriffenen Natur, die sich partout nicht auf diese zurückführen oder durch sie erklären lassen, gelten seitdem kaum mehr als Seinsbereiche *sui generis*, sondern als mehr oder minder obskure ontologische Phantasmen.

Eingedenk dessen ist es nun auch leicht verständlich, weshalb etwa Mackie, Blackburn oder Gibbard und mit ihnen so viele andere Gegenwartsphilosophen glauben, moralische Eigenschaften und Tatsachen als solche müssten ontologische und erkenntnistheoretische Seltsamkeiten sein, die nicht zu unseren sonstigen Beschreibungen der Welt passen. Denn unter Voraussetzung des szientistischen Naturalismus ist die Antwort auf die Frage, warum es keine moralischen Tatsachen als solche in der Welt geben kann, eindeutig. Stellt nämlich die Naturwissenschaft die basale und maßgebliche Ontologie dar, dann muss das, was ein Urteil besagt, letztlich in naturwissenschaftlichem Vokabular reformulierbar sein, damit es überhaupt wahrheitsfähig – oder wie Carnap sagen würde:

sinnvoll – sein kann. Und erst wenn es das ist, kann es auch wahr sein und eine Tatsache der Welt artikulieren.

Unter Voraussetzung des szientistischen Naturalismus, so könnte man meinen, reicht es daher aus, moralische Urteile dadurch verständlich machen zu wollen, dass man das Fällen moralischer Urteile mit naturwissenschaftlichem Vokabular beschreibt. Denn so könnte man, wie es scheint, den „room for ethics" in der natürlichen „order which we inhabit, and of which we are a part"[22] finden: einen Platz für die Moral in einer objektiven Welt, Realität und Natur, die nicht weiter reicht und umfassender ist als ihre kausal-nomologische Beschreibung im Rahmen der Naturwissenschaft. Und indem man das Fällen der Urteile mit naturwissenschaftlichem Vokabular beschreibt, scheint man dann die Gefahr gebannt zu haben, ontologische und erkenntnistheoretische Seltsamkeiten annehmen zu müssen, nämlich objektive moralische Tatsachen in der natürlichen Welt. Eben dies ist die Richtung, die nonkognitivistische Ansätze – oder positiv gewendet: projektivistische, expressivistische, quasi-realistische Ansätze – einschlagen.

Aber hier stellen sich sofort zwei grundlegende Probleme. Denn zum einen hat man noch nichts über die Gehalte moralischer Urteile gesagt, wenn man das Fällen moralischer Urteile mit naturwissenschaftlichem Vokabular beschrieben hat. Zum anderen wäre aber selbst dann, wenn man etwas über die Gehalte moralischer Urteile sagen könnte, ein zweites Problem noch nicht ausgeräumt. Dieses Problem besteht darin, dass es unter Voraussetzung des szientistischen Naturalismus unmöglich ist, die Gehalte moralischer Urteile zugleich als solche – d.h. als irreduzibel moralisch – und als wahrheitsfähig zu begreifen, sofern wahre moralische Urteile objektive Tatsachen der natürlichen Welt artikulieren.

Lassen sich nämlich die Gehalte moralischer Urteile in naturwissenschaftlichem Vokabular reformulieren, so sind sie zwar – unter Voraussetzung des szientistischen Naturalismus – wahrheitsfähig und sinnvoll, da sie objektive Tatsachen der natürlichen Welt artikulieren können. Aber sie sind deshalb auch nicht mehr irreduzibel moralisch, sondern ebenso auf naturwissenschaftliches Vokabular zurückführbar wie moralische Tatsachen auf empirische Tatsachen. Lassen sie sich indes nicht in naturwissenschaftlichem Vokabular reformulieren, so mögen sie zwar irreduzibel moralisch sein. Aber dann sind sie – unter Voraussetzung des szientistischen Naturalismus – auch nicht mehr wahrheitsfähig und sinnvoll, da sie keine objektiven Tatsachen der natürlichen Welt artikulieren können.

Wie wir die Sache auch drehen: Akzeptieren wir die Kernthese des szientistischen Naturalismus, so werden wir stets von dem einen Horn des Dilemmas aufgespießt, sobald wir versuchen, dem anderen zu entkommen. Unter Voraussetzung des szientistischen Naturalismus können moralische Tatsachen nicht zugleich als solche und als objektive Tatsachen der natürlichen Welt begriffen werden. Und sofern wahre Urteile objektive Tatsachen der natürlichen Welt arti-

kulieren, können moralische Urteile daher auch nicht wahre moralische Urteile
sein.

Die projektivistischen, expressivistischen oder quasi-realistischen Ansätze
des Nonkognitivismus, die heutzutage so vielen Moralphilosophen attraktiv
erscheinen, weichen diesem Dilemma nicht aus, sondern stellen vielmehr ein
Horn des Dilemmas dar. Denn sie geben die Vorstellung wahrer moralischer
Urteile, die objektive Tatsachen der natürlichen Welt artikulieren, auf. Dies ist
aber der Einstieg in die Rätsel der modernen Moralphilosophie, die im zweiten
Kapitel genannt wurden. Und diese Rätsel in Kauf zu nehmen, erscheint mir
ungefähr so verlockend, wie sich Skylla in die Arme zu werfen, um Charybdis zu
entkommen.

Statt zu glauben, wir könnten uns nur zwischen Skylla und Charybdis entscheiden, sollten wir besser nach einer Möglichkeit Ausschau halten, unbescha-
det zwischen ihnen hindurch zu segeln. Und eine solche Möglichkeit besteht
darin, dass man sich fragt, ob man eigentlich von vornherein die ontologische
Enge akzeptieren muss, die aus der gegenwärtig nahezu als unumstößlich geltenden Lehrmeinung resultiert, dass die Naturwissenschaft unsere basale und
maßgebliche Ontologie darstellt.

Wie wir gerade sahen, ist dieses szientistische Dogma der empiristische
Nachfahre des physikalistischen Verifikationismus. Und ebenso wie beim physikalistischen Verifikationismus ist der Nonkognitivismus nur die dunkle, ethische
Kehrseite jener ontologischen und erkenntnistheoretischen Medaille, auf deren
Vorderseite der szientistische Naturalismus glänzt. Um die Chance zu bekommen, die Ethik zu erhellen, dürfen wir uns aber nicht vom gegenwärtigen Schein
des szientistischen Naturalismus blenden lassen. Wir dürfen uns nicht von vornherein dem szientistischen Dogma unterwerfen, indem wir ohne weiteres die
Forderung akzeptieren, dass die Moral in der amoralischen Ordnung einer von
den Naturwissenschaften entzauberten Welt zu verorten sei. Vielmehr müssen
wir uns – ganz unabhängig von ethischen Belangen – zunächst einmal fragen,
ob die Kernthese des szientistischen Naturalismus, dass die Naturwissenschaften die basale und maßgebliche Ontologie darstellen, nicht nur populär, sondern
auch plausibel ist. Denn zum einen ist, wie schon der Volksmund weiß, nicht
immer alles Gold, was glänzt; und zum anderen ist ein Dogma eine Lehrmeinung,
die lediglich als unumstößlich gilt, es aber allein deshalb nicht auch schon ist.
Dementsprechend ist der Rest des Kapitels der Frage gewidmet, ob das szientistische Dogma trotz seines gegenwärtigen Glanzes vielleicht weder golden noch
unumstößlich ist, da sich die Kernthese des szientistischen Naturalismus längst
nicht so plausibel ausbuchstabieren lässt, wie gegenwärtig zumeist unhinterfragt
angenommen wird.

Wäre dem so, dann würde das szientistische Dogma zumindest ins Wanken geraten. Und wankte es, so stünden auch die Chancen nicht schlecht, dass die Moral der ontologischen Enge einer naturwissenschaftlich entzauberten Welt entgehen kann, in der ihr Skylla und Charybdis gefährlich nahe kommen. Denn dann kann zumindest die Möglichkeit in Betracht gezogen werden, dass die Moral bereits immer schon einen sicheren Platz hat in der – um es mit Blackburn zu sagen – natürlichen Ordnung, in der wir leben und deren Teil wir sind.

28. Wenn die Kernthese des szientistischen Naturalismus zuträfe, die besagt, dass die Naturwissenschaft die basale und somit maßgebliche Ontologie ist, welche uns Auskunft über das Sein des Seienden in der Welt punktum gibt, dann müsste das Vokabular der Naturwissenschaft auch das universelle, finale und basale Vokabular sein. Wäre dem so, dann müssten aber auch die naturwissenschaftlichen Aussagen und Urteile verständlich sein, ohne dass das Verstehen dieser Aussagen und Urteile von etwas anderem abhinge als vom Beherrschen des kausal-nomologischen Vokabulars der Naturwissenschaft. Denn genau das muss „basal" heißen, wenn man von einer „basalen Ontologie" spricht.

Zum gelingenden Verständnis der naturwissenschaftlichen Darstellung dessen, was in der Welt und was die Welt ist, dürfte also kein Vokabular notwendige Voraussetzung sein, das nicht selbst kausal-nomologisch ist oder nicht erfolgreich auf solches Vokabular zurückgeführt werden könnte. Das Vokabular der Naturwissenschaft müsste das einzige Vokabular sein, mit dem aus sich heraus verständliche Darstellungen des in der Welt Seienden und der Welt formuliert werden können. Denn wäre dem nicht so, hinge das Verständnis naturwissenschaftlicher Aussagen und Urteile vom Verständnis anderer Aussagen, Urteile und natürlich auch Begriffe ab – und zwar von solchen, die nicht nur irreduzibel wären, sondern auch ontologisch primär und basaler. Träfe dies jedoch zu, dann könnte das Gesamt naturwissenschaftlicher Aussagen nicht etwas über das in der Welt Seiende und die Welt punktum aussagen. Dann könnte allerdings auch der szientistische Naturalismus nicht zutreffend sein. Denn der szientistische Naturalismus besagt ja gerade, dass das Sein dessen, was in der Welt seiend ist, seine Natur ist, und dass nur das als Natur begriffen werden kann, was sich letzten Endes mit dem Vokabular der Naturwissenschaft beschreiben und erklären lässt. Damit ist aber gesagt, dass das Sein dessen, was überhaupt in der Welt seiend ist, und damit die Welt, auf verständliche Weise vollständig bestimmbar ist durch die Aussagen und Urteile der Naturwissenschaft.

Es ist jedoch so, dass wir, um die naturwissenschaftlichen Beschreibungen und Erklärungen überhaupt als solche verstehen zu können, notwendig Vokabular voraussetzen müssen, das selbst nicht im naturwissenschaftlichen Vokabular enthalten ist und das auch nicht in dieses übersetzt oder durch dieses ersetzt werden kann. Folglich bin ich der Ansicht, dass das Gesamt der Beschreibungen und Erklärungen der Naturwissenschaft nicht als basale Ontologie begriffen werden kann. Ich bin also der Ansicht, dass die zum Dogma geronnene ontologische Kernthese des szientistischen Naturalismus unzutreffend ist. Und für diese Ansicht sprechen meines Erachtens eine ganze Reihe von guten Gründen, die als Einwände gegen dieses Dogma vorgebracht werden können.

Vielleicht mag man hier zuallererst an die Ausführungen von Hilary Putnam denken, in denen er die emphatische Vorstellung einer rein deskriptiven und wertfreien Naturwissenschaft dadurch zu erschüttern sucht, dass er die allzu naive Gegenüberstellung von Deskriptionen und Evaluationen ins Wanken bringt.[23] Putnam macht sich dabei Bernard Williams' Begriff des *thick concept* zu eigen, was natürlich einen gewissen Witz hat.[24] Und sein Argument läuft darauf hinaus, dass die von ihm so genannte *fact/value dichotomy*, die szientistische Naturalisten aufstellen, nicht zu halten ist.[25] Denn es zeigt sich, dass viele der in der Naturwissenschaft gebrauchten Begriffe nicht weniger dicht sind als die Begriffe, die z.B. in Ethik und Moral verwendet werden. Die Quintessenz von Putnams Ausführungen lautet demnach folgerichtig, dass wir besser die Idee aufgeben sollten, es gäbe auf der einen Seite so etwas wie die „reine" und objektive Tatsachen der Welt beschreibende Naturwissenschaft und auf der anderen Seite die kulturell „verunreinigte" und die Welt bloß kontingent bewertende Moral. Denn wäre die Moral kulturell „verunreinigt" und bloß kontingent bewertend, so wäre es die Naturwissenschaft nicht minder.[26]

Um diese zutreffende Einsicht zu untermauern, könnte man nun – auf Putnams Schultern stehend und mit Thomas Kuhns *Structure of Scientific Revolutions* im Handgepäck[27] – den langen Marsch zu all jenen Evaluationen, Werten, Konventionen und sozialen Normen antreten, die in den Naturwissenschaften an der Tagesordnung sind.[28] Diese Strategie ist gewiss erfolgreich, wenn es um die Zurückweisung einer allzu naiven Begeisterung für die Naturwissenschaften geht.[29] Aber ich glaube, dass es mindestens drei Einwände gegen die Auffassung gibt, dass die Naturwissenschaft die basale Ontologie punktum sei, die noch sehr viel tiefer ansetzen und stärker begrifflicher Art sind. Alle drei Einwände, die nach meinem Dafürhalten kaum grundlegender sein könnten, laufen darauf hinaus, dass das Vokabular der Naturwissenschaft nicht das universelle, finale und basale Vokabular sein kann, mit dem aus sich heraus verständliche Darstellungen des in der Welt Seienden formuliert werden können. Will man diesen Einwänden Namen geben, so kann man sie „*ceteris-paribus*-Einwand", „Repräsentations-Einwand" und „Individuations-Einwand" nennen.[30]

29. Der *ceteris-paribus*-Einwand knüpft an Nancy Cartwrights Einsicht an, dass naturwissenschaftliche Gesetze, bezogen auf ihre Anwendungsfälle, *ceteris-*

paribus-Gesetze sind.[31] Diese Einsicht besagt: Bezogen auf ihre Anwendung stellen naturwissenschaftliche Gesetze nicht kategorische, sondern hypothetische Gesetze dar. Denn die Gesetze der Naturwissenschaft artikulieren Dispositionen physischer Gegenstände, die sich dann aktualisieren, wenn bestimmte gewöhnliche Umstände vorliegen und wenn nichts Unerwartetes geschieht, was dazwischenkommt und die Aktualisierung der Dispositionen verhindert. So aktualisiert z.B. eine Eisenschraube ihre Disposition des Rostens, wenn sie sich in feuchter Umgebung befindet und wenn sie beispielsweise nicht verzinkt ist. Wenn bestimmte Umstände vorliegen und nichts dazwischenkommt, so ist es also kein Zufall, dass die Disposition der Eisenschraube unter diesen Umständen aktualisiert wird, sondern es ist die Instanziierung eines entsprechenden hypothetischen Kausalgesetzes. Dass diese Umstände vorliegen und nichts dazwischenkommt – wie etwa eine (wie auch immer zustande kommende) überraschende Verzinkung –, ist allerdings keine Instanziierung eines Gesetzes. Denn eine (unverzinkte) Eisenschraube hat zwar die Disposition, in feuchter Umgebung zu rosten, jedoch nicht die Disposition, sich in feuchter Umgebung zu befinden.[32]

Die *ceteris-paribus*-Klausel ist demnach wesentlich für das Verständnis kausal-nomologischer Aussagen. Sie kann jedoch nicht mit Hilfe von Begriffen erläutert werden, die im kausal-nomologischen Vokabular der Naturwissenschaft selbst enthalten sind. Die Annahme, dass nichts Unerwartetes geschieht, was dazwischenkommt und die Aktualisierung der Dispositionen verhindert, dass also die vorausgesetzten Rahmenbedingungen gleich bleiben und die gewöhnlichen Umstände vorliegen, setzt vielmehr teleologisches und normatives Vokabular voraus, um überhaupt gemacht werden zu können. Um nämlich die Annahme, dass nichts Unerwartetes geschieht, was dazwischenkommt, machen zu können, muss die Bedeutung von „nichts Unerwartetes geschieht, was dazwischenkommt" vorausgesetzt werden. Und die Bedeutung von „nichts Unerwartetes geschieht, was dazwischenkommt" kann nicht mit Hilfe von kausal-nomologischem Vokabular erklärt oder reformuliert werden. Sie kann nicht in kausal-nomologisches Vokabular übersetzt werden und auch nicht durch kausal-nomologisches Vokabular ersetzt werden. Das heißt aber: Der Status und das Verständnis naturwissenschaftlicher Gesetze sind von einem Vokabular abhängig, das nicht das kausal-nomologische Vokabular der Naturwissenschaft ist.

Dies kann man auch so ausdrücken: Um zu verstehen, was ein naturwissenschaftliches Gesetz besagt, benötigen wir nicht lediglich empirische Regelmäßigkeiten, die als nachträgliche Generalisierungen aus der Beobachtung von Einzelereignissen hervorgehen, sondern wir benötigen Regeln, die besagen, was im Allgemeinen geschieht. Regeln gehen aber nicht *eo ipso* aus Regelmäßigkeiten hervor. Und mit lediglich dem empirischen Vokabular der Naturwissenschaften kann uns deshalb auch nicht der Übergang von bloßen empirischen Regelmäßigkeiten zu Regeln gelingen, die wir jedoch benötigen, um naturwissenschaftliche Gesetze als solche zu verstehen. Und daher kann das kausal-nomologische Vokabular der Naturwissenschaft nicht unser universelles, finales und basales Vokabular sein.

30. Der Repräsentations-Einwand betrifft die Frage, wie man lediglich mit dem kausal-nomologischen Vokabular der Naturwissenschaft verständlich machen könnte, dass eine Wirkung ihre Ursache repräsentiert. Und diese Frage ist entscheidend, wenn man als szientistischer Naturalist versucht, geistigen Gehalt oder sprachliche Bedeutung naturwissenschaftlich zu naturalisieren.

Das Problem besteht darin, dass das Anführen einer möglichen Kausalrelation, deren Relata aus einem physischen Ereignis in der Welt und z.B. einem physischen oder mentalen Zustand seines Beobachters bestehen, nicht ausreicht, um plausibel zu erläutern, dass die Wirkung ihre Ursache repräsentiert. Denn damit der Zustand als Repräsentation seiner Ursache erscheinen kann, muss dargestellt werden können, dass sein Gehalt dasjenige Ereignis zum Gegenstand hat, das den Zustand verursacht. Dazu muss der Gehalt des Zustands jedoch in einer Beziehung zum Gegenstand stehen, die die Möglichkeit zulässt, dass der Gehalt entweder insofern auf das Ereignis gerichtet ist, als er wahr oder falsch ist, oder dass er nicht auf das Ereignis gerichtet ist. Aber mit dem kausal-nomologischen Vokabular der Naturwissenschaft allein kann man höchstens die Genese eines Zustands als wiederholte Verursachung durch ein Ereignis beschreiben, ohne dass dabei die Gerichtetheit und das Wahrsein oder Falschsein des Gehalts auch nur ansatzweise formulierbar ist.

Dass das Anführen einer Kausalbeziehung, deren Relata z.B. ein sinnlich wahrnehmbares Ereignis und eine Überzeugung seines Beobachters sind, für sich genommen noch nichts darüber aussagt, inwiefern das als Stimulus fungierende Ereignis auch Gegenstand des Gehalts derjenigen Überzeugung ist, die durch die Beobachtung des Ereignisses verursacht wird, kann man sich mit Hilfe eines nicht sehr aufsehenerregenden Beispiels leicht klarmachen. Nehmen wir z.B. an, jemand beobachtet gerade, dass ein Kaninchen an einem Gebüsch vorbeihoppelt. Das wahrgenommene Ereignis, dass ein Kaninchen an einem Gebüsch vorbeihoppelt, könnte nun (1) die Überzeugung des Beobachters verursachen, dass in seiner unmittelbaren Umgebung gerade ein Kaninchen an dem-und-dem Gebüsch vorbeihoppelt. Ebenso gut kann das wahrgenommene Ereignis bei ihm aber auch (2) die Überzeugung verursachen, dass gerade kein Kaninchen an dem-und-dem Gebüsch vorbeihoppelt. Oder auch (3) die Überzeugung, dass das-und-das Gebüsch dieses Jahr nicht so grüne Blätter hat wie letztes Jahr. Oder aber auch (4) die Überzeugung, dass Kalkutta am Ganges und Paris an der Seine liegt.

Vielleicht aber auch (5) die Überzeugung, dass es an Madeleine liege, dass der Beobachter so verliebt sei.

Wie sollte man nun, wenn man lediglich das kausal-nomologische Vokabular der Naturwissenschaften zur Verfügung hat, um die Relation zwischen dem Gehalt der Überzeugung und dem Ereignis darzustellen, erläutern können, dass in den Fällen (1) und (2) die Überzeugungen auf das Ereignis gerichtet sind, während dies in den Fällen (3) bis (5) nicht zutrifft? Unter Verwendung von lediglich kausalem Vokabular kann man dies nicht erläutern. Denn in allen Fällen (1) bis (5) werden die Überzeugungen von der Wahrnehmung des Ereignisses verursacht. Stellen wir die Beziehung zwischen diesen Überzeugungsgehalten und dem Ereignis mit lediglich kausalem Vokabular dar, so haben wir keinerlei Möglichkeit, irgendwelche signifikanten Unterschiede der intentionalen Gerichtetheit in den Fällen (1) und (5) auszumachen. Und noch viel weniger haben wir die Möglichkeit, den Unterschied zwischen wahren und falschen Überzeugungen, also etwa den Unterschied zwischen (1) und (2), auch nur ansatzweise plausibel zu erläutern. Und dieses Manko verschwindet auch nicht dadurch, dass man die Frage beantwortet, wie häufig die Fälle (1) bis (5) auftreten oder wie unterschiedlich häufig sie auftreten. Denn selbst dann, wenn es sich empirisch herausstellen sollte, dass bei mehreren Personen, die beobachten, dass ein Kaninchen an einem Gebüsch vorbeihoppelt, als Reaktion auf diese Beobachtung (5) häufiger auftritt als (1), würde daraus nicht folgen, dass der Überzeugungsgehalt von (5) das beobachtete Ereignis zum Gegenstand hat.

Unter Verwendung des kausal-nomologischen Vokabulars der Naturwissenschaften kann man also bestenfalls die Genese eines Zustands, der eine Überzeugung beliebigen Gehalts – und das heißt: eine beliebige Überzeugung – ist, so beschreiben, dass er als Wirkung einer Ursache dargestellt wird. Aber mit dem kausalen Vokabular allein kann man nicht verständlich machen, dass eine Wirkung ihre Ursache repräsentiert. Um Kausalrelationen als repräsentationale Relationen auffassen zu können, muss vielmehr referentielles, semantisches und intentionales Vokabular vorausgesetzt werden, das als solches wiederum nur verständlich ist, weil es in das ebenfalls bereits vorausgesetzte logische, teleologische, rationale und normative Vokabular unserer alltäglichen (Sprach-)Praxis eingebettet ist. Und erst dann, wenn die in diesem Vokabular bestimmbaren Signifikanzen möglicher kausaler Relata bereits bekannt sind, kann man auch repräsentationale Relationen als kausale Relationen begreifen. Aber erst dann! Das heißt jedoch, dass das Verständnis (und damit übrigens auch der explanatorische Wert) von kausalen Relationen als repräsentationale Relationen von dem bereits vorausgesetzten Verständnis solchen Vokabulars abhängig ist, das nicht im kausal-nomologischen Vokabular der Naturwissenschaften enthalten ist und das auch nicht auf kausal-nomologisches Vokabular reduziert werden kann. Und daher kann das kausal-nomologische Vokabular der Naturwissenschaft nicht unser universelles, finales und basales Vokabular sein.

31. Der Individuations-Einwand ist der voraussetzungsärmste Einwand und betrifft die Individuierung aller Entitäten, die im kausalen Verhältnis von Ursache und Wirkung zueinander stehen können. Er betrifft also nicht nur die relativ anspruchsvollen Fälle repräsentationaler Relationen, die wir gerade betrachtet haben. Die Frage, um die sich der Individuations-Einwand dreht, lautet demnach auch nicht, wie man allein mit dem kausal-nomologischen Vokabular der Naturwissenschaften verständlich machen könnte, dass eine Wirkung ihre Ursache repräsentiert, sondern ist erheblich schlichter. Sie lautet nämlich: Wie können wir überhaupt die Relata einer Kausalrelation individuieren, haben wir ausschließlich das kausal-nomologische Vokabular der Naturwissenschaften zu Verfügung?

Stellen wir uns für einen kurzen Augenblick vor, wir müssten jetzt die Aufgabe bewältigen, den Vorgang des Rostens einer Eisenschraube zu beobachten und zu beschreiben. Unter Verwendung des kausal-nomologischen Vokabulars der Naturwissenschaften können wir mit dem Versuch beginnen, eine geschlossene Kette von Ereignissen und Zuständen als kausale Beschreibung dieses Vorgangs zu formulieren. Wir können die in der Umgebung der Eisenschraube vorhandene Luftfeuchtigkeit messen und beschreiben, wie die Anwesenheit des Wassers die Oxidation des Eisens verursacht, was auf der Oberfläche der Schraube Rost als Korrosionsprodukt bewirkt. Und wir können hierbei auch eine sehr detaillierte Beschreibung geben, indem wir sehr kleine Zeitintervalle wählen und für jeden sehr kurzen Zeitraum Δt_n den physischen Zustand der Eisenschraube und den chemischen Vorgang auf ihrer Oberfläche ganz exakt beschreiben. Und dies können wir dann als Ursache eines physischen Zustands und chemischen Vorgangs in einem sehr kurzen Zeitraum Δt_{n+1} darstellen, der auf Δt_n folgt usw. usf. Dabei können wir selbstverständlich auch Ereignisse, die uns zunächst überraschen mögen, in unsere Kausalbeschreibung aufnehmen. Wenn es sich z.B. ergibt, dass im Laufe des Korrosionsprozesses ein Teil der Eisenschraube (wodurch auch immer) verzinkt wird, können wir beschreiben, wie dies eine Unterbrechung oder Verlangsamung des Korossionsprozesses bewirkt. Ebenso können wir aber auch beschreiben, wie das überraschende Auftauchen von Salzen im Wasser (wodurch auch immer) die Korrosion beschleunigt. Kurzum: Wir können ohne Probleme und sehr genau kausal beschreiben und erklären, wie das Verrosten der Eisenschraube vonstatten geht, da wir eine geschlossene Kausalkette formulieren können, die sehr kleinteilig den Zersetzungsprozess der Schraube durch Korrosion von Anfang bis Ende darstellt.

Wenn wir dies können, dann können wir erfolgreich erklären und beschreiben, *wie* etwas aus etwas anderem entsteht. Stünde uns allerdings ausschließlich das kausal-nomologische Vokabular der Naturwissenschaften zur Verfügung, so könnten wir gar nicht etwas von etwas anderem unterscheiden. *Was* aus *was* entsteht, können wir nämlich unter ausschließlicher Verwendung des kausal-nomologischen Vokabulars der Naturwissenschaften nicht verständlich machen. Denn: Wo und wann beginnt eigentlich eine Eisenschraube – und wo und wann hört sie auf? Wie können wir überhaupt die Eisenschraube von ihrem Verrosten und der feuchten Luft unterscheiden, anstatt von dem nicht weiter differenzierbaren primitiven Gegenstand einer Eisenschraube-an-feuchter-Luft-Verrostung ausgehen zu müssen? Und wie können wir verhindern, dass wir jetzt wieder fragen müssten, wann und wo eigentlich eine Eisenschraube-an-feuchter-Luft-Verrostung beginnt und wann und wo sie aufhört?

Ähnliche Fragen stellen sich in nicht minder starkem Maße mit Blick auf die Bedingungen der Möglichkeit, sinnvoll von „Unterbrechung", „Fortsetzung", „Verlangsamung", „Beschleunigung", „Zersetzung", „Entstehung", „Anfang" und „Ende" sprechen zu können. Denn: Wann und wo wird eigentlich ein kausaler Vorgang unterbrochen? Und wann und wo wird er fortgesetzt? Inwiefern kann überhaupt ein zeitlicher und auch räumlicher Ablauf dargestellt werden und nicht nur eine zeitliche und räumliche Aneinanderreihung von Einzelereignissen? Wann kommt ein kausal beschriebener Prozess an sein Ende? Und warum ist das Ende eigentlich das Ende? Wo ist der Anfang? Und warum ist das der Anfang? Und inwiefern können kausal beschriebene Prozesse eigentlich eine bestimmte Richtung haben, die es erlaubt, „Zersetzung" von „Entstehung" zu unterscheiden?

Würden wir ausschließlich von dem kausal-nomologischen Vokabular der Naturwissenschaft Gebrauch machen, so könnten wir auf diese Fragen keine Antworten geben. Denn die Individuierung von Gegenständen, Zuständen oder Ereignissen kann erst dann durch die Angabe ihrer kausal bestimmten funktionalen Rollen innerhalb einer kausalen Kette erfolgen, wenn man bereits – vor aller Kausalbeschreibung – weiß, was durch diese Kette miteinander verbunden wird und was durch die Kette eigentlich kausal beschrieben wird. Und eben dies ist auch eine notwendige Voraussetzung dafür, von „Unterbrechung", „Fortsetzung", „Verlangsamung", „Beschleunigung", „Zersetzung" und „Entstehung" sprechen zu können.

Die Abhängigkeit der Verständlichkeit kausal-nomologischer Beschreibungen von der bereits vorgängig und unabhängig erfolgten Individuierung mindestens zweier kausaler Relata verschwindet auch dann nicht, wenn wir anstatt kausaler Ketten komplexere kausale Netze annehmen. Gleich, ob wir Ketten oder Netze annehmen, müssen die ursprünglichen Relata als solche bereits individuiert sein, damit sich in unseren Beschreibungen und Erklärungen der Genese überhaupt eine kausale Kette oder ein kausales Netz entspinnen kann. Ohne ein bereits individuiertes Ausgangsrelatum wissen wir nicht, wo Kette oder Netz – und damit unsere Erklärung – beginnen sollen. Ohne ein bereits individuiertes Endrelatum wissen wir nicht, was durch Angabe der Kette oder des Netzes eigentlich erklärt wird und welche Funktionen die Bestandteile von Kette oder Netz letztlich haben. Und haben wir kein bereits vorgängig individuiertes Ausgangs- und Endrelatum im Blick, so wissen wir auch nicht, welche möglichen Ursache-Wirkung-Beziehungen wir nun als relevant in unserer Darstellung der kausalen Kette oder des kausalen Netzes aufnehmen sollen und welche wir ignorieren sollten, weil sie zufällige Nebeneffekte darstellen, die keinen explanatorischen Mehrwert haben, sondern nur Verwirrung stiften.

Ebenso wenig, wie die Annahme kausaler Netze anstelle kausaler Ketten etwas an der Abhängigkeit der Verständlichkeit kausal-nomologischer Beschreibungen von der bereits vorgängig und unabhängig erfolgten Individuierung der kausalen Relata ändert, kann der erfolgreiche Fortgang der naturwissenschaftlichen Forschung etwas daran ändern. Zwar werden unsere kausalen Beschreibungen und Erklärungen bei anhaltendem Fortschritt der Naturwissenschaft wahrscheinlich immer detaillierter werden. Die kausalen Ketten oder Netze, die wir anführen, werden immer dichter und filigraner. Die Zahl ihrer Bestandteile wird steigen und deren kausal bestimmte funktionale Rollen werden immer spezifischer und differenzierter werden. Aber ganz gleich, wie feingliedrig die Ketten und wie engmaschig die Netze letztlich sein mögen, stellen sie Kausalrelationen zwischen mindestens zwei Entitäten her, die als das, was sie sind, bereits vorausgesetzt werden müssen, damit sie überhaupt in derartig feingliedrigen oder auch weniger feingliedrigen Relationen zueinander stehen können.

Die zunehmende Komplexität unserer kausalen Beschreibungen und Erklärungen, die auf die Frage nach dem Wie der Genese antworten, können demnach keine besseren Antworten auf die Frage geben, was aus was generiert wird. Was aus was generiert wird, muss immer schon vorausgesetzt sein, um das Wie kausal erklären zu können. Das heißt aber: Das Verständnis der kausal-nomologischen Beschreibungen der Naturwissenschaft ist abhängig von der vorgängigen Individuierung kausaler Relata, welche selbst nicht durch Beschreibungen im kausal-nomologischen Vokabular der Naturwissenschaft erfolgen kann. Und daher kann das kausal-nomologische Vokabular der Naturwissenschaft nicht unser universelles, finales und basales Vokabular sein.

32. Der *ceteris-paribus*-Einwand, der Repräsentations-Einwand und der Individuations-Einwand liefern meiner Ansicht nach gute Gründe, weshalb man unter ausschließlicher Verwendung des kausal-nomologischen Vokabulars der Naturwissenschaft offenbar weder das in der Welt Seiende noch seine Beziehungen zueinander vollständig und hinreichend bestimmen kann. Dies ist meines Erachtens wiederum ein ziemlich guter Grund für die Zurückweisung der ontologischen Kernthese des szientistischen Naturalismus, die besagt, dass die Naturwissenschaft die basale Ontologie sei, die uns Auskunft über das Sein des in der Welt Seienden punktum und damit über die Welt gibt. Und wenn das stimmt, dann ist das szientistische Dogma nicht nur ins Wanken geraten, sondern im Einsturz begriffen.

Denn sind die drei angeführten Einwände stichhaltig, so zeigen sie uns, dass wir, um naturwissenschaftliche Beschreibungen und Erklärungen als solche zu verstehen und nutzbringend anwenden zu können, notwendig Begriffe voraussetzen müssen, die selbst nicht im naturwissenschaftlichen Vokabular enthalten sind. Diese Begriffe, für die es im Vokabular der Naturwissenschaften keine Äquivalente gibt, entstammen dem logischen, teleologischen, rationalen und normativen Vokabular unserer alltäglichen Praxis. Dieses Vokabular kann man nicht auf naturwissenschaftliches Vokabular reduzieren, weil es im kausal-nomologischen Vokabular der Naturwissenschaft keine Entsprechungen gibt, die die Funktionen dieses Vokabulars übernehmen können. Aufgrund der spezifischen Funktion des logischen, teleologischen, rationalen und normativen Vokabulars unserer alltäglichen Praxis kann man es allerdings auch nicht einfach eliminieren. Ein szientistischer Naturalist, der dies versuchte, würde – ob der zuvor erläuterten Abhängigkeit – damit zugleich die Verständlichkeit der naturwissenschaftlichen Beschreibungen und Erklärungen eliminieren. Aber dies kann sinnvollerweise kaum in seiner Absicht liegen.

Ist das zutreffend, so trifft die ontologische Kernthese des szientistischen Naturalismus nicht zu. Trifft die ontologische Kernthese des szientistischen Naturalismus nicht zu und stellt die Naturwissenschaft folglich nicht die basale Ontologie dar, so sind aber die Begriffe „Welt", „Realität" und „Natur" auch nicht untrennbar mit dem kausal-nomologischen Vokabular der Naturwissenschaft verbunden. Das heißt dann allerdings auch, dass das, was wir als objektive natürliche Welt begreifen, nicht – oder zumindest nicht ausschließlich – an die Beschreibungen und Erklärungen gebunden ist, die im Vokabular der Naturwissenschaften formuliert sind. Die objektive natürliche Welt reduziert sich dann nicht zwangsläufig auf ihre naturwissenschaftliche Beschreibung. Das, was wir als objektive natürliche Welt begreifen, muss also nicht notwendig die von den Naturwissenschaften entzauberte Welt des szientistischen Naturalismus sein.

Wenn das stimmt, dann muss jedoch auch das Bestehen objektiver moralischer Tatsachen in der natürlichen Welt nicht mehr zwangsläufig eine ontologische und epistemische Seltsamkeit sein. Denn das Bestehen objektiver moralischer Tatsachen in der natürlichen Welt wäre nur dann ontologisch seltsam, wenn wir unter „natürliche Welt" notwendig die von den Naturwissenschaften entzauberte Welt des szientistischen Naturalismus verstehen müssten. Und epistemisch wäre das Bestehen objektiver moralischer Tatsachen in der natürlichen Welt nur dann seltsam, wenn wir „Erfahrung", „Erkenntnis" und „Wissen" nur auf solche Gehalte anwenden dürften, die durch naturwissenschaftlich akzeptierte Verifikationsmethoden beweisbar sind. Beides müssten wir allerdings nur dann, wenn die Naturwissenschaft die basale Ontologie darstellen würde. Eben dies ist aber nicht der Fall, sofern die in diesem Kapitel formulierten Einwände zutreffen und also die ontologische Kernthese des szientistischen Naturalismus unzutreffend ist. Ist hingegen das zutreffend, was ich gerade über das Vokabular unserer alltäglichen Praxis behauptet habe, dann ist es naheliegend, anstelle der Naturwissenschaften unsere alltägliche Praxis selbst als das ontologische Fundament zu begreifen, dessen Explikation unsere basale Ontologie liefert und uns die Natur des in der Welt Seienden ausdrücklich verstehen lässt.

33. Meines Erachtens verhält es sich genau so. Die in unserer alltäglichen Praxis erschlossene Welt ist eben jene natürliche „order which we inhabit, and of which we are a part". Und in dieser natürlichen „Ordnung" gibt es immer schon einen sicheren „room for ethics", den wir auch gar nicht erst suchen und finden müssen. Denn die in unserer alltäglichen Praxis erschlossene natürliche Welt entspricht mitnichten der ontologisch viel zu engen „disenchanted, non-ethical order"[33] der Naturwissenschaft.

Auf Blackburns Forderung an die Metaethik angemessen zu reagieren, bedeutet meiner Ansicht nach also gerade nicht, dieser Forderung nachzukommen. Meines Erachtens sollten wir vielmehr damit aufhören, zu glauben, dass wir bessere Ethik betreiben und Moral besser verstehen, wenn es uns irgendwie gelingt, die Moral in der von den Naturwissenschaften entzauberten Welt unterzubringen – und sei es auch nur als psychologisch, neurobiologisch oder evolutionsbiologisch erklärbare Projektion. Stattdessen sollten wir uns besser der natürlichen Welt zuwenden, in der wir uns natürlicherweise bewegen – und in der es durchaus objektive moralische Tatsachen als solche geben kann, die wir mit wahren moralischen Urteilen artikulieren. Diese Welt ist vollends natürlich, aber keineswegs vollständig naturwissenschaftlich. Es ist die natürliche Welt, in der wir Menschen von Natur aus sind, weil unsere Natur die menschliche Natur ist.

Im nächsten Kapitel werde ich versuchen, ein zwar nur grobes und unvollständiges, aber hoffentlich dennoch halbwegs ansprechendes Bild unserer Welt zu skizzieren, das wir an die Stelle des szientistischen Bildes setzen können. Diese Skizze soll uns dann in den darauf folgenden Kapiteln helfen zu verstehen, dass wir nicht nur wahre Urteile fällen können, die objektive empirische Tatsachen der natürlichen Welt artikulieren. Ebenso können wir nämlich wahre Urteile fällen, die objektive normative und evaluative Tatsachen hinsichtlich dieses oder jenes Lebewesens artikulieren! Bestehen diese Tatsachen, so bestehen auch sie objektiverweise in der natürlichen Welt, da ihr Bestehen nicht daraus resultiert, dass einige wenige oder auch sehr viele von uns bestimmte Projektionen, Fiktionen, Präskriptionen, Emotionen, Pro-Einstellungen, Contra-Einstellungen, Konationen, Interessen, Präferenzen, Begierden, Affekte, Triebe, Vorlieben, Neigungen etc. etc. hegen und pflegen. Wie wir noch sehen werden, resultiert das Bestehen dieser normativen und evaluativen Tatsachen vielmehr daraus, wie ein jeweiliges Lebewesen in der natürlichen Welt je beschaffen ist und wie die Umgebung dieses Lebewesens in der natürlichen Welt jeweils beschaffen ist.

Wir werden also später noch sehen, dass es objektive natürliche Qualitäten von und für Lebewesen als Tatsachen in der natürlichen Welt gibt. Und haben wir das erkannt, so wird es uns dann vielleicht auch nicht mehr so schwerfallen, verstehen zu können, wie das moralisch Gute eine natürliche Qualität von und für Lebewesen wie uns ist. Doch damit dies gelingen kann, muss zunächst einmal die Welt und mit ihr die Natur in Sicht kommen.

5 Geistreiche Welt

34. In den beiden vorangegangenen Kapiteln habe ich zu zeigen versucht, dass die nonkognitivistische Zurückweisung der Möglichkeit wahrer oder falscher moralischer Urteile daher rührt, dass das Bestehen objektiver moralischer Tatsachen in der natürlichen Welt für eine ontologische und auch erkenntnistheoretische Seltsamkeit gehalten wird. Letzteres tun ethische Nonkognitivisten vor allem deshalb, weil ihr Verständnis des Bestehens von Tatsachen in der natürlichen Welt einem empiristischen Dogma unterliegt: dem Dogma des szientistischen Naturalismus. Diesem Dogma müssen und sollten wir uns allerdings nicht unterwerfen, indem wir etwa versuchen, die Moral in der amoralischen Ordnung einer von der Naturwissenschaft entzauberten Welt zu verorten. Denn die Kernthese des szientistischen Naturalismus, die besagt, dass die Naturwissenschaft die basale Ontologie ist und daher nur dasjenige als etwas in der Welt Seiendes begriffen werden kann, dessen Sein sich mit dem Vokabular der Naturwissenschaften beschreiben und erklären lässt, führt zu den im vorherigen Kapitel angesprochenen Problemen. Diese Probleme scheinen mir die Glaubwürdigkeit der ontologischen Kernthese mehr als fraglich werden zu lassen und damit das szientistische Dogma nicht nur ins Wanken zu bringen.

Ist dem so, dann haben wir jetzt gewissermaßen den nötigen Platz geschaffen, um damit beginnen zu können, ein anderes Bild der natürlichen Welt und unseres In-der-Welt-Seins zu skizzieren, das uns unter anderem ermöglichen wird, moralische Tatsachen als solche und als objektive Tatsachen der natürlichen Welt zu begreifen. Und wenn uns dies gelingt, wird uns auch verständlich werden, wie wir wahre moralische Urteile fällen können, die moralische Tatsachen artikulieren.

Nachdem ich im vorherigen Kapitel zu dem Ergebnis kam, dass wir notwendig Begriffe voraussetzen müssen, die selbst nicht im kausal-nomologischen Vokabular der Naturwissenschaft enthalten sind, um naturwissenschaftliche Beschreibungen und Erklärungen überhaupt als solche verstehen zu können, behauptete ich am Ende des Kapitels, dass diese Begriffe dem logischen, teleologischen, rationalen und normativen Vokabular unserer gewöhnlichen Praxis entstammen. Und ich verband dies mit der Ansicht, dass unsere gewöhnliche Praxis daher das ontologische Fundament darstellt, das wir explizit machen müssen, wenn wir die basale und maßgebliche Ontologie in den Blick bekommen wollen, die uns Aufschluss über die Natur der Dinge gibt. Trifft dies zu, dann ist die natürliche Welt merklich größer als die naturwissenschaftlich entzauberte Welt des szientistischen Naturalismus.

Eine solche ontologisch reichhaltigere Welt versuche ich jetzt nachfolgend mit Hilfe einer nonreduktiven Form von Naturalismus zu skizzieren und zu plausibilisieren. Diese nonreduktive Form nenne ich *hermeneutischen Naturalismus*. Und von ihr nehme ich an, dass sie die zuvor aufgeworfenen Probleme des szientistischen Naturalismus gar nicht erst aufkommen lässt. Denn im Gegensatz zum szientistischen Naturalismus gründet der hermeneutische Naturalismus nicht auf einem naturwissenschaftlichen Naturbegriff und versucht folglich auch nicht, das Vokabular unserer gewöhnlichen Praxis auf anderes Vokabular zurückzuführen, von dem angenommen wird, dass es universeller, finaler und basaler wäre. Vielmehr gründet der hermeneutische Naturalismus, mitsamt dem ihn kennzeichnenden Begriff der Natur, auf nichts anderem als auf unserer gewöhnlichen Praxis. Eben dieser Umstand scheint mir eine Form von Naturalismus zu ermöglichen, die sich dem empiristischen Dogma widersetzt, ohne dabei in eine Spielart des platonistischen Supernaturalismus abzugleiten.

Mit „platonistischer Supernaturalismus" meine ich hier nicht eine Position, von der man sagen kann, dass Platon sie jemals vertreten hätte, sofern man Platon auch nur mit einem Minimum an Wohlwollen liest. Vielmehr ist damit ein vormodernes Bild des Verhältnisses von „Natur", „Welt" und „Geist" gemeint, das eher eine Erfindung der Moderne ist, um eine systematisch mögliche Position zu bezeichnen, die man als ontologische Position zu Recht verabschieden kann.[1] Denn im platonistischen Supernaturalismus erscheint der Geist als Teil der natürlichen Welt, weil die natürliche Welt selbst als geistreich erscheint – und zwar vollkommen unabhängig vom begrifflichen Vermögen des Menschen und der begrifflich strukturierten Praxis, die Menschen vollziehen, wenn sie denken, sprechen, handeln und Erfahrungen machen. Die derart ‚verzauberte' Natur des platonistischen Supernaturalismus scheint ganz von allein vernünftig zu sein: Begrifflichkeit, Inferentialität und propositionale Gehaltsamkeit scheinen schlicht urwüchsig gegeben. Die Möglichkeit des Bestehens von Tatsachen bedarf nicht der Möglichkeit von wahren Überzeugungen, Urteilen und Aussagen. Und die Gegenstände, Zustände und Ereignisse der natürlichen Welt individuieren sich offenbar von selbst. Dieses supernaturalistische Bild einer geistreichen Welt hat als ontologische Erklärung für uns heutzutage allerdings so viel Plausibilität, wie Erzählungen, in denen sich Kürbisse zu Kutschen und Frösche zu Prinzen verwandeln. Und daher sollten wir dieses Bild einer allzu märchenhaft verzauberten Welt nach Möglichkeit meiden, wenn wir den hermeneutischen Naturalismus skizzieren.

Andererseits sollten uns die Abstrusität des platonistischen Supernaturalismus und die bemerkenswerten Erfolge der modernen Naturwissenschaft ontologisch aber auch nicht zu stark beeindrucken. Zu stark beeindruckt ist man eindeutig dann, wenn man meint, man könne Erhellendes über den Begriff des Geistes herausfinden, indem man die (z.B. durch Befragung) empirisch ermittelbaren mentalen Zustände einzelner menschlicher Personen mit ihren (z.B. durch

Elektroenzephalographie) empirisch messbaren Körperzuständen korreliert. Körperzustände lassen sich zwar problemlos im kausal-nomologischen Reich der Naturwissenschaft verorten. Aber in dieser Weise den „Geist" als Teil der „Natur" vorzustellen, führt nur zu der allgemeineren Variante desjenigen Problems, das wir auch schon bisher ansprachen, als wir sagten, dass die Moral und mit ihr moralische Tatsachen nicht *als solche* begriffen werden können, versucht man, sie in der naturwissenschaftlich entzauberten Welt zu verorten. Korreliert man nämlich individuelle mentale Zustände mit Körperzuständen, so kann man den Körperzuständen zwar einen Platz in der entzauberten Welt des szientistischen Naturalismus zuweisen. Nur hat man damit eben nicht sehr viel mehr getan, als Körperzuständen einen Platz im Reich nomologischer Kausalität zuzuweisen. Für geistigen Gehalt kann man auf diese Weise keinen Platz in der Welt finden – geschweige denn: etwas Erhellendes über den Begriff des Geistes sagen. Denn „Geist" ist nicht die empirisch-statistische Ansammlung individueller mentaler Zustände. Und allein deshalb schon kann er auch nicht die Ansammlung ihrer jeweiligen physischen Korrelate sein.

Mit dem hermeneutischen Naturalismus müssen wir also gewissermaßen die goldene Mitte zwischen der märchenhaft verzauberten Welt des platonistischen Supernaturalismus und der naturwissenschaftlich entzauberten Welt des szientistischen Naturalismus zu treffen suchen. Wir müssen zu einem Bild gelangen, in dem die wiederverzauberte Welt zugleich natürlich und geistreich ist, ohne dabei märchenhaft zu sein. In diesem Bild dürfen Frösche nicht verwunschene Prinzen sein, denn dies verleitet nur dazu, alle Kutschen für Kürbisse zu halten.

35. Wie stellt sich nun also das Verhältnis von „Geist", „Natur" und „Welt" dar, wenn wir unsere gewöhnliche Praxis als ontologisches Fundament reflektieren? Versuchen wir, diese Frage zu beantworten, so werden wir meiner Ansicht nach die größte Hilfe dort finden, wo die meisten analytischen Philosophen der Gegenwart sie kaum suchen. Nämlich: im Ersten Abschnitt von Martin Heideggers *Sein und Zeit*, in Wittgensteins *Philosophischen Untersuchungen*, in Hans-Georg Gadamers *Wahrheit und Methode* und in John McDowells *Mind and World*.[2]

All diese Texte weisen nämlich auf etwas hin, was zwar ständig vor unseren Augen liegt, was wir aber ebenso oft übersehen, gerade weil es zu offen vor uns liegt. Denn auf ihre je eigene Art machen sie uns allesamt darauf aufmerksam, dass das ontologische Fundament der natürlichen Welt und unseres natürlichen In-der-Welt-Seins sich in unserer alltäglichen und gewöhnlichen Praxis des Erfahrens, des Denkens, des Sprechens und des Handelns zeigt.[3] Heidegger, Wittgenstein, Gadamer und McDowell helfen uns dabei, von dem, was wir ständig tun, einen Schritt zurückzutreten und genauer hinzuschauen, was wir da eigentlich tun.[4] Und haben wir es erst einmal geschafft, genauer hinzuschauen, so werden wir auch feststellen, dass wir nicht zuallererst das Vokabular der Naturwissen-schaften benötigen, um – wie Wittgenstein einmal sagte – die „Naturgeschichte des Menschen"[5] formulieren zu können, die zugleich die Geschichte der natürli-chen Welt ist. Sind uns die Unauffälligkeiten des Alltäglichen und Gewöhnlichen erst einmal aufgefallen, so werden wir auch das Bestehen objektiver moralischer Tatsachen in der natürlichen Welt nicht mehr für eine ontologische oder auch erkenntnistheoretische Seltsamkeit halten. Denn dann werden wir sehen, dass die natürliche „order which we inhabit, and of which we are a part"[6] immer schon geistreich ist.

Wahrscheinlich kann man das Bild des Verhältnisses von „Geist", „Natur" und „Welt", das ich „hermeneutischen Naturalismus" nenne, gar nicht besser zusam-menfassen als Gadamer, wenn er (auf Wilhelm von Humboldt Bezug nehmend) schreibt: „Die Sprache ist nicht nur eine der Ausstattungen, die dem Menschen, der in der Welt ist, zukommt, sondern auf ihr beruht, und in ihr stellt sich dar, daß die Menschen überhaupt Welt haben. Für den Menschen ist die Welt als Welt da, wie sie für kein Lebendiges sonst Dasein hat, das auf der Welt ist. Dies Dasein der Welt aber ist sprachlich verfaßt. Das ist der eigentliche Kern des Satzes, den Humboldt in ganz anderer Absicht äußert, daß die Sprachen Weltansichten sind. Humboldt will damit sagen, daß die Sprache gegenüber dem Einzelnen, der einer Sprachgemeinschaft angehört, eine Art selbständiges Dasein behauptet und ihn, wenn er in sie hineinwächst, zugleich in ein bestimmtes Weltverhältnis und Welt-verhalten einführt. Wichtiger aber ist, was dieser Aussage zugrunde liegt: daß die Sprache ihrerseits gegenüber der Welt, die in ihr zur Sprache kommt, kein selbständiges Dasein behauptet. Nicht nur ist die Welt nur Welt, sofern sie zur Sprache kommt – die Sprache hat ihr eigentliches Dasein nur darin, daß sich in ihr die Welt darstellt. Die ursprüngliche Menschlichkeit der Sprache bedeutet also zugleich die ursprüngliche Sprachlichkeit des menschlichen In-der-Welt-Seins. [...] Welt haben, heißt: sich zur Welt verhalten. Sich zur Welt verhalten erfordert aber, sich von dem von der Welt her Begegnenden so weit freihalten, daß man es vor sich stellen kann, wie es ist. Dieses Können ist ineins Welt-haben und Sprache-haben. Der Begriff der Welt tritt damit in Gegensatz zu dem Begriff der Umwelt, wie sie allem auf der Welt seienden Lebendigen zukommt."[7]

Diese Passage aus *Wahrheit und Methode* bringt das, worum es mir jetzt geht, in einer uns vertrauten Ausdrucksweise brillant auf den Punkt. Verständlicher und vertrauter kann man es in dieser Kürze kaum sagen! Allerdings darf uns die Vertrautheit mit dem Wort „Sprache" auch nicht zu Missverständnissen verlei-ten. Ein nicht gerade zweitrangiges Missverständnis wäre es, verstünde man Gadamer so, als meinte er hier mit „Sprache" lediglich das Aussprechen und das Ausgesprochene oder das Niederschreiben und das Niedergeschriebene, das als bloßes linguales Vehikel für Nichtsprachliches dient. Eine Fehldeutung wäre es gleichfalls, glaubte man, Gadamer bezöge sich hier mit „Sprache" bloß auf die verschiedenen natürlichen Sprachen, denen wir in der Welt begegnen, wenn wir durch Länder und Kontinente reisen. Und ebenso irrtümlich wäre es, verträte man die Ansicht, Gadamer spreche hier von den syntaktischen, grammatikalischen, semantischen, lexikalischen oder konventionellen Regelmäßigkeiten der Artikulation in Ton und Schrift, die Linguisten empirisch untersuchen oder in Regelwerken des korrekten Sprachgebrauchs festhalten. Wollen wir die zitierte Passage Gadamers richtig verstehen, so müssen wir vielmehr sagen: „Sprache" steht hier für nichts anderes als für das, wofür auch „Geist" steht, sofern damit keine Ansammlung individueller mentaler Zustände bezeichnet wird. „Sprache" steht hier nämlich für die *umfassende holistische Totalität*, die unsere *begrifflich strukturierte Praxis des In-der-Welt-Seins* ist.

Versteht man unter „Sprache" die begrifflich strukturierte Praxis des In-der-Welt-Seins, so ist damit etwas gemeint, das das Empirische transzendiert. Denn meint man mit „Sprache" oder auch mit „Geist" eine solche begrifflich strukturierte Praxis des In-der-Welt-Seins, so meint man weder die Sprachen noch die mentalen Zustände, die als solche in der Welt – d.h. innerweltlich – sind und sich daher auch von Linguisten, Psychologen oder Neurowissenschaftlern empirisch untersuchen lassen. Meint man mit „Sprache" oder „Geist" die begrifflich strukturierte Praxis des In-der-Welt-Seins, so ist damit vielmehr das gemeint, was die Welt überhaupt erst als solche erschließt – und so unter anderem auch erst die Möglichkeit eröffnet, dass etwas als Sprache oder mentaler Zustand empirisch untersuchbar sein kann.

„Sprache" oder „Geist" bezeichnen dann also etwas, das wir auch „Welterschließung" nennen könnten. Als umfassend holistische und begrifflich strukturierte Praxis des In-der-Welt-Seins erschließt die Sprache oder der Geist nämlich die Welt, die als solche die zuvorderst logisch, teleologisch, rational und normativ geordnete Totalität ist, welche dem, was in ihr ist, die Signifikanz gibt, die es hat, weil es in ihr das ist, was es in ihr ist. Als etwas in der Welt das zu sein, was es ist, heißt: eine in der Welt seiende Substanz zu sein, die als innerweltlich Seiendes auf diese oder jene Weise ihr Sein exemplifiziert, das ihre in der begrifflich strukturierten Praxis des In-der-Welt-Seins erschlossene Natur ist. Obgleich kein Aussprechen oder Niederschreiben, ist dann auch das Denken, das Handeln und das Erfahren von Menschen in diesem Sinne „sprachlich" verfasst oder geistig gehaltvoll. Oder, wie ich lieber sagen möchte: begrifflich strukturiert. Und weil dem so ist und überhaupt nur solche Wesen in der Welt sind (statt in der Umwelt), die über ein begriffliches Vermögen wie dasjenige von Menschen verfügen, kann man in Anschluss an Gadamer dann auch sagen, dass Welt-haben und Sprache-haben in eins fallen und die Welt sprachlich verfasst oder geistig gehaltvoll ist.

Oder, wie ich wiederum lieber sagen möchte: Die natürliche Welt ist als solche begrifflich strukturiert und daher geistreich.

Geht man von einem solchen Sprachbegriff aus, so kann man nun auch, wie ich glaube, ohne größere Verständnisschwierigkeiten zu provozieren, den späteren Heidegger mit seinem recht bekannt gewordenen Aphorismus zitieren, der besagt: „Die Sprache ist das Haus des Seins."[8] Und man kann sogleich als weiteres Heidegger-Zitat anfügen: „Der Mensch spricht nur, indem er der Sprache entspricht. Die Sprache spricht."[9] Führt man diese Zitate an, so muss man jetzt allerdings nicht sogleich auf Heideggers „Kehre" pochen und die Unterschiede überbetonen, die zwischen der Hervorhebung der Sprache in seinen späteren Schriften und dem ersten Abschnitt von *Sein und Zeit* bestehen. Im ersten Abschnitt von *Sein und Zeit* hat zwar die welterschließende Funktion des Erfahrens und vor allem des Handelns in Form des (hermeneutischen) *Auslegens* zweifelsohne mehr Gewicht als die des ausdrücklichen Urteilens und Behauptens in Form des (apophantischen) *Aussagens*. Aber unter Voraussetzung des gerade angedeuteten Sprachbegriffs können wir das, was Heidegger als Auslegung beschreibt, auch unter der Bezeichnung „Sprache" fassen. Die gerade angeführten Zitate des späteren Heidegger lassen sich dann so lesen, dass sie pointierte Hinweise sind auf die welterschließende Funktion sowie die Unabhängigkeit und Vorgängigkeit der begrifflich strukturierten Praxis des In-der-Welt-Seins gegenüber denjenigen, die in sie initiiert sind.[10]

Oder aber auch, ganz unheideggerisch formuliert: Die gerade angeführten Zitate betonen die *Objektivität* der begrifflichen Praxis des In-der-Welt-Seins und damit die der natürlichen Welt gegenüber den einzelnen Urteilen, Überzeugungen, Meinungen, Behauptungen weniger, einiger oder vieler einzelner Menschen. Und freilich auch: die Objektivität der begrifflichen Praxis des In-der-Welt-Seins und die der natürlichen Welt gegenüber den Projektionen, Fiktionen, Präskriptionen, Emotionen, Pro-Einstellungen, Contra-Einstellungen, Konationen, Interessen, Präferenzen, Begierden, Affekten, Trieben, Vorlieben, Neigungen etc. etc., die wenige, einige oder viele einzelne Menschen hegen und pflegen mögen.

36. Ist es so, wie Gadamer sagt, und fallen also Sprache-haben und Welt-Haben in eins, dann ist die natürliche Welt, wie sie im hermeneutischen Naturalismus erscheint, im Vergleich zu der von der Naturwissenschaft entzauberten Welt des szientistischen Naturalismus, eine wiederverzauberte Welt. Denn sie ist als natürliche Welt geistreich. Die Welt beläuft sich dann nicht auf ihre kausal-nomologische Beschreibung im Vokabular der Naturwissenschaft. Sie ist dann nämlich nicht lediglich das Reich kausaler Gesetze, sondern genauso umfassend wie unsere begrifflich strukturierte Praxis des In-der-Welt-Seins.

Ist die natürliche Welt genauso umfassend wie unsere begrifflich strukturierte Praxis des In-der-Welt-Seins, so liegt das in ihr Mögliche nicht außerhalb des Begrifflichen. Der Raum des Möglichen hat keine anderen Grenzen als der Raum des Begrifflichen. Daher ist der Raum des Möglichen auch weder kleiner noch größer als der Raum des Denkbaren, Urteilbaren, Behauptbaren, Machbaren und Erfahrbaren, das begrifflich ist. Sagt man dies, so sagt man damit jedoch nicht zwangsläufig, dass sich das in der Welt Mögliche auf das beläuft, was wenige, einige oder viele einzelne Menschen denken, urteilen, behaupten, machen und erfahren. Denn das Denkbare, Urteilbare, Behauptbare, Machbare und Erfahrbare beläuft sich nicht auf das Gedachte, Geurteilte, Behauptete, Gemachte und Erfahrene, wenn man – etwa mit Verweis auf Heideggers Aphorismen – die Objektivität unserer begrifflich strukturierten Praxis des In-der-Welt-Seins hervorhebt. Denn damit betont man zugleich die Objektivität des Denkbaren, Urteilbaren, Behauptbaren, Machbaren und Erfahrbaren, die in dessen Unabhängigkeit davon besteht, was wenige, einige oder viele einzelne Menschen denken, urteilen, behaupten, machen und erfahren. Dass das in der Welt Mögliche ebenso umfangreich ist wie das Denkbare, Urteilbare, Behauptbare, Machbare und Erfahrbare, heißt dann, dass es sich nicht auf das Gedachte, Geurteilte, Behauptete, Gemachte und Erfahrene beläuft, aber trotzdem nicht außerhalb des Begrifflichen liegt.

Fasst man folglich das in der Welt Mögliche als unabhängig davon auf, was wenige, einige oder viele einzelne Menschen für möglich halten, und begreift man das Tatsächliche als denjenigen Teil des Möglichen, der der Fall ist, so überträgt sich die Objektivität des Möglichen bruchlos auf das Tatsächliche. *Was* eine Tatsache in der Welt sein kann, hängt dann nicht davon ab, was wenige, einige oder viele einzelne Menschen für ein wahres Urteil und also für eine Tatsache der Welt halten. Und *dass* etwas eine Tatsache in der Welt ist, hängt davon dann ebenso wenig ab. Denn, ob etwas eine Tatsache in der Welt ist, ist dann allein davon abhängig, was in der Welt der Fall ist, und nicht davon, was wenige, einige oder viele einzelne Menschen für eine Tatsache und für ein wahres Urteil halten.

Durch die Betonung der Objektivität des Denkbaren, Urteilbaren, Behauptbaren, Machbaren und Erfahrbaren, die die Objektivität des Möglichen und des Tatsächlichen nach sich zieht, umgeht man meines Erachtens erfolgreich etwaige privatistische oder kollektivistische Varianten eines individualpsychologischen bzw. subjektiven Idealismus, Konstruktivismus oder Anti-Realismus. Und das scheint mir von großem Vorteil zu sein. Denn derartige Ansätze lassen das in der Welt Mögliche und Tatsächliche – entweder global oder auf bestimmte Seinsbereiche beschränkt – letzten Endes stets als individualpsychologisch beschreibbare subjektive Projektionen weniger, einiger oder vieler einzelner Menschen erscheinen. Dadurch entsteht dann ein Bild unseres In-der-Welt-Seins, in dem es so scheint, als würden wir unsere je nach privatem oder kollektivem Belieben selbstgeknüpften begrifflichen Netze oder „Theorien" ebenso nach Belieben über einen an sich indifferenten Haufen Materie werfen können, der unabhängig von der vorgängigen Praxis gegeben ist. Und dieser praxisunabhängige Haufen Materie, der einfach unbeschreiblich ist, wird dann mit solch nichtssagenden Titeln wie „Welt an sich" versehen, um zum Ausdruck zu bringen, das eben dieser indifferente Haufen so etwas wie die wirkliche Wirklichkeit sein soll.

Dass die natürliche Welt und die in ihr seienden Substanzen als irgendwie „ursprünglicher" unserer begrifflichen Praxis äußerlich gegenüberstehen wie ein sehr großer und nur rein sinnlich erfahrbarer Gegenstand, der von uns dann erst im Geiste und mit Sprache in ziemlich viele und recht beliebige kleinere Gegenstände zerteilt werden muss, ist eine Spielart des „Mythos des Gegebenen".[11] Und dass dieser Mythos auf einer ganz irrigen Vorstellung über das Verhältnis von „Geist", „Natur" und „Welt" sowie über unser In-der-Welt-sein beruht, haben uns freilich nicht erst Davidson in *On the Very Idea of a Conceptual Scheme* und McDowell in *Scheme-Content Dualism and Empiricism* nachdrücklich klargemacht.[12]

Nicht minder nachdrücklich stellte bereits Georg Wilhelm Friedrich Hegel fest, „daß wir die Begriffe gar nicht bilden und daß der Begriff überhaupt gar nicht als etwas Entstandenes zu betrachten ist".[13] Denn: „Es ist verkehrt, anzunehmen, erst seien die Gegenstände, welche den Inhalt unserer Vorstellungen bilden, und dann hinterdrein komme unsere subjektive Tätigkeit, welche durch die vorher erwähnte Operation des Abstrahierens und des Zusammenfassens des den Gegenständen Gemeinschaftlichen die Begriffe derselben bilde. Der Begriff ist vielmehr das wahrhaft Erste, und die Dinge sind das, was sie sind, durch die Tätigkeit des ihnen innewohnenden und in ihnen sich offenbarenden Begriffs."[14] Und auch Heidegger schrieb seinerzeit in *Sein und Zeit*: „Das Nur-noch-vor-sich-Haben von etwas liegt vor im reinen Anstarren als Nicht-mehr-verstehen. Dieses als-freie Erfassen ist eine Privation des schlicht verstehenden Sehens, nicht ursprünglicher als dieses, sondern abgeleitet aus ihm. [...] Wenn aber schon jedes Wahrnehmen von zuhandenem Zeug verstehend-auslegend ist, umsichtig etwas als etwas begegnen läßt, sagt das dann eben nicht: zunächst ist ein pures Vorhandenes erfahren, das dann als Tür, als Haus aufgefaßt wird? Das wäre ein Mißverständnis der spezifischen Erschließungsfunktion der Auslegung. Sie wirft nicht gleichsam über das nackte Vorhandene eine ‚Bedeutung' und beklebt es nicht mit einem Wert, sondern mit dem innerweltlichen Begegnenden als solchem hat es je schon eine im Weltverstehen erschlossene Bewandtnis, die durch die Auslegung herausgelegt wird."[15] Freilich heideggert Heidegger hier, was das Zeug hält! Lassen wir jetzt außer Acht, was er nun genau mit „Zuhandenheit", „Zeug", „Auslegung", „Vorhandenheit" oder „Bewandtnis" meint, dann verstehen wir zwar nicht sehr viel von dem, was er hier sagt.[16] Nehmen wir aber Hegel, Davidson und McDowell zur Hilfe, so verstehen wir vielleicht immerhin soviel: Die Vorstellung, menschliches In-der-Welt-Sein hieße, dass wir irgendein von Menschen ersonnenes sprachliches Konstrukt oder geistiges Begriffsschema auf eine ursprüngliche Welt an sich projizieren, der wir ansonsten (wie subrationale Tiere der Umwelt) nur sprachlos und rein sinnlich wahrnehmend gegenüberstehen, verkennt völlig die welterschließende Rolle, die unsere begrifflich strukturierte Praxis des In-der-Welt-Seins hat. Denn erst in dieser und durch diese Praxis mit ihren vielfältigen Sinn- und Verweisungszusammenhängen (die als solche thematisiert werden können, aber nicht immer schon thematisiert sein müssen), kann etwas überhaupt in der Welt sein – und zwar als dasjenige, was es je ist. Erst in und durch unsere begrifflich strukturierte Praxis ist dieses und jenes denkbar, urteilbar, behauptbar, machbar, erfahrbar und als solches in der Welt möglich sowie mitunter tatsächlich. Oder kürzer und rabiater gesagt: Ohne unsere begrifflich strukturierte Praxis des In-der-Welt-Seins gäbe es gar keine natürliche Welt und keine in der Welt seienden Substanzen!

Die natürliche Welt liegt nicht jenseits der Praxis, sondern ist das, was in der und durch die Praxis Welt sein kann. Und ebenso können die in der Welt seienden Substanzen nur so-und-so seiend in der Welt sein, weil sie in ihrem Sein ihre Natur exemplifizieren, die als solche in der begrifflich strukturierten Praxis des In-der-Welt-Seins erschlossen ist. Um ein falsches Bild unseres In-Welt-Seins, der Welt und der in ihr seienden Substanzen zu vermeiden, das irgendwelche Varianten eines individualpsychologischen oder (inter-)subjektiven Idealismus, Konstruktivismus oder Anti-Realismus hervorruft, muss man also nicht nur die Objektivität des Möglichen und Tatsächlichen hervorheben, sondern auch die des Denkbaren, Urteilbaren, Behauptbaren, Machbaren und Erfahrbaren. Um das falsche Bild der märchenhaft verzauberten Welt des platonistischen Supernaturalismus zu vermeiden, muss man hingegen betonen, dass es die zugleich geistreiche und natürliche Welt sowie die in ihr seienden Substanzen als solche nicht geben könnte, gäbe es nicht die begrifflich strukturierte Praxis des In-der-Welt-Seins, durch die und in der die natürliche Welt als solche erschlossen ist.

37. Wenn man sich nun fragt, wie es dem hermeneutischen Naturalismus zufolge einem Menschen möglich ist, in der zugleich natürlichen und geistreichen Welt zu sein, so sollte man zuallererst Gadamers Einsicht wiederholen, dass die Welt nie die bloße Umwelt subrationaler Tiere ist. Und an diese Einsicht Gadamers sollte man sogleich mit McDowell anfügen, dass dies daran liegt, dass wir Menschen, im Gegensatz zu subrationalen Tieren, von Natur aus über das aktive Vermögen begrifflicher Spontaneität und das passive Vermögen einer begrifflich tätigen Rezeptivität verfügen.[17] Da wir Lebewesen sind, die von Natur aus über derartige begriffliche Vermögen verfügen, bezeichnet Aristoteles den Menschen als *zoon logon echon*[18] – womit er meint, dass Menschen vernunft- und sprachbegabte Tiere sind: Tiere, die natürlicherweise im Besitz des *logos* sind.

Im Besitz des *logos* zu sein, ermöglicht es dem Menschen zweifelsohne, theoretisches Wissen zu erlangen und sich im Reich der theoretischen Vernunft zu bewegen. Aber im Besitz des *logos* zu sein, ist selbst eine *praktische* Fähigkeit, über die Menschen natürlicherweise verfügen. Dass diese praktische Fähigkeit zur Natur des Menschen gehört, macht – ebenso wie Aristoteles – auch Kant deutlich, wenn er mit Blick auf das praktische Vermögen des Willens sagt, dass es sich „mit der Weisheit der Natur gar wohl vereinigen lässt", dass Menschen als Teil der intelligiblen Welt über die „Kultur der Vernunft" verfügen.[19]

Kürzer und allgemeiner gesagt, gehört es also – wenn wir hier Aristoteles und Kant folgen – zur Natur des Menschen, über die „Kultur" der Vernunft zu verfügen. Diese Sicht auf Vernunft und *logos*, in der ihre praktische Ausübung als Teil der menschlichen Natur erscheint, kann man mit McDowell auch dadurch pointierter zum Ausdruck bringen, dass man nicht von „Natur" und „Kultur" spricht, sondern von der „ersten Natur" und der „zweiten Natur" des Menschen.[20] Die praktische Ausübung von Vernunft und *logos* ist dann als zweite Natur die Instanziierung jenes Teils der ersten Natur des Menschen, der sein Vermögen ist, Vernunft und *logos* praktisch auszuüben.[21]

Aristoteles macht uns allerdings nicht nur darauf aufmerksam, dass wir von Natur aus im Reich der praktischen und theoretischen Vernunft beheimatet sind, d.h. im Besitz des *logos* sind. Er hebt auch hervor, dass der Mensch ein *zoon politikon*[22] ist, weil er von Natur aus ein in der Gemeinschaft lebendes *zoon logon echon* ist. Der Mensch ist also ein geselliges Tier, das von Natur aus im Besitz des *logos* ist und daher auch von Natur aus in der spezifischen vom *logos* geformten Gemeinschaft solcher Tiere lebt, die im Besitz des *logos* sind. Natürlicherweise in einer solchen Gemeinschaft zu leben, heißt aber nichts anderes als natürlicherweise in die begrifflich strukturierte Praxis des In-der-Welt-Seins initiiert zu sein. Und da wir Menschen natürlicherweise in diese Praxis initiiert sind, ist es für uns natürlich, dass wir immer schon in der (geistreichen) Welt sind, anstatt lediglich in der (geistlosen) Umwelt subrationaler Tiere oder arationaler Lebewesen zu sein.[23]

Wie ich zuvor sagte, kann es die natürliche Welt und die in ihr seienden Substanzen als solche nur geben, da sie durch die und in der begrifflich strukturierten Praxis des In-der-Welt-Seins erschlossen sind. Und jetzt kann man hinzufügen, dass es diese Praxis wiederum nicht geben könnte, gäbe es nicht Lebewesen wie uns, die diese begrifflich strukturierte Praxis des In-der-Welt-Seins vollziehen. Das kann man nun auch so zusammenfassen: Die natürliche Welt könnte es als solche nicht geben, gäbe es nicht Lebewesen wie uns, die von Natur aus im Reich der praktischen und theoretischen Vernunft beheimatet sind – Lebewesen also, die natürlicherweise im Besitz des *logos* sind und ihn praktisch ausüben.

Ist dem so, dann muss dies allerdings auch für die Umwelt anderer Lebewesen gelten. Denn ihre je spezifische Umwelt kann als solche dann nur das sein, was sie ist, weil diese Lebewesen samt ihrer Umwelt einen entsprechenden Platz haben innerhalb *unserer* begrifflich strukturierten Praxis des In-der-Welt-Seins. Die Umwelt ist demnach ein Bestandteil der Welt – und nicht *vice versa*. Erst dadurch nämlich, dass eine in der Welt seiende Substanz als solche ihren je bestimmten Ort innerhalb der logisch, teleologisch, rational und normativ geordneten Totalität hat, die die durch unsere begrifflich strukturierte Praxis erschlossene Welt ist, kann sie auch entweder von ihrer Genese her ein urwüchsiges und vom Menschen unbehandelt Gegebenes sein oder etwas von uns Gemachtes, d.h. ein Artefakt, eine Institution, eine Konvention etc. Und erst durch diese Unterscheidung, die bereits eine Unterscheidung innerhalb der begrifflich strukturierten Praxis des In-der-Welt-Seins ist, kann „Umwelt" als Titel desjenigen Bereichs der in der Welt seienden Substanzen fungieren, den wir im Alltag auch oftmals als „die Natur" bezeichnen, um ihn als den Bereich des urwüchsig und vom Menschen unbehandelt Gegebenen von dem Bereich abzugrenzen, den wir im Alltag oft als „die Kultur" bezeichnen und damit dann das vom Menschen Gemachte meinen.

Gegeben oder gemacht ist eine in der Welt seiende Substanz also nicht schlechthin, sondern weil sie diese oder jene Natur hat, die dieser oder jener Platz innerhalb der logisch, teleologisch, rational und normativ geordneten Totalität ist, die als Welt durch unsere und in unserer begrifflich strukturierten Praxis des In-der-Welt-Seins erschlossen ist.[24] Dies gilt allerdings nicht nur für die relativ grobe Unterscheidung zwischen Gegebenem und Gemachtem, sondern auch für alle weiteren Unterscheidungen und Gemeinsamkeiten, aus denen sich auch die jeweiligen Eigenschaften einer in der Welt seienden Substanz ergeben. Denn eine in der Welt seiende Substanz zu sein, bedeutet: als ein Seiendes in der Welt auf diese oder jene Weise seiner in der begrifflich strukturierten Praxis des In-der-Welt-Seins erschlossenen Natur gemäß zu sein.

38. Die mit der Initiation eines Menschen in die begrifflich strukturierte Praxis des In-der-Welt-Seins einhergehende Erschliessung der Welt geschieht zuvorderst und zumeist dadurch, dass dieser Mensch zunächst unreflektiert die ihm vorgängigen Praktiken zu beherrschen lernt, indem er entsprechende Erfahrungen zu machen und Handlungen zu vollziehen lernt.

Dass er diese Praktiken zu beherrschen lernt, heißt, dass er die bewandtnishaften Möglichkeiten der in der Welt seienden Substanzen, die sich im besorgenden und umsichtigen Umgang unseres alltäglichen Lebens zeigen, praktisch zu verstehen beginnt.[25] Dass er diese bewandtnishaften Möglichkeiten der in der Welt seienden Substanzen praktisch zu verstehen beginnt, heißt, dass sich ihm die in der Praxis vorgängigen Sinn- und Verweisungszusammenhänge des *Um-zu*[26] eröffnen, welche die natürliche Welt des Menschen kennzeichnen. In diesen Sinn- und Verweisungszusammenhängen erschließt sich ihm die Natur der in der Welt seienden Substanzen und damit ihr Sein als je innerweltlich Seiendes in der natürlichen Welt.

Ist uns das in der Welt Seiende und damit die Welt auf diese Weise erschlossen, dann sind wir in die begrifflich strukturierte Praxis des In-der-Welt-seins initiiert und bewegen uns in der Welt. Bewegen wir uns in der Welt, so denken, urteilen und behaupten wir nicht nur, dass dieses und jenes in der Welt so-und-so ist. Wenn wir uns in der Welt bewegen, so vollziehen wir auch Handlungen. Und wenn wir Handlungen vollziehen, tun wir immer schon dieses und jenes, anstatt uns bloß irgendwie und zufällig körperlich zu bewegen. Wir tun immer schon das-und-das so-und-so – und zumeist *um zu*. Nicht sehr viel anders verhält es sich in diesem Punkt mit unserer Erfahrung: Sind wir in die Praxis initiiert und bewegen uns in der Welt, so sehen (hören, riechen, schmecken, ertasten) wir dieses und jenes immer schon *als* dieses und jenes. Und wir können nicht nur denken, urteilen und behaupten, dass das-und-das so-und-so ist, sondern wir erfahren auch, *dass* das-und-das so-und-so ist, wenn wir in der Welt sind.[27] Und bringen wir in Erfahrung, dass das-und-das so-und-so ist, so erfahren wir, was in der Welt der Fall ist. Wir bringen in Erfahrung, dass eine Möglichkeit der Welt eine Tatsache der Welt ist.[28]

In die begrifflich strukturierte Praxis des In-der-Welt-seins, durch die sich uns die Welt erschließt, werden wir von unseren Vorfahren initiiert.[29] Wir werden zunächst auf die Befolgung der Normen, die sich in den Sinn- und Verweisungszusammenhängen der Praxis als tradierte Gepflogenheiten und Unterscheidungsgewohnheiten zeigen, durch mehr oder minder schlichte Konditionierung qua positiver und negativer Sanktionierung von unseren Erziehern „abgerichtet" – wie Wittgenstein es etwas rabiat ausdrückt.[30] Verläuft die Abrichtung erfolgreich, so sind wir in der Lage, den von uns unabhängigen Normen weitgehend „blind"[31] zu folgen. Das heißt: Wir müssen die Normen als solche nicht stets bewusst und reflektiert anwenden, indem wir sie *als* Normen explizit machen und damit als Regeln formulieren, um den Regelausdruck dann zu deuten bzw. zu interpretieren.[32] Wir können vielen Normen auch unbewusst, uninterpretiert, unthematisiert und unproblematisiert folgen, aufgrund der uns zur Gewohnheit gewordenen Verhaltensweisen.

Letzteres darf man sich also gerade nicht so vorstellen, als müsste der Lernende (wie ein dummettscher Marsianer[33]) zunächst theoretisches Wissen über die Praxis auswendig lernen, das aus einem ziemlich großen finiten Set kodifizierter Regeln besteht, welches der Initiierte dann nur noch mechanistisch anwendet.[34] Denn Normenfolgen ist nicht monoton-mechanistische Anwendung schematischer Regeln.[35] Folgt der Initiierte Normen, so muss er zwar nicht immer auch schon über explizites theoretisches Wissen verfügen, das sein Normenfolgen zum thematischen Gegenstand hat. Aber er muss im Zuge seiner Initiation zumindest schon die implizite *Fähigkeit* zur passiven Aktualisierung praktischer Urteilskraft erworben haben, die es ihm erlaubt, den Normen je situations- und kontextsensibel zu folgen.[36]

Eine solche implizite Fähigkeit der Aktualisierung praktischer Urteilskraft ist etwas grundlegend anderes als die Fähigkeit zur monoton-mechanistischen Anwendung eines auswendig gelernten expliziten Regelkodex. Bar jeder praktischen Urteilskraft könnte nämlich auch das auswendig gelernte theoretische Wissen des expliziten Regelkodex den Initiierten nicht in die Lage versetzen, in der Praxis den Normen zu folgen. Denn von sich aus könnten die so gewussten kodifizierten Regeln nicht bestimmen, was unter sie fällt und was ihre richtige Befolgung ist. Verfügte derjenige, der Normen folgt, nicht über die praktisch urteilskräftige Fähigkeit der situations- und kontextsensiblen Normenbefolgung, sondern lediglich über das theoretische Wissen des Regelkodex, so könnte nur durch die Angabe einer je weiteren theoretisch gewussten Regel bestimmt sein, was im jeweiligen situativen Kontext als Befolgung der Regel gilt. Dies nennt Wittgenstein das „Deuten einer Regel" – d.h. einen Regelausdruck durch einen anderen ersetzen –, das in den infiniten Regelregress führt, den Wittgenstein in den *Philosophischen Untersuchungen* beschreibt.[37] Im Bild der mechanistischen Anwendung eines theoretischen Wissens kodifizierter Regeln müsste man *ad infinitum* Regelausdruck hinter Regelausdruck hinter Regelausdruck setzen, um je nachfolgend zu regeln, was es heißt, dass je vorherig einer Regel gefolgt und ihr zuwidergehandelt wird. Diese Infinität würde es aber fraglich werden lassen, ob man überhaupt je berechtigterweise sagen könnte, dass einer theoretisch gewussten Regel gefolgt wird, so wie man berechtigterweise sagen kann, dass einer Norm praktisch gefolgt wird.

Derartige Zweifel kommen allerdings nur dann auf, wenn man das Befolgen von Normen gerade nicht als eine praktische Fähigkeit des Initiierten begreift, die auf seiner Initiation in eine Praxis beruht, in deren Verlauf ihm auch die zumindest implizite Fähigkeit der passiven Aktualisierung praktischer Urteilskraft zur Gewohnheit geworden ist – oder, wie man eben mit McDowell sagen würde: zur zweiten Natur.[38] Ist man in die Praxis des In-der-Welt-Seins erfolgreich initiiert worden, so muss die gelungene Initiation allerdings noch weit mehr umfassen als die Abrichtung darauf, den Normen der Praxis zwar praktisch urteilskräftig und kontextsensibel, aber „blind" zu folgen. Zur gelungenen Initiation muss vielmehr auch eine hinreichend gediegene *Bildung* gehören, wie McDowell es ausdrückt.[39]

Und „Bildung" meint hier, im Gegensatz zu „Abrichtung", dass der Initiierte nicht alle tradierten Normen stets unhinterfragt übernimmt.

Zwar besteht das Befolgen der Normen für gewöhnlich nicht in ihrer Deutung, die eine reflektierende und explizierende Vergegenständlichung der Normen *als Normen, denen man folgt* zur Voraussetzung hätte. Und der Initiierte kann auch nie alle tradierten Normen der Praxis und somit die begrifflich strukturierte Praxis des In-der-Welt-Seins *in toto* auf einen Schlag vergegenständlichend erfassen, in Frage stellen und womöglich zurückweisen. Denn nicht nur ist jeder Akt des Erfassens, Infragestellens und Zurückweisens ein Vollzug der Praxis, der im Moment des Vollziehens nicht vergegenständlichend erfasst, in Frage gestellt oder zurückgewiesen werden kann. Da die Praxis auch das Fundament des In-der-Welt-Seins des Initiierten ist, die unter anderem seine Fähigkeit des Infragestellens und Zurückweisens fundiert, würde er mit der Infragestellung und Zurückweisung der Praxis *in toto* vielmehr auch zugleich das Fundament seines Infragestellens und Zurückweisens in Frage stellen oder zurückweisen müssen – was wiederum sein Infragestellen und Zurückweisen unmöglich machen würde.

Obwohl also der in die begrifflich strukturierte Praxis des In-der-Welt-Seins initiierte Mensch nicht die Praxis *in toto* in Frage stellen und zurückweisen kann, kann der hinreichend gebildete Mensch allerdings sehr wohl Folgendes tun, sofern er eine hinreichend gediegene Bildung genossen hat: Ähnlich wie Neuraths Schiffer[40] kann er Schritt für Schritt auf dem Fundament jeweils nicht in Frage gestellter Normen und Hintergrundannahmen einzelne tradierte Normen und Überzeugungen in Frage stellen und gegebenenfalls zurückweisen. Oder aber auch: nach erfolgter Hinterfragung für richtig und wahr halten und also ausdrücklich anerkennen.

Die Gründe, die entweder für oder gegen das Zurückweisen oder Anerkennen sprechen, sind dann gute Gründe, wenn sie den Forderungen der Vernunft entsprechen und aus solchen Gehalten bestehen, die uns die Welt liefert.[41] Hat ein Mensch eine hinreichend gediegene Bildung genossen, so ist er demnach offen für Gründe, die aus denjenigen in der Praxis eröffneten Seinsmöglichkeiten des Seienden bestehen, die in der Welt je der Fall sind. Das heißt: die Tatsachen sind.[42] Denn seine Bildung befähigt ihn, zu erkennen, dass bestimmte Tatsachen gute Gründe darstellen, dieses oder jenes zu denken, zu behaupten oder zu tun, während andere Tatsachen gute Gründe darstellen, dieses oder jenes nicht zu denken, zu behaupten oder zu tun.

Ein in diesem Sinne gebildeter und vernünftiger Mensch hat nicht nur erlernt den Normen zu folgen, sondern er hat auch erlernt, dass nicht jede einzelne der tradierten Normen und nicht jedes vorgängige Urteil und jede Überzeugung seiner Ahnen, die er und seine Mitmenschen gemeinhin als gut begründet erachten, allein dadurch auch schon gut begründet sein muss. Denn ist er gebildet, so hat er erlernt, dass einzelne Normen und Urteile in letzter Konsequenz nur durch dasjenige gut begründet sind, was in der Welt der Fall ist. Was in der Welt der Fall ist, muss jedoch keineswegs immer in jedem einzelnen Fall auch das sein, was einige, wenige oder viele einzelne seiner Mitmenschen und auch er selbst für gut begründet halten und von dem sie glauben, dass es der Fall sei. Ein Mensch, der in diesem Sinne eine gediegene Bildung genossen hat, folgt daher ebenso wenig stets jeder Norm unhinterfragt, wie er stets jedes vorgängige Urteil seiner Ahnen und Mitmenschen unkritisch übernimmt.

Wie es möglich ist, dass ein Mensch, der in diesem Sinne über eine gediegene Bildung verfügt, einzelne tradierte Normen der Praxis vergegenständlichend erfasst, in Frage stellt und womöglich zurückweist, kann man sich klarmachen, wenn man sich Hegels Rede vom „gediegenen Begriff" bzw. vom Begriff „an und für sich" ins Gedächtnis ruft.[43] Um zu verstehen, was Hegel damit meint, ist es allerdings ratsam, Pirmin Stekeler-Weithofers instruktive Unterscheidung zwischen der *Verbalform* und der *Realform* eines Begriffs heranzuziehen.[44] Tut man dies, so stellt sich die Sache in etwa wie folgt dar:

Wurde ein Mensch erfolgreich abgerichtet, so verfügt er über die Realform eines Begriffs, i. e. Hegels „Begriff für sich". Er hat dann die praktische Fähigkeit erworben, durch passive Aktualisierung seines Vermögens praktischer Urteils-kraft den tradierten Normen zu folgen. Dabei muss ihm dies als solches nicht auch schon bewusst sein. Das heißt: Er muss nicht immer schon die Realform als solche reflektierend thematisieren und vergegenständlichend vor sich bringen können (obwohl es auch eine Reihe von Praktiken gibt, die man nur dann vollzie-hen kann, wenn man – zumindest ansatzweise – eine solche Fähigkeit zur Refle-xion besitzt). Verfügt man über die Realform des Begriffs, so ist man also in der Lage, den Begriff in der Praxis richtig anzuwenden und somit der Norm zu folgen. Man beherrscht den Begriff „empraktisch", wie Stekeler-Weithofer sagt.[45]

Würde man allerdings lediglich über die Realform verfügen, so könnte man nicht die tradierten Normen und Vor-Urteile seiner Ahnen kritisch hinterfragen, um sie nach erfolgter Hinterfragung gegebenenfalls zurückzuweisen, zu modi-fizieren oder für richtig und wahr zu halten und ausdrücklich anzuerkennen. Denn derlei kann man nicht tun, wenn man den betreffenden Begriff nicht in hinreichendem Maße als thematischen Gegenstand vor sich bringen kann. Um dies zu können, muss man auch über die Verbalform desjenigen Begriffs verfü-gen, dessen Realform man bereits beherrscht, i. e. über Hegels „Begriff an sich". Das heißt: Man muss die Realform, die man in der Praxis anzuwenden weiß, in der Reflexion thematisierend als Gegenstand vor sich bringen können. Man muss gewissermaßen nicht nur *mit* dem Begriff, sondern auch *über* den Begriff denken oder sprechen können.

Allerdings muss man dies auch in der richtigen Weise tun. Dazu muss man jedoch nicht nur Verbalformen als reflektierende Explikationen der entsprechenden Realformen artikulieren können, die diese Realformen, und nicht etwa andere, angemessen explizieren. Um sie überhaupt in vollends angemessener Weise explizieren zu können, muss man vielmehr auch über das richtige Verständnis der Form reflektierender Explikation verfügen. Und das heißt, zumindest mit Blick auf unsere alltägliche, natürlichsprachliche Praxis: Explizierte man die begrifflichen Realformen unserer Praxis etwa als die mechanistische Anwendung kodifizierter formal-monotoner Schlussregeln und stellte unsere praktischen begrifflichen Fähigkeiten somit als deduktiv-schematisches Wissen dar, das theoretisch ist, so zeigte dies ein Verständnis der Verbalformen, das nicht geeignet ist, adäquate Explikationen der Realformen unserer Praxis zu liefern.

Aber erst wenn man sowohl die Realform eines Begriffs („für sich") praktisch beherrscht als auch über ihre angemessen reflektierte Verbalform („an sich") verfügt, verfügt man über das, was Hegel als „gediegenen" Begriff bezeichnet – als Begriff „an und für sich".[46] Und erst dann kann man die tradierten Normen und Vor-Urteile[47] seiner Ahnen in einem vollen Sinne als thematischen Gegenstand vor sich bringen und kritisch hinterfragen, um sie nach erfolgter Hinterfragung gegebenenfalls zurückzuweisen, zu modifizieren oder für richtig und wahr zu halten sowie ausdrücklich anzuerkennen. Denn erst dann kann man sich in einem vollen Sinne, wie Gadamer sagt, „zur Welt verhalten" und sich „von dem von der Welt her Begegnenden so weit freihalten, daß man es vor sich stellen kann, wie es ist".[48]

39. Hält man das jetzt skizzierte Bild der natürlichen Welt für geeignet, um verständlich zu machen, was es – jenseits von platonistischem Supernaturalismus und subjektivem Idealismus – heißt, dass Menschen in der zugleich natürlichen und geistreichen Welt leben, so hat dies weitreichende Folgen für das Verständnis dessen, was Natur ist.

Es dürfte bereits jetzt klar sein, dass das vom hermeneutischen Naturalismus gezeichnete Bild der natürlichen Welt den deutlichen Widerspruch all derjenigen hervorrufen muss, die die Naturwissenschaft für das ontologische Maß aller Dinge halten und im naturwissenschaftlichen Naturbegriff den einzig plausiblen Naturbegriff sehen. Denn in dem jetzt skizzierten Bild unterscheidet sich das, was Natur ist, von der naturwissenschaftlich begriffenen Natur in mehreren bemerkenswerten Hinsichten.[49] Diese verschiedenen Hinsichten, die sich aus dem jetzt skizzierten Bild des hermeneutischen Naturalismus ergeben, kann man wie folgt zusammenfassen:

Als Erstes können wir mit Blick auf das Verhältnis zwischen „Geist", „Natur" und „Welt" feststellen, dass es im jetzt skizzierten Bild „die Natur des Menschen" in einem doppelten Sinne gibt. Wir können nämlich einerseits mit Blick auf den Menschen sagen, dass er ein Lebewesen ist, welches von Natur aus über das Vermögen begrifflicher Spontaneität und begrifflich tätiger Rezeptivität verfügt. Und daher ist es für Menschen natürlich, dass ihnen die Welt als solche in der und durch die umfassend holistische, begrifflich strukturierte Praxis des In-der-Welt-Seins erschlossen ist. Andererseits können wir sagen, dass die in dieser und durch diese Praxis erschlossene Welt die dem Menschen vorgängig und objektiv gegebene natürliche Welt ist. Es ist die Welt, in der der Mensch natürlicherweise lebt und die als zugleich geistreiche und natürliche Welt nicht zurückgeführt werden kann auf die Umwelt subrationaler Tiere. „Natur des Menschen" meint hier also zugleich die menschliche Natur und die weltliche Natur. Man kann sagen: Das Gesamt der weltlichen Natur der menschlichen Natur ist die natürliche Welt des Menschen.

Zum Zweiten können wir mit Blick auf eine in der natürlichen Welt je seiende Substanz festhalten, dass ihr Sein die Exemplifizierung ihrer in der begrifflich strukturierten Praxis des In-der-Welt-Seins erschlossenen Natur ist. Ihr Sein als Exemplifizierung ihrer Natur ist damit in einem doppelten Sinne umfassender als das, was die naturwissenschaftliche Beschreibung ihres Seins besagt. Einerseits reduziert sich die Natur der Substanz nämlich nicht auf die kausal-nomologische Rolle, die der Substanz unter ihrer naturwissenschaftlichen Beschreibung zukommt. Und andererseits ist ihre Natur auch nicht lediglich durch die Beziehungen bestimmt, die sie zu anderen naturwissenschaftlich beschreibbaren Substanzen unterhält. Denn ist ihr Sein als in der Welt seiende Substanz die Exemplifizierung ihrer Natur, die in der und durch die begrifflich strukturierte Praxis des In-der-Welt-Seins erschlossen ist, dann sind ihr Sein und ihre Natur auch durch ihren Ort innerhalb des holistischen Gesamts dieser Praxis bestimmt, das nicht nur aus den Praktiken der Naturwissenschaft besteht, sondern die reichhaltige Praxis unseres alltäglichen Lebens in vollem Umfang ist.

Drittens bezeichnet die „Natur" in der Welt seiender Substanzen jetzt nicht mehr – wie im szientistischen Naturalismus – bestimmte innerweltliche Gegebenheitsweisen einzelner Substanzen, die von der (naturwissenschaftlich beschreibbaren) Art ihrer Genese abhängig sind. Dementsprechend steht „Natur" auch nicht mehr im Gegensatz zu „Kultur". „Natur" meint jetzt vielmehr die in der begrifflich strukturierten Praxis des In-der-Welt-Seins erschlossene *allgemeine Form*, die je einzelne Substanzen in ihrem Sein als je in der Welt Seiendes exemplifizieren. „Natur" besagt jetzt also nicht weniger als: das allgemeine Wesen der Substanz. Denn die Natur einer in der Welt seienden Substanz ist jetzt die allgemeine Form, die eine Substanz exemplifizieren muss, damit sie überhaupt eine Substanz und auch die Substanz sein kann, die sie ist.

Als allgemeine Form einer sie exemplifizierenden Substanz ist die Natur einer Substanz etwas ontologisch deutlich anderes als empirische Allgemeinheit. Denn sie ist keine allgemeine Form, die der Erfahrung nachgängig ist und aus der induktiven Verallgemeinerung unverbundener Einzelerfahrungen hervorgeht, um schließlich als kausal-nomologische Allgemeinheit formuliert zu werden. Mit anderen Worten: Die Vorstellung der Natur als des allgemeinen Wesens einer Substanz fügt sich nicht der Lehrmeinung des empiristischen Nominalismus, auf dem auch der szientistische Naturalismus beruht. Denn dem empiristischen Nominalismus gemäß kann man Allgemeines erst und nur dann als solches und als Wirkliches begreifen, wenn man das, was allgemein sein soll, zuvor stets als einzelne Tatsachen empirisch nachgewiesen hat. Folgt man stattdessen dem zuvor skizzierten Bild des hermeneutischen Naturalismus, so muss die Natur einer in der Welt seienden Substanz nun hingegen als allgemeine Form aufgefasst werden, die in der begrifflich strukturierten Praxis des In-der-Welt-Seins vorgängig erschlossen und damit gegenüber den jeweiligen empirischen Einzelerfahrungen logisch primär ist. Die Natur einer in der natürlichen Welt seienden Substanz ist jetzt die allgemeine Form, die die Substanz exemplifizieren muss und über die ihr jeweiliger Beobachter zumindest implizit und passiv verfügen muss, damit er überhaupt – empirisch beobachtend – in Erfahrung bringen kann, dass das-und-das ein Gegenstand der-und-der Art mit den-und-den Eigenschaften dann-und-dann auf die-und-die Weise dort-und-dort ist.

Mit „Natur" meine ich jetzt also eine allgemeine Form, die heutzutage vielleicht zunächst merkwürdig anmuten mag. Das liegt jedoch nur daran, dass die philosophische Moderne durch die Dogmen des Empirismus geprägt ist und der Mainstream der Gegenwartsphilosophie der aktuellen Variante dieser Dogmen unterliegt, nämlich dem Dogma des szientistischen Naturalismus. Wie unter seinen Vorgängern kann man unter dem Schleier der aktuellen Variante nontriviale Allgemeinheit lediglich als induktiv geschlossene nomologische Regelmäßigkeit empirisch beobachtbarer Einzelgegenstände begreifen. Denn nicht anders als seine Vorgänger beinhaltet auch ihr zeitgemäßer Wiedergänger die Lehrmeinung des empiristischen Nominalismus. Wie es, laut dieser Lehrmeinung, überhaupt möglich sein soll, Einzelerfahrungen zu machen, wenn die ihnen logisch nachgeordneten gesetzesartigen Regelmäßigkeiten die einzige Form der Allgemeinheit sind, bleibt dabei allerdings ebenso rätselhaft wie die schlichtweg vorausgesetzte Individuiertheit empirisch beobachtbarer Einzelgegenstände.

Unterwerfen wir uns, angesichts dieser Rätsel, jedoch weder dem empiristischen Dogma der Moderne noch dem szientistischen Dogma der Gegenwart, sondern erinnern uns an Aristoteles' *zweite ousia* oder an Thomas von Aquins *essentia*, so wird es uns vielleicht schon weit weniger merkwürdig vorkommen, dass die Natur der in der Welt seienden Substanzen eine allgemeine Form sein kann, die keine empirische Verallgemeinerung im Vokabular der Naturwissenschaft ist. Dann können wir nämlich die Natur der je in der Welt seienden Substanzen als die in der begrifflich strukturierten Praxis des In-der-Welt-Seins vorgängig erschlossene allgemeine Form begreifen, die die zweite *ousia* als das *eidos to enon* ist, welches das *to ti en einai* angibt.[50] Das heißt: als die den Substanzen innewohnende allgemeine Form, die es einer jeweiligen in der Welt seienden Substanz *(erste ousia, substantia)* überhaupt erst ermöglicht, jenes konkrete Einzelne als das Besondere eines Allgemeinen zu sein, das es ist.[51] Und verhält es sich so, dann können Gegenstände überhaupt nur dann als diese und jene konkreten Substanzen mit diesen und jenen Eigenschaften individuiert sein und erfahren werden, wenn sie in dieser oder jener Weise eine bestimmte allgemeine Form exemplifizieren.

Dies führt uns zu dem vierten und letzten bemerkenswerten Punkt, der sich aus dem zuvor skizzierten Bild des hermeneutischen Naturalismus ergibt. Und dieser Punkt stellt vielleicht die größte Zumutung für all diejenigen dar, denen die gewohnten Unterscheidungen der modernen Philosophie ans Herz gewachsen sind. Denn mit Blick auf die Frage, was die Natur einer in der natürlichen Welt seienden Substanz ist, müssen wir jetzt nicht nur festhalten, dass sie die allgemeine Form der sie exemplifizierenden Substanz ist. Mit Hegel können wir jetzt vielmehr auch feststellen, dass „der *Begriff der Sache, das in ihr selbst Allgemeine* ist"[52].

Hinsichtlich dessen, was die Natur einer in der Welt seienden Substanz ist, ergibt sich meines Erachtens daraus folgende Einsicht: Setzt man nicht wie die logischen Positivisten und ihre empiristischen Vorgänger und szientistischen Nachfolger einfach alles Begriffliche mit dem Nominalen gleich und alles Natürliche mit dem Empirischen, dann gibt es auch keinen guten Grund, weshalb man lediglich sagen sollte, dass die allgemeine Form, unter die eine Substanz fällt, ihre Natur ist, anstatt nicht auch zu sagen, dass diese allgemeine Form, unter die sie fällt, zugleich ihr Begriff ist. Denn ist die in der begrifflich strukturierten Praxis des In-der-Welt-Seins vorgängig erschlossene allgemeine Form einer in der Welt seienden Substanz ihre Natur, dann ist ihre Natur aufgrund der begrifflichen Strukturiertheit der Praxis auch ihr Begriff.

Die Natur einer Substanz ist also ihr Begriff – und der Begriff einer Substanz ist ihre Natur! Beide sind das in der Substanz selbst Allgemeine, nämlich die allgemeine Form, die erst die Möglichkeit eröffnet, dass die Substanz als solche in der natürlichen Welt seiend ist, wie sie es ist: dass sie als dieses und jenes in der natürlichen Welt ist und dass sie als dieses und jenes so-und-so in der natürlichen Welt ist.[53] Das ist der volle Sinn dessen, was Gadamer sagt, wenn er von einem „Können" spricht, das „ineins Welt-haben und Sprache-haben" ist![54]

40. Nun können wir demnach sagen: Die Natur einer Substanz, die ihr Begriff ist, und der Begriff einer Substanz, der ihre Natur ist, sind uns in der und durch die begrifflich strukturierte Praxis des In-der-Welt-Seins und damit in der natürlichen Welt vorgängig erschlossen.

Zuvor sagten wir: Wird ein Mensch in die ihm vorgängige Praxis initiiert, so lernt er für gewöhnlich zunächst die Praxis praktisch zu verstehen, indem er lernt, in ihr und damit in der natürlichen Welt Erfahrungen zu machen, Handlungen zu vollziehen, Überlegungen anzustellen, Urteile zu fällen und Aussagen zu artikulieren – kurzum: indem er lernt, sich in der Praxis und Welt zu bewegen. Und obgleich es zur Ausübung mancher unserer Bewegungen in Praxis und Welt selbst schon gewisser reflexiver Fähigkeiten bedarf, ist es bei den meisten Bewegungen in Praxis und Welt nicht notwendig, auf die Bedingungen ihrer Möglichkeit zu reflektieren, um sie auch vollziehen zu können. Um eine Substanz praktisch als solche begreifen zu können, muss man nicht gewahr werden, dass ihre Natur als Begriff und ihr Begriff als Natur in der und durch die begrifflich strukturierte Praxis des In-der-Welt-Seins vorgängig erschlossen ist. Für den richtigen Umgang mit der Substanz in Praxis und Welt muss man nämlich nicht begreifen, wie es *möglich* ist, dass die Substanz in Praxis und Welt gegeben ist, sondern man muss nur die Substanz praktisch als das begreifen, was sie ist (und in manchen Fällen freilich auch theoretisch).

Dies erklärt nicht nur, dass die Natur einer Substanz zumeist als schlichtweg gegeben vorgestellt wird – wie in den vielen Spielarten des metaphysischen Realismus. Sondern es erklärt auch, weshalb viele in die Praxis Initiierte glauben, Begriffe seien etwas, das dadurch entsteht, dass wenige, einige oder viele Menschen sie denken oder gar sich ausdenken – wie in den vielen Spielarten des (inter-)subjektivistischen Idealismus oder Konstruktivismus.[55] Und es erklärt nicht zuletzt auch, weshalb es den meisten von uns vielleicht zunächst sehr fremdartig anmuten wird, wenn man (wie ich) behauptet, dass Natur Begriff und Begriff Natur ist.

Allerdings ist es nicht nur so, dass bei vielen Menschen vieles ein Leben lang unreflektiert bleibt, weil sie einfach nicht darüber nachdenken (wollen). Zwangsläufig bleibt nämlich auch bei jedem von uns im Moment der je situations- und kontextspezifischen Aktualisierung unserer Fähigkeit, sich in der Praxis zu bewegen, eine Vielzahl dessen im Dunkeln, was wir praktisch wissen, wenn wir uns in der Praxis bewegen können. Es wird im Moment der je situations- und kontextspezifischen Aktualisierung von uns nicht reflektiert, ausdrücklich gedacht oder gar gesagt. Dies ist unser praktisches Wissen, das unser Erfahren, Handeln, Denken und auch Behaupten gleichsam unsichtbar begleitet, weil es ein unartikuliertes *Wissen-wie* ist, das neben der jeweiligen Aktualisierung stets implizit im Hintergrund bleibt.

Dieses Wissen-wie kann man unser „Hintergrundwissen" nennen. Bewegt sich ein Mensch in der begrifflich strukturierten holistischen Praxis des In-der-Welt-Seins, dann beruhen die jeweiligen Aktualisierungen seiner Fähigkeiten wesentlich auf seinem impliziten Hintergrundwissen von Natur und Begriff der in der Welt seienden Substanzen. Dieses praktische Wissen ist die auffällig unauffällige Bedingung der Möglichkeit der jeweiligen Aktualisierung seiner praktischen Fähigkeiten, die seine jeweilige Aktualisierung transzendiert – und von der Wittgenstein sagt, dass man sie nicht bemerkt, weil man sie immer vor Augen hat.[56]

Obgleich es nicht immer leicht ist, sich auf dieses Hintergrundwissen zu besinnen, weil es in all seiner praktischen Unauffälligkeit von uns im Alltag schlicht angewendet und dabei zumeist übersehen wird (und in einem gewissen Sinne auch übersehen werden muss), können wir es dennoch explizit machen. In der Reflexion können wir es nämlich als theoretisches Wissen artikulieren, wenn auch nie *in toto*, sondern immer nur partiell. Damit ist es uns dann aber auch möglich, die konstitutive Rolle explizit zu machen, die das im praktischen Umgang implizite Hintergrundwissen über Natur und Begriff der in der Welt seienden Substanzen für unsere empirischen und vor allem – wie wir später noch sehen werden – moralischen Urteile spielt.

Machen wir das Hintergrundwissen eines Menschen, der sich in der begrifflich strukturierten Praxis des In-der-Welt-Seins zu bewegen weiß, je partiell explizit, so können wir es seiner Form nach unterscheiden. Ein Teil des als jeweiliges Hintergrundwissen nicht aktiv und explizit aktualisierten Wissens kann als formallogisches Wissen dargestellt werden. Ein anderer Teil, der nontriviales materiales Wissen umfasst, kann hingegen als empirisches Wissen charakterisiert werden, das aus Einzelerfahrungen der in der Welt seienden Substanzen hervorgegangen ist. Damit empirisches Wissen jedoch überhaupt möglich ist, muss der betreffende Mensch auch über eine Art von basalem Hintergrundwissen verfügen, das nontriviales materiales Allgemeinwissen ist und über das er bereits vor seiner jeweiligen Einzelerfahrung zumindest passiv und implizit verfügt.

Deswegen kann dieses basale materiale Allgemeinwissen seinerseits weder als bloßes Sammelsurium unverbundener Einzelerfahrungen der in der Welt seienden Substanzen expliziert werden. Noch kann es plausiblerweise explizit gemacht werden als Wissen kausal-nomologischer Regelmäßigkeiten, die aus der induktiven Verallgemeinerung von Einzelerfahrungen hervorgegangen sind. Das fragliche basale Hintergrundwissen muss vielmehr als ein materiales und nontriviales Allgemeinwissen expliziert werden, das ein Wissen von Natur und Begriff als Form der in der Welt seienden Substanzen ist. Und daher kann man dieses basale Hintergrundwissen als solches nur dann in angemessener Weise je partiell explizit machen, wenn man es je partiell als ein Allgemeinwissen expliziert, dessen Form *generisch* ist.[57] Denn nur so kann man es als Wissen der allgemeinen *Formen* der in der Welt seienden Substanzen explizieren.

Unser basales Hintergrundwissen in angemessener Weise als generisches Wissen je partiell explizit zu machen, heißt, dass man es als *generisches Urteil* je partiell zur Sprache bringt. Ein generisches Urteil ist eine situationsinvariante Aussage, die das expliziert, was in der begrifflich strukturierten Praxis des In-der-Welt-Seins und damit in der natürlichen Welt bereits implizit erschlossen ist: nämlich die Natur der in der Welt seienden Substanzen, die ihr Begriff ist. Bedient man sich wiederum der an Hegel angelehnten Termini „Realform" und „Verbalform" Stekeler-Weithofers,[58] dann kann man das auch so ausdrücken: Natur und Begriff bestimmter in der natürlichen Welt seiender Substanzen kann man je partiell explizit machen, indem man die Verbalform des Begriffs, über dessen Realform man bereits praktisch verfügt, dadurch charakterisiert, dass man eine generische Aussage artikuliert, in welcher die allgemeine Form der betreffenden Substanzen verbunden ist mit einer allgemeinen Form von Zuständen oder Bewegungen, die diese Substanzen im Allgemeinen als solche auszeichnen.

Ein generisches Urteil sagt also etwas über die Verbalform eines Begriffs aus, die wir mit Sebastian Rödl eine „Substanzform"[59] nennen können. Und sie tut dies, indem sie die Verbalform, die eine Substanzform ist, mit einer Verbalform verbindet, die eine „Zustandsform" oder „Bewegungsform" ist.[60] Damit unterscheiden sich generische Aussagen als Aussagen über Formen aber von ihrer logischen Struktur her kategorial von Aussagen über alle oder einige Einzelgegenstände (die *irgendwie* als bereits individuiert vorausgesetzt werden.)

41. Dem zuvor dargelegten Verständnis gemäß behandeln wir eine Substanz, wenn wir sie richtig – das heißt: als das, was sie ist – behandeln, als ein Exemplar der Substanzform, die ihr Begriff und ihre Natur in Praxis und Welt ist. Können wir sie so behandeln, dann verfügen wir zumindest über die Realform ihres Begriff, der ihre Natur ist.

Behaupten wir Aussagen der Form „a ist S", so steht „S" für eine Substanzform, und der singuläre Terminus „a" steht für eine Substanz, die S exemplifiziert, während „ist" die Exemplifizierung von S durch a zum Ausdruck bringt. Aussagen der Form „a ist S" besagen also: Die Substanz a exemplifiziert die Substanzform S. (Und a kann nur die individuierte Substanz sein, die sie ist, weil sie S exemplifiziert.) Einsetzungsfälle solcher Aussagen wären etwa: „Dies ist eine Eisenschraube", „Woody ist ein Specht", „Der Baum, unter dem ich gestern Nachmittag saß, ist eine Rosskastanie", „Das Plüschding dort hinten ist eine Installation von Mike Kelley", „Gertrud ist ein Mensch". Sind derartige Aussagen im Kontext ihrer jeweiligen Behauptung wahr, so sind sie es, weil die Substanz, auf die jeweils referiert und von der jeweils ausgesagt wird, dass sie die jeweilige allgemeine Form exemplifiziert, ein Exemplar der jeweiligen allgemeinen Form ist. Behauptet ein Sprecher derartige Aussagen, die im Kontext ihrer jeweiligen Behauptung wahr sind, so kann sein Behaupten dieser wahren Aussagen als ausgesprochener Beleg dafür angesehen werden, dass der Sprecher über die Realform des Begriffs S, der eine Substanzform ist, verfügt. Denn mit seinem Behaupten dieser Aussagen zeigt er, dass er das Wort, das für die Substanzform S steht, (zumindest partiell) richtig gebraucht, womit er (zumindest partiell) zeigt, dass er den Begriff S praktisch anzuwenden weiß.

Anders als in Aussagen der Form „a ist S" wird in generischen Aussagen, die dasjenige implizite Wissen explizieren, das notwendig ist, um wahre Aussagen der Form „a ist S" behaupten zu können, S nicht dazu verwendet, um einzelne Substanzen als Exemplare einer Substanzform auszuweisen. Als Verbalform eines Begriffs, der eine Substanzform ist, wird S in einer generischen Aussage vielmehr selbst benannt und durch eine zeitallgemeine Kopula mit der Verbalform des Begriffs F, der für eine bestimmte Zustands- oder Bewegungsform steht, zu einer zeitallgemeinen prädikativen Einheit verknüpft.[61]

Generische Aussagen haben die logische Form: „S ist/hat/tut F". Da es jedoch keinen logischen Unterschied macht, ob die Substanzform im Singular oder im Plural grammatikalisiert wird, kann die Struktur generischer Aussagen auch durch „Se sind/haben/tun F" wiedergegeben werden. Dass die Zustands- oder Bewegungsform durch die zeitallgemeine Kopula „ist/hat/tut" (bzw. „sind/haben/tun") mit der Substanzform verknüpft ist, soll dabei zum Ausdruck bringen, dass Exemplare der Substanzform sich *im Allgemeinen, in der Regel* oder *für gewöhnlich* in Zuständen befinden oder Bewegungen vollziehen, die Manifestationen dieser Zustands- oder Bewegungsform sind. Beispiele für Sätze, die im Deutschen so verwendet werden können, dass sie als generische Aussagen fungieren, wären etwa: „Eisenschrauben rosten"; „Die Rosskastanie blüht im Mai", „Der Specht klopft mit seinem Schnabel gegen Baumstämme"; „Menschen haben 32 Zähne"; „Der Mensch hat Überzeugungen".[62]

Obgleich sie ihrer Oberflächengrammatik nach zwar im grammatikalischen Tempus des Präsens steht, ist der Gehalt einer generischen Aussage als zeitallgemeine prädikative Einheit logisch nicht an eine bestimmte Zeit gebunden. Dies zeigt sich daran, dass Aussagen verschiedener grammatikalischer Tempora und Aspekte Instanziierungen ein und derselben generischen Aussage sein können.[63] Eine Aussage im grammatikalischen Tempus des Präsens wie „Dieser Specht klopft mit seinem Schnabel gegen den Baumstamm" und eine Aussage im Präteritum wie „Dieser Specht klopfte mit seinem Schnabel gegen den Baumstamm" instanziieren beide die zeitallgemeine generische Aussage „Der Specht klopft mit seinem Schnabel gegen Baumstämme" – ebenso wie die entsprechenden Aussagen im grammatikalischen Tempus des Perfekts, des Plusquamperfekts und des ersten und zweiten Futurs. Gleiches gilt für Aussagen in verschiedenen grammatikalischen Aspekten. Aussagen, in denen entweder der progressive oder der perfektive Aspekt grammatikalisiert wird, können ein und dieselbe generische Aussage instanziieren. „Diese Rosskastanie beginnt jetzt im Mai zu erblühen" und „Diese Rosskastanie ist letzten Mai erblüht" instanziieren gleichermaßen die generische Aussage „Die Rosskastanie blüht im Mai". „Diese Eisenschraube beginnt zu rosten", „Diese Eisenschraube ist am Verrosten", „Diese Eisenschraube ist verrostet" instanziieren gleichermaßen die generische Aussage „Eisenschrauben rosten". Und wie vielleicht schon klar sein dürfte, kann auch ein und dieselbe generische Aussage durch Aussagen instanziiert werden, in denen auf verschiedene Substanzen referiert wird, die die gleiche Substanzform exemplifizieren. „Diese Eisenschraube ist am Verrosten", „Jene Eisenschraube wird rosten", „Die 300 Eisenschrauben dort hinten sind verrostet" und „Die Eisenschrauben an unserem Gartentor rosteten" instanziieren alle die generische Aussage „Eisenschrauben rosten".

Indem eine generische Aussage eine zeitallgemeine prädikative Einheit aus einer Substanzform und einer Zustands- oder Bewegungsform bildet, verknüpft sie also zwei allgemeine Formen, von denen die zweite die erste partiell charakterisiert. Denn die in der zeitallgemeinen prädikativen Einheit enthaltene Zustands- oder Bewegungsform gibt an, was eine Substanz, die die Substanzform exemplifiziert, im generisch Allgemeinen ist oder tut oder hat. Generische Aussagen explizieren also die in der begrifflich strukturierten Praxis des In-der-Welt-Seins bereits implizit erschlossene Natur einer in der Welt seienden Substanz, die ihr Begriff ist, indem sie die allgemeine Form der Substanz selbst zum thematischen Gegenstand machen und durch eine Zustands- oder Bewegungungsform partiell erläutern.

42. Soll die Explikation unseres basalen materialen Hintergrundwissens gelingen, indem die in unserer Praxis bereits implizit erschlossene Natur einer Substanz, die ihr Begriff ist, explizit gemacht wird, so ist es nicht nur wichtig, zu betonen, dass sie mit Hilfe generischer Aussagen explizit gemacht wird. Ebenso wichtig ist auch, darauf hinzuweisen, dass generische Aussagen eine logisch eigenständige Kategorie von Aussagen darstellen, deren gerade beschriebene logische Struktur nicht plausiblerweise quantorenlogisch analysiert werden kann. Das hat vor allem zwei Gründe.

Der erste Grund hängt damit zusammen, was in der extensionalen Prädikaten- oder Quantorenlogik unter einem Begriff verstanden wird. Fasste man nämlich die logische Struktur von Aussagen, die unser basales materiales Hintergrundwissen explizieren, so auf, als seien sie geschlossene Sätze, die aus einer oder mehreren Satzfunktionen bestehen, deren Variablen durch Quantoren gebunden sind, dann müssten Begriffe in Analogie zu arithmethischen Funktionen verstanden werden.[64] Unter diesem Verständnis können Begriffe aber lediglich als Klassifikatoren oder Sortale von Einzelgegenständen fungieren, die Mengen von Einzelgegenständen als Extensionen generieren und benennen. Dabei sind jedoch die Klassifikationsprinzipien den Einzelgegenständen qualitativ extern. Denn nicht nur werden die in der Extension eines Begriffs enthaltenen Einzelgegenstände als bereits schon *irgendwie* individuiert vorausgesetzt, sondern der Begriff wird auch lediglich durch seine Extension bestimmt – also durch eine *Menge*, die Einzelgegenstände als Elemente enthält.[65] Eine Menge ist aber ebenso wenig eine Form, wie eine Quantität eine Qualität ist. Und daher macht ein prädikaten- oder quantorenlogisches Verständnis des Begriffs es unmöglich, die Form einer Substanz, die ihre Natur und ihr Begriff ist, adäquat darzustellen.

Der zweite Grund, weshalb generische Aussagen eine logisch eigenständige Kategorie von Aussagen bilden, deren logische Struktur nicht erfolgreich quantorenlogisch analysiert werden kann, hängt eng mit dem ersten zusammen. Er besteht in dem Verständnis von Allgemeinheit, das der Quantorenlogik eigen ist und das mit dem generischen Verständnis der Allgemeinheit einer Form nichts gemein hat.

Generische Aussagen thematisieren allgemeine Formen, die Begriff und Natur in der Welt seiender Substanzen sind, indem sie eine Substanzform durch eine Zustands- oder Bewegungsform näher bestimmen, die durch die zeitallgemeine Kopula mit der Substanzform verknüpft ist. Mit Blick auf die einzelnen Substanzen, die die jeweilige Substanzform exemplifizieren, geben sie damit an, wie diese Substanzen im Allgemeinen, in der Regel oder für gewöhnlich beschaffen sind. Denn als Aussage über eine allgemeine Form besagt eine generische Aussage, dass Exemplare der genannten Substanzform sich im Allgemeinen, in der Regel oder für gewöhnlich in Zuständen befinden oder Bewegungen vollziehen, die Manifestationen der genannten Zustands- oder Bewegungsform sind. Die in generischen Aussagen artikulierte Allgemeinheit ist also – so könnte man sagen – die *qualitative Normalität* der in der Welt seienden Substanzen, die ihre Natur und ihr Begriff ist. Die generische Aussage „Eisenschrauben rosten" besagt, dass Eisenschrauben, die sich in der Troposphäre befinden, *im Allgemeinen* rosten. Die generische Aussage „Die Rosskastanie blüht im Mai" besagt, dass Rosskastanien *in der Regel* im Mai blühen. Die generische Aussage „Der Specht klopft mit seinem Schnabel gegen Baumstämme" besagt, dass Spechte *für gewöhnlich* mit ihren Schnäbeln gegen Baumstämme klopfen.

Während generische Aussagen der Form „S ist/hat/tut F" diese qualitative Normalität zum Ausdruck bringen, kann hingegen in quantorenlogisch analysierten Aussagen Allgemeinheit stets nur als *quantitative Ausnahmslosigkeit* erscheinen. Analysiert man allgemeine Sätze nämlich als atomare oder durch Junktoren verknüpfte Satzfunktionen, deren Variablen durch Allquantoren gebunden sind, dann besagen sie: „Es gilt ausnahmslos für jeden einzelnen Gegenstand x: Wenn x S ist, dann ist x F". Allgemeinheit als quantitative Ausnahmslosigkeit zu analysieren, erscheint zwar bei manchen allgemeinen Sätzen nicht ungeeignet, um ihre logische Struktur adäquat zu erfassen. Triviale Aussagen oder rein stipulative Definitionen lassen sich beispielsweise so analysieren, ohne dass die Analyse zu unplausiblen Ergebnissen führt. So kann man etwa „Eine Primzahl ist eine nur durch 1 und sich selbst teilbare natürliche Zahl" als „Es gilt ausnahmslos für jedes einzelne x: Wenn x eine Primzahl ist, dann ist x eine nur durch 1 und sich selbst teilbare natürliche Zahl" analysieren. Hingegen leuchtet diese Analyse bei allgemeinen nontrivialen materialen Aussagen unserer alltäglichen Praxis keineswegs ein.

Analysiert man beispielsweise die allgemeine Aussage „Eisenschrauben rosten" als „Es gilt ausnahmslos für jedes einzelne x: Wenn x eine Eisenschraube ist, dann rostet x", so gelangt man zu einem ziemlich unplausiblen Ergebnis. Obgleich es nämlich im Allgemeinen wahr ist, dass Eisenschrauben rosten, ist es falsch, dass entweder ausnahmslos alles, was eine Eisenschraube ist, rostet oder eben keine Eisenschraube ist. Eine Eisenschraube, die beispielsweise nicht mit Sauerstoff in Berührung kommt, ist eine Eisenschraube, aber sie rostet nicht. Ebenso wenig rostet eine Eisenschraube, die zwar mit Sauerstoff, aber nicht mit Wasser in Berührung kommt. Und Gleiches gilt nicht nur für Eisenschrauben, die weder mit Wasser noch mit Sauerstoff in Berührung kommen, sondern auch für Eisenschrauben, die z.B. eingefettet, mit Lacken beschichtet oder verzinkt sind. Fassen wir die allgemeine Aussage „Eisenschrauben rosten" indes nicht als allquantifizierte, sondern als generische Aussage auf, so wird das allgemeine Urteil, dass Eisenschrauben rosten, nicht dadurch falsch, dass nicht ausnahmslos jede einzelne Eisenschraube rostet. Denn generische Aussagen lassen, im Gegensatz zu allquantifizierten Aussagen, ohne weiteres Ausnahmen zu.

Obgleich das Verständnis der Allgemeinheit von Urteilen, wie dem, dass Eisenschrauben rosten, unproblematisch ist, wenn man Aussagen wie „Eisenschrauben rosten" als generische Aussagen auffasst, zeichnen sich vor allem weite Teile der analytischen Philosophie und der Wissenschaftstheorie dadurch aus, dass sie generische Aussagen nicht als eine logisch eigenständige Kategorie von Aussagen anerkennen. Das mag nicht nur daran liegen, dass eine solche Anerkennung den weithin akzeptierten Anspruch der Prädikaten- und Quantorenlogik, ein geeignetes Instrument zur Analyse natürlichsprachlicher Ausdrücke zu sein, merklich zurechtstutzen würde. Auch das Verständnis der kausalnomologischen Aussagen der Naturwissenschaft würde in Gefahr geraten, sobald man generische Aussagen als eine logisch eigenständige Kategorie von Aussagen akzeptiert. Denn nicht nur die oben erwähnten trivialen Aussagen oder rein stipulativen Definitionen werden üblicherweise als allquantifizierte Sätze analysiert, sondern auch die gesetzesartigen Aussagen der Naturwissenschaft.[66] Man könnte also meinen, dass generische Aussagen der traditionell naturwissenschaftsaffinen analytischen Philosophie gleich in doppelter Weise Unbehagen bereiten müssen. Denn zum einen wird an ihren fregeschen und russellschen Wurzeln gekratzt, und zum anderen ist auch die Autorität des empiristischen Nominalismus gefährdet, dem der szientistische Naturalismus folgt. Als „autoritärer Charakter" – um nur halb im Scherz mit Erich Fromm zu sprechen – könnte man daher nun bemüht sein, die quantitative Ausnahmslosigkeit als einzige logische Form von Allgemeinheit verteidigen zu wollen. Und dies könnte man dadurch versuchen, dass man die Unplausibilität von beispielsweise „Es gilt ausnahmslos für jedes einzelne x: Wenn x eine Eisenschraube ist, dann rostet x" zu umgehen sucht, indem man „Eisenschrauben rosten" als allquantifizierte gesetzesartige Aussage begreift, die zwar ausnahmslos, jedoch insofern bedingt gilt, als alle Umstände ausgeschlossen sein müssen, die verursachen, dass Eisenschrauben nicht rosten.[67]

Aber ein solcher Versuch, die qualitative Normalität, die generische Allgemeinheit ist, doch mit quantitativer Ausnahmslosigkeit einzufangen, erscheint mir hoffnungslos. Denn um „Eisenschrauben rosten" in dieser Weise als allquantifizierte gesetzesartige Aussage zu analysieren, müsste man nun das Analysans „Es gilt ausnahmslos für jedes einzelne x: Wenn x eine Eisenschraube ist, dann rostet x" durch das Analysans „Es gilt ausnahmslos für jedes einzelne x: Wenn x eine Eisenschraube ist, dann rostet x *ceteris paribus*" ersetzen. Dabei würde es allerdings nicht ausreichen, lediglich die Floskel *„ceteris paribus"* anzufügen. Belässt man es nämlich beim Anfügen der bloßen Floskel, ohne sie inhaltlich zu bestimmen, indem man alle Ursachen ausschließt, die das Rosten von Eisenschrauben verhindern, so besagt *„ceteris paribus"* selbst gar nichts, sondern verweist lediglich auf eine allgemeine Form. Das würde aber nicht nur bedeuten, dass „Es gilt ausnahmslos für jedes einzelne x: Wenn x eine Eisenschraube ist, dann rostet x *ceteris paribus*" nicht mehr besagt als das, was die generische Aussage „Eisenschrauben rosten" ohnehin schon besagt, d.h. ohne die redundante Allquantifizierung und irreführende hypothetische logische Form. Es würde vielmehr auch bedeuten, dass das Verständnis der Allgemeinheit, die durch die redundante allquantifizierte *façon de parler* ausgedrückt wird, vollständig abhängig ist vom Verständnis qualitativer Normalität, die durch die generische Aussage ausgedrückt wird. Um die allquantifizierte Aussage verstehen zu können, muss man also die generische Aussage bereits verstanden haben. Daher kann die quantifizierte Ausnahmslosigkeit auf diesem Wege nicht als einzige logische Form der Allgemeinheit gerettet werden.[68]

Nimmt man indes *„ceteris paribus"* als Klausel ernst und versucht sie inhaltlich auszubuchstabieren, indem man alle auszuschließenden Ursachen, die das
Rosten von Eisenschrauben verhindern, anzuführen versucht, so ist man mit dem
Problem konfrontiert, dass das Analysans von „Eisenschrauben rosten" nun folgende logische Form annimmt: „Es gilt ausnahmslos für jedes einzelne x: Wenn
x eine Eisenschraube ist, dann rostet x, falls nicht U_1, U_2, U_3, ... U_n eintritt". Sieht
man einmal von der leidigen epistemischen Begrenztheit ab, die uns Menschen
eigen ist, so wird schnell klar, dass es eine vollständige Liste „U_1, U_2, U_3, ... U_n"
auch aus prinzipiellen Gründen nicht geben kann, sofern wir nicht schlicht aufhören, die Aussage, in der sie enthalten ist, zu verwenden. Würde nämlich der
Gehalt dieser Aussage für alle Fälle ihrer Verwendung eine Angabe darüber enthalten müssen, welche Ursachen ausgeschlossen sein müssen, so hieße das, dass
die Liste auszuschließender Ursachen so lang sein müsste, wie es Fälle der Verwendung der Aussage gibt. Bei potentiell unendlich fortlaufender Verwendung
von „Es gilt ausnahmslos für jedes einzelne x: Wenn x eine Eisenschraube ist,
dann rostet x, falls nicht U_1, U_2, U_3, ... U_n eintritt" wäre die Liste auszuschließender
Ursachen demnach auch potentiell unendlich. Eine Aussage, deren Gehalt eine
potentiell unendliche Formulierung enthält, ist jedoch eine Aussage mit einem
potentiell unendlichen Gehalt. Eine Aussage mit einem potentiell unendlichen
Gehalt kann aber kein allgemeines Gesetz sein. Daher wäre die quantifizierte
Ausnahmslosigkeit als einzige logische Form der Allgemeinheit jetzt nur um den
Preis zu retten, dass es keine allgemeinen Gesetze geben kann. Aber wozu sollte
ein szientistischer Naturalist dann überhaupt noch einen solchen Rettungsver-
such unternehmen?

43. Hat man sich den Unterschied zwischen qualitativer Normalität und quantitativer Ausnahmslosigkeit nun klargemacht und ist man sich des Unterschieds
zwischen Formen und Mengen bewusst, so sieht man, dass unser basales Hintergrundwissen mit den Mitteln der Quantorenlogik nicht explizit gemacht werden
kann.

Dass wir unser Allgemeinwissen, das als implizites Hintergrundwissen
unsere Bewegungen in der begrifflich strukturierten Praxis des In-der-Welt-
Seins begleitet, nicht plausibel durch allquantifizierte Aussagen explizit machen
können, sollte uns jetzt allerdings nicht dazu verleiten, generische Aussage als
existenzquantifizierte Aussagen analysieren zu wollen. Denn das Ergebnis eines
solchen Unterfangens wäre mindestens ebenso unplausibel. Eine generische
Aussage wie „Eisenschrauben rosten" besagt nämlich weder: „Es gibt mindestens
ein x, für das gilt: x ist eine Eisenschraube und x rostet", noch besagt sie: „Es gibt
genau ein x, für das gilt: x ist eine Eisenschraube und x rostet". Und sie ist auch

nicht – bar aller Quantoren – die Reformulierung des Ergebnisses einer statistischen Erhebung, das etwa besagt, dass 87,3 % aller Eisenschrauben rosten.

Dass Eisenschrauben rosten, heißt nicht, wir könnten hier und da beobachten, dass dieser oder jener Gegenstand, der eine Eisenschraube ist, überraschender- und zufälligerweise rostet, wenn er sich in feuchter Umgebung befindet. Während es ein überraschender Zufall sein kann, dass sich diese oder jene Eisenschraube in feuchter Umgebung befindet, ist es weder eine überraschende noch eine zufällige Eigenart der jeweiligen Eisenschraube, dass sie rostet, sofern sie mehr oder minder hoher Luftfeuchtigkeit ausgesetzt ist. Denn Substanzen, die die Substanzform der Eisenschraube exemplifizieren, manifestieren in der Regel die Bewegungsform des Rostens, wenn sie einer mehr oder minder hohen Luftfeuchtigkeit ausgesetzt sind.

Eben dies können wir durch „Eisenschrauben rosten" zum Ausdruck bringen und damit unser implizites materiales Hintergrundwissen über die Substanzform der Eisenschraube und ihrer Exemplare partiell explizit machen. Sofern man Hegel mit so banalen Dingen wie Eisenschrauben überhaupt in Berührung kommen lassen möchte, kann man jetzt sagen: Dies ist Ausdruck unseres gediegenen generischen Wissens über die Eisenschraube an und für sich. Anstatt uns jetzt aber noch weiter mit Schrauben zu beschäftigen – was in einer moralphilosophischen Abhandlung ohnehin etwas merkwürdig wirken könnte –, sollten wir uns nun besser dem nächsten Kapitel zuwenden, das weniger eisenhaltig und etwas lebendiger sein wird.

6 Natürliche Normativität

44. Im vorherigen Kapitel habe ich versucht, das Bild des hermeneutischen Naturalismus zu skizzieren. Ein wesentlicher Bestandteil dieses Bildes ist das, was ich als „umfassend holistische und begrifflich strukturierte Praxis des In-der-Welt-Seins" bezeichnet habe. Von dieser Praxis sagte ich, dass sie uns Menschen eigen ist. Und ich behauptete: Weil wir Menschen in diese Praxis natürlicherweise initiiert sind, leben wir nicht in der Umwelt subrationaler Tiere, sondern in der Welt, die zugleich natürlich und geistreich ist. Denn die Welt, in der wir leben, erschließt sich uns in der und durch die uns vorgängige begrifflich strukturierte Praxis des In-der-Welt-Seins als von uns unabhängige und objektive Welt. Als solche muss die natürliche und zugleich geistreiche Welt zuvorderst als eine logische, teleologische, rationale und normative Totalität begriffen werden, in der etwas das ist, was es ist, weil es in ihr den Platz hat, den es hat. Dementsprechend merkte ich auch an, dass die natürliche Welt genauso reichhaltig ist wie unsere begrifflich strukturierte Praxis des In-der-Welt-Seins. Und daher muss im hermeneutischen Naturalismus – anders als im szientistischen Naturalismus – das Bestehen objektiver moralischer Tatsachen in der natürlichen Welt auch keine ontologische (und erkenntnistheoretische) Seltsamkeit sein.

Denn was sollte jetzt so seltsam daran sein, dass es moralische Eigenschaften in der natürlichen Welt geben kann, die im Deutschen durch z.B. die Verwendung von „... ist gut", „... ist schlecht", „... ist richtig", „... ist falsch" artikuliert werden? Mir scheint: Nichts! Denn zeichnen wir das im vorherigen Kapitel skizzierte Bild des hermeneutischen Naturalismus, so müssen wir sagen, dass es überhaupt keine praxisunabhängigen Eigenschaften und daher auch keine praxisunabhängigen Tatsachen in der natürlichen Welt geben kann. Und das gilt sowohl für moralische wie auch für empirische Tatsachen. Insofern ist das Bestehen der Tatsache, dass Geld zu stehlen schlecht ist, ontologisch genauso sehr oder genauso wenig seltsam wie das Bestehen der Tatsache, dass Eisenschrauben in feuchter Umgebung rosten, oder der Tatsache, dass gerade ein Kaninchen an einem Gebüsch vorbeihoppelt.

Für die praxisabhängigen moralischen Tatsachen gilt ebenso wie für die nicht minder praxisabhängigen empirischen Tatsachen, dass sie nicht bloße Fiktionen sind, die auf den psychologisch und neurologisch erklärbaren Projektionen weniger, einiger oder vieler einzelner Menschen beruhen. Das, was in der naturwissenschaftlich entzauberten Welt des szientistischen Naturalismus bestenfalls als psychologisch und neurologisch erklärbare Projektion eine Seinsberechtigung hat, kann in der Welt des hermeneutischen Naturalismus problemlos als objektiv bestehende Tatsache in der natürlichen Welt begriffen werden. Denn der Raum des Möglichen in der natürlichen und zugleich geistreichen Welt des hermeneutischen Naturalismus ist größer als der Raum des Möglichen in der naturwissenschaftlich entzauberten Welt des szientistischen Naturalismus. Und daher ist auch der Raum des Tatsächlichen größer. Seine Grenzen sind nämlich, ebenso wie jene des Raums des Möglichen, durch die umfassend holistische und begrifflich strukturierte Praxis des In-der-Welt-Seins bestimmt, durch die und in der die natürliche Welt erschlossen ist. „Wenn wir sagen, *meinen*, daß es sich so und so verhält, so halten wir mit dem, was wir meinen, nicht irgendwo vor der Tatsache: sondern meinen, daß *das und das – so und so – ist*", wie Wittgenstein sagt.[1] Und ist es so, wie wir meinen, dann ist das-und-das auch so-und-so. Und wenn das-und-das so-und-so ist, dann ist es eine objektiv bestehende Tatsache in der natürlichen Welt, in der wir leben, dass das-und-das so-und-so ist, ganz gleich, ob wir mit „das-und-das" nun ein Kaninchen, eine Eisenschraube oder das Stehlen von Geld meinen und mit „so-und-so" das Vorbeihoppeln an einem Gebüsch, das Rosten oder das Schlechtsein.

Die aus Sicht des hermeneutischen Naturalismus zutreffende Feststellung, dass es in der natürlichen Welt ebenso objektive moralische wie empirische Tatsachen gibt, sollte uns allerdings nicht dazu verführen, zu glauben, wir könnten es bei dieser Feststellung bewenden belassen. Denn auch wenn diese Feststellung zutrifft, haben wir damit freilich noch nicht erläutert, was es genau heißt, wahre moralische Urteile zu fällen, die moralische Tatsachen artikulieren. Dies werden wir im nächsten Kapitel tun. Jedoch dürfte es schon jetzt offenkundig sein, dass wir das Fällen wahrer moralischer Urteile und das Bestehen moralischer Tatsachen nicht zu stark an das Fällen wahrer empirischer Urteile und das Bestehen empirischer Tatsachen assimilieren dürfen. Und noch viel weniger dürfen wir das Fällen wahrer moralischer Urteile und das Bestehen moralischer Tatsachen bloß in stumpfer Analogie zum Fällen wahrer empirischer Urteile und zum Bestehen empirischer Tatsachen erläutern. Denn damit würde das Spezifische der Moral verlorengehen, und die Moral würde wiederum – nämlich ebenso wie im szientistischen Naturalismus – nicht mehr *sui generis* sein können.

Auf den richtigen Weg zur Moral begeben wir uns meiner Ansicht nach, wenn wir uns zunächst einer im vorherigen Kapitel ignorierten, aber bemerkenswerten Subkategorie unseres nontrivialen materialen Hintergrundwissens zuwenden, von dem ich im vorherigen Kapitel vor allem dreierlei sagte. Nämlich erstens: dass es Wissen über Natur und Begriff als allgemeine Formen der in der natürlichen Welt seienden Substanzen ist. Zweitens: dass es Wissen ist, über das wir zumindest, zumeist und zuvorderst implizit und praktisch verfügen, wenn wir in die begrifflich strukturierte Praxis des In-der-Welt-Seins initiiert sind. Und drittens: dass es Wissen ist, das wir je partiell explizit machen können, indem wir es durch generische Urteile bzw. Aussagen zur Sprache bringen. Die bemerkenswerte Subkategorie, um die es jetzt geht, ist unser implizites und praktisches

Hintergrundwissen über Lebewesen.[2] Und die entsprechende Subkategorie der dieses Wissen explizierenden generischen Urteile bzw. Aussagen, mit der wir es jetzt zu tun haben werden, sind folglich generische Urteile über Lebewesen.

Anders als etwa die zuvor angeführte generische Aussage „Eisenschrauben rosten" haben „Die Rosskastanie blüht im Mai", „Der Specht klopft mit seinem Schnabel gegen Baumstämme" oder „Menschen haben 32 Zähne" Substanzformen des Lebendigen zum Gegenstand. Generische Aussagen über Substanzformen des Lebendigen sind für uns deshalb bemerkenswert, weil sie uns dabei helfen können, das Bestehen moralischer Tatsachen und somit das Wahrsein moralischer Urteile in einer Weise zu verstehen, die weit über die bloße Feststellung hinausgeht, dass das Bestehen moralischer Tatsachen in der natürlichen Welt möglich ist. Denn das Verhältnis zwischen einer lebenden Substanz (respektive ihren Zuständen und Bewegungen) und der allgemeinen Form des Lebendigen, die sie exemplifiziert (respektive deren Zustands- und Bewegungsformen), ist ein normatives Verhältnis, das auf *natürlichen Normen* beruht und ein *natürliches Sollen* impliziert. Es ist ein Verhältnis, das sowohl wesentlich für die Beurteilung der *natürlichen Qualität* der betreffenden Substanz (respektive ihrer Zustände und Bewegungen) ist als auch für die Beurteilung der natürlichen Qualität, die etwas *für* die betreffende Substanz haben kann. Denn ihre allgemeine Form, die ihre Natur und ihr Begriff ist, ist der natürliche Maßstab ihrer natürlichen Qualität – oder „Güte", wie man auch sagen kann.

Dies gilt für alle lebenden Substanzen. Und so gilt es auch dann, wenn wir diejenigen lebenden Substanzen in den Blick nehmen, die wir selbst sind. Denn versuchen wir zu verstehen, was es eigentlich genau heißt, die Handlungen, Absichten und Charaktere einzelner Menschen hinsichtlich ihrer moralischen Qualität zu beurteilen, so kommt dem Verhältnis zwischen Exemplar und Form maßgebliche Bedeutung zu. Diese moralische Qualität ist nämlich, wie ich im nächsten Kapitel zu zeigen versuchen werde, eine natürliche Qualität des Menschen. In diesem Kapitel geht es indes erst einmal darum, jene spezifische Kategorie generischer Aussagen näher zu betrachten, die Substanzformen des Lebendigen zum Gegenstand haben. Und davon ausgehend werde ich dann das gerade erwähnte normative Verhältnis zwischen Form und Exemplar zu erläutern suchen, das ein natürliches Sollen impliziert und die Beurteilung der natürlichen Qualität ermöglicht, die eine lebende Substanz hat und die etwas für eine lebende Substanz hat.

45. Lebende Substanzen werde ich ab jetzt „Lebewesen" nennen und Substanzformen des Lebendigen „Lebensformen". Generische Aussagen, die Lebensformen betreffen, bezeichne ich, im Anschluss an Michael Thompson, als „naturhistorische Urteile".[3]

Naturhistorische Urteile der logischen Form „L ist/hat/tut F" oder „Le sind/ haben/tun F"[4] unterscheiden sich von generischen Aussagen über Unbelebtes darin, dass sie eine spezifische Einheit von Substanz-, Zustands- und Bewegungsform explizit machen, die daraus resultiert, dass die fragliche Substanzform eine Lebensform ist und die fraglichen Zustands- oder Bewegungsformen Lebensvollzüge darstellen. Diese spezifische und irreduzible Einheit, die Lebensformen von Substanzformen des Unbelebten und naturhistorische Urteile von sonstigen generischen Urteilen unterscheidet, zeigt sich darin, dass Zustands- oder Bewegungsformen, die Lebensvollzüge sind, als solche nicht unabhängig von der Lebensform begreifbar sind, während dies bei Substanzformen des Unbelebten der Fall sein kann.

In generischen Aussagen über Unbelebtes werden zwar Substanzformen mit Zustands- oder Bewegungsformen verknüpft, die von den einzelnen Substanzen als Exemplare der Substanzform nicht nur zufällig manifestiert werden. Es ist, wie am Ende des vorherigen Kapitels gesagt, kein bloßer Zufall oder eine Eigenart dieser oder jener Eisenschraube zu rosten, sondern es ist das, was mit Eisenschrauben für gewöhnlich, in der Regel und im Allgemeinen geschieht, wenn sie sich in feuchter Umgebung befinden. Dennoch können wir das Rosten unabhängig davon beobachten und begreifen, dass eine Substanz, die die Substanzform der Eisenschraube exemplifiziert, rostet. Wir können nämlich auch das Rosten von Eisennägeln, Eisengittern, Eisentoren oder Eisenbeschlägen beobachten und begreifen. Dies können wir auch dann, wenn wir noch nie in unserem Leben einer Eisenschraube begegnet sind und keinerlei Wissen über Eisenschrauben haben. Und wir können es sogar dann, wenn wir bisher nicht einmal wussten, dass es so etwas wie Eisenschrauben als in der Welt seiende Substanzen gibt. Verfügen wir über ein auch nur rudimentäres Wissen über die Bewegungsform des Rostens, so können wir auch feststellen, dass dieser merkwürdige, stiftartige Gegenstand mit dem Gewinde, der dort drüben liegt, rostet.

Um das Rosten einer Eisenschraube als die Bewegung beobachten und begreifen zu können, die sie ist, bedarf es also eines bestimmten generischen Wissens über die Bewegungsform des Rostens. Aber um die Bewegungen des Rostens einer Eisenschraube oder den Zustand ihres Verrostetseins zu beobachten und zu begreifen, bedarf es nicht notwendig eines Wissens über die Substanzform der Eisenschraube. Um das Rosten zu erkennen, benötigt man kein generisches Hintergrundwissen über die vielfältigen Funktionen und Einsatzmöglichkeiten von Eisenschrauben und über die zahlreichen Zwecke, denen sie dienen können.

Anders als die Bewegungen des Rostens, die substanzübergreifend als das, was sie sind, beobachtet und begriffen werden können, nämlich als Manifestationen der Bewegungsform des Rostens, können die Bewegungen, Zustände oder auch Teile eines Lebewesens nicht lebensformübergreifend als das, was sie je sind, beobachtet und begriffen werden. Denn diese und jene Bewegungen, Zustände oder Teile eines Lebewesens, das eine je bestimmte Lebensform exemplifiziert, manifestieren nicht einfach nur diese und jene Formen der Bewegungen, Zustände oder Teile. Vielmehr können sie auch überhaupt nur diese und jene Bewegungen, Zustände oder Teile sein, weil sie Formen manifestieren, die Formen einer je spezifischen Lebensform sind. Denn die Formen konstituieren sich erst als die Formen, die sie sind, durch ihre je bestimmte Rolle, die sie im „weiteren Kontext" der Lebensform spielen. So drückt es jedenfalls Thompson aus,[5] wenn er den Begriff des *wider context* von Elizabeth Anscombe übernimmt[6] und unter Zuhilfenahme von John Rawls Begriff der *rule-like practice* näher erläutert.[7]

Was Thompson mit dem „weiteren Kontext einer Lebensform" meint, wird an einem Beispiel deutlich, das er des Öfteren anführt: „Another example may be constructed from the familiar text-book facts about ‚mitosis' – the doubling, sorting out, and splitting up of chromosomal material. It may be happening here, under the microscope, in an amoeba; and there in a human being. In the first case, an event of this type will of course be a phase in a process of reproduction – one of the forms of generation available to that kind of thing. But in the case of the human it will rather be a part of growth or self-maintenance; reproduction is and has another matter among them. The distinction between the two cases of mitosis is not to be discovered by a more careful scrutiny of the particular cells at issue – any more than, as Frege said, the closest chemical and microscopical investigation of certain inkmarkings will teach us whether the arithmetical formulae they realize are *true*."[8] Und wie Thompson an anderer Stelle ergänzt: „Thus what phenomena constitute reproduction, and what phenomena are constituted by mitosis, in turn depend on the life form in question. According to context, the same can constitute something different, and something quite different can constitute the same."[9]

Was für Zellkernteilung gilt, gilt ebenso für alle anderen Bewegungen und Zustände von Lebewesen, wie auch für ihre Teile: Unabhängig von unserem naturhistorischen Hintergrundwissen über die Rolle, die die jeweiligen Formen der Bewegungen, Zustände und Teile im weiteren Kontext einer Lebensform spielen, können wir die einzelnen Bewegungen, Zustände und Teile eines Lebewesens, das diese Lebensform exemplifiziert, nicht als solche beobachten und begreifen. Denn dann verstehen wir nicht, welche je lebensformspezifischen Formen der Bewegungen, Zustände und Teile durch die einzelnen Bewegungen, Zustände und Teile des Lebewesens manifestiert werden. Wir verstehen nicht, dass wir gerade einen Lebensvollzug beobachten und welchen Lebensvollzug wir gerade beobachten, wenn wir dem, was wir beobachten, keine Rolle im weiteren Kontext derjenigen Lebensform zuweisen können, die das von uns beobachtete

Lebewesen exemplifiziert. Und eben diese *Einheit* des weiteren Kontextes einer Lebensform ist ein spezifisches Merkmal alles Lebendigen, auf das bereits Aristoteles in *De Anima* hingewiesen hat, als er die *psyche* als *arche ton zoon* bestimmte, das als *eidos* des Lebendigen *entelecheia* ist.[10]

46. Der jetzt angedeutete Unterschied zwischen naturhistorischen Urteilen über Lebensformen und generischen Urteilen über Substanzformen des Unbelebten weist darauf hin, dass sich naturhistorisches Wissen in einigen wichtigen Punkten von sonstigem generischen Wissen unterscheidet. Und dieser Unterschied muss auch in der Explikation naturhistorischen Wissens deutlich werden.

Ausgehend von unseren Überlegungen im dritten und vierten Kapitel können wir jetzt sagen: Vor dem Hintergrund unserer begrifflich strukturierten Praxis des In-der-Welt-Seins, die Welt zuvorderst als eine logisch, teleologisch, rational und normativ geordnete Totalität erschließt, können wir uns einzelne innerweltliche Bewegungen und Zustände unbelebter Substanzen durch Kausalerklärungen verständlich machen. Eine solche Erklärung könnte zum Beispiel so lauten: „Diese Eisenschraube ist am Verrosten, *weil* sie einer feuchten Umgebung ausgesetzt ist". Derlei können wir vor dem Hintergrund unseres generischen Wissens über die Bewegung des Rostens sagen. Und das kausale „weil" ist plausibel, da Dinge aus Eisen im Allgemeinen, in der Regel oder für gewöhnlich in feuchter Umgebung rosten. Was wir indes nicht sinnvollerweise über diese Eisenschraube sagen können, ist dies: „Diese Eisenschraube will verrosten" oder „Diese Eisenschraube setzt sich einer feuchten Umgebung aus, um zu verrosten".

Freilich können wir die Eisenschraube dorthin gelegt haben, wo es besonders feucht ist, um sie verrosten zu lassen. Ist dem so, dann ist dies aber unser Ziel, das der Eisenschraube extern ist, und nicht ein intrinsischer Zweck oder Telos der Eisenschraube. Zu sagen, dass das Verrosten der Eisenschraube nicht lediglich die kausale Folge dessen ist, dass sie einer feuchten Umgebung ausgesetzt ist, sondern dass sie mit ihrem Ausgesetztsein und Rosten gerade dabei ist, ihr Telos der Verrostung zu erfüllen, ist als innerweltliche Erklärung ungefähr so plausibel, wie einem Dübel Niedertracht zu unterstellen. Eine Eisenschraube vollzieht keine Selbstbewegung des Rostens. Denn Eisenschrauben sind keine Lebewesen, und die Bewegungen und Zustände von Eisenschrauben sind auch keine Lebensvollzüge. Sie sind nicht auf intrinsische Zwecke gerichtet und haben kein Telos – keinen Endzweck.

Bei Lebewesen verhält es sich aber genauso! Ihre Bewegungen und Zustände sind Lebensvollzüge, die auf intrinsische Zwecke ausgerichtet sind und die ein Telos haben, das der Endzweck ihres Lebens ist. Daher können wir zwar ihre Bewegungen und Zustände auch durch Kausalerklärungen wie beispielsweise die folgende verständlich machen: „*Dieser* Specht klopft jetzt mit seinem Schnabel gegen diesen Baumstamm, *weil* er nach Nahrung sucht". Aber diese Kausalerklärung verstehen wir nur dann, wenn wir auch die weniger elliptische Kausalerklärung verstehen, die besagt: „*Dieser* Specht klopft jetzt mit seinem Schnabel gegen diesen Baumstamm, *weil* er ein Specht ist, der nach Nahrung sucht". Eine solche Kausalerklärung ist allerdings nicht das Ende unserer explanatorischen Fahnenstange. Denn eine solche Kausalerklärung verstehen wir wiederum nur dann, wenn wir die folgende teleologische Erklärung verstehen: „*Dieser* Specht klopft jetzt mit seinem Schnabel gegen diesen Baumstamm, *um* Nahrung *zu* finden". Diese Erklärung können wir aber nur dann geben, wenn wir über das entsprechende naturhistorische Wissen über die Lebensform des Spechts verfügen.

Unser naturhistorisches Wissen über die Lebensform des Spechts kann unter anderem durch das Urteil „Der Specht klopft mit seinem Schnabel gegen Baumstämme, um Nahrung zu finden" partiell explizit gemacht werden. Aber unser naturhistorisches Wissen kann sich freilich nicht in dem erschöpfen, was mit diesem Urteil explizit gemacht wird. Um wissen zu können, dass der Specht im Allgemeinen mit seinem Schnabel gegen Baumstämme klopft, um Nahrung zu finden, muss man – zumindest implizit – noch ein wenig mehr über den weiteren Kontext der Lebensform des Spechts wissen. Beispielsweise muss man das wissen, was in folgenden Urteilen explizit gemacht wird: „Spechte suchen nach Nahrung"; „Der Specht ernährt sich von Insekten"; „Die Insekten, von denen sich Spechte ernähren, befinden sich unter der Borke von Bäumen"; „Bäume haben an ihren Stämmen Borke als äußerste Schicht"; „Der Specht hat einen starken Meißelschnabel"; „Spechte haben weit ausstreckbare Zungen, an deren Enden kurze Widerhaken sitzen" etc. etc.

Aber diese unverbunden nebeneinander stehenden Urteile explizieren auch noch kein Wissen, über das man verfügen muss, um wissen zu können, dass der oder auch nur dieser Specht mit seinem Schnabel gegen Baumstämme klopft, um Nahrung zu finden. Um dies zu wissen und also zu verstehen, was es heißt, dass ein Specht gegen Baumstämme klopft, um Nahrung zu finden, muss man die lebensformspezifischen Bewegungsformen des Mit-dem-Schnabel-gegen-Baumstämme-Klopfens in den teleologisch strukturierten weiteren Kontext der Lebensform des Spechts einbetten und als Phase der Nahrungssuche begreifen können. Diese Fähigkeit kann man durch *natur-teleologische Urteile*[11] explizit machen.

Ein Beispiel für ein solches natur-teleologisches Urteil ist das gerade oben in seiner Rolle als Erklärung angeführte Urteil „Der Specht klopft mit seinem Schnabel gegen Baumstämme, um Nahrung zu finden". Allerdings macht es sehr wenig explizit. Denn der teleologische Nexus der gerade angeführten naturhistorischen Urteile über die Schnäbel und Zungen von Spechten, ihr Hauptnahrungsmittel, die Borke von Bäumen etc. bleibt dabei als Hintergrundwissen weiterhin implizit. Aber man kann selbstverständlich auch, zwar noch immer partielle, aber sehr viel ausführlichere natur-teleologische Urteile formulieren. Ein ausführlicheres natur-teleologisches Urteil wäre etwa: „Der Specht (1) klopft mit seinem starken Meißelschnabel gegen Baumstämme, um (2) die Borke der Baumstämme zu entfernen, um (3) seine Zunge unter die Borke zu stecken, um (4) die Insekten unter der Borke zu fangen, um (5) sie als Nahrung aufzunehmen." An einem solchen ausführlicheren natur-teleologischen Urteil wird auch deutlicher, worin die Aufgabe natur-teleologischer Urteile besteht. Sie bringen nämlich die zuvor angeführten naturhistorischen Urteile in eine bestimmte teleologische Ordnung, die den weiteren Kontext der Lebensform je partiell explizit macht. Und sie betten die spezifische Bewegungsform, die in dem naturhistorischen Urteil „Der Specht klopft mit seinem Schnabel gegen Baumstämme" zum Ausdruck kommt, in diesen Kontext ein, wobei sie sie als eine Phase der Nahrungssuche darstellen. Dies tun sie, indem sie den Zusammenhang der Gehalte der einzelnen naturhistorischen Urteile explizit als einen bestimmten teleologischen Nexus darstellen und dabei zeitallgemein in eine prozessuale Reihenfolge bringen.

Der explizit gemachte teleologische Nexus, der eine zeitallgemeine prozessuale Reihenfolge und Einheit von Bewegungsformen artikuliert, transzendiert dabei die jeweils aktuellen und empirisch beobachtbaren Bewegungen eines einzelnen Spechts sowohl in Hinblick auf Vergangenes als auch auf Zukünftiges. Denn um beispielsweise gerade (3) zu manifestieren, muss dieser Specht für gewöhnlich bereits (1) und (2) manifestiert haben. Und er manifestiert in der Regel gerade (3), um noch (4) und (5) zu manifestieren. Erst wenn man die teleologische, prozessual geordnete Einheit des Lebensvollzugs der Nahrungssuche von Spechten als solche begriffen hat, kann man beobachten, dass ein einzelner Specht gerade dabei ist, Nahrung zu suchen, ohne beobachten zu müssen, dass er sie auch schon gefunden hat.

Denn indem wir die Einheit des Prozesses perfektiv vom erfolgreichen Abschluss der Nahrungssuche her verstehen, verstehen wir auch progressiv das Vollziehen und die einzelnen Phasen der Nahrungssuche. Zu verstehen, dass (5) der erfolgreiche Abschluss ist, heißt nämlich, zu verstehen, dass im Allgemeinen (1), (2), (3) und (4) in dieser Reihenfolge (5) vorangehen und dass sie für gewöhnlich dem Zweck dienen, das jeweils Nachfolgende und damit (5) zu realisieren. Und verstehen wir das, so können wir auch verstehen, dass dieser Specht, der gerade (3) manifestiert, dabei ist, Nahrung zu suchen, auch wenn es nicht dazu kommt, dass er (5) manifestiert.[12]

Kommt es hingegen dazu, dass ein Specht (5) manifestiert, so ist die Bewegung der Nahrungssuche beendet. Sie wurde als solche abgeschlossen, und zwar gemäß der lebensformspezifischen Bewegungsform, die ein Lebensvollzug ist. Manifestiert ein Specht hingegen nicht mehr (4) oder (5), so ist die Bewegung gleichfalls beendet. Aber nicht, weil sie als solche abgeschlossen ist, sondern weil sie abbrach und daher als Lebensvollzug scheiterte. Das ändert allerdings nichts daran, dass dieser Specht sich auf Nahrungssuche befand. Denn er manifestierte ja gerade (3) und hatte bereits zuvor (1) und (2) manifestiert. Wenn man die teleologisch geordnete Einheit des Lebensvollzugs der Nahrungssuche als gesamte Bewegungsform, die mit der Lebensform des Spechts zeitallgemein verknüpft ist, verstanden hat, dann – aber erst dann – kann man die unter dem Lebensvollzug der Nahrungssuche miteinander verbundenen Manifestationen der Bewegungsformen (1) – (5) eines einzelnen Spechts in kausale Beziehungen zueinander setzen. Dies kann man dann mittels Kausalerklärungen wie etwa „(2), weil (1)" oder „(3), weil (2) und (1)" tun. Aber ohne ein vorgängiges Verständnis der teleologisch geordneten Einheit des Lebensvollzugs der Nahrungssuche des Spechts wäre es nicht nur unmöglich, (1) – (5) als solche zu individuieren. Die je behaupteten Kausalbeziehungen blieben auch vollkommen willkürlich herausgegriffene Beziehungen, die überhaupt nichts erklären oder verständlich machen, sondern nur zeigen würden, dass alles in der Welt Seiende mittels Kausalbeschreibungen in Kausalverhältnisse zueinander gesetzt werden kann.

47. Das durch natur-teleologische Urteile geordnete Gesamt naturhistorischer Urteile über eine Lebensform, das den weiteren Kontext der Lebensform *in toto* artikuliert, können wir mit Thompson als die *Naturgeschichte* der betreffenden Lebensform bezeichnen: „Natural teleological judgments may thus be said to organize the elements of a natural history; they articulate the relations of dependence among the various elements and aspects and phases of a given kind of life."[13]

Würde man die Naturgeschichte der betreffenden Lebensform im Hier und Jetzt vollständig artikulieren, so würde man das zunächst und zumeist implizite naturhistorische Hintergrundwissen über diese Lebensform *in toto* explizit machen. Und da Substanzformen zugleich Natur und Begriff der in der Welt seienden Substanzen sind – wie ich im vorherigen Kapitel zu verdeutlichen suchte – und Lebensformen eine Subkategorie der Substanzformen sind, heißt das auch: Würde man die Naturgeschichte der betreffenden Lebensform im Hier und Jetzt vollständig artikulieren, so würde man die Natur ihrer Exemplare *in toto* explizit machen, indem man vollständig den teleologischen Nexus ihrer Bewegungsformen artikuliert. Dieser Naturgeschichte entspräche dann eine vollständig artikulierte Begriffsgeschichte,[14] die die in der Naturgeschichte teleologisch explizierten Verbindungen als materiale Default-Inferenzen *in toto* expliziert.[15]

So entspräche beispielsweise dem natur-teleologischen Urteil „Der Specht klopft mit seinem Schnabel gegen Baumstämme, *um* Nahrung *zu* finden" aus der Naturgeschichte die materiale Default-Inferenz „Der Specht klopft mit seinem

Schnabel gegen Baumstämme, *also* ist er auf Nahrungssuche" aus der Begriffsgeschichte. Obzwar dieses Beispiel zur Veranschaulichung dienen kann, ist es aber selbstverständlich viel zu atomistisch. Zwar kann man sich fragen, wie viele Menschen es eigentlich geben mag, die in der Lage sind, auf Nachfrage die Begriffs- und Naturgeschichte der Lebensform des Spechts *in toto* zu artikulieren. Sofern jemand jedoch auch nur etwas mehr über diese Lebensform weiß, wird sein Wissen aus teleologischen und default-inferentiellen Verbindungen bestehen, aus denen hervorgeht, dass es nicht nur zu den natürlichen Lebensvollzügen des Spechts gehört, mit seinem Schnabel gegen Baumstämme zu klopfen, um Nahrung zu finden. Denn der Specht klopft im Allgemeinen auch ausdauernd mit seinem Schnabel gegen Baumstämme, um Geschlechtspartner anzulocken, Nisthöhlen zu bauen oder sein Revier zu markieren.

Unter welchen gewöhnlichen Bedingungen und zu welchem allgemeinen Zweck der Specht in der Regel mit seinem Schnabel gegen Baumstämme klopft, ergibt sich aus dem jeweiligen teleologischen und logischen Ort, den die Bewegungsform des Klopfens innerhalb der teleologischen und default-inferentiellen Natur- und Begriffsgeschichte des Spechts hat. Und darüber muss ein Beobachter eines einzelnen Spechts hinreichendes implizites oder auch explizites Wissen haben, um empirisch durch Beobachtung dieses oder jenes Spechts und seiner Umgebung herausfinden zu können, dass dieser Specht, der jetzt gerade mit seinem Schnabel gegen einen Baumstamm klopft, auf Futtersuche ist, während jener Specht gerade dabei ist, Geschlechtspartner anzulocken. Der Beobachter muss also kurzum über das apriorische natur- und begriffsgeschichtliche Hintergrundwissen verfügen, welche Funktion das Klopfen von Spechten in welchen Situationen für gewöhnlich hat, um überhaupt durch Beobachtung empirisch feststellen zu können, dass ein Specht gerade auf Futtersuche ist.

Ähnlich verhält es sich, wenn es darum geht, zu beobachten, dass dieser *Specht* jetzt mit seinem Schnabel *klopft* – und nicht etwa eine Blaumeise einen epileptischen Anfall hat. Um dies beobachten zu können, muss der Beobachter über ein hinreichendes Hintergrundwissen darüber verfügen, welche Kopfbewegungen Spechte in der Regel vollziehen. Um beobachten zu können, dass dieser Specht jetzt *mit seinem Schnabel* klopft – und nicht etwa hysterisch sein Hinterteil gegen den Stamm schlägt –, muss der Beobachter über ein hinreichendes Hintergrundwissen darüber verfügen, was im Allgemeinen der Schnabel von Spechten ist, wo er sich im Allgemeinen an ihrem Körper befindet und welche Gestalt der Körper von Spechten im Allgemeinen hat. Ebenso muss der Beobachter, zumindest ansatzweise, schon wissen, welche teleologische Funktion dieses Körperteil im Gegensatz zu anderen Körperteilen des Spechts hat. Und er muss, zumindest ansatzweise, auch schon wissen, inwiefern sich diese Funktion eines

Spechtschnabels im Leben von Spechten beispielsweise von derjenigen eines Entenschnabels im Leben von Enten unterscheidet.

Man sieht also nicht nur, welche komplexen und weitreichenden Voraussetzungen auf der Ebene apriorischen Wissens gegeben sein müssen, um etwas so vermeintlich Einfaches, Unmittelbares und Direktes wie die Beobachtung eines klopfenden Spechtes auf Futtersuche überhaupt als solche machen zu können. Vielmehr bekommt man zumindest auch eine Ahnung davon, was gemeint ist, wenn gesagt wird, dass die explizite Natur- und Begriffsgeschichte und unser implizites Hintergrundwissen über die jeweiligen Lebensformen holistisch sind.

Muss unser Wissen über Lebensformen in dem jetzt angedeuteten Sinne material holistisch begriffen werden, dann wird daraus aber auch ersichtlich, worin sich eigentlich eine Lebensform von einer anderen material unterscheidet. Muss nämlich die explizite Natur- und Begriffsgeschichte und unser implizites Hintergrundwissen über die jeweiligen Lebensformen in dem jetzt angedeuteten Sinne material holistisch begriffen werden, dann kann man sagen, dass sich die jeweiligen Lebensformen insofern voneinander unterscheiden, als sich die teleologischen und default-inferenziellen Ordnungen der Zustands- und Bewegungsformen in ihrer Gesamtheit von Lebensform zu Lebensform unterscheiden. Mit anderen Worten: Das jeweilige teleologische und material-logische Gesamt bestimmt die jeweilige Lebensform (samt ihrer Zustands- und Bewegungsformen) als solche.

Trifft dies zu, dann können die materialen Unterschiede der Lebensformen allerdings nicht mehr so verstanden werden, dass man jeweils eine bestimmte Zustands- oder Bewegungsform als einzelnes Wesensmerkmal einer Lebensform atomistisch herauspickt, welches dann den exklusiven Unterschied zu anderen Lebensformen markieren soll, während die restlichen Zustands- und Bewegungsformen lebensformübergreifend als gleichbleibend aufgefasst werden. Wenn nämlich das jeweilige teleologische und logische *Gesamt* der Natur- und Begriffsgeschichte als solches schon die gewissermaßen materiale *holistische differentia specifica* einer Lebensform expliziert, dann kann man nicht mehr atomistisch die Gehalte einzelner naturhistorischer Urteile als Angaben der *differentia specifica* begreifen. Und daher kann man dann, vor dem Hintergrund eines holistischen Verständnisses der Natur- und Begriffsgeschichte, auch nicht sinnvollerweise sagen, dass die jeweils nicht thematisierten Zustands- und Bewegungsformen lebensformübergreifend material gleich bleiben oder material nicht gleich bleiben. Denn der letzte und einzige Maßstab dafür, ob etwas material gleich oder ungleich ist, kann nur die jeweilige Lebensform als materiales Gesamt sein, aber nichts jenseits von ihr.

48. Obwohl das jeweilige teleologische und logische Gesamt der Zustands- und Bewegungsformen, das durch die Natur- und Begriffsgeschichte einer Lebensform explizit gemacht werden kann, je abschließend und vollständig Natur und Begriff der jeweiligen Lebewesen material bestimmt, kann man auch mehrere Lebensformen unter einen Begriff bringen. Denn man kann bestimmte *formale* Muster lebensformübergreifend auf verschiedene Lebensformen anwenden, um formale Gemeinsamkeiten und Unterschiede zwischen ihnen zu artikulieren.

Ein Beispiel für ein solches formales Muster wäre etwa „Beinigkeit". Wir können nämlich sagen, dass beispielsweise eine Gemeinsamkeit der Lebensformen des Tausendfüßers, der Heuschrecke, des Flamingos, der Maus, des Löwen, des Elefanten und des Menschen darin besteht, dass ihre Exemplare in der Regel die Zustandsform manifestieren, Beine zu haben, während Exemplare der Lebensform des Sporentierchens, des Pfifferlings, der Eiche, des Seeigels und des Karpfens diese Zustandsform im Allgemeinen nicht manifestieren. Was es aber heißt, dass etwas ein Tausendfüßerbein oder ein Elefantenbein ist und dass Exemplare der betreffenden Lebensformen für gewöhnlich mehrere dieser Extremitäten haben, kann man nicht unabhängig von dem holistischen materialen Gesamt der Zustands- und Bewegungsformen der Lebensform des Tausendfüssers und der des Elefanten sagen. Lebensformübergreifend anwendbare formale Muster sind insofern also nur lebensformabhängig verständlich, als ihre sinnvolle Anwendung von dem jeweiligen lebensformspezifischen materialen Gesamt der Zustands- und Bewegungsformen abhängt, das in ihrer Natur- und Begriffsgeschichte expliziert wird.

Nicht anders verhält es sich mit jenen formalen Mustern, die man – anstatt sie lebensformübergreifend auf verschiedene einzelne Lebensformen anzuwenden – lebensformübergreifend auf die einzelnen Lebewesen anwenden kann. Beispiele für solche formalen Muster wären etwa „Gesundheit" oder „Größe". Ein Zoodirektor sagt vielleicht etwas Falsches, aber gewiss nichts Unverständliches, wenn er behauptet, die Flamingos, Löwen und Palmen in seinem Tierpark seien gesund. Und ein Zoobesucher gibt ebenso wenig Unsinn von sich, wenn er feststellt, dass die Mäuse, Löwen und Elefanten, die er bei seinem Besuch gesehen hat, alle recht groß waren. Was es jedoch heißt, dass der-und-der Löwe und die-und-die Palme gesund sind und sowohl diese Maus als auch jener Elefant groß sind, kann wiederum nur in Abhängigkeit von dem jeweiligen materialen Gesamt der Zustands- und Bewegungsformen der jeweiligen Lebensform begriffen werden, das in ihrer Natur- und Begriffsgeschichte expliziert wird.

Nicht grundsätzlich anders verhält es sich auch dann, wenn wir in formaler Redeweise über den Endzweck (*telos*) sprechen, dem die Lebensvollzüge der einzelnen Exemplare einer jeweiligen Lebensform unterliegen. So können wir, ohne dabei Unfug zu erzählen, lebensformübergreifend sagen, dass der Endzweck der Lebensvollzüge eines jeden Lebewesens im Allgemeinen sein natürliches *Gedeihen* ist. Und diese formale, abstrakte und allgemeine Bestimmung des Endzwecks trifft auf alle Lebewesen zu, gleich ob sie nun zellkernlose Lebewesen *(monera)*, Einzeller *(protista)*, Pilze *(fungi)*, Pflanzen *(plantae)* oder Tiere *(animalia)* sind.[16] Der Endzweck des natürlichen Gedeihens ist das formale *Telos alles Lebendigen*. Was „natürliches Gedeihen" hier jedoch in einem nicht bloß formalen, sondern material gehaltvollen Sinne heißt und was ein Erreichen oder Verfehlen dieses Endzwecks darstellt, kann wiederum nicht unabhängig davon verstanden werden, welche Lebensform ein Lebewesen exemplifiziert, also nicht unabhängig davon, was seine Natur und sein Begriff ist. Das heißt: Auch das natürliche Gedeihen von diesem oder jenem Lebewesen kann hier wieder nur in Abhängigkeit von dem jeweiligen lebensformspezifischen materialen Gesamt der Zustands- und Bewegungsformen der jeweiligen Lebensform begriffen werden, das in ihrer Natur- und Begriffsgeschichte expliziert wird.

Freilich kann man das formale Muster des natürlichen Gedeihens seinerseits dadurch erläutern, dass man sich der nächstunteren formalen Abstraktionsstufe bedient. Auf dieser Ebene kann man dann formal sagen, dass der Endzweck des natürlichen Gedeihens eines Lebewesens in seiner Selbsterhaltung und in der Reproduktion besteht. Und ebenso kann man formal sagen, dass fast alle Lebewesen, die es nicht schaffen, vor Ablauf der gewöhnlichen Lebenserwartung eines Exemplars ihrer Lebensform sich selbst zu erhalten und fortzupflanzen, den Endzweck des Gedeihens verfehlen. Aber diese Erläuterung des Gedeihens ist, obgleich immer noch lebensformübergreifend und formal, nicht nur deshalb auf einer niedrigeren Abstraktionsstufe, weil „Selbsterhaltung" und „Reproduktion" vielleicht etwas anschaulicher sind als „Gedeihen". Diese Stufe ist vor allem auch deshalb niedriger, weil ihre Bestimmung des formalen Telos alles Lebendigen nicht mehr *eo ipso* auf alle Exemplare aller Lebensformen zutrifft.[17] Und das hängt wiederum mit dem jeweiligen lebensformspezifischen materialen Gesamt der Zustands- und Bewegungsformen der jeweiligen Lebensform zusammen, das in ihrer Natur- und Begriffsgeschichte expliziert wird.

Gibt es nämlich Lebensformen, aus deren teleologischem und logischem Gesamt der Zustands- und Bewegungsformen folgt, dass einige ihrer lebensformspezifischen Bewegungsformen als ein durch (rechtfertigende) Gründe geleitetes Überlegen, Beabsichtigen, Entscheiden, Handeln etc. begriffen werden können und müssen, dann können die Exemplare dieser Lebensformen auch ihr Gedeihen reflektierend thematisieren und in der Regel entsprechend handeln. Aber dann kann man nicht mehr schlicht sagen, dass das Gedeihen der Exemplare dieser Lebensformen *eo ipso* in Selbsterhaltung und Reproduktion besteht. Denn dann können die Lebensvollzüge der Selbsterhaltung und Reproduktion nicht mehr als Gedeihen eines Exemplars aufgefasst werden, unabhängig von der Qua lität der Gründe, die das Exemplar dafür hat, dass es sich selbst erhält oder nicht, und dass es sich fortpflanzt oder nicht. Das heißt nicht, dass der Endzweck des Gedeihens nicht auch mit Blick auf die Exemplare solcher Lebensformen weiterhin das formale Telos alles Lebendigen ist. Aber es heißt, dass ihr natürliches Gedeihen nicht mehr schlechthin in Selbsterhaltung und Reproduktion besteht.

Man muss sich jetzt nicht mit Tierkognitivisten wie Colin Allen oder Tierethikern wie Tom Regan darüber streiten, bei welchen Lebensformen das teleologische und logische Gesamt ihrer Zustands- und Bewegungsformen in dieser Weise begriffen werden kann und muss. Denn, was auch immer Tauben, Delphine, Schimpansen und Gorillas treiben mögen, so können wir doch formal immerhin sagen, dass es einerseits Lebewesen gibt, die subrationale Lebensformen exemplifizieren, und dass es andererseits Lebewesen gibt, die rationale Lebensformen exemplifizieren. Und zumindest eine Lebensform, die keine subrationale, sondern eine rationale Lebensform ist, ist uns auch (und zwar nicht nur aufgrund von Beobachtungen) recht gut bekannt, weil wir sie selbst exemplifizieren – i. e. die Lebensform des Menschen.

Obwohl das formale Telos des natürlichen Gedeihens bei Exemplaren subrationaler Lebensformen zweifelsohne durch Verweis auf Selbsterhaltung und Reproduktion erläutert werden kann, trifft dies bei Exemplaren der menschlichen Lebensform nicht mehr schlechthin zu, da die menschliche Lebensform eine rationale Lebensform ist. Zwar sind die meisten von uns für gewöhnlich auf Selbsterhalt bedacht, und viele von uns vollziehen Bewegungen, die zumindest das Potential haben, der Reproduktion zu dienen. Aber „Gedeihen" kann bei Exemplaren der menschlichen Lebensform material beispielsweise auch heißen: sein Leben für seine Überzeugungen aufs Spiel zu setzen oder „vollkommene und immerwährende Enthaltsamkeit um des Himmelreiches willen zu wahren".[18] Da die menschliche Lebensform eine rationale Lebensform ist und ihre Exemplare daher naturgemäß im Raum der Gründe und nicht im kausalen Reich triebhafter Begierden beheimatet sind, ist es für Menschen nicht unnatürlich, wenn ihr Gedeihen nicht ausschließlich und um jeden Preis in Selbsterhaltung und Reproduktion besteht. Aber dies ändert freilich nichts daran, dass für den Menschen – ebenso wie für zellkernlose Lebewesen, Einzeller, Pilze, Pflanzen und nichtmenschliche Tiere – der Endzweck im natürlichen Gedeihen besteht, welches das formale Telos alles Lebendigen ist.

49. Nach all dem, was jetzt über das natürliche Gedeihen als formales Telos alles Lebendigen und über die Natur- und Begriffsgeschichte einer Lebensform als Explikation unseres naturhistorischen Wissens gesagt wurde, scheint es fast überflüssig, noch anzumerken, dass immer dann, wenn hier von „teleologischer Ordnung" und vom „Telos des Lebendigen" die Rede ist, dies stets im Sinne *intrin-*

sischer Zwecke verstanden werden muss. Denn spricht man über die Zwecke der Exemplare einer Lebensform, die ihre Zwecke sind, weil sie die Lebensform – die Natur und Begriff ihrer Exemplare ist – exemplifizieren, so kann man logischerweise nicht über Zwecke sprechen, die den Exemplaren der Lebensform als solchen extrinsisch sind.

Man kann dann logischerweise nicht etwa über die instrumentelle Nutzung dieser Exemplare als Mittel zur Realisierung von Zwecken sprechen, die ihnen extrinsisch sind, weil sie die Zwecke von Exemplaren anderer Lebensformen sind. Wir sprechen hier also beispielsweise nicht über die landwirtschaftliche Nutzung von Kühen durch Menschen, die Zwecken folgt, welche Ziele des menschlichen Milchbauern darstellen,[19] aber nicht Zwecke, auf die die natürlichen Lebensvollzüge der Kuh im Allgemeinen gerichtet sind.[20]

Sprechen wir über Natur und Begriff der Lebewesen, so sprechen wir über die Zustands- und Bewegungsformen, die als natürliche Lebensvollzüge von den Exemplaren einer Lebensform im Allgemeinen manifestiert werden, um intrinsische Zwecke zu realisieren. Und dies kennzeichnet auch unser naturhistorisches Wissen als unser Hintergrundwissen über Lebewesen, das durch die Natur- und Begriffsgeschichte ihrer jeweiligen Lebensform explizit gemacht werden kann. Wird nämlich durch die Natur- und Begriffsgeschichte der weitere Kontext als teleologische und logische Einheit der Lebensform expliziert, die Natur und Begriff ihrer Exemplare ist, so werden diejenigen Zwecke explizit gemacht, auf die die Lebensvollzüge der Exemplare im Allgemeinen *von sich aus* gerichtet sind. Es werden die Zwecke *ihrer* Lebensvollzüge explizit gemacht, die sie in der Regel verfolgen, weil sie Exemplare ihrer Lebensform sind. Denn die lebensformspezifischen Zustands- und Bewegungsformen, die sie für gewöhnlich manifestieren, sind als solche durch ihren Beitrag zur Realisierung des je lebensformspezifischen materialen Endzwecks bestimmt, der dem formalen Telos alles Lebendigen entspricht. Das ist: das natürliche Gedeihen eines Exemplars einer Lebensform als Exemplar seiner Lebensform.[21]

Philippa Foot hat in *Natural Goodness*[22] nun deutlich gemacht, dass die (rechtfertigbare) Anwendung der Worte „gut" und „schlecht" auf das, was ein einzelnes Lebewesen ist, hat und tut, von der Qualität der Zustände und Bewegungen abhängt, mit denen das Lebewesen als Exemplar seiner Lebensform die Zustands- und Bewegungsformen seiner Lebensform manifestiert, die als solche naturgemäß auf das natürliche Gedeihen des Exemplars ausgerichtet sind.[23] Foots Grundgedanke zur natürlichen Qualität bzw. Güte kann man in etwa wie folgt zusammenfassen:

Die natürliche Güte eines Exemplars einer Lebensform und dessen, was es ist, hat und tut, ist dadurch bestimmt, inwieweit es mit seinen Zuständen und Bewegungen die Zustands- und Bewegungsformen seiner Lebensform makellos

oder mangelhaft manifestiert. Manifestiert es diese Zustands- und Bewegungsformen mangelhaft, dann hat es, gemessen an seiner Natur, die sein Begriff
ist, einen natürlichen Defekt. Und dann ist das Exemplar als Exemplar seiner
Lebensform ebenso wenig natürlich gut, wie das, was es hat und tut, natürlich
gut ist. Denn die Lebensform des Exemplars, die seine Natur und sein Begriff ist,
ist in unserem impliziten Hintergrundwissen und unserer expliziten Natur- und
Begriffsgeschichte material durch diejenigen Zustands- und Bewegungsformen
bestimmt, die im Allgemeinen zur Realisierung seines natürlichen Gedeihens
als Exemplar seiner Lebensform beitragen – und so zur material je lebensformspezifischen Realisierung des formalen Telos alles Lebendigen. Manifestiert
ein Lebewesen eben diese Zustands- und Bewegungsformen seiner Lebensform
mangelhaft, so manifestiert es also dasjenige mangelhaft, was im Allgemeinen
zur Realisierung seines natürlichen Gedeihens als Exemplar seiner Lebensform
beiträgt. Das, was in der Regel ein mangelhafter Beitrag zur Realisierung seines
natürlichen Gedeihens ist, beeinträchtigt aber für gewöhnlich auch die Möglichkeit, dass das Lebewesen gedeiht. Und das kann nicht natürlich gut, sondern
muss natürlich schlecht sein.

50. Um Foots brillanten Grundgedanken recht zu verstehen, muss man sich klarmachen, dass er seinen Ausgang nimmt bei einem nicht minder brillanten Argument, das Peter Geach bereits Mitte der 1950er Jahre in seinem Aufsatz *Good and
Evil* formuliert hat.[24] Dieses Argument stellt nicht nur weite Teile der bis dahin
präsentierten Analysen von „gut" in Frage, sondern hätte möglicherweise auch
einen Gutteil irreführender späterer Analysen verhindert, wäre ihm in der Moralphilosophie des 20. Jahrhunderts die Beachtung zugekommen, die ihm gebührt.

Geach geht es in seinem Aufsatz darum, to draw a logical distinction between
two sorts of adjectives, suggested by the distinction between *attributive* adjectives (e. g. ‚a red book') and *predicative* adjectives (e. g. ‚this book is red'); I shall
borrow this terminology from the grammars. I shall say that in a phrase ‚an *A B*'
(‚*A*' being an adjective and ‚*B*' being a noun) ‚*A*' is a (logically) predicative adjective if the predication ‚is an *A B*' splits up logically into a pair of predications ‚is
B' and ‚is *A*'; otherwise I shall say that „‚*A*' is a (logically) attributive adjective."[25]

Und Geach zeigt vor dem Hintergrund dieser Unterscheidung, dass „‚good'
and ‚bad' are always attributive, not predicative, adjectives."‚[26]

Der wichtige logische Unterschied zwischen *attributiven* und *prädikativen*
Adjektiven, der sowohl für Aussagen über unbelebte Substanzen, Artefakte und
Lebewesen relevant ist als auch für Aussagen über deren instrumentelle und
natürliche Qualität, wurde mehr oder minder schlicht übersehen in den bis dahin
geführten metaethischen Debatten, die wesentlich von George Edward Moores
Ausführungen in seinen *Principia Ethica*[27] beeinflusst waren. Moore vertritt dort

bekanntlich die Auffassung, „that ‚good' is a simple notion, just as ‚yellow' is a simple notion"[28] und dass ‚gut' daher unanalysierbar und undefinierbar sei,[29] da nur komplexe, nicht aber einfache Begriffe analysierbar und definierbar seien. Und deshalb müsse man, wie Moore dann weiter ausführt, insbesondere die Ansätze der klassischen Utilitaristen, die Moore als naturalistisch bezeichnet, zurückweisen. Denn diese führten allesamt zu falschen Antworten auf die Frage „What things are good in themselves?"[30], die nach Moore die Grundfrage der Ethik ist.[31] Die von ihm kritisierten Ansätze machten sich nämlich eines „naturalistischen Fehlschlusses"[32] schuldig, wenn sie behaupten, „x ist gut" bedeute „x ruft Lust *(pleasure)* hervor" oder „x ist ein Objekt der Begierde *(desire)*", wie Moore mit seinem berühmten, aber umstrittenen *open question*-Argument[33] zeigen möchte. Und so gelangt Moore dann schließlich zu dem Ergebnis, dass Gutheit eine nicht-definierbare und nicht-natürliche Eigenschaft sei, die über natürlichen Eigenschaften nonreduktiv superveniert (ohne dass Moore freilich schon das Wort „Supervenienz" gebraucht).

Man muss nicht bestreiten, dass das, was Moore „naturalistisch" nennt, nämlich die hedonistischen Reduktions- und Definitionsversuche der klassischen Utilitaristen, unplausibel sind und das Ziel verfehlen, eine gelungene Erläuterung von „gut" oder „Gutheit" zu liefern. Ich meine, dass man Moore in diesem Punkt vielmehr zustimmen muss: Die hedonistischen Reduktions- und Definitionsversuche der klassischen Utilitaristen sind in der Tat unplausibel und verfehlen vollends ihr Ziel![34] Und man kann mit Moore sogar darin übereinstimmen, dass die Bedeutung von „gut" oder „Gutheit" überhaupt nicht reduktiv und non-zirkulär erklärt oder definiert werden kann, weil es sich in der Tat um einen basalen Begriff handelt. Aber Geachs wichtige logische Unterscheidung zwischen prädikativen und attributiven Adjektiven nährt mehr als nur den Verdacht, dass uns Moores eigene Position in jenes Messer laufen lässt, das schon hinter Moores Ausgangsfrage aufblitzt: „What things are good in themselves?". Denn um die Frage stellen zu können, was *an sich* gut sei, muss man „gut" bereits in einer Weise von dem, worauf es sich bezieht, isoliert haben, wie wir dies im Alltag niemals tun. Man muss nämlich schon zu dem Satz „x ist gut" gelangt sein, um die Frage so stellen zu können, wie Moore sie stellt. Und zu eben genau diesem Satz „x ist gut" gelangt Moore auch, weil er die logische Rolle von „gut" analog zur logischen Rolle von „gelb" analysiert.

Folgen wir Moore, so müssen wir Aussagen wie „Dies ist ein gelbes Branchenfernsprechbuch", „Dies ist eine gelbe Banane" oder „Dies ist eine gelbe Gummi-Ente" wie folgt analysieren: „x ist ein Branchenfernsprechbuch und x ist gelb", „x ist ein Banane und x ist gelb", „x ist eine Gummi-Ente und x ist gelb". Und diese komplexen Sätze, die aus je zwei elementaren Sätzen bestehen, welche qua Konjunktion miteinander verknüpft sind, können nun wiederum so analysiert werden, dass z.B. „x ist ein Branchenfernsprechbuch und x ist gelb" aus „x ist ein Branchenfernsprechbuch" und „x ist gelb" besteht.

Zwar hängt der Wahrheitswert von „x ist ein Branchenfernsprechbuch und x ist gelb" gemäß dem Wahrheitswertverlauf der Konjunktion davon ab, ob x auf ein und denselben Gegenstand referiert und davon, ob es mindestens ein x gibt, das sowohl gelb als auch ein Branchenfernsprechbuch ist. Aber die Wahrheitsbedingungen von „x ist ein Branchenfernsprechbuch" sind unabhängig von den Wahrheitsbedingungen von „x ist gelb" angebbar – und *vice versa*. Daher gelangen wir schließlich zu „x ist ein Branchenfernsprechbuch", „x ist eine Banane", „x ist eine Gummi-Ente" einerseits und andererseits zu „x ist gelb", dessen Wahrheitsbedingung unabhängig davon ist, ob x ein Branchenfernsprechbuch, eine Banane oder eine Gummi-Ente ist.

Analog zu der so analysierten logischen Struktur von „Dies ist ein gelbes Branchenfernsprechbuch", „Dies ist eine gelbe Banane" und „Dies ist eine gelbe Gummi-Ente" muss nach Moore nun auch die logische Struktur von „Dies ist ein gutes Branchenfernsprechbuch", „Dies ist eine gute Banane" und „Dies ist eine gute Gummi-Ente" analysiert werden. Wir müssen diese Sätze also wie folgt analysieren: „x ist ein Branchenfernsprechbuch und x ist gut", „x ist eine Banane und x ist gut", „x ist eine Gummi-Ente und x ist gut". Und so erhalten wir ganz analog: „x ist ein Branchenfernsprechbuch", „x ist eine Banane", „x ist eine Gummi-Ente" einerseits und andererseits „x ist gut", dessen Wahrheitsbedingung unabhängig davon sein soll, ob x ein Branchenfernsprechbuch, eine Banane oder eine Gummi-Ente ist.

Anders als bei „gelb", das man mit Licht bestimmter Wellenlänge korrelieren und also als natürliche Eigenschaft oder zumindest sekundäre Qualität bestimmen kann, gibt es zwar das Problem, dass das bei „gut" nicht so zu sein scheint.[35] Aber ob der logischen Assimilation von „gut" an „gelb" stellt sich nun für Moore die Frage, worin die unabhängigen Wahrheitsbedingungen von „x ist gut" bestehen – die Frage also, was *an sich* gut sei. Und Moores Antwort lautet: An-sich-Gutheit ist, im Gegensatz zur An-sich-Gelbheit, eine undefinierbare und nichtnatürliche Eigenschaft.

Zwar teilen die im dritten Kapitel betrachteten nonkognitivistischen Ansätze nicht Moores Auffassung, dass „gut" nicht definierbar und nicht weiter reduzierbar sei. Aber sie akzeptieren Moores Frage und die Ansicht, es ginge darum, zu bestimmen, was an sich gut sei. Moores Behauptung der Undefinierbarkeit über Bord werfend, könnten jetzt also die Sympathisanten von Ayer und Stevenson die An-sich-Gutheit eines Branchenfernsprechbuchs durch das wohlige Gefühl zu bestimmen suchen, das es bei seinem Leser verursacht. Die Freunde Hares könnten hingegen behaupten, dass eine Banane genau dann an sich gut sei, wenn die universelle Geltung der von einem Sprecher ausgesprochenen

Empfehlung dieser Banane begründet sei. Und Anhänger von Blackburn und Gibbard könnten versuchen, die An-sich-Gutheit einer Gummi-Ente durch die psychologische, soziologische oder evolutionsbiologische Tatsache zu erklären, dass Menschen die Eigenschaft der Gutheit auf Gummi-Enten projizieren. Wir sollten uns hingegen fragen, ob Moores Frage nach der An-sich-Gutheit eigentlich verständlich sein kann. Denn wie könnte ein Gegenstand überhaupt an sich gut sein, unabhängig davon, was er ist? Welche Bedeutung sollte „gut" haben können, wenn die Bedeutung von „gut" und auch „schlecht" nicht darin besteht, eine Qualität zu artikulieren, die eine Substanz oder ein Lebewesen als Exemplar seiner Form hat? Es wäre ziemlich rätselhaft, was jemand damit meinen könnte, würde er behaupten, dass ein gutes Branchenfernsprechbuch zum einen ein Branchenfernsprechbuch und zum anderen unabhängig davon an sich gut ist. Und es könnte zu ernsthaften Magenverstimmungen kommen, glaubte jemand, dass ein an sich gutes Branchenfernsprechbuch stets besser sei als eine mittelmäßige Banane – einerlei, ob man möglichst schnell einen Klempner finden oder eine nahrhafte Zwischenmahlzeit zu sich nehmen möchte.

Folgte man also ernsthaft Moores Analyse von „gut", so wäre das Ergebnis nicht nur unsinnig, sondern mitunter auch gesundheitsgefährdend. Dank Geach bleiben uns jedoch Magenkrämpfe sowie andere praktische und theoretische Unpässlichkeiten erspart. Denn beherzigen wir Geachs Überlegungen, so sehen wir, dass die Crux in Moores irreführender Analyse der logischen Rolle von „gut" steckt, die verkennt, dass „‚good' and ‚bad' are always attributive, not predicative, adjectives."[36] Will man nicht zu solch absurden Ergebnissen wie dem gerade präsentierten Unfug über Branchenfernsprechbücher gelangen, so darf man also nicht mit Moore die logische Rolle von „gut" wie diejenige von „gelb", „rot" oder „viereckig" analysieren, sondern muss sie vielmehr wie diejenige von „groß", „klein" oder „gesund" auffassen.

Ebenso wie bei „gut" wäre das Ergebnis der logischen Analyse absurd, analysierte man etwa die logische Rolle von „groß" in „Dies ist eine große Fliege" und die von „klein" in „Dies ist ein kleiner Elefant" nicht als diejenige eines attributiven Adjektivs, sondern – in Analogie zu derjenigen von „gelb" – als prädikatives Adjektiv. Denn „if these analyses were legitimate, a simple argument would show that a big flea is a big animal and a small elephant is a small animal."[37] Folgte man hier Moore, so wäre etwas eine Fliege und zudem an sich groß, während etwas anderes ein Elefant und zudem an sich klein wäre. Und abgesehen davon, dass man nicht mehr sagen könnte, was „klein" oder „groß" hier eigentlich heißt, wäre man nun auch auf die absurde Konsequenz verpflichtet, dass die Fliege größer ist als der Elefant.

All dies zeigt, dass Aussagen der Form „x ist gut", sofern sie sinnvolle und verständliche Aussagen sein sollen, stets wie folgt ergänzbar sein müssen: „x ist gut *als B*". Statt „x ist gut als B" können wir auch sagen: „x ist ein gutes B". Denn sowohl „x ist ein gutes B" als auch „x ist gut als B" müssen so analysiert werden, dass sie besagen: x ist als B ein gutes B. Und jetzt ist es offenkundig, dass die logische Struktur von „x ist gut" derjenigen von „x ist gelb" nicht analog ist. Denn „x ist als B ein gutes B" kann nicht wie „x ist ein gelbes B" in zwei elementare Sätze mit voneinander unabhängigen Wahrheitsbedingungen zerlegt werden.

51. Auf die kaum zu überschätzende Bedeutsamkeit von Geachs Argument hat Foot mit dem ihr eigenen Humor gegenüber ihrem Berufsstand hingewiesen: „As ‚large' must change to ‚small' when we find that what we thought was a mouse was a rat, so ‚bad' may change to ‚good' when we consider a certain book of philosophy first as a book of philosophy and then as soporific."[38]

Ebenso wie die Beurteilung der Größe eines Lebewesens davon abhängt, welche Lebensform das Lebewesen exemplifiziert, hängt die Beurteilung eines Produkts philosophischer Veröffentlichungswut davon ab, ob man seine Qualität am Maßstab des scharfsinnigen Arguments oder des wirksamen Schlafmittels bemisst. Da ein Buch jedoch kein Lebewesen ist, sondern als Artefakt eine unbelebte Substanz darstellt, besteht seine Qualität ausschließlich in seiner instrumentellen Qualität als Mittel. Das heißt: Die Qualität des Buches ist vollständig abhängig von dem Maßstab der Beurteilung, der durch unsere frei gewählten Ziele bestimmt ist, die als Zwecke dem Buch stets extrinsisch sind, weil unbelebte Substanzen keine intrinsischen Zwecke haben.[39] Da wir also frei entscheiden können als was wir dieses Buch nutzen wollen, bestimmen wir auch, als was dieses Buch entweder gut oder schlecht ist.

Derlei können wir, wenn es um die instrumentelle Nutzung von Lebewesen zur Realisierung unserer Ziele geht, auch mit Lebewesen tun. Ein Zirkusdirektor kann urteilen, dass dieser Elefant zu klein ist, um die Zirkusbesucher zu beeindrucken, und dass er deshalb nicht gut ist. Ein Pharmakologe kann urteilen, dass diese Maus krank genug ist, um im Rahmen eines Tierversuchs zur heilenden Wirkung eines Arzneimittels „verbraucht" zu werden, und dass sie deshalb gut ist. Und ein Milchbauer kann urteilen, dass diese Kuh zu wenig Milch gibt und dass sie deshalb schlecht ist. In all diesen Fällen wird die Qualität eines Lebewesens danach beurteilt, ob es ein erfolgsversprechendes Mittel zur Realisierung eines ihm externen Zwecks ist, den ein Mensch sich als sein Ziel gesetzt hat. Aber im Gegensatz zu Büchern und allen anderen unbelebten Substanzen ist der instrumentelle Nutzen von Lebewesen zur Realisierung ihnen extrinsischer Zwecke weder der einzige noch der basale Maßstab zur Beurteilung ihrer Qualität. Denn um ein Lebewesen in dieser oder jener Weise überhaupt extern auf seine instrumentelle Qualität hin bewerten und dann entsprechend nutzen zu können, muss man es zunächst einmal als das, was es ist, erkannt haben. Es als das, was es ist, zu erkennen, heißt aber: seine Lebensform, die seine Natur und sein Begriff ist, zu kennen und zu wissen, dass es diese Lebensform exemplifiziert.

Die Lebensform, die ein Lebewesen exemplifiziert, ist uns – wie wir zuvor sagten – als allgemeine Form zumindest in unserem impliziten und praktischen Hintergrundwissen gegeben, über das wir verfügen, da wir in die begrifflich strukturierte Praxis des In-der-Welt-Seins initiiert wurden, durch die uns die natürliche Welt vorgängig erschlossen ist. Und dieses Hintergrundwissen kann durch die entsprechende Natur- und Begriffsgeschichte der Lebensform explizit gemacht werden. Die in der Natur- und Begriffsgeschichte einer Lebensform enthaltenen naturhistorischen Urteile, in denen die Zustands- und Bewegungsformen der betreffenden Lebensform expliziert werden, sind – wie ebenfalls zuvor gesagt – in der Natur- und Begriffsgeschichte teleologisch und logisch organisiert. Und dabei ist die teleologische und inferentielle Einheit, die die Natur- und Begriffsgeschichte einer Lebensform darstellt, durch den Endzweck des lebensformspezifischen Gedeihens ihrer Exemplare als Exemplare dieser Lebensform bestimmt, der die je lebensformspezifische materiale Instanziierung des formalen Telos alles Lebendigen ist. Folglich werden in der Natur- und Begriffsgeschichte einer Lebensform Mittel und Zwecke expliziert, die ihrerseits allesamt Mittel zur Realisierung des Endzwecks des lebensformspezifischen Gedeihens der Exemplare dieser Lebensform sind.

Dies kann man auch so ausdrücken: Die in der Natur- und Begriffsgeschichte einer Lebensform explizierten Zwecke sind die intrinsischen Zwecke der Exemplare dieser Lebensform, und nicht ihnen extrinsische Zwecke.[40] Denn die intrinsischen Zwecke der Exemplare einer Lebensform sind solche, die Mittel zur Realisierung des lebensformspezifischen Gedeihens der Exemplare dieser Lebensform sind. Die intrinsischen Zwecke, die in der Natur- und Begriffsgeschichte einer Lebensform explizit gemacht werden, sind also gerade nicht Zwecke, die Ziele einiger oder vieler einzelner Menschen sind und zu deren Realisierung die Exemplare der betreffenden Lebensform als Mittel genutzt werden. Anders als die extrinsischen Zwecke von unbelebten Substanzen und Lebewesen bestehen die intrinsischen Zwecke von Lebewesen objektiverweise in der Welt, die uns vorgängig in der und durch die begrifflich strukturierte Praxis des In-der-Welt-Seins erschlossen ist. Und im Gegensatz zu extrinsischen Zwecken können die intrinsischen Zwecke eines Lebewesens daher auch keineswegs durch einige oder viele einzelne Menschen frei gesetzt werden, soll von ihnen gesagt werden können, sie kennten die Natur des Lebewesens und beherrschten seinen Begriff.

Dass die intrinsische Qualität eines Exemplars einer Lebensform als Exemplar seiner Lebensform, die sich an seiner natürlichen Fähigkeit zur Realisierung des Endzwecks seines lebensformspezifischen Gedeihens bemisst, basaler ist als seine extrinsische Qualität als Mittel zur Realisierung unserer Ziele, zeigt sich etwa auch am Beispiel des gerade zuvor erwähnten Zirkusdirektors. [41] Damit er überhaupt ein Urteil über den instrumentellen Nutzen dieses Elefanten fällen kann, muss er bereits Natur und Begriff des Elefanten kennen. Denn erst dann kann er die natürliche Qualität beurteilen, die die Zustände und Bewegungen dieses Elefanten als Manifestationen der Zustands- und Bewegungsformen derjenigen Lebensform haben, die dieser Elefant exemplifiziert, i. e. die Lebensform des Elefanten. Und erst dann, wenn der Zirkusdirektor diese intrinsische natürliche Qualität dieses Elefanten als Exemplar der Lebensform des Elefanten beurteilen kann, kann er auch beispielsweise beurteilen, ob dieser Elefant zu klein oder zu groß ist oder genau die richtige Größe hat, um als geeignetes Mittel zur Realisierung der Ziele des Zirkusdirektors zu dienen. Der Zirkusdirektor beurteilt dann – in extenso gesprochen –, ob die intrinsische natürliche Qualität dieses Elefanten als Exemplar der Lebensform des Elefanten derart ist, dass dieser Elefant als Mittel zur Realisierung der Ziele des Zirkusdirektors dienen kann. Er beurteilt also, welche extrinsische instrumentelle Qualität dieser Elefant aufgrund seiner intrinsischen natürlichen Qualität als Elefant hat. Und ist dem so, dann muss die intrinsische natürliche Qualität basaler sein als die extrinsische instrumentelle Qualität, denn diese wird aufgrund von jener beurteilt.

Obgleich die logische Rolle von „gut" stets als attributives Adjektiv analysiert werden muss, gibt es also merkliche Unterschiede zwischen der Angabe der extrinsischen instrumentellen Qualität und der intrinsischen natürlichen Qualität eines Lebewesens. Ist die Kleinheit eines Elefanten natürlich schlecht, so hat das nichts mit den Zielen eines Zirkusdirektors zu tun, sondern damit, dass die mangelnde Größe dieses Elefanten sein Gedeihen als Elefant beeinträchtigt oder verhindert. Die Kleinheit dieses Elefanten ist nämlich dann natürlich schlecht, wenn durch seine geringe Körpergröße verhindert wird, dass er die Zustands- und Bewegungsformen seiner Lebensform makellos manifestieren kann, die im Allgemeinen seinem natürlichen Gedeihen als Exemplar seiner Lebensform dienen. Wird sein natürliches lebensformspezifisches Gedeihen als Elefant durch seine geringe Körpergröße beeinträchtigt oder verhindert, so ist seine geringe Körpergröße daher ein *natürlicher Defekt* dieses Elefanten.

Einen natürlichen Defekt hat auch eine kranke Maus – einerlei, ob ihre Krankheit von instrumentellem Nutzen für einen Pharmakologen ist oder nicht. Denn Krankheit beeinträchtigt im Allgemeinen das je lebensformspezifische Gedeihen eines Lebewesens oder verhindert es. Und ebenso trifft es zu, dass eine Kuh nicht dann einen natürlichen Defekt hat, wenn sie nicht genug Milch gibt, um einen Milchbauern den Lebensunterhalt zu sichern, sondern dann, wenn sie nicht genug Milch hat, um ihre Kälber zu säugen. Denn auch dann, wenn dies nicht das Gedeihen dieser Kuh selbst beeinträchtigen mag, so beeinträchtigt oder verhindert es im Allgemeinen das Gedeihen der Kälber als Exemplare ihrer Lebensform. Und daher ist dies ein natürlicher Defekt dieser Kuh.

Wenn die je lebensformspezifischen Zustands- und Bewegungsformen, die in den naturhistorischen Urteilen der Natur- und Begriffsgeschichte einer Lebensform auftauchen, Formen sind, deren makellose Manifestation im Allgemeinen das je lebensformspezifische Gedeihen ihrer Exemplare darstellt und damit dem formalen Telos alles Lebendigen entspricht, dann sind Exemplare, die diese Zustands- und Bewegungsformen mangelhaft oder gar nicht manifestieren, nicht nur *als* Exemplare ihrer Lebensform natürlich schlechte Exemplare, sondern es ist auch natürlich schlecht *für* Exemplare der Lebensform, wenn sie diese Zustands- und Bewegungsformen mangelhaft oder gar nicht manifestieren. In den gerade zuvor erwähnten Fällen von Elefant und Maus sind die mangelhaften Manifestationen der Zustands- und Bewegungsformen ihrer Lebensformen natürlich schlecht für diesen Elefanten und diese Maus selbst. Daher sind sie *selbstbezügliche* natürliche Defekte. Im Fall der Kuh liegt hingegen ein *fremdbezüglicher* natürlicher Defekt vor. Denn ihre mangelhafte Manifestation der Zustands- und Bewegungsformen ihrer Lebensform beeinträchtigt oder verhindert im Allgemeinen das lebensformspezifische Gedeihen ihrer Kälber.[42]

52. Exemplare, deren Manifestationen der Zustands- und Bewegungsformen ihrer Lebensform einen selbst- oder fremdbezüglichen natürlichen Defekt aufweisen und damit natürlich schlecht für Exemplare dieser Lebensform sind, sind also natürlich defektive bzw. natürlich schlechte Exemplare ihrer Lebensform.

Letzteres können wir durch Urteile zum Ausdruck bringen, die besagen, dass ein Exemplar E ein natürlich defektives bzw. schlechtes Exemplar seiner Lebensform L ist. Wir sagen dann: „Dies ist ein natürlich defektives E von L", „Dies ist ein natürlich schlechtes E von L" oder „Dieses E von L hat einen natürlichen Defekt". Und wenn wir die attributive Rolle von „natürlich schlecht" bzw. „natürlich defektiv" expliziter herausstellen wollen, können wir auch sagen: „Dieses E von L ist *als* E von L natürlich defektiv bzw. schlecht".

Das Wahrsein solcher Urteile können wir dann entweder dadurch begründen, dass wir darauf hinweisen, dass ein Zustand oder eine Bewegung, mit dem oder der E von L die für Exemplare seiner Lebensform spezifische Zustands- oder Bewegungsform F manifestiert, als Manifestation von F nicht makellos, sondern mangelhaft ist. Oder dadurch, dass wir darauf hinweisen, dass E von L in einer Situation, in der Exemplare seiner Lebensform im Allgemeinen F manifestieren, F nicht einmal mangelhaft, sondern gar nicht manifestiert. Derartige Begründungen können wir durch Urteile folgender Form artikulieren: „Dieses E von L ist als E von L natürlich defektiv bzw. schlecht, weil L F ist/hat/tut, und dieses E von L nicht bzw. mangelhaft F ist/hat/tut". Die in solchen Urteilen jeweils auf

„…, weil …" folgende Begründung umfasst dabei einerseits ein naturhistorisches Urteil über die betreffende Lebensform, das durch „L ist/hat/tut F" ausgedrückt wird, und anderseits ein Urteil über ein Exemplar dieser Lebensform, das durch „Dieses E von L ist/hat/tut nicht bzw. mangelhaft F" ausgedrückt wird.

Ist das, was auf diese Weise als wahr begründet wird, wahr, dann artikuliert „Dies ist ein natürlich defektives E von L", „Dies ist ein natürlich schlechtes E von L" oder „Dieses E von L weist einen natürlichen Defekt auf" eine in der natürlichen Welt objektiv bestehende Tatsache. Mit diesen Aussagen (der deutschen Sprache) wird dann nämlich ein Urteil formuliert, das die Tatsache artikuliert, dass dieses Exemplar E seine Lebensform L defektiv bzw. schlecht exemplifiziert, da es die lebensformspezifischen Zustands- und Bewegungsformen von L defektiv bzw. schlecht manifestiert. Diese Tatsache kann man in Erfahrung bringen und wissen, sofern man über das naturhistorische Hintergrundwissen verfügt, das partiell durch „L ist/hat/tut F" zum Ausdruck kommt und sofern man das Wahrsein von „Dies ist ein natürlich defektives bzw. schlechtes E von L" durch „Dieses E von L ist/hat/tut nicht bzw. mangelhaft F" begründen kann.

Können wir also beurteilen, dass ein E von L *als* E von L natürlich defektiv bzw. schlecht ist, so müssen wir auch beurteilen können, was *für* ein E von L *als* E von L natürlich schlecht ist. Denn die selbst- oder fremdbezüglichen natürlichen Defekte eines E von L sind natürliche Defekte eines E von L als E von L, weil seine selbst- oder fremdbezüglichen natürlichen Defekte natürlich schlecht sind für dieses E von L oder für andere E von L. Allerdings gibt es nicht nur Dinge im Leben, die natürlich schlecht sind für ein E von L, da sie auf natürlichen Defekten dieses E von L oder anderer E von L beruhen.

Hat man ein hinreichendes Hintergrundwissen über eine Lebensform, das zunächst und zumeist implizites Wissen über Natur und Begriff ihrer Exemplare ist und durch die Natur- und Begriffsgeschichte der Lebensform explizit gemacht werden kann, so weiß man um die Zustands- und Bewegungsformen, die Exemplare der Lebensform im Allgemeinen manifestieren. Besitzt man dieses Wissen über Natur und Begriff eines Lebewesens, so weiß man also, welche Zustände und Bewegungen sie für gewöhnlich vollziehen. Eben dadurch kann man auch erkennen, ob im Hier und Jetzt etwas Ungewöhnliches eintritt, das ein *äußerer Zufall* ist. Und aufgrund des naturhistorischen Wissens über die Lebensform L, das man besitzt, kann man dann auch sagen, ob der betreffende äußere Zufall natürlich gut oder schlecht für ein E von L ist.

Denn nicht nur mangelhafte oder ausbleibende Manifestationen lebensformspezifischer Zustands- und Bewegungsformen können das natürliche Gedeihen eines E von L beeinträchtigen oder verhindern, sondern auch äußere Zufälle können dies. Und dies gilt selbst dann, wenn dieses E von L keinen natürlichen Defekt hat, sondern die Zustands- und Bewegungsformen seiner Lebensform makellos manifestiert. Denn vor zufälligen äußeren Einflüssen, die natürlich schlecht sind, ist kein Lebewesen gefeit – auch nicht das perfekte oder ideale E von L (wenn es das denn geben sollte). Der kräftigste Löwe des Rudels, der als erster von dem erlegten Büffel fraß, nahm auch als erster den tödlichen Tuberkulose-Virus auf. Der Specht, der am beeindruckendsten klopfte, lockte nicht nur Geschlechtspartner, sondern auch den in diesem Augenblick vorbeiziehenden Habicht an. Und das Nashorn mit dem prächtigsten Horn war auch dasjenige, das als erstes die Blicke der gerade vorbeifahrenden Wilderer auf sich zog.

53. Das, was ich bis jetzt zu erläutern versucht habe, ist das auf dem formalen Telos alles Lebendigen beruhende formale normative Muster, das wir mit Foot *natürliche Normativität* nennen können.[43] Dieses formale Muster bleibt – ebenso wie die logische Rolle von „gut" als attributives Adjektiv – durchgängig bestehen, wenn es um die natürliche Qualität oder Güte von Lebewesen geht. Vor dem Hintergrund der jeweiligen materialen Gehalte jener teleologischen und logischen Einheiten, die durch die Natur- und Begriffsgeschichten der Lebensformen explizit gemacht werden, gilt das formale Muster natürlicher Normativität für alle Lebewesen gleichermaßen. Es gilt für zellkernlose Lebewesen, für Einzeller, für Pilze, für Pflanzen und für Tiere – und zwar sowohl für subrationale wie auch für rationale Tiere.

Sicherlich fiel auf, dass ich dieses formale Muster natürlicher Normativität und damit den Begriff natürlicher Güte gerade zuvor nicht durch solche Fälle zu erläutern suchte, in denen wir geradewegs sagen können, ein E von L sei als E von L natürlich gut. Denn ich sprach nur über all das, was mit negativen Urteilen zusammenhängt, die wir durch „Dies ist ein defektives E von L", „Dies ist ein natürlich schlechtes E von L" oder „Dieses E von L weist einen natürlichen Defekt auf" zum Ausdruck bringen. Es ging also ausschließlich um Fälle des Scheiterns eines E von L, um natürliche Defekte, Beeinträchtigungen und Verhinderungen – um all jenes, was nicht natürlich gut, sondern natürlich schlecht ist.

Der Grund hierfür liegt jedoch nicht, wie man vielleicht vermuten könnte, in meinem Hang zum Pessimismus und Defätismus, sondern in einer gewissen Vorsicht, die etwas mit einem begrifflich interessanten Punkt zu tun hat, den Aristoteles so anschaulich zum Ausdruck bringt und den wir erst klären müssen, um zu verstehen, wie wir geradewegs auch Urteile fällen können, die besagen, dass dieses E von L ein natürlich gutes E von L ist. Aristoteles weist uns nämlich darauf hin, dass eine Schwalbe noch keinen Frühling macht.[44] Und um im Bild zu bleiben, könnte man jetzt hinzufügen: Aber eine Krähe macht vielleicht schon Herbst. Was damit gesagt sein soll, lässt sich – jenseits ornithologischer Metaphorik – auch in etwa wie folgt formulieren:

Begründen wir ein Urteil der Form „Dies ist ein natürlich defektives E von L", „Dies ist ein natürlich schlechtes E von L" oder „Dieses E von L weist einen natürlichen Defekt auf" durch „Dieses E von L ist als E von L natürlich defektiv bzw. schlecht, weil L F ist/hat/tut, und dieses E von L nicht bzw. nur mangelhaft F ist/hat/tut", so ist – wie wir zuvor sagten – neben dem naturhistorischen Urteil „L ist/hat/tut F" in der Begründung auch das Urteil „Dieses E von L ist/hat/tut nicht bzw. nur mangelhaft F" enthalten. Dieses Urteil können wir gerechtfertigterweise fällen, wenn wir einmal einen jetzt vergangenen Zustand oder eine jetzt abgeschlossene Bewegung beobachtet haben, der oder die darin bestand, dass ein E von L nicht bzw. mangelhaft F war/hatte/tat. Und das reicht dann womöglich aus, um auch gerechtfertigterweise sagen zu können, dass dieses E von L natürlich defektiv ist.

Vielleicht muss es aber auch mehrere solcher beobachtbarer Fälle geben. Wie rigoros man hier sein muss, dazu will ich jetzt gar nichts sagen. Worauf es mir jetzt ankommt, ist vielmehr dies: Ganz gleich, wie streng man die Sache nun sieht oder nicht, müssen wir jedenfalls sagen, dass die Beobachtung solcher einzelner Fälle ausreicht, um gerechtfertigterweise urteilen zu können, dass dieses E von L ein natürlich defektives bzw. schlechtes E von L ist. Um gerechtfertigterweise urteilen zu können, dass dieses E von L ein natürlich gutes E von L ist, reicht es indes offenbar nicht aus, auf die Beobachtung einzelner Fälle zu verweisen, in denen E von L jeweils makellos F war/hatte/tat. Denn auf diesen oder jenen beobachteten, jetzt vergangenen Zustand und diese oder jene beobachtete, jetzt abgeschlossene Bewegung zu verweisen, die eine makellose Manifestation von F durch E von L war, kann trivialerweise immer nur ein Verweis auf bereits Vergangenes sein. Einmal oder mehrmals eine makellose Manifestation von F durch E von L in der Vergangenheit beobachtet zu haben, rechtfertigt jedoch anscheinend bestenfalls die Urteile „Dies ist ein natürlich gutes E von L gewesen", „Dies war ein natürlich gutes E von L" oder „Dies war ein natürlich gutes E von L gewesen", aber nicht das Urteil „Dies ist ein natürlich gutes E von L". Denn, dass dieses E von L ein natürlich gutes E von L ist, muss doch heißen, dass E von L sein Leben lang stets makellos F ist/hat/tut.

Sofern dieses E von L noch nicht tot ist, sondern noch lebt, können wir derlei aber offenbar nicht rechtfertigen durch Verweis auf einzelne beobachtbare Zustände oder Bewegungen von diesem E von L, die makellose Manifestationen von F sind. Denn lebt dieses E von L noch, dann wird es vermutlich auch zukünftig F manifestieren. Ob die zukünftig vergangenen Zustände und zukünftig abgeschlossenen Bewegungen makellose Manifestationen von F sein werden, können wir jetzt aber nicht beobachten. Denn wir können nicht etwas beobachten, das noch nicht beobachtbar ist, da es noch gar nicht stattgefunden hat.

Wenn dieses E von L noch lebt, können wir also nicht gerechtfertigterweise behaupten, dass dieses E von L sein Leben lang stets makellos F ist/hat/tut. Und deshalb können wir anscheinend auch nicht gerechtfertigterweise behaupten, dass dieses E von L ein natürlich gutes E von L ist. Wenn dieses E von L indes tot ist, dann können wir gerechtfertigterweise beurteilen, ob dieses E von L sein Leben lang stets makellos F manifestierte. Denn dann können wir uns – zumindest theoretisch – auf das gesamte Leben dieses E von L *in toto* beziehen und ein Urteil über alle vergangenen Zustände und abgeschlossenen Bewegungen dieses E von L fällen, die Manifestationen von F waren. Allerdings ist dieses E von L dann tot. Deshalb können wir dann nicht mehr gerechtfertigterweise behaupten, dass E von L sein Leben lang stets makellos F ist/hat/tut, sondern nur noch, dass E von L sein Leben lang stets makellos F war/hatte/tat. Daher können wir dann aber auch nicht mehr gerechtfertigterweise das Urteil fällen, dass dieses E von L ein natürlich gutes E von L ist, sondern nur noch das Urteil, dass dieses E von L ein natürlich gutes E von L war. Und daraus folgt – so scheint es –, dass wir *niemals* gerechtfertigterweise sagen können: „Dies ist ein natürlich gutes E von L".

Dies wäre jedoch nur dann der Fall, wenn wir Urteile wie „Dieses E von L ist/hat/tut makellos F" stets als Urteile über bereits vergangene Zustände oder abgeschlossene Bewegungen auffassen müssen. Und dies müssten wir dann, wenn wir solche Urteile durch den Schleier des empiristischen Dogmas stets als quantifizierte Aussagen über einzelne vergangene Zustände oder abgeschlossene Bewegungen verstehen müssten. Aber dies müssen wir nicht. Um ein Urteil wie „Dieses E von L ist/hat/tut makellos F" zu fällen, müssen wir (vor dem Hintergrund unseres naturhistorischen Wissens) zwar bereits immer schon eine Erfahrung gemacht haben, aber diese Erfahrung kann auch darin bestehen, dass dieses E von L nach wie vor dabei ist, makellos F zu sein/zu haben/zu tun. Stellen wir nämlich nicht fest, dass die bereits vergangenen Zustände und abgeschlossenen Bewegungen dieses lebenden E von L mangelhafte Manifestationen von F waren und dass momentan auch nichts darauf hindeutet, dass gegenwärtige und zukünftige Manifestationen von F mangelhaft sind oder sein werden, dann machen wir nichts anderes als die Erfahrung, dass es sich mit diesem E von L so verhält, wie es sich im Allgemeinen mit einem E von L verhält. Das heißt: Wir bringen in Erfahrung, dass E von L *weiterhin* am Gedeihen ist.[45] Und ist dem so, dann können wir aufgrund dessen auch gerechtfertigterweise urteilen: „Dies ist ein natürlich gutes E von L" oder „Dieses E von L hat keinen natürlichen Defekt."

Sagen wir dies, so schließen wir dadurch nicht kategorisch aus, dass dieses E von L zukünftig nicht irgendwann doch noch F mangelhaft manifestieren und zu einem natürlich schlechten E von L werden wird. Aber zu fordern, dass dies ausgeschlossen sein müsste, um gerechtfertigterweise urteilen zu können, dass dieses E von L ein natürlich gutes E von L ist, verkennt sowohl die progressive Form von „ist ist/hat/tut makellos F" als auch diejenige von „… ist ein natürlich gutes E von L", die man im Deutschen durch die Formulierungen „… ist dabei, F makellos zu sein/zu haben/zu tun" und „… ist dabei, ein natürlich gutes E von L zu sein" explizit machen kann. Zwar verstehen wir das Progressive nur dann, wenn wir auch das Perfektive verstehen, aber das heißt nicht, dass dieses E von L nicht dabei war, F makellos zu manifestieren, bevor seine Manifestation abbrach und es scheiterte. Und das Gleiche gilt dann auch für „… ist dabei, ein natürlich gutes E von L zu sein".[46]

Dass ein E von L dabei ist, F makellos zu sein/zu haben/zu tun, ist der Normalfall. Denn ein E von L exemplifiziert eine Lebensform, die unter anderem durch „L ist/hat/tut F" bestimmt ist. Allgemeiner gesprochen, können wir sagen, dass es normal ist, dass ein E von L am Gedeihen ist. Und dass ein E von L dabei ist, ein natürlich gutes E von L zu sein, ist keineswegs minder normal. Denn wäre dem nicht so, so könnten wir gar nicht verstehen, was überhaupt ein Abbruch und Scheitern der Manifestation von F durch dieses oder jenes E von L sein könnte.

Da das Normale aber im Allgemeinen, in der Regel und für gewöhnlich gilt, fällt es uns zumeist ebenso wenig auf, wie es uns den jederzeit zumindest denkbaren Zweifel hegen lässt, ob sich hinter unserer Haustür ein Abgrund aufgetan hat.[47] Daher fällen wir auch viel seltener Urteile, die besagen, dass dieses oder jenes E von L natürlich gut ist, als Urteile, die besagen, dass dieses E von L natürlich defektiv bzw. schlecht ist. Mit der Unauffälligkeit des Normalen geht die Auffälligkeit des Mangelhaften einher. Das Mangelhafte, Defizitäre und Defektive bezieht seine Auffälligkeit daher, dass es – wie wir gerade sahen – im Vergleich zum Progressiven des Normalen die Perfektivität des Ereignisses hat, das Abbruch und Scheitern ist.

Dies ist auch der Grund, weshalb im vorherigen Paragraphen das formale Muster natürlicher Normativität und damit der Begriff natürlicher Qualität zunächst durch solche Fälle erläutert wurde, in denen Urteile eine Rolle spielten, die wir durch „Dies E von L ist ein natürlich defektives E von L" und ähnliche Aussagen zum Ausdruck bringen. Nach dem jetzt durchlaufenen Gedankengang sollte es aber verständlich sein, wie wir auch geradewegs sagen können: „Dies ist ein natürlich gutes E von L", obgleich wir es in unserer Praxis so selten tun.

54. Man mag es nun bedauern oder auch nicht: Da jedoch in unserer Praxis Urteile über die natürliche Qualität einzelner Exemplare einer Lebensform, die die natürlichen Defekte dieser Exemplare betonen, eine weitaus größere Rolle spielen als Urteile, die die natürliche Güte dieser Exemplare hervorheben, werde auch ich im Folgenden weiterhin solchen Urteilen mehr Aufmerksamkeit zollen, die besagen, dass ein E von L ein natürlich defektives E von L ist. Solche Urteile werden – wie ich sagte – für gewöhnlich durch Urteile begründet, die man im Deutschen so ausdrücken kann: „Dieses E von L ist als E von L natürlich defektiv bzw. schlecht, weil L F ist/hat/tut, und dieses E von L nicht bzw. mangelhaft F ist/hat/tut".

Versucht man durch das Anführen eines solchen Urteils zu begründen, dass ein E von L natürlich defektiv bzw. natürlich schlecht ist, so versucht man zu rechtfertigen, dass das Urteil „Dieses E von L ist ein natürlich defektives E von L" wahr ist. Dieses Urteil ist dann als wahr gerechtfertigt, wenn das naturhistorische Urteil „L ist/hat/tut F" und das Urteil „Dieses E von L ist/hat/tut nicht bzw. mangelhaft F" als wahr gerechtfertigt sind. Sind diese beiden Urteile wahr, so ist auch „Dieses E von L ist ein natürlich defektives E von L" wahr. Und dann ist es eine objektive Tatsache, die in der natürlichen Welt besteht, dass dieses E von L ein natürlich defektives E von L ist. Ebenso ist es dann eine objektive Tatsache, die in der natürlichen Welt besteht, dass dieses E von L nicht bzw. mangelhaft F ist/hat/tut. Und nicht minder ist es dann eine objektive Tatsache, die in der natürlichen Welt besteht, dass L F ist/hat/tut bzw. Ls F sind/haben/tun.

In keinem der jetzt angeführten Urteile taucht irgendwo etwas auf, das eine Pro- bzw. Contra-Einstellung des Urteilenden zum Ausdruck brächte und ein nicht wahrheitsfähiger Ausdruck seiner volitiven, konativen, affektiven oder appetitiven Regungen wäre. Von dem, was wenige, einige oder viele Urteilende wünschen, verlangen, begehren oder bevorzugen, ist hier ebenso wenig die Rede wie von positiven oder negativen Emotionen, die Urteilende hegen, Empfehlungen, Vorschriften oder Befehlen, die sie geben, oder psychologisch vielleicht verständlichen Projektionen, die sie anstellen. Das, wovon in den jetzt angeführten Urteilen die Rede ist, ist vielmehr einerseits eine Lebensform, die Natur und Begriff ihrer Exemplare ist, und andererseits ein Exemplar dieser Lebensform.

Um ein Urteil zu fällen, bedarf es zwar trivialerweise eines Urteilenden. Aber die jetzt angeführten Urteile drücken genauso wenig aus, was ein Urteilender persönlich bevorzugt und wertschätzt, wie es etwa Urteile tun, die besagen, dass 3 + 2 = 5 ist, oder die besagen, dass hinter dem-und-dem Haus eine Rosskastanie steht. Und das Gleiche gilt für das Wahr- oder Falschsein der jetzt angeführten Urteile. Dies ist ein bemerkenswert kognitivistisches Ergebnis, das die natürliche Qualität und Normativität des Lebendigen betrifft. Und wenn es stimmt, dann könnten wir die Pointe des jetzigen Kapitels nun vielleicht auch dadurch zusammenfassen, dass wir sagen, ein Schluss wie der folgende sei ein gültiger „naturalistischer Schluss":

(P_{SK})   Der Specht klopft mit seinem Schnabel gegen Baumstämme.

(P_{WS})   Woody ist ein Specht.

(P_{WN})   Woody klopft mit seinem Schnabel nicht gegen Baumstämme.

(K_W)   Woody weist einen natürlichen Defekt auf.

Statt die Konklusion durch „Woody weist einen natürlichen Defekt auf" zum Ausdruck zu bringen, können wir auch sagen: (K_W') „Woody ist ein natürlich schlechter Specht". Oder aber auch: (K_W'') „Woody ist nicht so, wie ein Specht naturgemäß sein soll". Denn „einen Defekt haben" bedeutet im Deutschen, unserem üblichen Sprachgebrauch gemäß, dass etwas nicht so ist, wie es sein soll.

Bringen wir die Konklusion des Schlusses durch (K_W), (K_W') oder (K_W'') zum Ausdruck, so bringen wir sie durch Aussagen zum Ausdruck, die allesamt wahrheitsfähig sind und die, sofern sie wahr sind, ein Urteil formulieren, das eine Tatsache in der Welt artikuliert. Weder (K_W) noch (K_W') noch (K_W'') besagen, ich oder du wünschten, dass Woody nicht so sei, wie er ist. Auch besagen sie nicht, dass Woody nicht den Vorstellungen entspricht, die er oder sie auf Spechte projiziert. Sie besagen auch nicht, dass Woody bei Euch unangenehme Emotionen verursacht. Und sie besagen schließlich auch nicht, dass wir Woody nicht als Specht empfehlen könnten, da er nicht den von uns erlassenen Vorschriften entspricht, die für Spechte gelten. Dass Spechte mit ihrem Schnabel gegen Bäume klopfen, stellt eine Tatsache in der natürlichen Welt dar, die zugleich eine natürliche Norm ist, weil das Klopfen mit dem Schnabel gegen Bäume die Manifestation einer Bewegungsform ist, die zeitallgemein mit der Lebensform des Spechts verknüpft ist. Diese Form ist Natur und Begriff ihrer Exemplare. Und als solche ist diese Form die natürliche Norm ihrer Exemplare![48]

Die Möglichkeit, dass etwas Natur und Begriff eines Lebewesens ist, könnte es nicht geben, gäbe es nicht die begrifflich strukturierte Praxis des In-der-Welt-Seins. Aber die begrifflich strukturierte Praxis des In-der-Welt-Seins ist, ebenso wie die Welt, keine von uns erfundene Institution, wie etwa die Ehe oder die Europäische Union, zu deren Hervorbringung wir uns entscheiden können oder auch nicht. Die begrifflich strukturierte Praxis des In-der-Welt-Seins ist uns – nicht anders als die Welt – stets vorgängig erschlossen. Und ebenso verhält es sich mit Natur und Begriff eines in der Welt seienden Lebewesens. Daher wäre es auch ein Missverständnis, glaubte man, Natur und Begriff eines Lebewesens seien auch nur ansatzweise vergleichbar mit Institutionen oder Artefakten, zu deren Hervorbringung sich wenige, einige oder viele Menschen entscheiden können oder auch nicht. Und ebenso wäre es folglich Ausdruck eines Missverständnisses, glaubte man, wenige, einige oder viele Menschen hätten natürliche Normen aufgestellt.

Nicht alle Normen sind soziale oder institutionelle Normen. Natürliche Normen sind keine sozialen oder institutionellen Normen – wie etwa EU-Vorschriften, die Standards der Größe und Krümmung von Bananen festlegen (gemäß Zwecken, die der Banane extrinsisch sind).[49] Dass Woody nicht mit seinem Schnabel gegen Bäume klopft, verstößt nicht gegen von Menschen erlassene Vorschriften, die für Spechte gelten. Und es ist auch nicht deshalb ein natürlicher

Defekt, weil wir bestimmte Pro-Einstellungen haben können, was das Klopfen von Spechten betrifft.

Vielleicht wünschen sich ja wenige, einige oder viele Menschen, die im Wald wohnen, viel eher, dass Spechte nicht oder zumindest möglichst geräuscharm gegen Bäume klopfen. Und falls sie wirklich nichts Besseres mit ihre Zeit anzufangen wissen, können sie freilich jederzeit eine Kommission bilden, die nach langem Hin und Her eine Lärmschutznorm für klopfende Spechte verabschiedet, die besagt, dass nur solche Spechte gute Spechte sind, die nicht oder zumindest geräuscharm mit ihrem Schnabel gegen Bäume klopfen. Damit haben die im Wald wohnenden Menschen zweifelsohne eine Norm im Sinne einer Vorschrift formuliert, die das berücksichtigt, was sie sich wünschen und als wertvoll erachten, nämlich Ruhe. Glaubte man jetzt allerdings, die Waldbewohner hätten damit auch eine natürliche Norm hervorgebracht oder die natürliche Qualität von Spechten in Worte gefasst oder Natur und Begriff des Spechts bestimmt oder ihr Hintergrundwissen über die Lebensform des Spechts expliziert, so wäre dies leider nicht nur absurd. Es zeigte nämlich auch, dass ich all dies, was ich in diesem und im vorherigen Kapitel sagte, offenbar nicht so klar zu sagen vermochte, dass es auch verstanden wurde.

Ähnlich verhält es sich, wie ich meine, wenn man jetzt gegen den oben angeführten Schluss einwenden würde, er verstieße gegen *Humes Gesetz*. Mit dem Verweis auf dieses ‚Gesetz' (das freilich nicht wirklich eines ist) soll gemeinhin gesagt werden, dass es ein logischer Fehler sei, von einem *„Sein"* auf ein *„Sollen"* zu schließen. Oder treffender gesagt: Es sei ein logischer Fehler, allein aus Aussagen, die keine evaluativen oder normativen Ausdrücke enthalten, eine Aussage abzuleiten, die evaluative oder normative Ausdrücke enthält.

Abgesehen davon, dass Hume selbst dieses Gesetz nie so apodiktisch formulierte, wie seine Nachfolger es auffassten,[50] kann man diesen Einwand aber auch nur dann geltend machen, wenn man von zwei Zusatzannahmen ausgeht, die von denjenigen, die dieses Gesetz gerne als Einwand vorbringen, oftmals einfach unter der Hand vorausgesetzt werden. Die erste meist unausgesprochene Voraussetzung von Humes Gesetz beruht auf der speziellen begrifflichen Trennung von „Vernunft" und „Wille", die Hume vornimmt und die nicht nur dazu führt, dass die Vernunft selbst nie praktisch sein kann, sondern auch dazu, dass ein Sollen stets ein affektives Wollen voraussetzt, da es sonst nicht handlungsleitend sein kann. In bemerkenswerter Offenheit finden wir diese Ansicht bei Peter Stemmer formuliert, der aus Gründen, die jetzt nicht wichtig sind, statt von „Sollen" lieber von „normativem Müssen" spricht und Folgendes sagt: „Normativität [...] ist immer etwas ontologisch Subjektives. Und es ist speziell die Abhängigkeit von einem Wollen, die die subjektive Ontologie begründet. [...] Voraussetzung dafür, Adressat eines normativen Müssens zu sein, ist also ein *eigenes* Wollen."[51]

Aber eben diese humesche Annahme wurde in diesem Kapitel nicht akzeptiert. Es wurde nämlich zu zeigen versucht, dass weder wir wollen müssen, dass Woody und alle anderen Spechte mit dem Schnabel gegen Bäume klopfen, noch dass Woody mit seinem Schnabel gegen Bäume klopfen wollen muss, damit wir gerechtfertigterweise feststellen können, dass Woody, wenn er nicht gegen Bäume klopft, nicht so ist, wie ein Specht naturgemäß sein soll, sondern einen natürlichen Defekt aufweist. Stimmt es, was wir bisher sagten, dann ist natürliche Normativität offenkundig nicht etwas ontologisch Subjektives und hat auch nichts zu tun mit „einem Wollen, das eine subjektive Ontologie begründet".

Die zweite meist unterschlagene Voraussetzung von Humes Gesetz wird von vielen Vertretern dieses Einwandes zumeist nicht absichtlich unterdrückt, weil sie ihnen oft überhaupt nicht als solche bewusst ist. Denn, in Humes Fußstapfen wandelnd, haben sie sich dem empiristischen Dogma der Moderne unterworfen, über das wir zuvor (vor allem im vierten Kapitel) sprachen, als wir uns mit dem szientistischen Naturalismus beschäftigten. Daher entgeht ihnen zumeist vollends die zweite Voraussetzung von Humes Gesetz, die darin besteht, dass „Sein" und „Seiendes" so aufgefasst werden, als würden sie letztlich ein und dasselbe bedeuten. Dies ist aber gerade Ausdruck des empiristischen Nominalismus, den wir im vorherigen Kapitel nicht akzeptierten, als wir darüber sprachen, dass der Empirist allgemeine Formen als solche nicht als Wirklichkeit begreifen kann. Denn die einzige Art nontrivialer Allgemeinheit, die er kennt, ist die quantifizierte Ausnahmslosigkeit nomologischer Aussagen, die induktiv aus der empirischen Beobachtung von Einzelvorkommnissen als Beschreibung von Regelmäßigkeiten hervorgeht. Daher kann der Empirist auch nicht generisches und naturhistorisches Wissen über eine Substanz- oder Lebensform, die Natur und Begriff ihrer Exemplare ist, als ein Wissen über eine allgemeine Form begreifen. Da er jedoch nichts mit dieser Idee der allgemeinen Form anzufangen weiß, versteht er auch nicht, was das Sein im Gegensatz zum Seienden ist. Anstelle des Seins als allgemeine Form, die Natur und Begriff ist und die Aristoteles als *zweite ousia* bezeichnet, gibt es für den humeschen Empiristen nur Mengen in der Welt seiender Objekte. Und eine Menge kann in der Tat keine allgemeine Form sein, die die Norm ihrer Exemplare ist.

Ziehen wir den oben angeführten Schluss, so schließen wir aber – wenn man es so ausdrücken will – vom *Sein* (P_{SK}) sowie vom Seienden (P_{WS}, P_{WN}) aufs *Sollen* (K_W, K_W', K_W''). Humes Gesetz kann einen solchen Schluss nicht als einen Fehlschluss ausweisen. Denn ist man des empiristischen Dogmas gewahr und vergegenwärtigt sich zudem, dass ein humescher Empirist Normativität als etwas ontologisch Subjektives auffassen muss, dann wird klar, dass das Humes Gesetz bei Lichte besehen gar kein Einwand gegen einen Sein-Sollen-Fehlschluss sein kann. Sofern Humes Gesetz nämlich überhaupt ein überzeugender Einwand ist,

ist es ein Einwand gegen einen *Seiendes-Wollen*-Fehlschluss. Dass die Beschreibung eines so-und-so in der Welt Seienden nicht logisch impliziert, dass ein Individuum das-und-das begehren muss, mag zwar stimmen. Aber das Verhältnis zwischen einem innerweltlich Seienden und einem affektiven Wollen eines Individuums war in diesem Kapitel nicht das Thema. Und vor allem: Es musste auch nicht das Thema sein, um erläutern zu können, was natürliche Normativität ist.

Nachdem wir uns in diesem Kapitel von der Eisenschraube zum Specht vorgekämpft haben, kann im nächsten und letzten Kapitel endlich die Krone der Schöpfung die Bühne betreten. Im kommenden Kapitel versuche ich demnach zu erläutern, was das bisher Gesagte für Exemplare bedeutet, deren Natur und Begriff die menschliche Lebensform ist. Es wird also um uns gehen! Und es wird darum gehen, dass moralische Qualität eine natürliche Qualität von Menschen als Menschen ist. Denn natürlich ist moralische Güte gut für Menschen. Wie könnte es auch anders sein?

7 Menschliche Güte

55. In den beiden vorangegangenen Kapiteln habe ich versucht, das Bild des hermeneutischen Naturalismus zu skizzieren. Dieses Bild ist wesentlich durch die holistische Totalität bestimmt, die unsere begrifflich strukturierte Praxis des In-der-Welt-Seins ist, in der und durch die uns die natürliche Welt vorgängig erschlossen ist. Im vorletzten Kapitel habe ich zu erläutern versucht, dass uns Natur und Begriff der in der Welt seienden Substanzen zumeist und zuvorderst als implizites allgemeines Hintergrundwissen erschlossen sind, das unser Erfahren, Urteilen und Handeln begleitet. Und ich habe gesagt, dass wir dieses implizite Hintergrundwissen je partiell explizit machen können, indem wir es in Form generischer Urteile über Substanzformen und ihre Zustands- und Bewegungsformen als solches artikulieren.

Im vorherigen Kapitel ging es dann um ganz bestimmte in der natürlichen Welt seiende Substanzen und ihre Substanzformen, nämlich um Lebewesen und ihre Lebensformen. Entsprechend wurden generische Urteile über Lebensformen betrachtet, nämlich naturhistorische Urteile. Naturhistorische Urteile sind durch natur-teleologische Urteile zur Naturgeschichte einer Lebensform verknüpft, die zugleich ihre Begriffsgeschichte ist. Natur- und Begriffsgeschichte machen die teleologische und inferentielle Einheit explizit, die durch die intrinsischen Zwecke der Exemplare einer Lebensform als Exemplare ihrer Lebensform bestimmt ist. Den intrinsischen Endzweck bildet dabei stets das formale Telos alles Lebendigen, das material das je lebensformspezifische natürliche Gedeihen der Exemplare einer Lebensform als Exemplare ihrer Lebensform ist.

In Abhängigkeit vom je lebensformspezifischen Gedeihen, so behauptete ich schließlich, können wir zum einen entweder wahre oder falsche Urteile darüber fällen, ob ein Exemplar einer Lebensform selbst- oder fremdbezügliche natürliche Defekte aufweist. Weist es solche auf, dann können wir wahre Urteile fällen, die besagen, dass dieses Exemplar als Exemplar seiner Lebensform ein natürlich defektives bzw. natürlich schlechtes Exemplar seiner Lebensform ist. Weist es hingegen keine selbst- oder fremdbezüglichen natürlichen Defekte auf, dann können wir wahre Urteile fällen, die besagen, dass dieses Exemplar als Exemplar seiner Lebensform ein natürlich gutes Exemplar seiner Lebensform ist. Zum anderen können wir aber nicht nur wahre oder falsche Urteile über die natürliche Qualität eines Exemplars einer Lebensform als Exemplar dieser Lebensform fällen, sondern auch Urteile über die natürliche Qualität, die etwas für ein Exemplar einer Lebensform als Exemplar dieser Lebensform hat. Solche Urteile, die ebenfalls entweder wahr oder falsch sind, besagen, dass das-und-das natürlich schlecht ist für ein Exemplar einer Lebensform als Exemplar seiner Lebensform.

Oder sie besagen, dass das-und-das natürlich gut ist für ein Exemplar einer Lebensform als Exemplar seiner Lebensform.

Schließlich betonte ich, dass all diese Urteile dann, wenn sie wahr sind, auch objektive Tatsachen in der natürlichen Welt artikulieren, und nicht Artikulationen irgendwelcher Emotionen, Projektionen, Präferenzen und Pro- oder Contra-Einstellungen weniger, einiger oder vieler Menschen sind. Ebenso wenig hängen die natürliche Qualität, die ein Exemplar einer Lebensform hat, und die natürliche Qualität, die etwas für ein Exemplar einer Lebensform hat, von irgendwelchen gesetzten Normen ab, die wenige, einige oder viele Menschen konsensuell beschlossen haben. Die natürliche Qualität und damit auch das Wahrsein oder Falschsein des betreffenden Urteils ist vielmehr durch natürliche Normen bestimmt, wie ich sagte.

Diese natürlichen Normen sind durch die jeweilige Lebensform gegeben, die in unserem Hintergrundwissen als Natur und Begriff ihrer Exemplare vorgängig erschlossen ist. Ob etwas natürlich gut oder schlecht ist, hängt also nicht davon ab, was ich oder du wollen und dann beschließen, sondern davon, wie die begrifflich strukturierte Praxis des In-der-Welt-Seins und damit die natürliche Welt objektiv beschaffen ist. Ob etwas gut oder schlecht ist, zeigt sich daran, ob es seiner Natur und seinem Begriff entspricht. Denn die Form ist die Norm ihrer Exemplare.

Im diesem Kapitel möchte ich das bis jetzt skizzierte Bild des hermeneutischen Naturalismus, das bislang nur die Erläuterung amoralischer natürlicher Qualität umfasste, auf den Gebrauch von „gut" und „schlecht" in moralischen Kontexten des menschlichen Lebens auszuweiten suchen. Das weitergehende Anliegen, das damit verbunden ist, dürfte nach all dem, was bis jetzt gesagt wurde, offensichtlich sein. Nachdem wir nämlich zuvor „Natur", „Welt", „Tatsache" und auch „Objektivität" vom Schleier des empiristischen Dogmas befreit haben, hinter dem der szientistische Naturalismus sie verbarg, können wir jetzt zwar die prinzipielle Möglichkeit des objektiven Bestehens moralischer Tatsachen in der natürlichen Welt begreifen, aber wir müssen das Bestehen dieser Tatsachen noch genauer erläutern. Und zwar müssen wir dies so tun, dass sie nicht *als* oder *wie* empirische Tatsachen erscheinen, sondern das eigentümlich Moralische an ihnen deutlich wird. Damit will ich jetzt beginnen. Dabei orientiere ich mich weiterhin an dem Hauptgedanken aus Foots großartigem Buch *Natural Goodness*. Meiner Ansicht nach gilt nämlich all das, was im vorherigen Kapitel auf formaler Ebene gesagt wurde, auch für die menschliche Lebensform und gibt uns daher Aufschluss über unseren Gebrauch von „gut" und „schlecht" in moralischen Kontexten. Denn moralische Qualität ist eine natürliche Qualität von und für Exemplare der menschlichen Lebensform, d.h. von und für uns.

56. Wenn ich jetzt behaupte, dass all das, was im vorherigen Kapitel auf formaler Ebene gesagt wurde, auch für die menschliche Lebensform gilt und uns Aufschluss über unseren Gebrauch von „gut" und „schlecht" in moralischen Kontexten gibt, so ist damit nicht nur gesagt, dass moralische Qualität eine natürliche Qualität der Zustände und Bewegungen bezeichnet, mit denen Menschen die Zustands- und Bewegungsformen der menschlichen Lebensform manifestieren. Vielmehr ist damit auch gesagt, dass Geachs Analyse von „gut" als attributives Adjektiv weiterhin gilt. Und ebenso behält das Gedeihen als formales Telos alles Lebendigen und das formale Muster natürlicher Normativität auch dann seine Gültigkeit, wenn wir beurteilen, ob das Wollen und Tun sowie der Charakter eines Menschen moralisch gut sind.

Was dieser oder jener Mensch tut/hat/ist, ist dann moralisch gut (und richtig), wenn es für Exemplare der menschlichen Lebensform als Exemplare der menschlichen Lebensform natürlich gut ist. Was dieser oder jener Mensch tut/hat/ist, ist dann moralisch schlecht (und falsch), wenn es für Exemplare der menschlichen Lebensform als Exemplare der menschlichen Lebensform natürlich schlecht ist. Und ein moralisch guter Mensch ist als Exemplar seiner Lebensform ein natürlich gutes Exemplar seiner Lebensform, während ein moralisch schlechter Mensch als Exemplar seiner Lebensform ein natürlich schlechtes Exemplar seiner Lebensform ist. Denn er ist ein Exemplar der menschlichen Lebensform, das einen natürlichen Defekt aufweist.

Ist dies richtig, so folgt daraus, dass ein Urteil über die moralische Qualität des Wollens, des Tuns oder des Charakters eines Menschen nichts anderes ist als eine Beurteilung der Qualität gemäß den natürlichen Normen, die für Exemplare der menschlichen Lebensform als Exemplare der menschlichen Lebensform gelten. Und trifft dies zu, so ist die Bedingung moralischer Güte nichts anderes als jene Bedingung, die erfüllt sein muss, damit das Wollen, das Tun oder der Charakter eines Menschen natürlich gut sein kann. Beurteilen wir demnach die moralische Qualität seines Wollens, seines Tuns oder seines Charakters, so beurteilen wir die natürliche Qualität dessen, was dieser Mensch ist/tut/hat. Wir beurteilen, ob das, was er ist/tut/hat, gut oder schlecht ist für Menschen als Exemplare der menschlichen Lebensform. Und wir beurteilen, ob dieser Mensch, die menschliche Lebensform gut oder schlecht exemplifiziert, da das, was er ist/tut/hat, die Zustands- und Bewegungsformen seiner Lebensform gut oder schlecht manifestiert.

Das in unserer Beurteilung zur Anwendung kommende formale Muster natürlicher Normativität ist dabei durch das menschliche Gedeihen als lebensformspezifische Anwendung des formalen Telos alles Lebendigen bestimmt. Und somit verhält es sich auch hier nicht anders als bei den im vorherigen Kapitel zur Illustration natürlicher Normativität herangezogenen Lebensformen und ihren Exemplaren, die subrationale Tiere sind. Denn ebenso wie bei subrationalen Tieren muss das formale Telos alles Lebendigen material durch das je lebensformspezifische Gedeihen der Exemplare einer Lebensform bestimmt werden. Ebenso, wie man bei subrationalen Tieren nur in Abhängigkeit vom je lebensformspezifischen Gedeihen der Exemplare einer Lebensform sagen kann, was natürlich gut oder schlecht ist für diese Exemplare und was ein natürlich gutes oder schlechtes Exemplar ist, kann man nur in Abhängigkeit vom natürlichen Gedeihen des Menschen verstehen und beurteilen, was moralisch gut oder schlecht ist. Eine Vorstellung vom natürlichen Gedeihen des Menschen kann man aber nur dann haben, wenn man Natur und Begriff von Menschen kennt, d.h. zumindest über implizites praktisches Wissen verfügt, das diejenige Lebensform betrifft, die man selbst exemplifiziert, sofern man ein Mensch ist. Und dieses implizite und praktische Wissen kann – wie das Wissen über jede andere Lebensform – in der teleologisch und logisch geordneten Natur- und Begriffsgeschichte als naturhistorisches Wissen explizit gemacht werden.[1]

Derlei zu behaupten und damit zu behaupten, dass all das, was im vorherigen Kapitel auf formaler Ebene gesagt wurde, auch ohne Einschränkung für die menschliche Lebensform gilt, kann auf den ersten Blick vielleicht irritierend wirken. Übertragen wir das dort Gesagte nämlich auf den Menschen, so kann es jetzt leicht so scheinen, als wollten wir den Unterschied nivellieren, der zwischen subrationalen und rationalen Tieren besteht. Denn Menschen exemplifizieren eine rationale Lebensform. Sie sind rationale Tiere, während Spechte, Elefanten, Mäuse, Kühe, Löwen oder Nashörner, die wir bisher zur Erläuterung natürlicher Normativität heranzogen, subrationale Tiere sind. Daher können nun auf den ersten Blick leicht Zweifel daran aufkommen, ob all das, was im vorherigen Kapitel auf formaler Ebene gesagt wurde, auch für die menschliche Lebensform gilt. Und noch zweifelhafter kann es dann erscheinen, auch noch zu behaupten, dass uns das dort über subrationale Lebensformen Gesagte Aufschluss geben könnte über die menschliche Moral. Mit diesem Zweifel, der auf dem Eindruck der unzulässigen Nivellierung beruht, müssen wir uns jetzt auseinandersetzen. Denn er ist ja keineswegs an den Haaren herbeigezogen und *prima facie* nicht unverständlich.

57. Es war gewiss kein Zufall, dass bei der Einführung des Begriffs natürlicher Qualität im vorangegangenen Kapitel durchweg subrationale und nicht rationale Tiere in den dort gewählten Beispielen auftauchten. Bei solchen Lebewesen ist die Erläuterung natürlicher Qualität nämlich vergleichsweise einfach. Denn ebenso wie bei zellkernlosen Lebewesen, Einzellern, Pilzen und Pflanzen entsprechen die Lebensvollzüge subrationaler Tiere entweder makellos den Zustands- und

Bewegungsformen ihrer Lebensform, oder sie tun es nur mangelhaft oder gar nicht.

Dass die Erläuterung der natürlichen Qualität subrationaler Tiere vergleichsweise einfach ist, liegt daran, dass die Natur- und Begriffsgeschichte ihrer jeweiligen Lebensform nicht besagt, dass deren Exemplare über das Vermögen begrifflicher Spontaneität verfügen. Subrationale Tiere denken nicht, ziehen keine Schlüsse, haben nicht Überzeugungen, fällen nicht Urteile, stellen nicht Überlegungen an, fassen keine Vorsätze, hegen keine Absichten, und ihr Wollen geht folglich ebenso wenig aus Überlegungen hervor, wie es in inferentiellen Beziehungen zu Überzeugungen oder Urteilen steht. Das Wollen subrationaler Tiere ist daher kein Wollen, das auf der freien Ausübung begrifflicher Spontaneität beruht. Und das heißt: Ihr Wollen ist kein *Beabsichtigen*, sondern eine andere Art aktiver intentionaler Gerichtetheit, die man als „dranghafte Begierde" oder „appetitive Neigung" bezeichnen kann.[2]

Ein Wollen, das dranghafte Begierde ist, kann von uns durch Beobachtung des Verhaltens eines Exemplars einer Lebensform empirisch herausgefunden werden. Denn vor dem Hintergrund unseres teleologisch strukturierten naturhistorischen Wissens über die Zustands- und Bewegungsformen seiner Lebensform können wir die beobachtbaren Zustände und Bewegungen dieses Exemplars zutreffend als zweckbestimmt begreifen und dementsprechend beschreiben. Dies können wir, weil wir dem Tun eines subrationalen Tiers einen Ort innerhalb der teleologisch strukturierten Einheit seiner Lebensform geben können. Und folglich können wir darüber, ob sein Tun aus makellosen oder mangelhaften Manifestationen der Bewegungsformen seiner Lebensform besteht, auch wahre Urteile fällen, die auf Beobachtungen beruhen und Tatsachen artikulieren.

Da ein subrationales Tier jedoch nicht über das Vermögen begrifflicher Spontaneität verfügt, verfügt es auch nicht über das reflexive Vermögen des Selbstbewusstseins.[3] Daher kann es die Zwecke, die in unseren Beschreibungen seines Tuns artikuliert werden und denen es folgt, sofern unsere Beschreibungen wahr sind, auch nicht selbst als Zwecke begreifen und folglich auch nicht als diejenigen Zwecke vorstellen, die es mit seinem Tun verfolgt. Deshalb kann es aber auch nicht mit seinem Tun *Ziele* verfolgen, sofern das Verfolgen von Zielen das Verfolgen von Zwecken ist, die man als die zu verfolgenden Zwecke des eigenen Tuns vorstellt und in Freiheit mit Gründen selbst setzt.[4] Subrationale Tiere können in ihrem Tun nur ihre durch ihre jeweilige Lebensform gegebenen intrinsischen Zwecke besser oder schlechter realisieren, indem sie besser oder schlechter die Zustands- und Bewegungsformen ihrer Lebensform manifestieren. Da ihr Wollen dranghafte Begierde und kein Beabsichtigen ist, bewegen sie sich nicht im Reich der Freiheit und der Vernunft, das der Raum der Gründe ist. Und somit bewegen sie sich – wie auf den Spuren Gadamers im fünften Kapitel erläutert wurde – auch nicht in der natürlichen Welt, sondern in der Umwelt.

Derlei zu behaupten, heißt nicht, eine mehr oder minder gewagte empirische These aufzustellen, sondern eine Übereinstimmung hervorzuheben, die aus unserem naturhistorischen Wissen über all jene Lebensformen hervorgeht, die nicht die menschliche Lebensform sind. Und dieses naturhistorische Wissen ist solange ein Wissen über die uns bekannten nicht-menschlichen Lebensformen, solange es nicht gelungen ist, etwas zu entdecken und zu verstehen, das eine Antwort eines nicht-menschlichen Tiers auf Fragen der folgenden Art wäre: „Was hast Du vor?"; „Was machst Du gerade?"; „Warum tust Du das?"; „Warum hast Du das getan?".[5]

Anders als subrationale Tiere, können Menschen in der Regel sehr wohl sich selbst und anderen Menschen Antworten geben auf diese Fragen. Und indem sie dies tun, führen sie im Allgemeinen die Ziele ihres Tuns als Gründe für ihr Tun an, die für gewöhnlich Auskunft über ihre Absichten geben und in der Regel ihr Tun bestimmen. Der Mensch kann all das, von dem wir gerade sagten, dass subrationale Tiere es nicht können. Denn Natur und Begriff von Menschen in der uns begrifflich vorgängig erschlossenen Welt sind derart, dass Menschen in der Welt sind als Lebewesen, die über das Vermögen begrifflicher Spontaneität verfügen und deren Wollen in der Regel ein Beabsichtigen ist. Ihr Wollen ist für gewöhnlich eine Bewegung im Reich der Freiheit und der Vernunft, das der Raum der Gründe ist. Es ist im Allgemeinen eine Ausübung praktischer Rationalität.

Auch derlei zu behaupten heißt nicht, eine mehr oder minder gewagte empirische These über Menschen aufzustellen, sondern es heißt: unser naturhistorisches Wissen über jene Lebensform zu artikulieren, deren Exemplare wir sind. Es heißt: Natur und Begriff von Menschen zu explizieren.

58. Wenn das Tun des Menschen durch sein Wollen, das ein Beabsichtigen ist, bestimmt ist, und wenn das Beabsichtigen eine Bewegung im Raum der Gründe ist, dann kann sich die Beschreibung des Tuns von Menschen im Allgemeinen auch nicht auf die Beschreibung ihrer lediglich beobachtbaren Körperbewegungen belaufen, wie das bei subrationalen Tieren der Fall ist.

Denn ist das Wollen des Menschen in der Regel eine Bewegung im Raum der Gründe, die sein Tun bestimmt, dann sind die körperlichen Bewegungen, die Menschen vollziehen, für gewöhnlich nicht Bewegungen, die unabsichtlich und absichtslos geschehen, wie etwa Atmen, Schwitzen oder Erröten. Sie sind im Allgemeinen auch nicht schlicht beobachtbare Manifestationen dranghafter Begierde, wie etwa der Trieb subrationaler Tiere zur Nahrungsaufnahme oder zur Kopulation. Und wir beziehen uns für gewöhnlich auch nicht auf Kniesehnenreflexe oder die peristaltischen Bewegungen des Darms eines Menschen, wenn wir uns auf sein Tun beziehen. Nehmen wir Bezug auf die Köperbewegungen einzelner Menschen, die ihr Tun sind, so nehmen wir im Allgemeinen Bezug auf die beobachtbaren körperlichen Manifestationen menschlichen Wollens, das ein Beabsichtigen ist. Solche körperlichen Manifestationen des Beabsichtigens sind aber *Handlungen*.

Gleich, ob man bei der näheren Erläuterung des Begriffs der Handlung einem Ansatz im Stile Anscombes folgt[6] oder ob man Davidson zu folgen glaubt, indem man das sogenannte *belief-desire*-Modell als kausale Handlungstheorie auffasst,[7] muss jegliche Erläuterung des Begriffs der Handlung in der Lage sein, Handeln als ein in die Tat umgesetztes Beabsichtigen darzustellen. Denn begreifen wir das Handeln des Menschen als körperliche Manifestation menschlichen Beabsichtigens oder auch nur als dessen Folge, so ist eine Handlung als solche nur dann adäquat beschrieben, wenn sie nicht lediglich als ein physisches Tun beschrieben wird. Soll eine Körperbewegung eine Handlung sein, so muss sie unter eine Beschreibung fallen, die sie auf die eine oder andere Weise als ein *verkörpertes Beabsichtigen* darstellt. Das heißt: Beabsichtigen und Handeln des Menschen müssen dann nicht als zwei verschiedene Arten von Bewegungsformen des Menschen aufgefasst werden, sondern als zwei Arten der Manifestation ein und derselben lebensformspezifischen Bewegungsform. Wollen als Beabsichtigen und Handeln als verkörpertes Beabsichtigen manifestieren dann eine einzige menschliche Bewegungsform – nämlich eine Form geistiger und körperlicher Bewegung, die Aktivität im Raum der Gründe ist und auf dem Vermögen begrifflicher Spontaneität des Menschen beruht.

Ist menschliches Tun in der Regel Handeln, und ist Handeln verkörpertes Beabsichtigen, so ist es aber witzlos, die natürliche Qualität eines Exemplars der menschlichen Lebensform und die Qualität seiner Bewegungen oder auch Zustände danach zu beurteilen, ob sie lebensformspezifischen Formen bloß körperlicher Bewegungen oder Zuständen entsprechen, die durch lebensformspezifische Zwecke bestimmt sind. Denn dieser Zug unserer im vorherigen Kapitel skizzierten Beurteilung der natürlichen Qualität von Exemplaren subrationaler Lebensformen würde uns mit Blick auf einen Menschen bestenfalls dann weiterhelfen, ginge es uns etwa um die natürliche Qualität seiner Verdauung. Möchten wir hingegen verständlich machen, dass moralische Qualität eine natürliche Qualität des Menschen ist, so können wir uns ebenso wenig auf die peristaltischen Bewegungen des menschlichen Darms beziehen wie auf alle übrigen körperlichen Bewegungen und Zustände des Menschen, die nicht seine Handlungen sind oder durch seine Handlungen absichtlich herbeigeführte Zustände darstellen. Denn richten wir unsere Aufmerksamkeit auf die Fragen der Ethik, beziehen wir uns auf die Qualität des Beabsichtigens und Handelns eines Menschen – und dann, davon ausgehend, auf die Qualität seines Charakters. Oder, wie Aristoteles es ausdrückt: „Mit ‚menschliche Gutheit' bezeichnen wir nicht die Gutheit des Körpers, sondern die der Seele [...]."[8]

Zwar kann man auch zu Recht sagen, dass Körperbewegungen, die keine Handlungen sind, ebenso wie nicht absichtlich herbeigeführte körperliche Zustände von Menschen, natürliche Defekte einzelner Exemplare der menschlichen Lebensform darstellen können – nämlich dann, wenn sie schlecht für diese Exemplare sind. Es ist verständlich, aber begrifflich irreführend, wenn man aus Angst davor, missverstanden zu werden, bestreitet, dass körperliche oder geistige Behinderungen natürliche Defekte von Menschen sind. Zweifelsohne sind sie natürliche Defekte – und zwar gemessen an dem, was die Natur- und Begriffsgeschichte im Allgemeinen über die körperliche Verfassung oder die kognitive Leistung von Exemplaren der menschlichen Lebensform besagt. Nur deshalb nennen wir sie ja „Behinderungen" oder auch „Krankheiten". Und mit Blick auf derartige natürliche Defekte gilt das, was auch schon mit Blick auf die Körperbewegungen und -zustände von Exemplaren subrationaler Lebensformen galt: Entweder entsprechen die physische Verfassung und die kognitive Leistungsfähigkeit eines einzelnen Exemplars der menschlichen Lebensform den allgemeinen natürlichen Normen der körperlichen Gesundheit von Exemplaren der menschlichen Lebensform, oder das Exemplar ist natürlich defektiv. Da jedoch solche Körperbewegungen eines Menschen keine Handlungen sind und die entsprechenden Körperzustände auch für gewöhnlich von ihm nicht absichtlich herbeigeführte Zustände sind, können wir auch nicht sagen, sie seien ein Beabsichtigen und Handeln des Betroffenen oder für gewöhnlich ein Resultat seines Beabsichtigens und Handelns. Eben deshalb können sie aber auch keine Defekte seines Beabsichtigens und Handelns sowie seines Charakters sein.[9]

Natürliche Defekte einzelner Menschen, die keine Defekte des Beabsichtigens und Handelns sowie Charakters darstellen, sind für uns jetzt aber vollkommen irrelevant! Denn richten wir – wie ich gerade sagte – unsere Aufmerksamkeit auf die Fragen der Ethik, so beziehen wir uns auf die Qualität des Beabsichtigens, des Handelns und des Charakters von Menschen. Und um die Position zu untermauern, dass moralische Qualität eine natürliche Qualität des Menschen ist, muss man ja keineswegs die absurde These vertreten, dass alle natürlichen Defekte von Menschen moralische Defekte seien. Selbstverständlich sind nicht alle natürlichen Defekte von Menschen moralische Defekte, aber alle moralischen Defekte sind natürliche Defekte von Menschen. Und nur darum geht es hier.

Moralische Defekte sind als solche natürliche Defekte von Exemplaren der menschlichen Lebensform, weil ihr Beabsichtigen und Handeln die Art von Bewegungsform darstellt, die in naturhistorischen Urteilen zeitallgemein mit der Lebensform des Menschen verknüpft ist. Daher schließen wir aus Urteilen über Defekte des Beabsichtigens und Handelns zuweilen nicht nur auf Urteile, die besagen, der-und-der Mensch habe einen schlechten Charakter, sondern sagen stattdessen mitunter auch, er sei ein schlechter Mensch. Aber niemand, der auch nur annähernd Natur und Begriff des Menschen kennt und halbwegs bei Trost ist, würde Menschen so beurteilen, wie manche Leute beispielsweise Rennpferde beurteilen: Ist man kein Sklavenhändler oder Nazi, so urteilt man nicht, dass jemand, der ein gebrochenes Bein oder eine geistige Behinderung hat, deshalb ein schlechter Mensch sei. Fällt jemand derartige Urteile, so ist dies Ausdruck dessen, dass er Menschen gerade nicht als Menschen in den Blick bekommt oder absichtlich nicht in den Blick nimmt, sondern mit seinem Urteil den Menschen als Exemplar der menschlichen Lebensform verfehlt.[10]

59. Wird das bis jetzt Gesagte auch nur ansatzweise dem Umstand gerecht, dass der Mensch über das Vermögen begrifflicher Spontaneität verfügt und daher beabsichtigen und handeln kann, so macht dies nicht nur einen graduellen Unterschied aus, was die Beschreibung der Bewegungen (und Zustände) von Menschen und von subrationalen Lebewesen betrifft. Ist nämlich menschliches Wollen im Allgemeinen Beabsichtigen und ist menschliches Tun in der Regel Handeln, das verkörpertes Beabsichtigen ist, dann ist für gewöhnlich menschliches Wollen ebenso wenig dranghafte Begierde, wie menschliches Tun verkörperte dranghafte Begierde ist. Vielmehr ist das Wollen und Tun des Menschen im Allgemeinen die in Freiheit vollzogene Ausübung praktischer Rationalität. Denn sein Beabsichtigen und Handeln ist die freie Manifestation einer Bewegungsform, die eine Form der Bewegung im Raum der Gründe ist.[11]

Daher kann der Mensch nicht nur in seinem Denken die Ziele und Mittel seines Handelns als solche begreifen und kritisch reflektieren. Vielmehr kann er sie in seinem Beabsichtigen auch frei und selbst setzen und so sein Handeln durch Gründe bestimmen, indem er sich in seinen Überlegungen frei und selbst einem Prinzip praktischer Rationalität unterwirft, das sein Beabsichtigen leitet. Ist dem so, dann stellen Beabsichtigen und Handeln von Menschen keine Bewegungen dar, die ohne weiteres und uniform durch die material reichhaltigen Zwecke bestimmt sind, die die intrinsischen Zwecke der Exemplare ihrer Lebensform sind. Während dies für die Bewegungen der Exemplare subrationaler Lebensformen ohne Einschränkung gilt, setzen Exemplare der menschlichen Lebensform im prinzipgeleiteten Beabsichtigen frei und selbst die materialen Gehalte, die ihre Ziele sind und als Gründe ihr Handeln bestimmen.[12] Exemplare der menschlichen Lebensform, die dazu in der Lage sind, ihr Handeln frei und selbst zu bestimmen, können wir *menschliche Personen* nennen. Und trifft es zu, was wir bisher über Natur und Begriff des Menschen gesagt haben, so müssen wir jetzt auch sagen, dass zwar nicht ausnahmslos alle Menschen menschliche Personen sein müssen, dass Menschen aber im Allgemeinen menschliche Personen sind. Denn die menschliche Lebensform ist eine rationale Lebensform, und „menschliche Person" bezeichnet die Form eines rationalen Menschen.

Dies bedeutet mit Blick auf die im vorherigen Kapitel skizzierte Idee einer teleologischen Ordnung unter anderem Folgendes: Versuchen wir, die Handlung eines Menschen, der für gewöhnlich eine menschliche Person ist, als solche zu verstehen, dann können wir seine Bewegungen nicht mehr bloß als die beobachtbaren Manifestationen uniformer Bewegungsformen begreifen, indem wir sie mit uniformen lebensformspezifischen Zwecken in Verbindung bringen. Vielmehr müssen wir seine Bewegungen als Manifestationen einer *Handlungsform* begreifen und sie teleologisch zuallererst ins Verhältnis setzen zu dem im prinzipgeleiteten Beabsichtigen jeweils frei und selbst gesetzten Handlungsziel des betreffenden Menschen, das sein Tun unter eine Handlungsform bringt und es als sein Handeln bestimmt.

Anders als das Klopfen eines Spechtes, verstehen wir beispielsweise das Betätigen einer Schwengelpumpe durch einen Menschen nicht einfach dadurch, dass wir diesen Menschen als Exemplar der menschlichen Lebensform und das Betätigen von Schwengelpumpen als eine Bewegungsform der menschlichen Lebensform begreifen, der eine bestimmte teleologische und logische Rolle in der Natur- und Begriffsgeschichte des Menschen zukommt. Das Auf- und Abbewegen des Schwengels einer solchen Pumpe gehört nämlich nicht zur Natur- und Begriffsgeschichte des Menschen, wie das Klopfen gegen Baumstämme zur Natur- und Begriffsgeschichte des Spechts gehört. Und selbstverständlich sind Menschen auch nicht natürlich defektiv, wenn sie keine Schwengelpumpen betätigen!

Dass dieser Mensch diese Schwengelpumpe betätigt, um Wasser zu pumpen, verstehen wir nur dann, wenn wir wissen, dass Schwengelpumpen im Allgemeinen dazu verwendet werden, um Wasser zu pumpen, wenn wir wissen (oder zumindest unterstellen), dass dieser Mensch das Betätigen einer Schwengelpumpe für ein geeignetes Mittel hält, Wasser zu pumpen, und wenn wir wissen (oder zumindest unterstellen), dass er die Absicht hat und das Ziel verfolgt, an Wasser zu gelangen. Das heißt: Wir verstehen die teleologische und logische Rolle seiner einzelnen Bewegungen (i. e. das Auf- und Abbewegen des Pumpenschwengels) erst dann, wenn wir sie als Bestandteile der Manifestation einer Handlungsform begreifen, die durch das frei und selbst gesetzte Handlungsziel dieses Menschen bestimmt ist, welches den Gehalt seiner Absicht ausmacht und den Grund seines Handelns darstellt.[13]

Sind Menschen, die in der Regel menschliche Personen sind, im Allgemeinen praktisch rational, so vollziehen sie also durch ihr prinzipgeleitetes Beabsichtigen und Handeln Bewegungen im Raum der Gründe, die Ausübungen ihres Vermögens praktischer Rationalität in Freiheit sind. Und das heißt: Sie setzen, dem frei und selbst gegebenen Prinzip praktischer Rationalität folgend, frei und selbst Zwecke als Ziele ihres Tuns, wodurch sie es unter bestimmte Handlungsformen bringen und als ihr Handeln frei und selbst durch Gründe bestimmen. Trifft dies im Allgemeinen zu, dann muss unsere Natur- und Begriffsgeschichte der menschlichen Lebensform, in der unsere naturhistorischen Urteile über den Menschen zu einem teleologisch und inferentiell strukturierten Gesamt geordnet sind, die menschliche Lebensform als praktisch rationale Lebensform darstellen. Mit Blick auf das Gedeihen als formales Telos alles Lebendigen heißt das, dass der lebensformspezifische Endzweck eines Exemplars der menschlichen Lebensform darin besteht, praktisch (und theoretisch) rational zu sein.[14] Und dementsprechend muss in den naturhistorischen Urteilen, die in der Natur- und Begriffsgeschichte des Menschen enthalten sind, die menschliche Lebensform mit solchen Bewegungs- und Zustandsformen zu einer zeitallgemeinen prädikativen Einheit verknüpft sein, die rationale Bewegungsformen sind. Das sind in praktischer Hinsicht die Bewegungsform des Beabsichtigens und Handelns sowie die Zustandsform des Charakters als Formen praktisch rationaler Bewegungen und Zustände.

Als *Formen* praktisch rationaler Bewegungen und Zustände können diese Formen nur Formen *vollends* praktischer Rationalität sein. Denn als Formen praktisch rationaler Bewegungen und Zustände stellen sie das dar, was es im Allgemeinen heißt, praktisch rational zu sein. Und indem sie dies tun, fungieren sie zugleich als natürliche Normen des Beabsichtigens, Handelns und des Charakters einzelner Menschen, die nicht immer alle vollends rational sind. (Vermutlich sind dies sogar nur wenige und das auch eher selten.)

Die allgemeine Form und Norm dessen darzustellen, was es heißt, so-und-so zu sein, kann und muss aber nicht auch die Darstellung dessen beinhalten, was es heißt, nur halbwegs, teilweise oder „ein bisschen" so-und-so zu sein. Das heißt: Die Form und Norm kann und muss nicht selbst darstellen, was es heißt, die Form defizitär zu manifestieren und der Norm mangelhaft zu entsprechen. Denn Defizit und Mangel sind keine Form und Norm. Und die Rede von „halbwegs", „teilweise", „ein bisschen" sowie „defizitär" und „mangelhaft" wird auch überhaupt erst verständlich unter Voraussetzung einer allgemeinen Form als Norm, die das formuliert, was ihre makellose Manifestation auszeichnet. Daher kann und muss die allgemeine Form dessen, was es heißt, als Mensch praktisch rational zu sein, auch nicht darstellen, was es heißt, als Mensch halbwegs, teilweise oder „ein bisschen" rational zu sein – was alles in allem bedeutet: irrational zu sein, da die Form defizitär manifestiert und der Norm mangelhaft entsprochen wird. Und freilich kann und muss die allgemeine Form menschlichen Beabsichtigens und Handelns, die die Form vollends praktisch rationaler Bewegungen im Raum der Gründe darstellt, auch nicht jenes Wollen und Tun berücksichtigen oder miteinbeziehen, das nicht irrational, sondern arational ist, weil es nicht die Form des Beabsichtigens und Handelns mangelhaft manifestiert, sondern Bewegungsformen des Wollens und Tuns, das dranghafte Begierde und ihre Verkörperung ist.

Wenn das Wollen und Tun von Menschen in der Regel prinzipgeleitetes Beabsichtigen und Handeln ist und dies Bewegungen im Raum der Gründe sind, dann kann die Form dieser Bewegungen also nur die Form einer vollständig entwickelten praktischen Rationalität sein. Und das Gleiche gilt für die Zustandsform des Charakters von Menschen, da die Qualität des Charakters eines Menschen aus der Qualität seines Beabsichtigens und Handelns hervorgeht.[15]

Was das im vorherigen Kapitel erläuterte formale Muster natürlicher Normativität betrifft, das auf dem Verhältnis zwischen einer Lebensform und ihren Exemplaren beruht (bzw. auf dem Verhältnis zwischen den Bewegungs- und Zustandsformen einer Lebensform und deren Manifestationen durch ihre Exemplare), so verhält es sich auch mit Blick auf den Menschen formal nicht anders als bei den zuvor betrachteten subrationalen Lebensformen und ihren Exemplaren. In unserer begrifflich strukturierten Praxis des In-der-Welt-Seins sind die Natur und der Begriff von Menschen derart erschlossen, dass die menschliche Lebensform eine rationale Lebensform ist. Daher bemisst sich die natürliche Qualität des Beabsichtigens und Handelns ihrer Exemplare daran, inwieweit dies makellose oder mangelhafte Manifestationen der rationalen Bewegungsform des Beabsichtigens und Handelns sind. Und Gleiches gilt für menschliche Charaktere und die Zustandsform des Charakters.

Die rationale Bewegungsform des Beabsichtigens und Handelns mangelhaft zu manifestieren, ist im Allgemeinen natürlich schlecht *für* Exemplare der menschlichen Lebensform *als* Exemplaren der menschlichen Lebensform. Und ein Exemplar der menschlichen Lebensform, das diese Bewegungsform mangelhaft manifestiert, ist im Allgemeinen ein natürlich schlechtes Exemplar seiner Lebensform. Hingegen ist es im Allgemeinen natürlich gut *für* Exemplare der menschlichen Lebensform *als* Exemplare der menschlichen Lebensform, diese Bewegungsform makellos zu manifestieren. Und ein Exemplar der menschlichen Lebensform, das diese Bewegungsform makellos manifestiert, ist im Allgemeinen ein natürlich gutes Exemplar seiner Lebensform. Haben wir die rationale Qualität des jeweiligen Beabsichtigens und Handelns eines Menschen derart begriffen, so können wir also beurteilen, ob es natürlich gut oder natürlich schlecht ist für Menschen und ob ein menschlicher Charakter bzw. ein Mensch als Mensch natürlich gut oder schlecht ist.

Mit Aristoteles können wir eben dies – vielleicht etwas umständlich – auch so ausdrücken: Das Beabsichtigen und Handeln des Menschen muss naturgemäß begriffen werden als „ein tätiges Leben desjenigen Bestandteils in der menschlichen Seele *(psyche)*, der Vernunft *(logos)* besitzt." Denn „die Funktion *[ergon]* des Menschen" ist seiner Natur und seinem Begriff zufolge „eine Tätigkeit *(energeia)* der Seele entsprechend der Vernunft *(kata logon)* oder wenigstens nicht ohne Vernunft". Daher besteht „die Funktion des Menschen" darin, „eine bestimmte Lebensweise an[zu]nehmen, und zwar eine Tätigkeit der Seele oder der Vernunft entsprechende Handlungen". Die „Funktion des guten Menschen" ist es folglich, „diese Handlungen auf gute und angemessene *(kalos)* Weise zu tun". Denn „das Gut für den Menschen *(to anthropinon agathon)*" ist die „Tätigkeit *(energeia)* der Seele im Sinne der Gutheit *(kat' areten)*, und wenn es mehrere Arten der Gutheit gibt, im Sinne derjenigen, welche die beste und am meisten ein abschließendes Ziel *(teleios)* ist."[16]

60. Trifft das bis jetzt Gesagte zu, dann können wir nun – auf Aristoteles' Schultern stehend – sagen, dass es für Menschen natürlich gut ist, praktisch rational zu sein, einen rationalen Charakter zu haben und auf rationale Weise zu beabsichtigen und zu handeln, während es für Menschen natürlich schlecht ist, praktisch irrational zu sein, einen irrationalen Charakter zu haben und auf irrationale Weise zu beabsichtigen und zu handeln.

Aber allein dies zu sagen, reicht nicht aus, da man damit noch nichts darüber gesagt hat, was denn nun praktisch rational oder irrational für Menschen ist, weil sie Menschen sind. Denn man hat nur gesagt, dass praktisches Rationalsein natürlich gut und praktisches Irrationalsein schlecht ist für Menschen. Woran es sich bemisst, ob das Beabsichtigen und Handeln sowie der Charakter eines Menschen praktisch rational oder irrational sind, bleibt dabei allerdings offen. Denn bis jetzt bezeichnet die Rede von „praktischer Rationalität" keine materiale Form, sondern lediglich eine rein formale Form, von der man nicht einmal sagen kann, dass sie material *unter*bestimmt ist, da sie material vollkommen *un*bestimmt ist.

Ich glaube, dabei dürfen wir es nicht bewenden lassen. Denn obgleich philosophische Erläuterungen in gewissem Sinne immer formal sind und sich unausweichlich auf einem bestimmten Abstraktionsniveau bewegen, weil mit ihnen etwas Allgemeines gesagt werden soll, dürfen sie ihre Relevanz für uns nicht gleichsam selbst auflösen, indem sie sich auf material nichtssagende Formen völliger formalistischer Abstraktion belaufen. Daher sollten wir, wie Aristoteles, auch die Frage zu beantworten suchen, was denn nun praktisch rational oder irrational für Menschen ist, weil sie Menschen sind. Versucht man diese Frage zu beantworten, so scheint mir die beste Antwort darin zu bestehen, dass man zweierlei sagt. Nämlich *erstens*: Praktisch rational für Menschen als Menschen ist all das, was an dem orientiert ist, was für Menschen als Menschen natürlich gut ist. Und *zweitens*: Alles, was für Menschen als Menschen in keiner Weise natürlich schlecht ist, ist für Menschen als Menschen natürlich gut.[17]

Zu sagen, dass für Menschen als Menschen all das praktisch rational ist, was an dem orientiert ist, was für Menschen als Menschen natürlich gut ist, kann im jetzigen Kontext auf den ersten Blick verwirrend wirken. Sagt man nämlich (wie ich es gerade zuvor tat), dass es natürlich gut für Menschen ist, wenn ihr Beabsichtigen, ihr Handeln und ihr Charakter rational sind, um dann zu sagen (wie ich es jetzt tat), dass ihr Beabsichtigen, ihr Handeln und ihr Charakter rational sind, wenn sie an dem orientiert sind, was für Menschen natürlich gut ist, dann kann es entweder so scheinen, als wäre dies hoffnungslos zirkulär. Oder aber es scheint so, als wollte man, um der heillosen Zirkularität zu entgehen, sagen, die praktisch rationale Qualität des Menschen sei ihrerseits noch einmal von etwas anderem abhängig, das zwar natürlich gut für Menschen ist, aber jenseits ihrer praktischen Rationalität liege. Denn sagt man, dass das Beabsichtigen, das Handeln und der Charakter von Menschen dann rational sind, wenn sie an dem orientiert sind, was für Menschen natürlich gut ist, so kann sich das so anhören, als machte man etwas natürlich Gutes zum *externen* Maßstab praktischer Rationalität. Und dann liegt es z.B. nahe, dass man rationale Qualität in konsequentialistischer Manier von etwas Arationalem abhängig macht, das man dann seinerseits wiederum psychologisch, soziologisch oder biologisch beschreibt.

Wie wohl aufgrund all dessen, was in den vorangegangenen Kapiteln gesagt wurde, klar sein dürfte, möchte ich letzteres keineswegs sagen. Was ich sagen will, ist vielmehr Folgendes: Das Beabsichtigen, das Handeln und auch der Charakter von Menschen sind dann vollends praktisch rational, wenn Menschen in ihrem Beabsichtigen und Handeln orientiert sind an z.B. Anteilnahme, Aufgeschlossenheit, Bescheidenheit, Besonnenheit, Ehrlichkeit, Ernsthaftigkeit, Freundlichkeit, Fürsorglichkeit, Geduld, Gerechtigkeit, Geschicklichkeit, Großzügigkeit, Hilfsbereitschaft, Humor, Klugheit, Kritikfähigkeit, Mut, Nachsicht, Redlichkeit, Rücksicht, Selbstironie, Sorgfältigkeit, Takt, Tapferkeit, Treue, Verantwortlichkeit, Verlässlichkeit, Verständigkeit, Weisheit, Wohlwollen und Zuversicht. Das heißt: Das Beabsichtigen, das Handeln und der Charakter eines Menschen sind dann vollends praktisch rational, wenn sie an all dem für Menschen natürlich Guten orientiert sind, das in den jetzt beispielhaft angeführten Tugenden besteht und das durch Verwendung entsprechender attributiver Adjektive von Menschen ausgesagt werden kann.[18]

Ebenso wenig überraschend gilt umgekehrt, dass das Beabsichtigen, das Handeln und auch der Charakter von Menschen dann nicht praktisch rational, sondern irrational sind, wenn Menschen in ihrem Beabsichtigen und Handeln orientiert sind an Lastern wie z.B. Achtlosigkeit, Arroganz, Aufdringlichkeit, Bosheit, Dünkel, Eitelkeit, Engstirnigkeit, Faulheit, Feigheit, Frivolität, Gehässigkeit, Geiz, Gier, Grausamkeit, Groll, Großspurigkeit, Hinterlist, Kleinlichkeit, Neid, Opportunismus, Respektlosigkeit, Schadenfreude, Schamlosigkeit, Selbstgefälligkeit, Selbstmitleid, Selbsttäuschung, Selbstzufriedenheit, Starrsinn, Taktlosigkeit, Unaufrichtigkeit, Unbeherrschtheit, Undankbarkeit, Ungerechtigkeit, Unterwürfigkeit, Unverschämtheit, Unzuverlässigkeit, Verlogenheit, Verrat, Verschwendung, Völlerei und Zynismus. [19]

Natürlich gut für Menschen ist also das prinzipgeleitete Beabsichtigen und Handeln eines Menschen dann, wenn es rational ist, weil es darin besteht, sich mit Gründen dazu zu bestimmen, unter Einsatz von Mitteln, die für Menschen in der Regel gute und geeignete Mittel sind, frei und selbst gesetzte Ziele zu realisieren, die an dem orientiert sind, was im Allgemeinen gut ist für Menschen, wie z.B. die eben angeführten Tugenden. Ein solches Beabsichtigen und Handeln ist eine makellose Manifestation der Bewegungsformen des Beabsichtigens und Handelns der menschlichen Lebensform, die dem formalen Telos alles Lebendigen entspricht, da sie den lebensformspezifischen Endzweck des menschlichen Gedeihens dient: nämlich praktisch rational zu sein.

Hingegen ist ein Beabsichtigen und Handeln eines Menschen natürlich schlecht, wenn es irrational ist, weil es an Zielen orientiert ist, die nicht im Allgemeinen natürlich gut sind für Menschen, sondern an Zielen, die im Allgemeinen natürlich schlecht für Menschen sind, wie z.B. die eben angeführten Laster. Dann ist es eine defizitäre Manifestation der Bewegungsform des Beabsichtigens und Handelns der menschlichen Lebensform – und eine solche defizitäre Manifestation ist nicht natürlich gut, sondern natürlich schlecht für Exemplare dieser Lebensform. Sie beeinträchtigt oder verhindert nämlich das menschliche Gedeihen des betreffenden Menschen, der die Bewegungsform defizitär manifestiert, oder das Gedeihen anderer Menschen. Insofern ist das irrationale Beabsichtigen und Handeln eines Menschen zwar eine Bewegung in Freiheit – und dies unterscheidet sie von den Bewegungen, die subrationale Tiere vollziehen. Aber als irrationales Beabsichtigen und Handeln ist sie ein fehlerhaftes Beabsichtigen und Handeln und daher eine mangelhafte Manifestation der für Menschen lebensformspezifischen Bewegungsform des Beabsichtigens und Handelns.

Als mangelhafte Manifestation einer lebensformspezifischen Bewegungsform ist sie formal nicht anders aufzufassen als eine mangelhafte Manifestation einer je lebensformspezifischen Bewegungsform durch ein subrationales Tier – oder auch: durch ein zellkernloses Lebewesen, einen Einzeller, einen Pilz oder eine Pflanze. In all diesen Fällen der mangelhaften Manifestation je lebensformspezifischer Bewegungs- oder auch Zustandsformen liegt ein natürlicher Defekt eines jeweiligen Exemplars einer jeweiligen Lebensform vor, der die je lebensformspezifische Realisierung des formalen Telos alles Lebendigen beeinträchtigt oder verhindert. Das ist nicht natürlich gut, sondern natürlich schlecht für die jeweiligen Exemplare der jeweiligen Lebensformen und macht das jeweilige Exemplar, das den natürlichen Defekt aufweist, zu einem natürlich defektiven oder schlechten Exemplar seiner Lebensform. Nicht anderes verhält es sich mit dem für Menschen natürlichen Defekt praktischer Irrationalität. Irrationales Beabsichtigen und Handeln ist nicht natürlich gut, sondern natürlich schlecht für Exemplare der menschlichen Lebensform. Und Menschen, deren freies und selbstbestimmtes Beabsichtigen und Handeln irrational ist, weisen einen natürlichen Defekt auf. Sie sind als Exemplare ihrer Lebensform natürlich defektiv.[20]

Nun ist es in der Tat aber so, dass die gerade beispielhaft angeführten Tugenden von Anteilnahme bis Zuversicht nicht nur natürlich gut für Menschen sind, sondern auch nicht außerhalb des Bereichs der praktischen Rationalität des Menschen liegen. Und so stellt sich jetzt die Frage, ob es nicht hoffnungslos zirkulär ist, zu sagen, dass es natürlich gut für Menschen ist, wenn ihr Beabsichtigen, ihr Handeln und ihr Charakter rational sind, wobei sie deshalb rational sind, weil sie an dem orientiert sind, was für Menschen natürlich gut ist, nämlich etwa an den eben angeführten Tugenden.

Zu bestreiten, dass dies zirkulär ist, scheint mir kein sehr aussichtsreiches Unterfangen zu sein. Wie anders sollte man die gerade angeführten Tugenden als solche begreifen können, wenn nicht als etwas, das dem Bereich der praktischen Rationalität des Menschen entstammt? Die Zirkularität ist offenkundig. Und daher sollte man sie auch nicht bestreiten. Dass dies allerdings Anlass zur Hoffnungslosigkeit wäre, muss meiner Ansicht nach sehr wohl bestritten werden.

Zum einen ist der jetzt offenkundige Zirkel nämlich nicht uninformativ. Denn durch den Verweis auf die angeführten Tugenden kann die Form der praktischen Rationalität des Menschen material reichhaltiger bestimmt werden, nämlich als die Orientierung des Beabsichtigens, des Handelns und des Charakters des Menschen an diesen Tugenden. Da sie die Aufgabe der je situations- und kontextspezifischen praktischen Urteilskraft nicht vorwegnehmen können, sind z.B. „Anteilnahme" oder „Zuversicht" in gewissem Sinne zwar immer noch abstrakt und auch formal – wie alles, was Philosophie ist. Ohne konkretistisch zu sein, sind „Anteilnahme" oder „Zuversicht" dennoch konkreter und auch informativer als „praktische Rationalität". Denn sie bestimmen material reichhaltiger, was es heißt, an dem orientiert zu sein, was im Allgemeinen für Menschen natürlich gut ist – und dadurch vermitteln sie zugleich eine material reichhaltigere Ahnung dessen, was es für Menschen heißt, praktisch rational zu sein.

Zum anderen gibt der jetzt offenkundige Zirkel aber vor allem auch keinen Anlass zur Hoffnungslosigkeit, wenn nicht fälschlicherweise versucht wird, die Moral auf nicht Nichtmoralisches zu reduzieren. Soll Moral nämlich als ein Bereich *sui generis* begriffen werden, so ist die jetzt offenkundige Zirkularität nicht etwas, das man zähneknirschend hinnehmen muss, sondern sie ist genau das, worauf man aus ist! Denn die rationale Qualität des Beabsichtigens, des Handelns und des Charakters des Menschen, von der ich bist jetzt sprach, ist nichts anderes als das, was Aristoteles im Blick hat, wenn er sich auf die Tätigkeit der Seele im Sinne der Gutheit *(kat' areten)* bezieht, oder was Kant vorschwebt, wenn er über „Sittlichkeit" nachdenkt. Das heißt: Die rationale Qualität des Beabsichtigens, des Handelns und des Charakters des Menschen, von der ich bis jetzt sprach, ist deren moralische Qualität und die des betreffenden Menschen selbst.

Beurteilt man nämlich – wie wir zuvor sagten – die moralische Qualität eines Menschen, so beurteilt man nicht seine körperliche Verfassung, sondern die natürliche Qualität seines Beabsichtigens, Handelns und Charakters. Deren natürliche Qualität beurteilt man aber – wie ich unter Berufung auf Aristoteles erläuterte – dadurch, dass man die Qualität beurteilt, die sie als Manifestationen der vollends rationalen Bewegungsform menschlichen Beabsichtigens und Handelns sowie der vollends rationalen Zustandsform des menschlichen Charakters haben. In Abhängigkeit von Natur und Begriff des Menschen beurteilt man also die natürliche Qualität des Beabsichtigens, des Handelns und des Charakters eines Menschen, indem man die rationale Qualität des Beabsichtigens, des Handelns und des Charakters dieses Menschen beurteilt. Die rationale Qualität des Beabsichtigens, des Handelns und des Charakters eines Menschen hängt aber davon ab, ob das, was beabsichtigt wird, natürlich gut für Menschen ist. Denn die vollends rationale Bewegungsform menschlichen Beabsichtigens und Handelns sowie die vollends rationale Zustandsform des menschlichen Charakters sind nicht nur als solche natürlich gut für Menschen, sondern auch an dem orientiert, was für Menschen natürlich gut ist. Beurteilt man aber das Beabsichtigen, das Handeln und den Charakter eines Menschen derart, dass man deren Qualität als Manifestationen praktischer Rationalität und also danach, was für Menschen natürlich gut ist, so beurteilt man deren moralische Qualität und somit die moralische Qualität des betreffenden Menschen selbst.

61. Damit sind wir jetzt bei dem angelangt, was in diesem Kapitel gezeigt werden sollte. Beurteilt man die moralische Qualität eines Menschen, so beurteilt man die moralische Qualität des prinzipgeleiteten Beabsichtigens, des Handelns und des Charakters dieses Menschen. Beurteilt man die moralische Qualität des prinzipgeleiteten Beabsichtigens, des Handelns und des Charakters dieses Menschen, so beurteilt man deren rationale Qualität. Beurteilt man deren rationale Qualität, so beurteilt man die natürliche Qualität des prinzipgeleiteten Beabsichtigens, des Handelns und des Charakters dieses Menschen – und damit die natürliche Qualität dieses Menschen als Menschen. Denn (vollständige) praktische Rationalität kennzeichnet die Bewegungsform des prinzipgeleiteten Beabsichtigens und Handelns und die Zustandsform des Charakters, die mit der menschlichen Lebensform zeitallgemein verknüpft sind – jener Lebensform also, die ein Mensch exemplifiziert.

Kurzum: Moralische Qualität ist rationale Qualität und als solche eine natürliche Qualität des Menschen. Und mehr muss in dieser Hinsicht jetzt eigentlich nicht gesagt werden. Aber ich vermute, dass man bei vielen zeitgenössischen Philosophen auf Widerspruch stoßen wird, wenn man sagt, dass rationale Qualität moralische Qualität ist und beide zusammen die natürliche Qualität des Beabsichtigens, des Handelns und des Charakters eines Menschen darstellen. Denn damit sagt man auch, dass sich diese rationale Qualität – wie alle natürliche Qualität – an lebensformspezifischen Bewegungsformen als natürlichen Normen bemisst. Und diese natürlichen Normen sind nicht individuell, personal oder subjektiv, sondern gelten im Allgemeinen und objektiverweise für Exemplare der Lebensform.

Das scheint aber der zutreffenden und auch von mir zuvor betonten Ansicht zu widersprechen, dass der Mensch – im Gegensatz zu subrationalen Tieren – in seinem prinzipgeleiteten Beabsichtigen und Handeln nicht ohne weiteres und uniform durch die material reichhaltigen Zwecke bestimmt ist, die die intrinsischen Zwecke der Exemplare seiner Lebensform sind. Vielmehr setzt er – wie wir zuvor sagten – in seinem Beabsichtigen seine Handlungsziele frei und selbst und bestimmt so sein Handeln durch Gründe, da er sich in seinen Überlegungen frei und selbst einem Prinzip praktischer Rationalität unterwirft, das sein Beabsichtigen leitet. Und aus dieser dem Menschen eigentümlichen Freiheit und Selbstbestimmung, die seine Autonomie ausmacht, scheint doch nun zu folgen, dass natürliche Normativität nachrangig oder gar überflüssig wird!

Dieser Schluss ist aber Ausdruck eines Missverständnisses, das auf der Verwechslung von Genese und Geltung beruht. Es besteht darin, dass man das, was menschliches Beabsichtigen und Handeln bestimmt, mit dem verwechselt, woran sich die Qualität menschlichen Beabsichtigens und Handelns bemisst. Aus dem Umstand, dass ein Mensch in seinem Beabsichtigen und Handeln nicht, wie ein subrationales Tier, ohne weiteres und uniform durch die intrinsischen Zwecke der Exemplare seiner Lebensform bestimmt ist, wird nämlich gefolgert, dass sich auch die Qualität seines Beabsichtigens und Handelns an keiner natürlichen Norm mehr messen lassen muss, die daraus resultiert, dass er ein Exemplar der menschlichen Lebensform ist und dass es einen lebensformspezifischen Endzweck menschlichen Gedeihens gibt. Aber derlei folgt daraus keineswegs.

Was daraus folgt, ist vielmehr dies: Anders als die natürlichen Defekte subrationaler Tiere bestehen die natürlichen Defekte des prinzipgeleiteten Beabsichtigens und Handelns von Menschen darin, dass sie *Fehler* darstellen, die nur rationale Tiere begehen können, d.h. Tiere, deren Wollen und Tun nicht arational ist, deren Beabsichtigen und Handeln aber irrational sein kann. Gerade weil Menschen, einem Prinzip praktischer Rationalität folgend, im Beabsichtigen ihre Handlungsziele frei und selbst setzen und so ihr Handeln frei und selbst durch

Gründe bestimmen können, kann ihr Beabsichtigen und Handeln ein natürlicher Defekt sein, der eine fehlerhafte Ausübung praktischer Rationalität ist. Ihr Beabsichtigen und Handeln kann nämlich ein Fall praktischer Irrationalität sein, da ein Handlungsziel zu realisieren beabsichtigt wird, das natürlich schlecht für Menschen ist. Ein solcher Fall praktischer Irrationalität ist eine Bewegung, die eine mangelhafte Manifestation der Bewegungsform des Beabsichtigens und Handelns des Menschen ist. Dass man einen solchen Fehler nur in Freiheit begehen kann, macht diesen nicht weniger zu einem Fehler. Und was fehlerhaft ist, ist defektiv.

Ein typischer Auswuchs des jetzt beschriebenen Missverständnisses sind Konzeptionen der praktischen Rationalität des Menschen, die auf das hinauslaufen, was ich im ersten Kapitel als „rationalen Instrumentalismus" bezeichnet habe (und was oftmals Hand in Hand geht mit dem, was ich „ethischen Subjektivismus" nannte). Solche Konzeptionen beruhen in irgendeiner Weise allesamt auf folgender Position:

Statt natürliche Normen der menschlichen Lebensform als objektiv und im Allgemeinen gültig für Menschen anzunehmen, müssen wir ein Prinzip der praktischen Rationalität als objektiv gültig voraussetzen, dem sich ein Mensch selbst unterwerfen muss, sofern er sein Wollen und Tun als rational und damit sich selbst als rationalen Akteur vor- und darstellen will. Dieses objektiv gültige Prinzip betrifft die Wahl der Mittel zur Realisierung der vom jeweiligen Menschen im Beabsichtigen frei und selbst gesetzten Ziele, die sein Handeln bestimmen. Und es besagt, dass von ihm normativ gefordert ist, diejenigen Mittel zu wählen, die am besten seine beliebig subjektiven Ziele realisieren bzw. am besten dazu beitragen, sie zu realisieren – worin auch immer diese Ziele bestehen mögen.[21]

Was an dieser Position zweifelsohne richtig ist, ist dies: Menschen, die sich zutreffenderweise als menschliche Personen vorstellen, indem sie sich als praktisch rational vorstellen, müssen sich frei und selbst einem formalen Prinzip praktischer Rationalität unterwerfen, das ihr Beabsichtigen leitet, welches ihr Handeln durch Gründe bestimmt. Aber warum sollte in diesem formalen Prinzip praktischer Rationalität die rationale Qualität der von Menschen im Beabsichtigen frei und selbst gesetzten Handlungsziele keinerlei Berücksichtigung finden?

Eben dies besagt jedoch die gerade formulierte Position, die die praktische Rationalität des Menschen als rein instrumentell darstellt. Ihr zufolge wäre ein Mensch in seinem Beabsichtigen und Handeln nämlich bereits dann vollends praktisch rational, wenn er geschickt in der Wahl und im Einsatz geeigneter Mittel ist, welche zur Realisierung seiner beliebig subjektiven Ziele führen. Ob diese Ziele natürlich gut oder schlecht für Menschen sind, ist dabei jedoch einerlei, wenn sie nur seine frei und selbst gesetzten Ziele sind. Würde ein derartiges, rein instrumentelles Prinzip praktischer Rationalität allerdings dasjenige sein, das die praktische Rationalität des Menschen bereits vollständig charakterisiert, dann würde es jedoch mehr als nur schwer werden, noch eine einleuchtende Antwort auf die Frage zu finden, die Warren Quinn von Foot in den Mund gelegt wird – nämlich die Frage: „[W]hat then would be so important about practical rationality?"[22]

62. Ginge es beim menschlichen Beabsichtigen und Handeln nur darum, beliebige subjektive Ziele zu realisieren, so stellte sich einerseits die Frage, ob nicht bloße Affekte und Neigungen oder gar Triebe und Instinkte, die bar jeglicher Rationalität sind, viel effizienter wären, wenn es um die Festlegung von Zwecken und geeigneten Mitteln ihrer Realisierung geht.[23] Andererseits wäre man aber auch mit der Frage konfrontiert, worin eigentlich die Wichtigkeit praktischer Rationalität im Leben von Menschen bestehen sollte, wäre es bereits dann vollends rational, wenn ein Mensch z.B. beabsichtigt, einen Swimmingpool voller Jauche zu besitzen und sich instrumentell geschickt in den Besitz eines solchen Swimmingpools bringt, ohne auf die Frage, warum er dies eigentlich tut, mehr antworten zu können als: „Ich will eben einen Swimmingpool voller Jauche besitzen".[24] Und es fragte sich schließlich, wie beispielsweise ein Serienmörder, der es versteht, seine Mittel geschickt einzusetzen, auch nur in einem instrumentellen Sinne als rational gelten könnte, wenn er beim Verhör lediglich zu Protokoll gibt, dass er seine Taten beging, weil er sie für schlecht hielt.

Wäre seine Auskunft aufrichtig und ernst gemeint, aber tatsächlich das einzige, was er zu sagen hat, so wäre sein Tun überhaupt nicht als rational zu begreifen, da sein Wollen nicht einmal als rein instrumentell rational begriffen werden könnte. Das heißt dann allerdings auch, dass sein Wollen gar nicht als sein Beabsichtigen und daher sein Tun auch nicht als sein Handeln aufgefasst werden kann. Damit sein Wollen als sein Beabsichtigen, sein Tun als sein Handeln und er als auch nur instrumentell rationale Person begriffen werden könnte, müsste er nämlich wenigstens auf Nachfrage noch irgendetwas anfügen können, was zumindest ansatzweise in die Richtung von Miltons Teufel[25] weist oder eine perfide Interpretation von Friedrich Nietzsches Idee der „Umwertung aller Werte"[26] wäre.

Falls nämlich nicht über kurz oder lang doch herauskommen sollte, dass er seine Taten insgeheim gar nicht so schlecht fand, muss herauskommen, dass seiner Ansicht nach das, was gemeinhin schlecht genannt wird, nur fälschlicherweise nicht für gut gehalten wird. Damit sein Wollen als Beabsichtigen, sein Tun als Handeln und er als auch nur ansatzweise rationaler Akteur begriffen werden kann, muss er nämlich seine Handlungsziele als gut vor- und darstellen können. Könnte er sie überhaupt nicht als gut vor- und darstellen, sondern tatsächlich nur als vollends schlecht oder auch unsinnig, so bliebe unverständlich, was es heißen sollte, dass er sie beabsichtigt.[27] Denn dann könnte sein Wollen und Tun tatsächlich nur so begriffen werden, dass es – bar jeder Rationalität und Freiheit – durch bloße Affekte und unmittelbare Neigungen oder gar Triebe und Instinkte bestimmt ist. Ein solches Wollen ist aber kein Beabsichtigen, und ein solches Tun ist kein Handeln. Und jemand, der auf diese Weise etwas will und tut, will und tut es weder als rationaler noch als irrationaler Akteur, sondern als arationaler Reakteur – einerlei, wie instrumentell geschickt oder ungeschickt er es tut.

Um zu verstehen, worin die Wichtigkeit praktischer Rationalität im Leben von Menschen besteht, können wir also offenbar nicht einfach die natürliche und rationale Qualität der von einer menschlichen Person frei und selbst gesetzten Handlungsziele außer Acht lassen, wenn es um ein angemessenes Prinzip praktischer Rationalität geht. Und dies gilt nicht nur für die Urteile aus der Perspektive des Interpreten, sondern auch für die Erste-Person-Perspektive des Akteurs selbst: Auch die unsinnigsten oder übelsten Handlungsziele müssen von demjenigen Menschen, der sie zu realisieren sucht, zumindest in irgendeiner Hinsicht als gut vor- und dargestellt werden können, soll dieser Mensch sein Beabsichtigen und Handeln und damit sich selbst als praktisch rational vor- und darstellen.

Stellt ein Mensch sein Beabsichtigen, sein Handeln und sich selbst derart vor und dar, so erhebt er (zumindest implizit) durch seine Vor- und Darstellung *eo ipso* den Anspruch, dass die Ziele, die er im Beabsichtigen frei und selbst setzt und durch die er sein Handeln bestimmt, gute Ziele sind.[28] Deshalb muss ein Mensch, der sich als beabsichtigend, handelnd und praktisch rational vorstellt, zumindest auf Nachfrage, auch versuchen können, diesen Anspruch zu rechtfertigen – und das gilt selbst für solche Menschen, die sich nur als rein instrumentell rational vorstellen. Dieser Anspruch und die Nötigung, ihn zu rechtfertigen, zeigen nun aber – ganz unabhängig davon, ob der Anspruch erfüllt wird oder nicht –, weshalb praktische Rationalität im Leben von Menschen eigentlich so wichtig ist: Praktische Rationalität ist deshalb im Leben von Menschen so wichtig, weil sie im Allgemeinen dazu dient, mit guten und nützlichen Mitteln natürlich gute Ziele für Menschen zu realisieren. Und ist dem so, dann können wir stattdessen auch sagen: Im Beabsichtigen frei und selbst Ziele zu setzen, die gute Ziele für Menschen sind, und dabei frei und selbst gute Mittel ihrer Realisierung zu wählen, um so das eigene Handeln frei und selbst zu bestimmen, beschreibt die Form der praktischen Rationalität des Menschen.

Zwar sagen wir über jemanden, der seine Ziele überhaupt nicht als gut vor- und darstellen kann, nicht, er würde beabsichtigen und handeln und sei auch nur instrumentell rational. Aber über jemanden, der dies kann, sagen wir allein deshalb noch nicht, sein Beabsichtigen und Handeln manifestiere im vollen und makellosen Sinne die Form der praktischen Rationalität des Menschen, und der Anspruch, den er erhebt, sei daher erfüllt. Was von dieser und jener menschlichen Person als gut vorgestellt wird, kann nämlich auch schlecht oder vollkommen unsinnig sein – wie etwa das Begehen von Serienmorden oder der Besitz eines Swimmingpools voll Jauche. Über jemanden, von dem wir sagen, er verfolge schlechte oder unsinnige Ziele, können wir aber nicht zugleich widerspruchsfrei behaupten, dass sein Beabsichtigen und Handeln und somit er im vollen Sinne praktisch rational ist. Denn Schlechtes oder Unsinniges als gut vor- und darzustellen, ist nicht vollends rational, weil es nicht gut ist, Schlechtes oder Unsinniges zu realisieren. Und dabei spielt es dann auch keine Rolle mehr, ob jemand mit viel oder wenig instrumentellem Geschick dasjenige Schlechte oder Unsinnige realisiert, das er zu realisieren beabsichtigt.

Wenn die Orientierung an guten Zielen im Beabsichtigen und Handeln notwendig zur makellosen Manifestation der Form praktischer Rationalität gehört, dann kann die instrumentell geschickte, ungeschickte oder auch gescheiterte Realisierung schlechter oder unsinnige Ziele, die ein Akteur als gut vorstellt, nur eine defizitäre Manifestation der Form praktischer Rationalität sein. Ein Mensch, der seine Ziele als gut vor- und darstellt, dessen Ziele jedoch schlecht oder unsinnig sind, ist dann bestenfalls ansatzweise, aber nicht im vollen Sinne praktisch rational. Denn schlechte oder unsinnige Ziele im Beabsichtigen als gut vorzustellen und im Handeln erfolgreich oder erfolglos zu realisieren, ist ein Fehler. Es ist ein Ausdruck der praktischen Irrationalität eines Menschen. Ein solcher Fehler ist ein natürlicher Defekt eines Menschen. Und dies ist natürlich schlecht für Exemplare der menschlichen Lebensform. Hingegen ist ein Mensch, der seine Ziele als gut vor- und darstellen sowie mit guten Mitteln instrumentell geschickt realisieren kann, und dessen Ziele auch gut sind, im vollen Sinne praktisch rational. Denn er manifestiert in seinem Beabsichtigen und Handeln die Form der praktischen Rationalität des Menschen makellos, und das ist natürlich gut für Exemplare der menschlichen Lebensform. Diese Unterscheidung könnten wir jedoch unter Voraussetzung der zu Beginn des vorherigen Paragraphen erwähnten instrumentalistischen Auffassung praktischer Rationalität nicht machen. Folgte man dieser Auffassung, so müsste nämlich schlechthin jedes Handlungsziel, das eine menschliche Person im Beabsichtigen jeweils als gut vor- und darstellt, auch *eo ipso* gut sein, allein weil sie es so vorstellt.

Dann wäre es aber unmöglich, Fehler zu begehen, die Ausdruck der Irrationalität sind und somit natürliche Defekte des menschlichen Beabsichtigens und Handelns darstellen, weil Schlechtes oder Unsinniges als gut vorgestellt wird. Es wäre unmöglich, zu sagen, dass ein Akteur praktisch irrational ist, weil er Schlechtes oder Unsinniges beabsichtigt und im Handeln erfolgreich oder erfolglos realisiert. Denn er könnte überhaupt nicht mehr Schlechtes oder Unsinniges beabsichtigen. Reduzierte sich das Gutsein auf sein Als-gut-Vorstellen, so wäre es nämlich eine analytisch-triviale Wahrheit, dass Menschen nur Gutes beabsichtigen können. Aber das scheint nicht nur mit Blick auf unsere Erfahrung ziemlich kontraintuitiv zu sein, sondern würde auch den Begriff des Guten, das man beabsichtigen kann, leer werden lassen – und damit zugleich auch den Begriff des Als-gut-Vorstellens, da dieser den Begriff des Guten zur Voraussetzung hat. Außerdem könnte auch nicht mehr der Anspruch erhoben werden, dass das, was beabsichtigt wird, gut ist. Denn ein Anspruch, der nicht unerfüllt sein kann, kann auch kein Anspruch sein. Ein Anspruch, der aber bereits dadurch erfüllt wäre, dass er erhoben wird, wäre ein solcher Anspruch, der nicht unerfüllt sein kann. Das heißt aber: Er wäre kein Anspruch.

Wollen wir also verstehen, was es heißt, dass ein Mensch im vollen oder auch nur im instrumentellen Sinne praktisch rational ist, so dürfen wir nicht den Fehlschluss der zuvor erwähnten instrumentalistischen Auffassung praktischer Rationalität begehen. Aus der unbestreitbaren naturhistorischen Tatsache, dass Menschen ihre Handlungsziele frei und selbst setzen und dadurch frei und selbst ihr Handeln durch Gründe bestimmen, indem sie sich frei und selbst einem Prinzip praktischer Rationalität unterwerfen, das ihr Beabsichtigen leitet, sollten wir also keineswegs den Schluss ziehen, dass dieses Prinzip praktischer Rationalität nur die Wahl ihrer Mittel, nicht jedoch die rationale Qualität der Ziele betrifft. Daher benötigen wir ein anderes Prinzip praktischer Rationalität als jenes instrumentalistische Prinzip, auf dem die zu Beginn des vorherigen Paragraphen erwähnten Konzeptionen beruhen. Wir benötigen nämlich ein Prinzip praktischer Rationalität, das nicht die Frage nach der allgemeinen und objektiven Qualität menschlicher Handlungsziele schlicht ignoriert.

63. Begeben wir uns auf die Suche nach einem solchen Prinzip praktischer Rationalität, dem sich Menschen selbst und in Freiheit unterwerfen müssen, sofern sie sich als praktisch rationale Personen und Akteure vor- und darstellen, dann scheint mir, dass Kant uns einen entscheidenden Wink gegeben hat.

Versteht man Kants Ausführungen zu seiner Metaphysik der Sitten nämlich in einer bestimmten Weise, so deuten sie in die Richtung eines formalen Prinzips, das einerseits die allgemeine und objektive Qualität der Handlungsziele angemessen berücksichtigt. Andererseits weist Kants Wink aber nicht in eine Richtung, die die allgemeine und objektive Qualität der Handlungsziele von etwas anderem abhängig macht als von der praktischen Rationalität des Beabsichtigens und Handelns selbst, wie dies etwa in konsequentialistischen Ethiken geschieht. Folgen wir Kants Wink, so können wir also zugleich das für Menschen natürlich Gute als Maßstab der rationalen Qualität menschlichen Beabsichtigens und Handelns bestimmen, ohne dabei gezwungen zu sein, praktische Rationalität oder Moral als einen Bereich *sui generis* zu verleugnen, indem wir etwa moralische Tatsachen *als* oder *wie* empirische Tatsachen darstellen müssen.

Um diesen Wink zu erkennen, darf man Kants Idee der Pflicht allerdings nicht in einer ziemlich unkantischen Weise zum deontologischen Fetisch machen, dessen vermeintliche Anziehungskraft in der Simplizität einer rigorosen, aber bloß blinden mechanistischen Befolgung kodifizierter Pflichten besteht, die bar jeglicher Situations- und Kontextsensibilität der erfahrenen praktischen Urteilskraft ist.[29] Und dementsprechend darf man die Rede von Allgemeinheit auch nicht durchweg im Sinne *allquantifizierter Ausnahmslosigkeit* verstehen, sondern muss sie zumeist im generischen Sinne *qualitativer Normalität* auffassen, also als das, was im Allgemeinen, in der Regel und für gewöhnlich objektiverweise gilt.

Ebenso wenig darf man sich jedoch von Kants etwas überspanntem Argwohn gegenüber Heteronomie anstecken lassen, der nicht nur von seiner allzu formalistischen Auffassung dessen herrührt, was Metaphysik sein müsse, sondern ebenso von seiner recht schematisch-dualistischen Sicht auf den Menschen als einerseits Teil der intelligiblen Welt und andererseits Teil der Sinnenwelt. Obzwar Kant z.B. in seiner *Grundlegung zur Metaphysik der Sitten* und seiner *Kritik der praktischen Vernunft* zweifelsohne über den Menschen spricht und gewiss auch für Menschen schreibt, hält er schlechthin alles, was nicht rein formal bestimmt und daher auf alle „Vernunftwesen", gleich welcher Lebensform, anwendbar ist, für den materialen Gehalt empirischer Verunreinigungen der reinen Form praktischer Rationalität. Denn alles, was über rein formale Bestimmungen hinausgeht und die material reichhaltige Natur von Lebewesen betrifft, erscheint ihm stets als kontingente und zufällige Beschmutzung aus subjektiven Affekten und individuellen Neigungen.

Das liegt meines Erachtens aber nur daran, dass Kant jeglichen Bezug auf Materiales als bloß induktiv gewonnenes emotivistisches Kondensat aus empirischen Einzelbeobachtungen auffasst, wie es uns etwa von Hume im zweiten und dritten Buch seines *Treatise of Human Nature* präsentiert wird.[30] Und von einem solchen Kondensat sagt Kant meiner Ansicht nach zu Recht (und für seine Verhältnisse auch ziemlich leidenschaftlich), dass es einen „ekelhaften Mischmasch von zusammengestoppelten Beobachtungen und halbvernünftelnden Principien"[31] darstellt, das nur dem Versuch diene, „wider jene strenge Gesetze der Pflicht zu vernünfteln und ihre Gültigkeit, wenigstens ihre Reinigkeit und Strenge in Zweifel zu ziehen und sie wo möglich unsern Wünschen und Neigungen angemessener zu machen."[32] Dass man aber nicht jedwede Berücksichtigung von lebensformspezifischer Materialität so auffassen muss, dass sie zwangsläufig auf empirisch-emotivistische Deskriptionen im Stile Humes hinausläuft, hat uns Hegel schon ziemlich bald nach Kant gezeigt.[33] Und ich glaube, dass Hegel mit seiner Kritik an Kants allzu formalistischer Darstellung praktischer Rationalität Recht hat, weshalb wir uns auch nicht ausschließlich auf Kant berufen können. Vielmehr sollten wir uns von Kants Wink gleichsam bis zur Grenze seines formalistischen Terrains leiten lassen, um dann in das materiale Reich überzusiedeln, dessen Regent und Ahnherr Aristoteles ist.[34]

Obwohl wir uns von Kant also nur einen Wink erhoffen sollten, ist es dennoch ein entscheidender Wink hin zu einem Prinzip praktischer Rationalität, das die Qualität der von Menschen beabsichtigen Handlungsziele angemessen berücksichtigt. Diesen Wink finden wir in Kants Ausführungen, die er in der *Grundlegung* und der *KpV* zum „sittlichen Gesetz" bzw. „Sittengesetz" macht. In der *Grundlegung* wird uns dieses Gesetz durch die „Formel des allgemeinen Gesetzes" als primäre Formulierung des kategorischen Imperativs – durch den wir uns selbst nötigen, sofern wir praktisch rational sind – wie folgt näher gebracht: „Handle nur nach derjenigen Maxime, durch die du zugleich wollen kannst, dass sie ein allgemeines Gesetz werde."[35] In der *KpV* wählt Kant folgende Formulierung: „Handle so, daß die Maxime deines Willens jederzeit zugleich als Princip einer allgemeinen Gesetzgebung gelten könne."[36] Und dort nennt er diese Formulierung geradeheraus das „Grundgesetz der reinen praktischen Vernunft"[37].

Anders als die meisten Moralphilosophen heutzutage sagt Kant vom Sittengesetz also nicht, dass es ein Gesetz für irgendwelche spezifisch „moralischen" Belange wäre, die man als solche von anderen Belangen der praktischen Vernunft absondern könnte. „Sittlichkeit" meint bei Kant nicht lediglich irgendwelche speziellen Pflichten der Gerechtigkeit oder Regeln der Fairness im lediglich intersubjektiven Miteinander. „Sittlichkeit" bedeutet bei Kant also nicht das, was viele gegenwärtige Ethiker unter „Moral" verstehen. Deshalb müssen wir dann, wenn wir statt „Sittlichkeit" das Wort „Moral" verwenden, aber dabei „Moral" im Sinne von Kants „Sittlichkeit" gebrauchen wollen, „Moral" anders gebrauchen als in seiner gegenwärtigen, moralphilosophisch populären Verwendungsweise. Wir müssen „Moral" dann nämlich so gebrauchen, wie wir es zuvor angedeutet haben, als wir sagten, die Beurteilung der rationalen Qualität des Beabsichtigens, des Handelns und des Charakters eines Menschen sei die Beurteilung der moralischen Qualität des Beabsichtigens, des Handelns und des Charakters eines Menschen und damit der moralischen Qualität des betreffenden Menschen selbst. „Moral" ist dann nicht auf einen speziellen Bereich der Gerechtigkeit oder Fairness im intersubjektiven Miteinander bezogen (wie etwa Mill oder Habermas meinen[38]). Und es gibt dann nicht so etwas wie je eigenständige Sphären praktischer Rationalität, die man – in Abhängigkeit von ihrem jeweiligen „thematischen Gegenstand" – als prudentielle Rationalität, ethische Rationalität, moralische Rationalität, politische Rationalität und vielleicht sogar juridische Rationalität bezeichnen mag.[39] Gebraucht man „Moral" im Sinne von Kants „Sittlichkeit", so kann „Moral" vielmehr nur die (voll entwickelte) Form praktischer Rationalität *in toto* meinen. Denn Kant sagt, das sittliche Gesetz sei *das* Gesetz der praktischen Vernunft – nämlich ihr „Grundgesetz". Deshalb gelte mit Blick auf die Vernunft auch: „Reine Vernunft ist für sich allein praktisch und giebt (dem Menschen) ein allgemeines Gesetz, welches wir das Sittengesetz nennen."[40] Während mit Blick auf die Qualität des menschlichen Wollens und Tuns gelte: „Praktisch gut ist aber, was vermittelst der Vorstellungen der Vernunft, mithin nicht aus subjectiven Ursachen, sondern objectiv, d. i. aus Gründen, die für jedes vernünftige Wesen als ein solches gültig sind, den Willen bestimmt."[41]

Obgleich uns Kants „sittliches Gesetz" oder „Sittengesetz" oder auch „Formel des allgemeinen Gesetzes" praktischer Vernunft mit seiner Betonung der Allgemeinheit und der Objektivität einen entscheidenden Wink auf der Suche nach einem geeigneten formalen Prinzip praktischer Rationalität gibt, führt uns aber – wie gesagt – allein dieser Wink nicht gänzlich zum Erfolg. Kants Heteronomie-Verdacht gegenüber allem, was über rein formale Bestimmungen hinausgeht, führt ihn nämlich dahin, die Allgemeinheit und Objektivität praktischer Rationalität bis zur Unkenntlichkeit auszudehnen. Denn er glaubt leider, dass man das nötige Maß an Allgemeinheit und Objektivität nur dann erreiche, wenn man das Prinzip praktischer Rationalität erst dann auf den Menschen anwendet, nachdem man es so erläutert hat, dass es nicht nur im Allgemeinen für menschliche Personen als Exemplare der menschlichen Lebensform gilt, sondern für gleichsam ‚bloße' Personen, die Personen als „reine Vernunftwesen" wären.[42]

Würden wir uns daher ausschließlich auf Kant berufen und seinem Wink vielleicht bis zur aristotelischen Grenze folgen, diese aber zu überschreiten scheuen und auf dem formalistischen Terrain Kants bleiben, so könnte in unserer Bestimmung praktischer Rationalität die Natur, der Begriff oder die Lebensform eines rationalen Lebewesens selbst niemals auftauchen. Blieben wir auf Kants Terrain, so müsste nämlich die Bestimmung praktischer Rationalität stets rein formal auf die Person als reines Vernunftwesen bezogen sein, während alle Zustands- und Bewegungsformen derjenigen Lebensform, die die Person exemplifiziert, nur als nachträgliche empirische Verunreinigungen des reinen Vernunftwesens erscheinen könnten.

Hat Geach Recht und ist „gut" ein attributives Adjektiv (wie wir im vorherigen Kapitel sagten), dann könnten wir mit Kant „gut" nicht mehr auf menschliche Personen als Exemplare der menschlichen Lebensform anwenden. Vielmehr müssten wir jetzt „gut" auf jeden einzelnen Menschen als bloße Person anwenden, die – nach Abzug all ihrer geneigten empirischen Verunreinigungen – als reines Vernunftwesen praktisch rational sein müsste, einerlei, welche Lebensform sie exemplifiziert. Dementsprechend müsste die Zuschreibung von „gut" dann besagen, dass etwas gut für eine Person als Person ist und dass eine Person als Person gut ist. Mit Blick auf unsere Ausführungen zum Telos alles Lebendigen und zum formalen Muster natürlicher Normativität im vorherigen Kapitel würde daraus aber folgen, dass wir nicht mehr behaupten könnten, dass diese formale

Struktur bestehen bleibt, würden wir von zellkernlosen Lebewesen, Einzellern, Pilzen, Pflanzen und subrationalen Tieren zu Personen übergehen, anstatt zu Menschen. Denn anders als „Mensch" bezeichnet „Person" oder „Vernunftwesen" keine Lebensform. Personen und Vernunftwesen sind keine Lebewesen, für die das Telos alles Lebendigen und das formale Muster natürlicher Normativität gilt.

Personen und reine Vernunftwesen sind keine Lebewesen, sondern philosophische Artefakte, die nicht in der natürlichen Welt leben, sondern der höchsten Stufe von Abstraktion entspringen, die die philosophische Erläuterung praktischer Rationalität annehmen kann. Gegen solch schwindelerregende Höhen der philosophischen Erläuterung ist an sich nichts zu sagen, denn auch sie gehören ja zu Natur und Begriff des Menschen und zeigen, wozu Menschen (wie Kant und ein paar andere) in der Lage sind, da sie über das natürliche Vermögen begrifflicher Spontaneität verfügen. Aber das spezielle Problem, das der Vorstellung einer Person, die reines Vernunftwesen ist, anhaftet, besteht darin, dass völlig unklar wird, was wir überhaupt noch sagen könnten, wenn es darum geht, was es heißt, dass etwas gut für eine Person als Person ist und dass eine Person als Person gut ist. Eine Antwort darauf ist schwer zu finden, denn jetzt müsste jede Person die Form der Person exemplifizieren, und das ist die Form des reinen Vernunftwesens. Die Form des reinen Vernunftwesens wäre aber eine reine Form. Sie könnte keine allgemeine materiale Form sein, wie Lebensformen und Zustands- oder Bewegungsformen es sind. Und daher müsste die Bestimmung dessen, was gut für eine Person und was eine gute Person ist, also ohne jegliche Materialität auskommen – und das Gleiche würde für die Bestimmung ihrer praktischen Rationalität gelten. Denn ein allgemeiner materialer Begriff, unter den sie fällt und der ihre Natur ist, dürfte jetzt zur Bestimmung ihrer praktischen Rationalität keine Rolle spielen. Dann liefe aber tatsächlich alles, was es dazu zu sagen gäbe, auf ungefähr folgende Bemerkung hinaus: Gut für eine Person ist das, was ohne Einschränkung rational ist, und eine gute Person ist ohne Einschränkung rational. Das wäre jetzt jedoch lediglich eine uninformative Trivialität, bei der es nicht nur völlig offen bliebe, was es denn für Personen eigentlich heißt, praktisch rational zu sein. Vor allem bliebe auch völlig im Dunkeln, was es für Menschen heißt, praktisch rational zu sein, und weshalb es im Leben von Menschen eigentlich so wichtig sein sollte, praktisch rational zu sein.[43]

Daher müssen wir Kants formalistisches Terrain an dieser Stelle verlassen und ins materiale Reich von Aristoteles übersiedeln, um zu einem vollends geeigneten Prinzip praktischer Rationalität für Menschen zu gelangen. Wir müssen uns also nicht auf Personen beziehen, die reine Vernunftwesen sind, sondern auf Menschen, die in der Regel menschliche Personen sind. Denn der Bezug auf die philosophische Abstraktion der Person als reines Vernunftwesen, die Exemplare unterschiedlichster Lebensformen umfassen könnte, reicht nicht hin bzw. geht viel zu weit, um verstehen zu können, was es heißt, dass ein Wollen und Tun eines Individuums praktisch rational und am Guten orientiert ist.

Um zu verstehen, dass etwas rational ist, müssen wir „rational", ebenso wie „gut", ganz im Sinne von Geachs Analyse, als attributives Adjektiv analysieren, und nicht auf Personen als Vernunftwesen anwenden, sondern, ganz im Sinne Foots, auf Exemplare, die eine rationale Lebensform exemplifizieren. Eine Person kann demnach nur als ein Exemplar E einer Lebensform L rational sein. Und wenn ein E von L rational ist, dann kann dieses E von L nur als E von L rational sein. Ebenso gilt: Beabsichtigen, zu ψ-en, und zu ψ-en, kann nur für ein E von L als E von L rational oder irrational sein. Denn beabsichtigt ein E von L, zu ψ-en, und ψ-t ein E von L, um zu φ-en, dann ist sein ψ-en rational oder irrational, je nachdem, ob es natürlich gut oder schlecht ist für ein E von L als E von L, zu ψ-en und zu φ-en. Aber zu ψ-en und zu φ-en kann nicht schlechthin und unabhängig von der exemplifizierten Lebensform als an-sich-gut oder an-sich-schlecht begriffen werden. Und daher kann es auch nicht schlechthin und unabhängig von der exemplifizierten Lebensform an-sich-rational oder an-sich-irrational sein, ψ-en und φ-en zu wollen oder zu ψ-en, um zu φ-en.

Dies lässt sich vielleicht auch an zwei kleinen Beispielen klarmachen. Nehmen wir an, wir fällten die Urteile „Es ist vernünftig, die Fenster seines Hauses mit Brettern zu vernageln, um sein Haus gegen das furchtbare Unwetter zu schützen" und „Es ist unvernünftig, eine eingegangene Verpflichtung nicht zu erfüllen". Wie könnten wir sinnvollerweise die allgemeine und objektive Geltung dieser Urteile behaupten, verstünden wir die Allgemeinheit und Objektivität ihrer Geltung nicht so, dass diese Urteile im Allgemeinen und objektiverweise für Exemplare einer bestimmten Lebensform gelten? Wir können zweifelsohne sagen, dass diese Urteile, als generische Urteile, die auf Menschen bezogen sind, wahr sind. Denn das, was sie besagen, ist im Allgemeinen und objektiverweise für Menschen als Exemplare der menschlichen Lebensform rational und gut. Diese Urteile beschreiben nämlich einerseits nicht irgendwelche subjektiven Neigungen, individuellen Vorlieben oder idiosynkratische Schrullen dieses oder jenes Menschen. Aber das, was sie besagen, kann andererseits auch nicht im Allgemeinen und objektiverweise für Vernunftwesen überhaupt gelten, gleich welche Lebensform sie exemplifizieren.

Denken wir uns z.B. irgendeine extraterrestrische Lebensform, die wir uns meinetwegen – soli Putnam gloria – als *zwenschliche* Lebensform vom Planeten *Twin-Earth* vorstellen können.[44] Exemplare der zwenschlichen Lebensform verfügen über ein ebenso großes Vermögen begrifflicher Spontaneität wie dasjenige, über das wir verfügen, und sind im Allgemeinen nicht minder rational, als wir es sind. Und auch ansonsten sind die Zustands- und Bewegungsformen der zwenschlichen Lebensform mit denen der menschlichen Lebensform weitgehend gleich – bis auf eine Ausnahme. Zu den natürlichen Bewegungsformen von Zwenschen gehört es nämlich auch, durch irgendwelche uns völlig fremden parapsychischen Kräfte, Dinge jeglicher äußeren kausalen Einwirkung entziehen zu können, indem sie sich ganz fest vorstellen, dass die betreffenden Dinge diesen Einwirkungen entzogen sind. Das erfordert von Zwenschen zwar etwas Konzentration, aber es tut nicht weh. Und es ist für Zwenschen alles in allem weniger anstrengend und zeitaufwendig, als alle Fenster ihrer Häuser mit Brettern zu vernageln. Ist dem so, dann ist es für ein Exemplar der zwenschlichen Lebensform durchaus rational, sein Haus gegen ein furchtbares Unwetter zu schützen, indem es sich ganz fest vorstellt, dass das furchtbare Unwetter dem Haus nichts anhaben wird. Und dies gilt dann im Allgemeinen für Exemplare der zwenschlichen Lebensform, die sie sich als praktisch rationale Personen vorstellen und sich daher frei und selbst einem Prinzip praktischer Rationalität unterwerfen, welches sie als allgemeines Gesetz vorstellen. Aber es kann freilich nicht im Allgemeinen für jegliche Exemplare jeglicher rationalen Lebensform gelten, unabhängig davon, wie diese Lebensform beschaffen ist. Für Exemplare der menschlichen Lebensform gilt es beispielsweise nicht. Denn ein Mensch, der sein Haus gegen ein furchtbares Unwetter zu schützen sucht, indem er sich ganz fest vorstellt, dass das furchtbare Unwetter dem Haus nichts anhaben wird, kann – aus ersichtlichen Gründen – wohl kaum ernsthaft als „eine praktisch rationale Person" bezeichnet werden.

Ähnliches trifft auch zu, wenn wir unser zweites Urteil näher betrachten, nämlich: „Es ist unvernünftig, eine eingegangene Verpflichtung nicht zu erfüllen". Dies wird klar, wenn wir in unserer Phantasie die parapsychischen Kräfte der Zwenschen so abändern, dass die einzige natürliche Bewegungsform, die Zwenschen von Menschen unterscheidet, nun in folgendem besteht: Sobald ein Zwensch zu einem anderen Zwenschen laut sagt „Hiermit verpflichte ich mich Dir gegenüber, zu φ-en", ist derjenige Zwensch, der dies gesagt hat, durch irgendwelche parapsychischen Kräfte desjenigen Zwenschen, zu dem er es gesagt hat, kausal dazu bestimmt, zu φ-en. Verpflichtungen müssen also, ebenso wie bei uns, in der Regel freiwillig und mit der Wendung „Hiermit verpflichte ich mich ..." eingegangen werden. Aber sobald sie einmal eingegangen wurden, stellt sich die Frage, ob sie auch erfüllt werden, überhaupt nicht mehr, da bei Zwenschen aus einer eingegangenen Verpflichtung kausale Vorherbestimmung erwächst. Ist dem so, dann kann es aber nicht unvernünftig für Zwenschen sein, eine eingegangene Verpflichtung nicht zu erfüllen, weil es überhaupt keine Frage der Rationalität mehr ist, ob sie die Verpflichtung erfüllen oder oder nicht. Daher kann aber auch nicht im Allgemeinen für jegliche Exemplare jeglicher rationalen Lebensform gelten, dass es unvernünftig ist, eine eingegangene Verpflichtung nicht zu erfüllen, unabhängig davon, wie diese Lebensform beschaffen ist. Für Exemplare der zwenschlichen Lebensform würde derlei beispielsweise nicht gelten – und so wären Zwenschen, die ihr Handeln nicht durch ein entsprechendes Beabsichtigen bestimmen, auch nicht praktisch irrational. Wir Menschen indes sind im Allgemeinen und objektiverweise sehr wohl irrational, wenn wir eine eingegangene Verpflichtung nicht zu erfüllen beabsichtigen (ohne dass hierfür besondere rechtfertigende Gründe vorliegen). Und dieser Unterschied hat einzig und allein etwas damit zu tun, dass die menschliche und die zwenschliche Lebensform unterschiedliche Lebensformen sind.

Auch wenn diese beiden „Gedankenexperimente" (wie alle *Twin-Earth*-Phantastereien) unsere Vorstellungskraft vielleicht ein wenig strapazieren, so zeigen sie doch recht deutlich, dass wir überhaupt nicht erläutern könnten, was praktisch rational ist, würden wir dazu nicht auf die Natur und den Begriff von Lebewesen Bezug nehmen, d.h. auf die jeweilige Lebensform der Exemplare, um deren praktische Rationalität es jeweils geht. Denn es bliebe schlichtweg rätselhaft, was „praktisch rational" überhaupt bedeuten soll, würde es nicht als attributives Adjektiv aufgefasst und ins Verhältnis zu den je lebensformspezifischen Zustands- und Bewegungsformen gesetzt werden.

64. Lassen wir uns von Kants formalistischem Wink in Aristoteles' materiales Reich führen, um zu einem Prinzip praktischer Rationalität zu gelangen, das die allgemeine und objektive Qualität des Beabsichtigens, des Handelns und des Charakters von Menschen angemessen berücksichtigt, so können wir nun in etwa Folgendes sagen:

Ein Mensch, der sein Wollen und Tun als Beabsichtigen und Handeln und damit sich selbst als praktisch rational vorstellt, stellt sich nur dann zu Recht so vor, wenn er sich einem Prinzip praktischer Rationalität unterwirft, dessen Befolgung im Beabsichtigen zu frei und selbst gesetzten Zielen des Handelns führt, die im Allgemeinen und objektiverweise für Exemplare der menschlichen Lebensform als Exemplare der menschlichen Lebensform natürlich gut sind. Denn dann ist das prinzipgeleitete Beabsichtigen und Handeln für Menschen im Allgemeinen und objektiverweise rational. Und rationales Beabsichtigen und Handeln ist im Allgemeinen und objektiverweise für Menschen moralisch gut – unabhängig davon, welche individuellen und subjektiven Ziele einzelne Menschen ansonsten zu erreichen beabsichtigen. Es ist im Allgemeinen und objektiverweise gut *für Menschen*, weil sie Menschen sind.

Dass auch Kant – unter der Hand – stets nur eine solche *lebensformspezifische* Allgemeinheit und Objektivität vorschweben kann, könnte man, wie ich meine, mit nicht allzu großem exegetischen Aufwand zeigen. So kann man sich beispielsweise klarmachen, dass die in der *Grundlegung* als zweite Formulierung des Kategorischen Imperativs angeführte so genannte *Naturgesetzformel*[45] von Kant als eine alternative bzw. näher erläuternde Formulierung der primären Formulierung eingeführt wird, welche – wie wir sahen – nahezu wortgleich mit dem Grundgesetz der reinen praktischen Vernunft ist. Die Naturgesetzformel kann aber überhaupt nur als alternative bzw. näher erläuternde Formulierung der primären Formulierung verständlich sein, wenn man Kants ‚offizielle‘ Version des Grundgesetzes der reinen praktischen Vernunft immer schon als eine gewissermaßen aristotelisch materialisierte Version begreift, die sich nicht auf Personen als reine Vernunftwesen bezieht, sondern auf Exemplare einer rationalen Lebensform. Denn erst unter Berücksichtigung der jeweiligen Natur und des jeweiligen Begriffs von Lebewesen, die und der die je allgemeine materiale Form ihrer Exemplare ist, wird es überhaupt verständlich, wie das in der primären Formulierung des Kategorischen Imperativs erwähnte allgemeine Gesetz so gedacht werden könnte, als ob es ein allgemeines Naturgesetz wäre.

Die lebensformspezifische Allgemeinheit und Objektivität, die aus einer aristotelisch materialisierten Version des Grundgesetzes der praktischen Vernunft folgt, gilt für die Bestimmung der praktischen Rationalität von Exemplaren der menschlichen Lebensform als solcher. Das heißt: Sie gilt auch für diejenigen (problematisch-technischen) „Regeln der Geschicklichkeit" und (assertorisch-pragmatischen) „Ratschläge der Klugheit" der instrumentellen Rationalität, die Kant unter der Bezeichnung „hypothetische Imperative" zusammenfasst.[46] Denn „Wenn Du zu t_2 φ-en willst, dann sollst du zu t_1 ψ-en" gilt nur dann, wenn es nicht im Allgemeinen und objektiverweise irrational ist, zu ψ-en, um zu φ-en, weil *erstens* zu ψ-en im Allgemeinen und objektiverweise ungeeignet ist, um zu φ-en, oder weil es *zweitens* im Allgemeinen und objektiverweise schlecht (oder unsinnig) ist, zu φ-en oder zu ψ-en, und daher auch, zu ψ-en, um zu φ-en. Dies ist insofern von allgemeiner und objektiver Geltung, als es im Allgemeinen und objektiverweise für jeden Menschen gilt, der sich als praktisch rational vorstellt und erwägt, zu t_2 zu φ-en. Freilich muss aber nicht jeder Mensch, der sich als praktisch rational vorstellt, erwägen, zu t_2 zu φ-en, um sich überhaupt als praktisch rational vorstellen zu können. Aber jeder Mensch, der sich als praktisch rational vorstellt und dies erwägt, sollte in der Regel zu t_1 ψ-en, sofern es aus den genannten Gründen nicht irrational ist, zu φ-en oder zu ψ-en und zu ψ-en, um zu φ-en. Daher sind auch hypothetische Imperative von allgemeiner und objektiver Geltung für Menschen, die sich als praktisch rational vorstellen und entsprechende instrumentelle Deliberationen anstellen.

Allerdings ist das, was hypothetische Imperative besagen, nicht von *unbedingter* Geltung, da die Bedingung erfüllt sein muss, dass ein Mensch, der sich als praktisch rational vorstellt, überhaupt erwägt, zu t_2 φ-en, und entsprechende Überlegungen anstellt. Wenn er aber die entsprechenden Überlegungen anstellt und dies sodann beabsichtigt und tut, dann hängt die rationale Qualität seiner Überlegung und seines Beabsichtigens und Handelns auch hier nicht bloß von der instrumentellen Qualität der gewählten Mittel ab, sondern mindestens ebenso sehr von der allgemeinen und objektiven Güte desjenigen Ziels für Menschen, das er zu realisieren sucht. Hier „mindestens" zu sagen, ist allerdings insofern gnadenlos untertrieben, als die Wahl eines im Allgemeinen und objektiverweise schlechten Ziels die ganze instrumentelle Überlegung sowie das Beabsichtigen und Handeln defektiv werden lässt, gleich, wie geschickt die Wahl der Mittel auch sein mag. Denn das Setzen von Zielen, die für Menschen im Allgemeinen und objektiverweise schlechte oder unsinnige Ziele sind, ist stets eine mangelhafte Manifestation praktischer Rationalität.

Diejenigen „Gebote der Sittlichkeit", die von Kant als Maximen dargestellt werden, welche dem „kategorischen Imperativ" genügen,[47] dem „Grundgesetz der reinen praktischen Vernunft" entsprechen[48] und daher selbst kategorische Geltung haben, sind keineswegs allgemeiner oder objektiver als die „Regeln der Geschicklichkeit" und „Ratschläge der Klugheit". Aber im Gegensatz zu diesen gelten jene im Allgemeinen und objektiverweise für Menschen, die sich als praktisch rational vorstellen, *unbedingt*. Das heißt: Das, was diese kategorischen „Gebote der Sittlichkeit" (oder auch „moralischen Gesetze") besagen, kann ein Mensch, der sich als praktisch rational vorstellt, nicht nur erwägen und überlegen, sondern er muss es im Allgemeinen und objektiverweise beabsichtigen und dadurch sein Handeln bestimmen, wenn er sich überhaupt als praktisch rational vorstellt und diese Vorstellung nicht falsch sein soll. Ein Mensch, der sich als praktisch rational vorstellt, verpflichtet sich also ohne irgendeine weitere Bedingung einzig und allein dadurch darauf, diesen kategorischen „Geboten der Sittlichkeit" zu folgen, dass er sich als praktisch rational vorstellt.

Diese allgemeine und objektive Geltung kategorischer Gebote sowie hypothetischer Regeln und Ratschläge, die aus dem formalen Prinzip praktischer Rationalität hervorgehen und die menschliche Güte betreffen, lässt sich auch dadurch zum Ausdruck bringen, dass an die Stelle des „Ich" der jeweiligen Ersten Person oder des „Du" der jeweiligen zweiten Person ein (heideggersches) *Man* gesetzt wird, das ein *generisches Ich* ist.[49] Denn stellt ein Mensch sein Beabsichtigen und Handeln so vor, dass es dem Prinzip praktischer Rationalität genügt, welches in Kants „Sittengesetz" zum Ausdruck kommt, so erhebt er den Anspruch, dass sein Beabsichtigen und Handeln allgemeine und objektive Geltung haben muss, die nicht lediglich auf das Beabsichtigen und Handeln des je subjektiven Ichs eines Akteurs begrenzt sein kann, sondern in der Regel für das Beabsichtigen und Handeln der allgemeinen Ersten Person gelten muss: nämlich des Man, sofern man ein Mensch ist.

Generisch, hypothetisch und bedingt, aber mit Anspruch auf Allgemeinheit und Objektivität, urteilt ein Mensch, der dies erkennt und anerkennt, dann beispielsweise: „Wenn man sein Haus gegen das furchtbare Unwetter schützen will, dann sollte man vernünftigerweise die Fenster mit Brettern vernageln." Oder er urteilt dann generisch, kategorisch und unbedingt: „Man kann vernünftigerweise kein Versprechen geben und dabei beabsichtigen, es zu brechen." Oder auch: „Man kann vernünftigerweise nicht beabsichtigen, auf der Einstiegshilfe des Omnibusses mitzufahren und keinen Fahrschein zu lösen." Fällt ein Mensch derartige Urteile, so erhebt er den Anspruch, dass der Gehalt des jeweiligen Urteils wahr ist. Und auf diese Gehalte einen Wahrheitsanspruch zu erheben, heißt: den Anspruch zu erheben, dass das, was gesagt wird, im Allgemeinen und objektiverweise für die Erste Person gilt, sofern sie ein praktisch rationaler Mensch ist.

Ist ein Mensch, der derartige Urteile fällt, tatsächlich in einem vollen Sinne rational und hat – wie wir im fünften Kapitel sagten – eine „gediegene Bildung" genossen, so kann er allerdings noch mehr tun, als nur den Anspruch zu erheben, dass der Gehalt seines Urteils wahr ist. Er kann seinen Anspruch nämlich auch zu begründen suchen, indem er den Gehalt des Urteils als wahr zu rechtfertigen sucht. Denn er fällt derlei Urteile nicht blind-mechanisch und hält den Gehalt nicht lediglich deshalb für wahr, weil es der Gehalt eines etablierten Vor-Urteils ist, das tradierten Konventionen entspricht. Ein im vollen Sinne rationaler Mensch kann sagen: „Wenn die Fenster nicht mit Brettern vernagelt werden, dann wird das Haus durch das Unwetter beschädigt, da die Fenster zerstört werden." Er kann sagen: „Der illokutionäre Akt des Versprechens ist begrifflich dadurch bestimmt, dass der Versprechende sich selbst auf die Absicht verpflichtet, das zu tun, was er verspricht, sodass man *per definitionem* kein Versprechen gibt, sondern einen performativen Widerspruch begeht, beabsichtigt man, dasjenige nicht zu tun, von dem man zugleich glaubt, man verspreche gerade, es zu tun." Und er kann sagen: „Würden alle auf der Einstiegshilfe der Omnibusse mitfahren und keine Fahrscheine lösen, dann würden die öffentlichen Verkehrsbetriebe in Konkurs gehen und niemand könnte mehr mit einem Omnibus irgendwohin fahren, auch nicht der Trittbrettfahrer."

65. In diesem Kapitel wurde über denjenigen thematischen Gegenstand gesprochen, den nicht nur Aristoteles im Blick hat, wenn er über das *ergon* des Menschen, sein *to agathon* und über *nous, phronesis, arete* und *eudaimonia* nachdenkt, sondern auf den auch Kants Blick fällt, wenn er sich über den „guten Willen" und das „Sittengesetz" Gedanken macht. Daher kann man, wie mir scheint, kaum ernsthaft bestreiten, dass in diesem Kapitel über moralische Qualität gesprochen wurde, als wir über die praktische Rationalität von Menschen sprachen und zu erläutern suchten, was es heißt, dass das Beabsichtigen und Handeln von Menschen und ihr Charakter natürlich gut sind.[50]

Trifft es zu, was ich in diesem Kapitel sagte, so gilt das, was im vorherigen Kapitel zur Analyse von „gut" als attributives Adjektiv, zum Telos alles Lebendigen und zum formalen Muster natürlicher Normativität gesagt wurde, weiterhin ohne Einschränkung auch dann, wenn wir auf Exemplare der menschlichen Lebensform Bezug nehmen. Wie bei jedem Wechsel, den wir vollziehen, wenn wir uns von der Natur- und Begriffsgeschichte einer Lebensform abwenden und uns einer anderen zuwenden, hat sich dann zwar der Gegenstand der Beurteilung natürlicher Qualität geändert. Aber der formale Maßstab der Beurteilung ist kein anderer als der, den wir auch schon im vorherigen Kapitel mit Blick auf die Lebensformen anführten, deren Exemplare subrationale Tiere sind. Wir beurteilen nämlich die Qualität bestimmter Bewegungen einzelner Menschen, die ihr Beabsichtigen und Handeln sind, danach, welche natürliche Qualität sie als Manifestationen einer Bewegungsform ihrer Lebensform haben. Und je nachdem, wie es um diese Qualität bestellt ist, können wir urteilen, dass das betreffende Beabsichtigen und Handeln eines Menschen natürlich gut oder natürlich schlecht ist für Exemplare der menschlichen Lebensform als Exemplare der menschlichen Lebensform.

Dies tun wir Menschen bei Menschen sowohl dann, wenn es um die moralische Qualität des selbstbezüglichen Beabsichtigens und Handelns geht, als auch dann, wenn es um die moralische Qualität desjenigen Beabsichtigens und Handelns geht, das sich primär auf andere Exemplare der menschlichen Lebensform richtet. Und stellen wir fest, dass das Beabsichtigen und Handeln eines Menschen anhaltend dazu tendiert, für Menschen als Menschen schlecht zu sein, so werden wir auch urteilen, dass er einen schlechten Charakter hat. Oder, wie wir stattdessen dann manchmal auch sagen: dass er ein schlechter Mensch sei. Mit diesem Urteil sagen wir dann, dass das Gesamt der habituellen Dispositionen dieses Menschen (i. e seine *hexis*), die sich in der allgemeinen Tendenz seines Beabsichtigens und Handelns zeigt, alles in allem derart ist, dass dieser Mensch als Exemplar der menschlichen Lebensform ein natürlich schlechtes bzw. defektives Exemplar der menschlichen Lebensform ist. Und auch mit der Auffälligkeit dessen verhält es sich nicht anders als bei unserer Beurteilung subrationaler Tiere: Mit der Unauffälligkeit des natürlich Guten als dem Normalen geht – wie im letzten Kapitel gesehen – die Auffälligkeit des Mangelhaften, des Defizitären, des Defektiven einher, weshalb uns bei Menschen auch stets das Irrationale, das Schlechte, das Laster stärker ins Auge springt als das natürlich Gute, sofern wir nicht selbst irrational, schlecht und lasterhaft sind.

Anders als subrationale Tiere bestimmen Menschen jedoch – wie wir in diesem Kapitel sahen – ihr Handeln im Beabsichtigen frei und selbst durch Gründe. Und daher können moralphilosophische Erläuterungen und Begründungen stets auch nur etwas Allgemeines zu den je besonderen, konkreten und mitunter auch ziemlich speziellen Kontexten menschlichen Beabsichtigens und Handelns sagen. Das heißt: Die Aussagen einer recht verstandenen normativen Ethik haben stets generische Form. Denn sie sagen, was im Allgemeinen, in der Regel und für gewöhnlich gut oder schlecht für Menschen ist.

Dies gilt auch dann, wenn wir uns nicht damit zufrieden geben, auf dem hohen moralphilosophischen Abstraktionsniveau Kants zu verweilen, auf dem wir lediglich rein formal sagen, dass es natürlich gut für Menschen ist, praktisch rational zu sein. Schreiten wir nämlich mit Aristoteles fort, material reichhaltigere Formen dessen anzugeben, was für Menschen natürlich gut ist, so geben wir dennoch allgemeine Formen an. Sagen wir etwa, dass das Beabsichtigen, das Handeln und auch der Charakter von Menschen dann vollends praktisch rational sind, wenn Menschen in ihrem Beabsichtigen und Handeln an den zuvor genannten Tugenden von Anteilnahme bis Zuversicht orientiert sind, während ihr Beabsichtigen, ihr Handeln und ihr Charakter irrational sind, wenn sie in ihrem Beabsichtigen und Handeln an den zuvor genannten Lastern von Achtlosigkeit bis Zynismus orientiert sind, dann geben wir mit diesen Tugenden und Lastern allgemeine materiale Formen des für Menschen natürlich Guten und Schlechten an.

Wir sagen dann etwa, dass es für Menschen natürlich gut ist, z.B. gerecht zu sein, während es natürlich schlecht ist, z.B. ungerecht zu sein. Derlei zu sagen heißt, etwas über allgemeine materiale Formen des für Menschen natürlich Guten und Schlechten zu sagen. Aber es heißt nicht, konkretistische Kriterien anzugeben, die im Vorhinein zu bestimmen suchen, welche jeweilige Bewegung des Beabsichtigens und Handelns in welchem je situativen Kontext menschlichen Lebens *eo ipso* unter welche Handlungsform fällt und damit die-und-die Tugend oder das-und-das Laster instanziiert. Welche Tugend oder welches Laster durch eine Bewegung des Beabsichtigens und Handelns in welchem situativen Kontext instanziiert wird, ist davon abhängig, unter welche Handlungsform diese Bewegung fällt, was wiederum nicht unabhängig davon angegeben werden kann, welche Gründe in einem jeweiligen situativen Kontext letztlich einschlägig, relevant und alles in allem dominant sind,[51] also in dem betreffenden situativen Kontext das Handeln bestimmen müssen, damit dieses als makellose Bewegung im Raum der Gründe natürlich gut für Menschen ist. Unter welche Handlungsform das jeweilige Beabsichtigen und Handeln in einem je situativen Kontext fällt, kann aber nur durch die kontextsensible praktische Urteilskraft einer erwachsenen und vernünftigen Ersten Person sowie erwachsener und vernünftiger Zweiter Personen entschieden werden, die mit dem jeweiligen situativen Kontext des fraglichen Beabsichtigens und Handelns konfrontiert sind. Und je nachdem, was das betreffende Urteil besagt, wird das fragliche Beabsichtigen und Handeln dann die Instanziierung einer jener allgemeinen materialen Formen des für Menschen

natürlich Guten oder Schlechten sein, über die der Moralphilosoph sinnvollerweise etwas sagen kann – nämlich eine jener allgemeinen materialen Formen,
die wir „Tugenden" und „Laster" nennen.

Ethik, die nicht Religion oder Ideologie, sondern Moralphilosophie ist, kann
also nicht der kontextsensiblen praktischen Urteilskraft erwachsener und vernünftiger Menschen vorgreifen, indem sie konkretistische Kriterien formuliert,
die vor jeglichem situativen Kontext festlegen sollen, welche jeweiligen Gründe
stets und ausnahmslos einschlägig, relevant und alles in allem dominant sein
müssen, um als solche die makellose Bewegung im Raum der Gründe zu bestimmen. Deshalb haben die Aussagen einer recht verstandenen normativen Ethik
generische Form. Denn als moralphilosophische Erläuterungen und Begründungen sind sie Erläuterungen und Begründungen von etwas Allgemeinem, das
stets erst noch kontextsensibel und praktisch urteilskräftig auf das je Besondere,
Konkrete und mitunter auch ziemlich Spezielle je situativer Kontexte angewendet
werden muss.

Das kann man auch so ausdrücken: Moralphilosophische Erläuterungen und
Begründungen, die keinem konkretistischen Selbstmissverständnis aufsitzen,
haben immer *pro tanto*-Charakter. Sie schließen also nicht im Stile allquantifizierter Ausnahmslosigkeit aus, dass in diesem oder jenem situativ-kontextuellen
Einzelfall auch solche Gründe als Bestimmungsgründe des guten Handelns relevant und alles in allem dominant sein können, die in der Regel nicht angegeben
werden, wenn angegeben wird, was im Allgemeinen natürlich gut für Menschen
als Menschen ist.[52]

Wenn wir die Erläuterungen und Begründungen der Ethik weder konkretistisch noch mechanistisch-deduktiv missverstehen, sondern – wie in dieser
Abhandlung dargelegt – generisch begreifen, so können wir berechtigterweise
Urteile über die moralische Qualität des Beabsichtigens, des Handelns und der
Charakters von Menschen im Allgemeinen formulieren. Es ist dann nämlich keineswegs ungerechtfertigt, wenn wir im Allgemeinen materiale Schlüsse ziehen,
die formal denjenigen entsprechen, die wir am Ende des letzten Kapitels mit Blick
auf Exemplare subrationaler Lebensformen zogen.

Statt beispielsweise von dem Hintergrund auszugehen, der durch Natur- und
Begriffsgeschichte des Spechts explizit gemacht wird, um dann ein Urteil über
die natürliche Qualität des Spechts Woody zu fällen, können wir formal ganz
analog von dem Hintergrund ausgehen, der durch Natur- und Begriffsgeschichte
des Menschen explizit gemacht wird, um ein Urteil über die natürliche Qualität
des Menschen Elisabeth zu fällen. Ein solches Urteil wäre etwa:

(P_{MB}) Der Mensch ist besonnen.
(P_{EM}) Elisabeth ist ein Mensch.
(P_{EA}) Elisabeth ist achtlos.

(K_E) Elisabeth weist einen natürlichen Defekt ihres Beabsichtigens und Handelns auf, d.h. einen moralischen Defekt.

Oder auch:
(P_{MG}) Der Mensch ist gerecht.
(P_{EM}) Elisabeth ist ein Mensch.
(P_{EU}) Elisabeth ist ungerecht.

(K_E) Elisabeth weist einen natürlichen Defekt ihres Beabsichtigens und Handelns auf, d.h. einen moralischen Defekt.

Statt (K_E) können wir hier auch sagen: $(K_E{}')$ „Elisabeth hat einen schlechten Charakter". Oder: $(K_E{}'')$ „Elisabeth ist ein schlechter Mensch." Und das heißt dann, mit Blick auf die moralische Qualität, die die natürliche Qualität des Beabsichtigens, des Handelns und des Charakters von Elisabeth ist: $(K_E{}''')$ „Elisabeth ist nicht so, wie ein Mensch sein soll."

Aber freilich ist bei der Beobachtung von Elisabeths Tun mehr Vorsicht geboten als bei der Beobachtung von Woodys Tun. Denn während es qua Beobachtung relativ leicht festzustellen ist, ob Woody mit seinem Schnabel gegen Baumstämme klopft oder nicht, ist es weniger leicht qua Beobachtung festzustellen, ob Elisabeth achtlos ist oder ob uns Elisabeths Beabsichtigen und Handeln in dem-und-dem situativen Kontext nur achtlos erschien. Und dies hat eben etwas damit zu tun, dass *pro tanto*-Gründe im Allgemeinen gelten, aber nicht immer gelten müssen. Beobachten wir jedoch dieses oder jenes Tun eines Menschen, ohne weitere Kenntnisse über die besondere situativ-kontextuelle Einbettung seines Tuns, so bringen wir zunächst einmal dieses Tun unter eine bestimmte Handlungsform, unter die es in der Regel gebracht wird, und den situativen Kontext unter einen bestimmten Standard-Kontext, unter den er für gewöhnlich gebracht wird. Und mit dieser Handlungsform und diesem Standard-Kontext assoziieren wir im Allgemeinen bestimmte Beweggründe, die als *pro tanto*-Gründe die Handlung entweder rechtfertigen oder als bloße Motive (oder „erklärende Gründe") erscheinen, die die Handlung erklären, aber nicht rechtfertigen. Durch bloße Beobachtung aus der Dritte-Person-Perspektive und ohne weitere Kenntnisse über die besondere situativ-kontextuelle Einbettung können wir aber manchmal nur sehr spekulative Annahmen und Unterstellungen machen, was den Grund betrifft, durch den sich ein Mensch in einem situativen Kontext zum Handeln bestimmt.

Daher sollten wir – anders als etwa bei Spechten – wesentlich vorsichtiger sein, wenn es um bloß aus der Beobachtung resultierende Urteile über Menschen geht, die etwa besagen, dass dieser Mensch achtlos oder jener ungerecht ist. Fragen wir einen Menschen nach den Gründen seines Tuns und antwortet er uns, so sieht die Sache jedoch schon ganz anders aus. Ergäbe sich nämlich etwa aus Elisabeths Antwort, mit der sie ihr Tun unter eine Handlungsform bringt, indem sie ihr Handlungsziel als Grund nennt, dass Elisabeths Beabsichtigen und Handeln tatsächlich ungerecht ist, dann können wir auch sagen, dass Elisabeth ungerecht ist. Und wäre dies der Fall, dann wäre es auch der Fall, dass Elisabeth einen natürlichen Defekt ihres Beabsichtigens und Handelns aufweist, d.h. einen moralischen Defekt. Ein natürlicher Defekt eines Menschen, der ein moralischer Defekt ist, ist aber ein Defekt des Charakters. Ein Defekt des Charakters macht einen Menschen schlecht. Und als Mensch ein schlechter Mensch zu sein, heißt, dass man die Zustands- und Bewegungsformen derjenigen Lebensform, die man exemplifiziert, mangelhaft manifestiert. Es heißt, dass man als Mensch nicht so ist, wie man gemäß der Form, deren Exemplar man ist, sein soll. Denn die Form, die Natur und Begriff ihrer Exemplare ist, ist die natürliche Norm, die für ihre Exemplare gilt. Und dieses formale Muster natürlicher Normativität gilt für Exemplare der Lebensform des Menschen ebenso, wie es für Exemplare der Lebensform des Spechts gilt.

Dann gilt aber ebenso das, was wir im vorherigen Kapitel hinsichtlich wahrer Urteile sagten, die die natürliche Qualität von Exemplaren einer Lebensform als Exemplare ihrer Lebensform zum Gegenstand haben. Auch mit Blick auf die jetzt angeführten Urteile über Elisabeth gilt: Wenn diese Urteile wahr sind, artikulieren sie Tatsachen, die objektiv bestehende Tatsachen in der natürlichen Welt sind. Sie artikulieren dann nämlich objektiv bestehende Tatsachen in der natürlichen Welt, die die moralische Qualität von Elisabeth als Exemplar der menschlichen Lebensform und die moralische Qualität von Elisabeths Beabsichtigen, Handeln und Charakter als Manifestationen der Bewegungs- und Zustandsformen eines Exemplars der menschlichen Lebensform betreffen.

8 Nachwort

66. Wenn man mir im Großen und Ganzen all das abnimmt, was ich hier zuvor behauptet habe, dann hat man jetzt vielleicht zumindest eine Ahnung davon, wie ein Bild von Vernunft und Moral aussehen könnte, das eine Alternative zu dem etablierten Bild der modernen Moralphilosophie darstellt. Und vielleicht ist es ja sogar gelungen, den einen oder anderen Leser dazu zu bringen, Moral nicht länger nonkognitivistisch, instrumentalistisch, subjektivistisch und intersubjektivistisch schimmernd, sondern im anti-anti-realistischen Licht natürlicher Objektivität zu sehen. Aber mehr als darauf hoffen, kann ich jetzt nicht. Fest davon überzeugt zu sein, dass es sich jetzt doch gar nicht anders verhalten könne, wäre nicht nur vermessen, sondern alles in allem ein doch eher erschreckendes Indiz dafür, dass man die im Geschäft der Philosophie oftmals zu Markte getragene Selbstsicherheit selbst für bare Münze nimmt. Dann rechnet man allerdings in einer Währung, in der es kein Soll, sondern nur Haben gibt. Und das macht taub und blind gegenüber den möglichen Defiziten und Desideraten des eigenen Arguments.

Neben all den Versäumnissen, die mir hier sicherlich unbemerkt unterlaufen sind, gibt es auch eine wichtige handlungstheoretische Grundsatzfrage, die das Hervorbringen von absichtlichen Handlungen betrifft, auf deren ausführlichere Diskussion ich hier jedoch verzichtet habe. Stattdessen habe ich im vorangegangenen Kapitel schlicht behauptet, dass Exemplare der menschlichen Lebensform für gewöhnlich in ihrem Beabsichtigen ihr Handeln frei und selbst durch Gründe bestimmen. Die Frage, wie sich diese Behauptung zu den einschlägigen Positionen in der Debatte um die Willensfreiheit verhält, die mitunter dadurch gekennzeichnet ist, das in ihr eher die Parodie als die Idee der Akteurskausalität diskutiert wird, interessiert mich dabei jedoch nicht wirklich, wie ich auch schon in einer Fußnote im letzten Kapitel deutlich zu machen suchte. Was mich hingegen sehr interessiert, ist eine Erläuterung dessen, was es eigentlich genau heißt, im Beabsichtigen sein Handeln selbst durch Gründe zu bestimmen. Eine solche genauere Erläuterung hat es aber im vorliegenden Text nicht gegeben.

Diese Unterlassung resultiert vor allem daraus, dass ich mich nicht in der Lage sah, etwas handlungstheoretisch Angemessenes zu sagen, ohne dass es vom Umfang her den Rahmen des jetzt vorliegenden Textes gesprengt und merklich weggeführt hätte vom Zusammenhang zwischen Natur und Moral, um den es mir hier zuvorderst ging. Innerhalb der nicht nur terminologisch ausufernden handlungstheoretischen Debatte, die sich seit Anscombes *Intention* und Davidsons *Actions, Reasons, and Causes* entsponnen hat,[1] ist mein Versuch, eine eigene Position zu formulieren, nicht sehr weit von Anscombe entfernt, wie ich glaube. Und es kränkt vielleicht ein wenig meine Eitelkeit, dass ich diesen Versuch hier nicht in bündiger Form darlegen und so in den Text integrieren konnte, dass kein überbordender Exkurs die Folge gewesen wäre, der von meinem eigentlichen Thema weggeführt hätte.[2]

Eine weitere Unterlassung, die den vorliegenden Text kennzeichnet, besteht darin, dass ich nicht ausführlich die von mir vertretene Ansicht diskutiere, die besagt, dass ein Mensch seine Handlungsziele als gut vor- und darstellen können muss, soll sein Wollen als Beabsichtigen, sein Tun als Handeln und er als auch nur ansatzweise rationaler Akteur begriffen werden. Anstatt dies mehr oder minder schlicht zu behaupten und mich dabei auf Aristoteles und den scholastischen Slogan *quidquid appetitur, appetitur sub ratione boni* zu berufen, hätte ich mich an diesem Punkt mit den Positionen David Vellemans und Kieran Setiyas auseinandersetzen können.[3]

Insbesondere Setiyas Zurückweisung der *Guise-of-the-good*-These und sein eigener Ansatz zählen mit Sicherheit zu den spannendsten Positionen, die in der praktischen Philosophie der letzten Jahre zu finden sind. Und in einem gewissen Sinne kann man sagen, dass ich mit Setiya voll und ganz darin übereinstimme, dass das „sollte" der praktischen Vernunft nicht unabhängig von Tugenden verstanden werden kann – während ich ihm in fast allem, was auf diese ziemlich allgemeine These folgt, eher nicht zustimme. Aber wie dem auch sei: Die Auseinandersetzung mit Setiyas Position und die ausführliche Argumentation für die „*Guise-of-the-good*-These" unterbleibt in diesem Text. Die Idee, die hinter *quidquid appetitur, appetitur sub ratione boni* steckt, wird mehr oder minder schlicht als intuitiv einleuchtend angenommen. Dass man hierzu noch sehr viel hätte sagen können, ist mir bewusst. Aber auch an diesem Punkt hatte ich den Verdacht, dass mich das viel zu weit wegführen würde vom eigentlichen Zusammenhang zwischen Natur und Moral, um den es mir hier ging. In der Annahme, dass dieser Verdacht nicht ganz unzutreffend ist, bleibt mir jetzt nur, darauf zu hoffen, dass diese Unterlassung den von mir hier gemachten Vorschlag nicht völlig zum Einstürzen bringt, da man das, was ich hier sagte, auch weitgehend unabhängig davon sagen kann, ob man *quidquid appetitur, appetitur sub ratione boni* zustimmt oder nicht. Und freilich glaube ich, dass Grund zu dieser Hoffnung besteht.[4]

67. Anders als die nun genannten Unterlassungen, die ich mit etwas Bedauern in Kauf nehme, gibt es aber auch noch etwas, das ich jetzt auf keinen Fall unterlassen möchte. Ich möchte jetzt nämlich einem möglichen Missverständnis entgegentreten, zu dem manche Leser durch die Lektüre des vorliegenden Textes verführt werden könnten, weil im Text zweifelsohne die Objektivität von Moral und menschlicher Natur in den Vordergrund gerückt wird.

Das mögliche Missverständnis besteht darin, dass es durch meine anfängliche Kritik am moralischen Intersubjektivismus zweiten Kapitel und durch die Darstellung moralischer Qualität als natürliche Qualität von Menschen im sechsten Kapitel so scheinen könnte, als sollte mit der vorliegenden Abhandlung bestritten werden, dass der intersubjektive Streit darüber, was moralisch gut ist, ein wesentliches Moment unserer je historisch situierten Praxis des In-der-Welt-Seins ist. Dies soll jedoch keineswegs bestritten werden.

Was behauptet wird, ist vielmehr dies: Sollen die Forderungen der Moral als universell gültig begriffen werden, so müssen moralische Urteile als wahrheitsfähig und das Bestehen moralischer Tatsachen in der Welt als möglich begriffen werden, wobei das Wahrsein der Urteile und das Bestehen der Tatsachen letztlich mit Bezug auf die menschliche Natur begründet werden müssen und nicht mit Bezug darauf, was einige, viele oder alle Menschen zu dieser oder jener Zeit an diesem oder jenem Ort konsensuell für gut und richtig halten oder gehalten haben. Das heißt, dass die im intersubjektiven Streit über das moralisch Gute angeführten Gründe zwar von ihrer kommunikativen Funktion her auf einen intersubjektiven Konsens ausgerichtet sein *können*, dass die Gehalte dieser Gründe jedoch auf einen normativen Bezugspunkt ausgerichtet sein *müssen*, der das bloß konsensuelle Für-gut-Halten transzendiert – nämlich auf die als objektiv begriffene Natur des Menschen.

Damit ist allerdings keineswegs gesagt, dass der intersubjektive Streit darüber, was moralisch gut ist, nicht ein wesentliches Moment unserer Praxis des In-der-Welt-Seins wäre. Die in der Abhandlung vorgebrachte Kritik am moralischen Intersubjektivismus richtet sich gegen die Idee des bloß intersubjektiven Konsenses als eines letzten normativen Bezugspunktes der Rechtfertigung moralisch relevanter Gehalte. Sie richtet sich jedoch nicht gegen die allgemeine sprachphilosophische und erkenntnistheoretische Ansicht, dass die Gehalte von behaupteten Urteilen und ihren Begründungen in unserer Praxis wesentlich intersubjektiv zum Einsatz kommen und der Streit um ihre Richtigkeit ein wesentlich intersubjektiver Streit ist.

Völlig ungeachtet dessen, ob es sich um ein empirisches oder ein moralisches oder ein anderweitiges Urteil handelt, kann zu Recht gesagt werden, dass derjenige, der ein Urteil fällt, auf den Gehalt des Satzes, mit dem er das Urteil artikuliert, einen Wahrheitsanspruch erhebt. Und damit erhebt er zugleich den Anspruch, dass sein Behaupten des Satzes richtig ist. Denn einen Satz zu behaupten, heißt, einen Wahrheitsanspruch auf das zu erheben, was der Satz besagt – also: auf den Gehalt des Satzes. Mit dem Erheben des Wahrheitsanspruchs auf den Gehalt des Satzes und auf die Richtigkeit seiner Behauptung geht der Sprecher aber *eo ipso* die Verpflichtung ein, sich auf das diskursive Spiel des reziproken Gebens und Nehmens von Gründen einzulassen, um den von ihm erhobenen Anspruch zu rechtfertigen, dessen Berechtigung andere Sprecher anerkennen, bezweifeln oder bestreiten können.[5]

Das ist allerdings kein Alleinstellungsmerkmal moralischer Urteile, sondern gilt für jedes Urteil (d.h. auch für empirische Urteile). Die allgemeine Darstellung der expressiven Komponente des Behauptens und Urteilens (die Robert Brandom in beeindruckender und detaillierter Weise explizit gemacht hat)[6] sollte daher auch nicht verwechselt werden mit den spezifisch moralphilosophischen Ausführungen von Nonkognitivisten wie Ayer, Stevenson, Hare, Gibbard oder Blackburn. Diese Ausführungen laufen nämlich – wie wir im zweiten Kapitel sahen – gerade darauf hinaus, dass man moralische Urteile gar nicht wirklich behaupten kann. Denn nach Ansicht der genannten Philosophen können moralische Urteile im buchstäblichen Sinne weder wahr noch falsch sein, da es keine moralischen Tatsachen als solche gibt. Wenn dem so wäre, dann würde aber in unseren moralischen Sprachspielen auch die expressive Komponente des Behauptens oder des Urteilens wegfallen, da es unmöglich wäre, mit dem Äußern eines Satzes ein moralisches Urteil zu fällen und einen Wahrheitsanspruch zu erheben, den es zu begründen gilt, sofern bestritten wird, dass er berechtigterweise erhoben wird.

Ebenso wenig, wie man die expressive Komponente des Behauptens ignorieren sollte, sollte man bestreiten, dass unsere intersubjektive Kommunikation unter anderem durch moralisch relevante Präskriptionen und Dezisionen gekennzeichnet ist. Aber auch hier gilt: Sollen die fraglichen Präskriptionen und Dezisionen als richtig gerechtfertigt werden, so dürfen sie nicht als rein willkürliche, übliche, tradierte oder bloß konsensuell geteilte Präskriptionen und Dezisionen vor- und dargestellt werden. Vielmehr müssen sie im intersubjektiven Spiel des Gebens und Nehmens von Gründen mit wahrheitsfähigen moralischen Urteilen in Verbindung gebracht und dadurch als etwas begründet werden, das im Allgemeinen gut und vernünftig für Menschen als Exemplare der menschlichen Lebensform ist. Es wäre also mehr als nur ein peripheres Missverständnis, glaubte man, im vorliegenden Text werde irrwitzigerweise bestritten, dass Moral praktisch und daher auch voller Präskriptionen und Dezisionen ist. Was vielmehr bestritten wird, ist die Ansicht, dass Präskriptionen und Dezisionen das normative Fundament der Moral sein könnten. Dieses Fundament besteht – der hier vertretenen Auffassung zufolge – vielmehr aus wahren Urteilen und Tatsachen, die Natur und Begriff des Menschen betreffen.

68. Im Gegensatz zu dem jetzt antizipierten Missverständnis, das auszuräumen ich keineswegs unterlassen möchte, und anders als bei den den zuvor erwähnten Unterlassungen, die ich mit etwas Bedauern in Kauf nehme, gibt es im vorangegangenen Text aber auch solche Unterlassungen, die mit voller Absicht und ohne Bedauern erfolgen, da ich der Ansicht bin, dass die Ethik derlei grundsätzlich unterlassen sollte. Eine solche Unterlassung besteht z.B. darin, dass ich nichts dagegen unternehme, dass manche Leser vielleicht den Eindruck bekommen könnten, ich stocherte bloß im Ungefähren, wenn ich über die natürliche Qualität des Charakters von Menschen spreche, die moralische Qualität ist.

Zur Rolle, die der menschliche Charakter im vorliegenden Text spielt, kann man in der Tat anmerken, dass ich vergleichsweise wenig zu ihm gesagt habe. Und manchmal konnte es vielleicht fast so erschienen sein, dass ich ihn eher not-gedrungen als etwas mitschleppe, dessen Qualität sich aus der Qualität mensch-lichen Beabsichtigens und Handelns ergibt. Tatsächlich meine ich, dass in der Moral die Qualität des Beabsichtigens und Handelns von Menschen der primäre Gegenstand unserer Urteile ist. Und je nachdem, wie diese Urteile ausfallen, schreiben wir diesem oder jenem Menschen dann diese oder jene allgemeinen Tendenzen seines Beabsichtigens und Handelns zu, die wir dann auch unter der griffigen Bezeichnung „Charakter" zusammenfassen können.

Sicherlich kann es jetzt recht vage erscheinen, wenn ich hier von „Tenden-zen" spreche. Stattdessen könnte ich jetzt auch von der Herausbildung einer *hexis*, eines Habitus und von Dispositionen sprechen. Aber das würde die Sache gewiss keinen Deut „präziser" machen. Allerdings glaube ich auch nicht, dass Philosophen an diesem Punkt überhaupt mehr „Präzision" anstreben sollten, um etwa ins Blaue hinein eine verbindliche Liste von Kriterien oder gar eine Skala anzugeben, ab wie vielen natürlichen Defekten der Irrationalität ein Charak-ter bzw. derjenige, der ihn hat, natürlich schlecht oder defekt ist. Mir scheint, das sollte besser der situations- und kontextsensiblen Urteilskraft derjenigen überlassen werden, die sich um ihren Charakter sorgen oder mit Menschen von besorgniserregendem Charakter konfrontiert sind.

Was im Allgemeinen wohl aber leider stimmt, ist das, was Aristoteles über die Tugend im Gegensatz zum Laster sagt: „Leicht ist es, den Zielpunkt zu ver-fehlen, schwer aber, ihn zu treffen", denn „Menschen sind gut auf nur eine Art, schlecht aber auf viele".[7] Und dies liegt daran, dass menschliches Beabsichtigen und Handeln „freilich nur dann schlechthin gut" ist, wie Thomas von Aquin ergänzt, „wenn alle Güten zueinanderkommen", denn schon „jede beliebige einzelne Fehle verursacht Übel".[8] Damit hat Thomas freilich recht. Was damit gemeint ist, darf man sich jedoch nicht – um der ‚Präzision' willen – wiederum so vorstellen, dass man das Maß der natürlichen Qualität des Charakters eines Menschen zu stark assimiliert an das Maß der natürlichen Qualität des Zustands eines subrationalen Tiers. Eine Vorstellung, die die Assimilation zu weit treibt, wäre etwa die Vorstellung, dass ein Mensch niemals Versprechen brechen darf und dass demnach ein einziger Bruch eines Versprechens den berechtigten Schluss erlaubt, dass der betreffende Mensch einen schlechten Charakter hat oder ein schlechter Mensch ist. Ein solcher Schluss wäre zwar ungemein ‚präzise' und befriedigte vielleicht einen gewissen philosophischen Drang nach Eindeutigkeit. Aber er ist zumindest *prima facie* ungerechtfertigt. Dies ist er allerdings nicht deshalb, weil er allzu ‚unerbittlich‘ ist, gemessen an all der menschlichen Schwäche, die Irrationalität ist. Er ist es vielmehr deshalb, weil er allzu allquantifiziert ist und nicht dem Umstand hinreichend Rechnung trägt, dass Menschen ihr Handeln in Freiheit durch Gründe bestimmen.[9]

Was die „Präzision" betrifft, so gilt jedenfalls, dass es keinerlei Veranlassung gibt, der praktischen Urteilskraft erwachsener und vernünftiger Menschen vom grünen Tisch der Ethik aus eine Skala der natürlichen Qualität von Charakteren und ihren Besitzern anzuempfehlen. Denn mit Blick auf unsere Praxis trägt das überhaupt nichts dazu bei, moralische Urteile besser und also bessere moralische Urteile zu fällen. Vielmehr sind derartige Empfehlungen nur dem falsch verstandenen philosophischen Drang nach „Präzision" geschuldet, der bestimmte Vorstellungen von Genauigkeit aus dem naturwissenschaftlichen Bereich auf praktische Bereiche des menschlichen Lebens überträgt. Dort haben sie aber gar nichts zu suchen, weil diese Vorstellungen von Genauigkeit ihrem praktischen Gegenstand nicht angemessen sind, wie schon Aristoteles wusste und woran uns Wittgenstein erinnerte.[10]

Das gilt allerdings nicht nur für die moralische Qualität des menschlichen Charakters, sondern auch für die moralische Qualität des Beabsichtigens und Handelns von Menschen. Zwar ist es meiner Ansicht nach erhellend und auch nötig, nicht lediglich bei der rein formalen Feststellung stehen zu bleiben, die besagt, dass praktisch rational zu sein, natürlich gut für Menschen ist. Drängte es uns jedoch dahin, die im Beabsichtigen für Menschen natürlich guten Ziele ihres Handelns material noch konkreter zu bestimmen als dadurch, dass wir sagen, menschliches Beabsichtigen und Handeln seien beispielsweise an den im letzten Kapitel genannten Tugenden von Anteilnahme bis Zuversicht orientiert und nicht an den dort genannten Lastern von Achtlosigkeit bis Zynismus, so würden wir Gefahr laufen, einem Konkretismus anheimzufallen, der wiederum der kontextsensiblen praktischen Urteilskraft erwachsener und vernünftiger Menschen nicht angemessen wäre.

Nicht nur sind konkretistische Kriterienkataloge, wie wir sie vornehmlich in religiösen oder ideologischen Sittenlehren finden, kaum darauf angelegt, die moralischen Fähigkeiten von Menschen zu befördern. Auch achten sie die Würde des Menschen als rationales und urteilskräftiges Lebewesen eher gering. Und alles in allem muss man wohl auch leider sagen, dass sie den Ausgang erwachsener Menschen aus ihrer (nicht immer selbstverschuldeten) Unmündigkeit behindern, indem sie zu bestimmen suchen, was in welchem möglichen situativen Kontext des menschlichen Lebens wie genau von allen Menschen stets zu tun ist. Ganz abgesehen davon, dass das Verlangen nach derartigen Katalogen und

Lehren der gediegenen Bildung und Aufklärung abträglich ist, beruht dieses Verlangen allerdings auch auf einer Sehnsucht nach Gewissheit und Genauigkeit, die eben jenem Missverständnis aufsitzt, das wir im fünften Kapitel kurz anspra-chen, als wir im Zusammenhang mit der Idee mechanischer Regelbefolgung auf Wittgensteins Einsicht hinwiesen, dass die Regel nicht ihre eigene Anwendung regeln kann.

Deshalb sollten Pädagogen ihren Ehrgeiz auf die bestmögliche Ausformung der praktischen Urteilsfähigkeit ihrer Schüler richten, während sich Moralphi-losophen die Angabe konkretistischer Kriterienkataloge verkneifen sollten. Und eben deshalb sollten auch wir nicht mehr sagen wollen als das, was gesagt wurde, als beispielhaft auf menschliche Tugenden und Laster verwiesen wurde. Die Beurteilung, welche menschliche Bewegung unter welche Handlungsform fällt und eine Tugend oder ein Laster instanziiert, müssen Moralphilosophen denjenigen erwachsenen und vernünftigen Menschen überlassen, die mit der jeweiligen Bewegung konfrontiert sind. Moralphilosophen können zwar etwas Allgemeines über das für Menschen natürlich Gute sagen, aber sie können nicht das je Besondere vorwegnehmen. Das müssen sie aber auch nicht. Denn die Ethik ist schließlich nicht dazu da, dem Menschen seine Vernunft abzunehmen!

Anmerkungen

Kapitel 1

1 Vgl. hierzu: Wittgenstein 1953, § 133.

2 Vgl. Wittgenstein 1956, VI, § 31: „Das Schwere ist hier, nicht bis auf den Grund zu graben, sondern den Grund, der vor uns liegt, als Grund zu erkennen. Denn der Grund spiegelt uns immer wieder eine größere Tiefe vor, und wenn wir diese zu erreichen suchen, finden wir uns immer wieder auf dem alten Niveau. Unsere Krankheit ist die, erklären zu wollen."

3 Vgl. Wittgenstein 1953, §§ 66f.

4 Vgl. Chalmers 2003; Jackson 1982.

5 Vgl. Wittgenstein 1953, §§ 242-317; McDowell 1996a, 18-23, 37ff., 46-65; McDowell 2004.

6 Vgl. hierzu z.B. die Beiträge in: Hoffmann & Reuter 2010; vgl. auch: McDowell 1996b.

7 Meiner Ansicht nach muss man Anton Leist voll und ganz zustimmen, wenn er anmerkt, dass wir das, was gemeinhin „Metaethik" und „normative Ethik" genannt wird, zwar gewiss anhand ihrer verschiedenen Fragestellungen unterscheiden können, dass es aber falsch ist, zu glauben, unsere Antworten auf die Fragen des einen Bereichs verhielten sich neutral gegenüber unseren Antworten auf die Fragen des anderen Bereichs. (Vgl. Leist 2000, 55ff.) Eine derartige „Neutralitätsthese" ist nichts anderes als eine Version des empiristischen Dogmas, das von den speziellen Ansichten der logischen Positivisten herrührt. Gediegene Moralphilosophie kann nicht entweder nur „Metaethik" oder nur „normative Ethik" sein. Und meines Erachtens wäre es naiv, borniert oder einfach nur sehr dumm, auf jeden Fall jedoch falsch, glaubte man, entweder „Metaethik" oder „normative Ethik" oder „angewandte Ethik" sinnvoll betreiben zu können, während man dabei die Fragestellungen des je anderen Bereichs schlichtweg ignoriert.

8 Kutschera 2009, 13.

9 Vgl. Kutschera 2009, 13.

10 Ich danke Pirmin Stekeler-Weithofer und Georg Lohmann sehr für ihre hilfreichen Kommentare zu dem vorliegenden Text, der ursprünglich den Titel „Natürliche Moral" trug und als Habilitationsschrift im Jahr 2012 an der Fakultät für Humanwissenschaften der Otto-von-Guericke-Universität in Magdeburg eingereicht wurde. Bei Georg Lohmann möchte ich mich zudem herzlich für all seine Unterstützung bedanken, die er mir im Laufe der Jahre, in denen ich sein Assistent war, zukommen ließ. Henning Moritz, Christian Schulze-Ollendorf und Nina Hahne gebührt Dank für das Korrekturlesen des Manuskripts. Bei Gertrud Grünkorn, Christoph Schirmer und Katja Brockmann möchte ich mich für die Betreuung seitens des Walter de Gruyter-Verlags bedanken. Jana Burmeister-Hoffmann danke ich für alles, insbesondere jedoch für ihre Geduld und liebevolle Nachsicht gegenüber den arbeitsbedingten Launen des Autors.

Kapitel 2

1 Vgl. z.B. Tugendhat 1997, 37.

2 Es muss ihm also bewusst sein, dass er die Realisierung eines bestimmten Zwecks anstrebt und dass er das tut, was er tut, um diesen Zweck zu realisieren. Zwecke, die demjenigen, der sie in seinem Tun anstrebt, als seine Zwecke, die er mit seinem Handeln anstrebt, bewusst sind, sind seine (Handlungs-)Ziele. Vgl. zu dieser begrifflichen Unterscheidung von „Zweck" und „Ziel" z.B.: Ros 2005, 329f..

3 Vgl. z.B. Korsgaard 1986; Korsgaard 1997, 58; Foot 2001, 11.
4 Die Idee einer solchen instrumentalistischen Normativität hat im deutschsprachigen Raum in letzter Zeit vor allem Peter Stemmer offensiv vertreten. Vgl. Stemmer 2008, z.B. 40f.; 56f.
5 Der Kürze und Einfachheit wegen verwende ich nachfolgend nur noch „Pro-Einstellung". Wenn es der Leser für nötig hält, möge er dann bitte bei jedem „Pro-" ein „Contra-" im Geiste ergänzen.
6 Williams 1981b, 101.
7 Oder, wie Williams sagt: aus „an agent's subjective motivational set". (Williams 1981b, 102.)
8 Es ist also beileibe kein Zufall, dass Williams seinen Vorschlag als „sub-Humean" bezeichnet, denn sein Vorschlag ist das Paradebeispiel für eine explizit neo-humeanische Position, die ich „rationalen Instrumentalismus" nenne. In jüngster Zeit hat vor allem Mark Schroeder offensiv eine solche neo-humeanische Position, die er „Hypotheticalism" nennt, vertreten. (Vgl. Schroeder 2007.) Rational instrumentalistisch ist eine neo-humeanische Position, meiner Terminologie nach, aber nur dann, wenn sie, wie Williams' Ansatz, einen Internalismus der Rationalität beinhaltet, der zu zeigen versucht, dass handlungserklärende motivierende Gründe zugleich handlungsrechtfertigende normative Gründe sind. Im Gegensatz zu Williams' Position ist diejenige von Michael Smith dann zwar neo-humeanisch, aber nicht rational instrumentalistisch. Denn Smith bezieht sich mit seinem Neo-Humeanismus lediglich auf motivationale Gründe, die er als psychologische Tatsachen hinsichtlich eines jeweiligen Akteurs auffasst, welche zur Erklärung der Handlungen des Akteurs herangezogen werden können. (Vgl. Smith 1987, 38; Smith 1994, Kap. 4.) Bei seiner Erläuterung normativer Gründe, die eine Handlung rechtfertigen, lehnt sich Smith hingegen an Rawls' Idee des „Überlegungsgleichgewichts" an. (Vgl. Smith 1994, Kap. 5 & 6; Rawls 1971, 18, 40-44.) Eine solche Position, die die Trennung von Handlungserklärung und Handlungsrechtfertigung beibehält, läuft letztlich auf nicht sehr viel mehr hinaus als auf die traditionelle Unterscheidung zwischen Motiven und Gründen, die Kurt Baier in knappen und präzisen Worten so formuliert hat: „Motives count when we want to explain someone's behaviour, reasons count when we want to know whether it was in accordance with reason, whether it was „rationally justified"„. (Baier 1995, 111.) Aber mit dieser Unterscheidung zwischen Motiven und Gründen und der damit einhergehenden Unterscheidung zweier philosophischer Projekte, nämlich einer Theorie der Handlungserklärung und einer Theorie der Handlungsrechtfertigung, kann sich ein rationaler Instrumentalist vom Schlage Williams' nicht zufriedengeben. So wäre nämlich der instrumentalistische Grundgedanke nicht mehr aufrecht zu erhalten. Denn aus Sicht des rationalen Instrumentalisten sollen ja gerade die internen Gründe eines Akteurs, die den Vollzug seiner Handlungen motivieren, den Vollzug seiner Handlungen auch zugleich als praktisch rational ausweisen. (Vgl. hierzu: Williams 1995b, 39.)
9 Vgl. hierzu das von Michael Bratman aufgeworfene Problem der *bootstrapping rationality* in: Bratman 1987, 23-27. Vgl. hierzu auch: Broome 1999, 92; Broome 2008; Raz 2005; Kolodny 2005; Kolodny 2008.
10 Neben der Verwendung von „Ethik" im Sinne der Lehre vom guten Leben gibt es natürlich noch die Verwendung von „Ethik" als Bezeichnung einer bestimmten philosophischen Disziplin – ganz im Sinne von Ciceros Übersetzung des griechischen „êthikê" ins lateinische „philosophia moralis". In dieser Verwendung ist „Ethik" dann synonym mit „Moralphilosophie". Und da „mores" gemeinhin mit „Sitten" ins Deutsche übersetzt wird, stellen dann sowohl „Ethik" als auch „Moralphilosophie" Bezeichnungen für eine philosophische Disziplin dar, die über die Bedingungen der Möglichkeit von Sitten reflektiert und die man daher auch „Metaphysik der Sitten" nennen kann.

11 Vgl. Aristoteles, EN 1094a1f.; Aristoteles, De An, 433b8ff.
12 Vgl. Milton 1674, IV, Vers 110.: „Evil, be thou my good."
13 Sellars 1956, 26. Vgl. zur Diskussion des *looks-talk*: Sellars 1956, 25-64.
14 Vgl. Mill 1859, 87.
15 Mill 1859, 87.
16 Orientiert man sich an Mill und betrachtet den Unterschied zwischen „Ethik" und „Moral"
im Sinne der Unterscheidung zwischen intrasubjektiv und intersubjektiv Relevantem, so
ist klar, dass mit „Ethik" nicht, wie bei Cicero, „Moralphilosophie" gemeint sein kann
(siehe Fn. 10). Denn „Ethik" kann dann nicht die philosophische Reflexion über moralisch
Signifikantes bezeichnen. Moral ist dann nicht Gegenstand der Ethik, sondern „Ethik"
und „Moral" haben denselben Gegenstand, der in verschiedenen Hinsichten beurteilt und
gerechtfertigt werden kann: nämlich einmal ethisch, d.h. hinsichtlich seiner intrasubjektiven
Relevanz, und einmal moralisch, d.h. hinsichtlich seiner intersubjektiven Relevanz.
17 Vgl. AA IV, 387f.
18 Vgl. z.B. AA IV, 413: „Praktisch gut ist aber, was […] vermittels der Vorstellungen der
Vernunft, mithin nicht aus subjektiven Ursachen, sondern objektiv, d. i. aus Gründen, die
für jedes vernünftige Wesen als solches gültig sind, den Willen bestimmt. Es wird vom
Angenehmen unterschieden als demjenigen, was nur vermittels der Empfindung aus bloß
subjektiven Ursachen […] auf den Willen Einfluß hat."
19 Neben dem ciceroschen Gebrauch des Wortes „Ethik" (siehe Fn. 10) und dem an Mill
orientierten Gebrauch im Sinne der Unterscheidung zwischen intrasubjektiv und intersubjektiv
Relevantem (siehe Fn. 16) gibt es auch noch einen gewissermaßen originär kantischen
Gebrauch des Wortes „Ethik". Kant verweist zu Beginn seiner *Grundlegung zur Metaphysik
der Sitten* zunächst darauf, dass die Ethik in der antiken Philosophie als eine der drei
philosophischen Disziplinen, neben der Physik und der Logik, aufgefasst wurde. Diese drei
Disziplinen lassen sich, seiner Ansicht nach, zunächst danach unterscheiden, ob sie *auch*
auf Gründen der Erfahrung fußen oder ausschließlich apriorische Prinzipien formulieren. Die
erste Art von Philosophie nennt er „empirisch", die zweite „rein". Reine Philosophie in diesem
Sinne ist die Logik, die formale apriorische Prinzipien formuliert, welche die allgemeinen und
notwendigen Gesetze des Denkens darstellen und die von keinem empirischen Gegenstand
her thematisch begrenzt werden. Empirische Philosophie im kantischen Sinne ist Metaphysik.
Die antiken Bezeichnungen „Physik" und „Ethik" stehen demnach für eine „Metaphysik
der Natur" und eine „Metaphysik der Sitten". Eine Metaphysik kann ihrerseits noch einmal
unterteilt werden, nämlich in ihren empirischen und ihren rationalen Teil, der auch allgemeine
formale Gesetze umfasst, nur diesmal thematisch eingeschränkt auf den jeweils erfahrbaren
Gegenstand der betreffenden Metaphysik. Während die formale Logik lediglich aus einem
rationalen und von keinem empirischen Gegenstand her begrenzten Teil besteht und deshalb
„reine Philosophie" ist, werden die „Metaphysik der Natur" und die „Metaphysik der
Sitten" von Kant also nicht deshalb in Abgrenzung zur Logik als „empirische Philosophie"
bezeichnet, weil sie lediglich empirisch wären, sondern weil sie *auch* empirisch sind und
thematisch von Gegenständen handeln, die Gegenstände der Erfahrung sein können. Denn
nach Kant besteht ja – wie gesagt – jede Metaphysik sowohl aus einem empirischen als auch
aus einem rationalen Teil. Den empirischen Teil der von Kant als „Metaphysik der Sitten"
bezeichneten Ethik könnte man, wie er meint, auch „praktische Anthropologie" nennen.
Den rationalen Teil der Ethik bezeichnet Kant hingegen als „Moral". Das, was man nach
Kant demnach tut, wenn man *Moral*philosophie betreibt, besteht nicht einfach darin, dass
man sich der philosophischen Disziplin der Ethik bzw. der Metaphysik der Sitten zuwendet,

sondern darin, dass man sich mit einem bestimmten Teil der Ethik beschäftigt. Betreibt man *Moral*philosophie im kantischen Sinne, so beschäftigt man sich nämlich mit den allgemeinen und notwendigen Gesetzen, die kennzeichnend sind für den rationalen Teil der Metaphysik der Sitten – d.h.: für denjenigen rationalen Teil der Ethik, den Kant „Moral" nennt. (Vgl. AA IV, 387f.) Die Sache ist bei Kant also ein bisschen komplizierter als bei Cicero und deutlich anders, als sie sich bei Mill darstellt. Dass Kants Unterscheidung zwischen „Moral" und „Ethik" keineswegs deckungsgleich ist mit Mills Unterscheidung zwischen „moral vices" und „self-regarding faults", zeigt sich augenfällig schon darin, dass es bei Kant die Unterscheidung zwischen „Pflichten gegen sich selbst" und „Pflichten gegen andere Menschen" als eine Unterscheidung *innerhalb der Moral* gibt (vgl. AA IV, 421; AAAA VI, 417-476). Das heißt aber: Bei Kant ist keineswegs nur dasjenige Gegenstand der Moral, was sich auf die Zweite oder Dritte Person bezieht. Bei Mill indes kann etwas überhaupt nur dadurch Gegenstand der Moral sein, dass es die zweite oder dritte Person betrifft. Alles, was lediglich die Erste Person betrifft, reduziert sich dagegen bei Mill auf selbstbezogene Pro-Einstellungen, die keinerlei moralische Signifikanz haben, solange sie nicht Andere, sondern nur die Erste Person betreffen.

20 Vgl. Habermas 1983a, 75f., 103f.; Habermas 1983b 134; Habermas 1992, 140-143; Habermas 2003.

21 Habermas 1991d, 149; vgl. auch: Habermas 1988.

22 Die Ansicht, dass eine plausible Moralbegründung diese instrumentalistischen und subjektivistischen Bedingungen notwendig erfüllen muss, bildet das Fundament der moralphilosophischen Überlegungen von z.B. David Gauthier und Ernst Tugendhat.

23 Habermas 1973, 161.

24 Vgl. zum diskursiven Modell z.B. Habermas 1983a, Habermas 1983b, Habermas 1988, Habermas 1991b, Habermas 2003, Apel 1988, Apel 1998. Vgl. zum kontraktualistischen Modell: Gauthier 1986, Gauthier 1988, Gauthier 1990, Gauthier 1991, Scanlon 1998 sowie Tugendhats Variationen eines gleichsam „sophistizierten Kontraktualismus", die in den moralphilosophischen Veröffentlichungen zwischen Tugendhat 1981 und Tugendhat 2006 zu erkennen sind.

25 So sieht es jedenfalls Ernst Tugendhat. Vgl. z.B. Tugendhat 1989, Tugendhat 1993, 59; Tugendhat 1996, 330f.; Tugendhat 1998, 99f.; Tugendhat 1999, 174f.

26 Vgl. z.B. Habermas 1999e; Habermas 2001. – In einem gewissen Sinne kann man sagen, dass das intersubjektivistische Projekt einer detranszendentalisierten Moralbegründung ein Versuch ist, das Konzept einer Pflichtenethik unter den Bedingungen der Moderne so auszubuchstabieren, dass ein grundlegendes Problem der modernen Moralphilosophie umgangen wird, welches Elizabeth Anscombe wie folgt diagnostizierte: „To have a *law* conception of ethics is to hold that what is needed for conformity with the virtues failure in which is the mark of being bad *qua* man (and not merely, say, qua craftsman or logician) – that what is needed for *this*, is required by divine law. Naturally it is not possible to have such a conception unless you believe in God as a law-giver; like Jews, Stoics, and Christians. But if such a conception is dominant for many centuries, and then is given up, it is a natural result that the concepts of „obligation", of being bound or required as by a law, should remain though they had lost their root; and if the word „ought" has become invested in certain contexts with the sense of „obligation", it too will remain to be spoken with a special emphasis and special feeling in these contexts. It is as if the notion „criminal" were to remain when criminal law and criminal courts had been abolished and forgotten." (Anscombe 1958, 30) Eine Idee moralischer Pflicht, die nicht mehr einen den einzelnen Akteuren übergeordneten Gesetzgeber beinhaltet, weist, so Anscombe, an der entscheidenden Stelle ein Desideratum auf, welches die Verständlichkeit der ganzen Idee bedroht. Die Idee moralischer Pflicht in der modernen Moralphilosophie ist, laut Anscombe, „the survival of a concept outside the framework of thought that made it a really intelligible one" (Anscombe 1958, 31). Das intersubjektivistische Projekt einer Moralbegründung ist nun eine mögliche Antwort darauf. Es besteht nämlich in dem Versuch, das Desideratum zu beseitigen und die Verständlichkeit des Konzepts einer Pflichtenethik zu bewahren, indem es einen neuen konzeptionellen Bezugsrahmen entwirft, der die Idee moralischer Pflicht ohne eine transzendente Autorität verständlich machen soll.

27 Sellars 1956, 26.

28 Ähnliche Geschichten, die leider noch weniger Phantasie benötigen, könnte man wahrscheinlich auch über Mädchen und Frauen in äthiopischen oder nordsudanesischen Dorfgemeinschaften erzählen, die zusammen mit ihren männlichen Dorfgenossen konsensuell darin übereinstimmen, dass Mädchen und Frauen genital verstümmelt werden sollten.

Mit vielleicht etwas mehr Phantasie und philosophischer Abstraktion kann man aber auch Rawls' Gedankenexperiment des Urzustands dahingehend modifizieren, dass der Schleier des Nichtwissens sich über hobbessche Wölfe senkt, die echte Hasardeure sind. Der Chance zuliebe, die Herrschaft über Alles und Jeden zu erhalten, nehmen sie auch das Risiko in Kauf, zukünftig vogelfrei zu sein. Und so stimmen sie alle einem Kontrakt, der diese Möglichkeit beinhaltet, nicht nur konsensuell, sondern nachgerade begeistert zu.

29 Vgl. Weber 1922, 12f.

30 Vgl. z.B. Habermas 1973, 252-256; Habermas 1991b, 161-164.

31 Vgl. zur Kritik an Habermas auch: Tugendhat 1981, 75-82. Auf die Probleme, die sich ergeben, wenn man wie Karl-Otto Apel und zeitweilig auch Habermas von der „regulativen" (Apel) oder „antizipierten" (Habermas) Idee einer diskursiv (und epistemisch) *idealen* Kommunikationssituation der Betroffenen Gebrauch macht, hat Albrecht Wellmer wiederholt hingewiesen. Vgl. Wellmer 1986, 91-102; Wellmer 1991, 158ff.; Wellmer 2003; Wellmer 2004, 223-239.

32 Vgl. hierzu Foot 1972.

33 Meine Verwendung von „Moral" und „Ethik" ist in Anbetracht der über Mill und Habermas hinausreichenden philosophischen Tradition und der Übersetzungsgeschichte dieser beiden Worte relativ beliebig. Denn sehen wir von der an Mill und Habermas orientierten Unterscheidung ab und machen uns z.B. klar, was Aristoteles zu Beginn des fünften Buchs der *Nikomachischen Ethik* über die „Gerechtigkeit im allgemeinen Sinne" sagt, so sehen wir, dass „Ethik" als „Lehre vom guten Leben" keineswegs seit jeher als eine lediglich selbstbezügliche Angelegenheit verstanden wurde. Aristoteles sagt nämlich, dass die von ihm zuvor als primär selbstbezüglich dargestellten Einzeltugenden als *dikaiosyne* auch alle durchweg *pros heteron* sind. (Vgl. Aristoteles EN 1129b 25 – 1130a 10.) Der letztlich ausschlaggebende Grund für meine Verwendung von „Moral" und „Ethik" in dem jetzt dargelegten Sinne besteht einfach darin, dass „Ethik" heutzutage zumeist auch dazu verwendet wird, um die Disziplin der Moralphilosophie zu bezeichnen – also die philosophische Reflexion auf die Moral. Und um nicht allzu viel Verwirrung zu stiften und den Unterschied hinreichend kenntlich zu machen, der zwischen Urteilen oder Praktiken und den philosophischen Aussagen über diese Urteile oder Praktiken besteht, schließe ich mich hier diesem gegenwärtigen Sprachgebrauch an.

Kapitel 3

1 Vgl. Platon, Theaitetos, 201d-202e.

2 Vgl. Gettier 1963.

3 Vgl. Armstrong 1973;

4 Vgl. Goldman 1967.

5 Die Wörter „gut", „schlecht", „richtig" und „falsch" sind zwar die allgemeinsten evaluativen oder normativen Ausdrücke, die in moralischen Urteilen vorkommen können, aber freilich sind sie bei weitem nicht die einzigen. Andere Wörter sind z.B.: „böse", „grausam", „feige", „verlogen", „brutal" oder „gerecht", „freundlich", „mutig", „hilfsbereit", „bescheiden", „aufrichtig". Manche Philosophen betonen nachdrücklich, dass beispielsweise „feige" und „mutig" für ethisch „dichte Begriffe" stehen. Hingegen stünden „gut", „schlecht", „richtig" und „falsch" für „dünne Begriffe", da sie zwar, ebenso wie dichte Begriffe, eine Wertung, aber keine beschreibende Komponente enthalten. (Vgl. hierzu z.B. Williams 1985, 140ff.) Ich bin mir jedoch nicht sicher, ob man aus dieser Unterscheidung so viel machen kann, wie besagte Philosophen glauben. Denn einerseits kommen mir dichte Begriffe gar nicht so dicht vor, unabhängig von den Begründungen, die man anführt, um den Gebrauch der Wörter zu rechtfertigen, die für sie stehen. Vor allem jedoch sind die Begriffe, für die die Wörter „gut", „schlecht", „richtig" und „falsch" stehen, meines Erachtens auch gar nicht so dünn, wenn man die Begründungen betrachtet, die angeführt werden, um den Gebrauch der Worte zu rechtfertigen. Daher tendiere ich dazu, sie schlicht als „allgemeiner" zu bezeichnen als andere Begriffe, ohne dabei sehr viel zu ihrer Dünn- oder Dickheit sagen zu wollen. Wie auch immer es jedoch sei: Vor allem der Kürze und Einfachheit wegen beschränke ich mich hier weitgehend auf die Verwendung von „gut" und „schlecht" (und eher selten auf „richtig" und „falsch").

6 Vgl. Ayer 1936, 107ff.

7 Ayer 1936, 107.

8 Vgl. Ayer 1936, 109ff.

9 Vgl. Stevenson 1944, 6f., 21, 27-33.

10 Vgl. Stevenson 1966, 201.

11 Stevenson 1944, 30f.

12 Meiner Ansicht nach kann man den Emotivismus nicht ernsthaft als einen begrifflichen Explikations- oder auch nur Reduktionsversuch bezeichnen. Denn von einem solchen muss man erwarten, dass er zumindest die wesentlichen Verwendungsweisen und Bedeutungen der Wörter und Sätze einfängt, die er reduzieren will. Dass Ayers und Stevensons Analyse moralischer Urteile das auch nur versucht, kann ich aber beim besten Willen nicht erkennen.

13 Vgl. Hare 1952, 2f.

14 Vgl. Hare 1952, 17f.

15 Obwohl Hare zu Beginn von *The Language of Morals* versucht, die für seine Untersuchung geltende Unterscheidung zwischen Grammatik und Pragmatik genauer zu bestimmen (vgl. Hare 1952, Abschnitt 1.2), trägt sein Versuch nicht wirklich zur Klarheit bei. Und ich glaube, dass sich das rächt (siehe § 18).

16 t_n steht hier für einen je bestimmten Zeitpunkt, l_n für einen je bestimmten Ort, s_n für je eine bestimmte Situation, und X, Y, Z stehen für je bestimmte Personen.

17 Philippa Foot tut dies gelegentlich. Vgl. Foot 1995, 189; Foot 2001, 5.

18 Vgl. v.a. Hare 1963, Abschnitt 2.; Hare 1981, Kap. 6.

19 Hare 1952, 1.

20 Hare 1984, 112; vgl. hierzu auch: Hare 1952, 3.

21 Ein recht erschöpfendes Beispiel für einen solchen Versuch ist: Kitcher 2011.

22 Vgl. z.B. Habermas 1999b, 286, 307-318.

23 Vgl. Davidson 1979; Lewis 1970.

24 Vgl. Davidson 1979, 116f., 120.

25 Vgl. Davidson 1979, 120f.

26 Vgl. z.B. Davidson 1967; Davidson 1973; Davidson 1975; Davidson 1986; Davidson 1990; Davidson 1991.

27 Vgl. Tarski 1944.

28 Hierbei steht „L_D" für die (Objekt-)Sprache Deutsch. Außerdem ist hier vorausgesetzt, dass die singulären Termini „meine" (bzw. „ich") und „du" auf der jeweils rechten Seite der Äquivalenz auf die jeweils gleiche Person referieren wie „meine" (bzw. „ich") und „du" im jeweils zitierten Satz auf der jeweils linken Seite der Äquivalenz, wenn er nicht benannt, sondern verwendet wird. Das kann man mit Hilfe von Indizes ausdrücklich festlegen und kenntlich machen.

29 Damit sage ich weder, dass es nicht auch eine ganze Reihe anderer „technischer" Probleme gibt, mit denen eine Bedeutungstheorie im Stile Tarskis zurechtkommen muss (und von denen Davidson einige zu lösen versucht, wenn er auf intensionale Kontexte, metaphorische Rede und idiolektale Eigenheiten zu sprechen kommt). Noch sage ich damit, dass eine Bedeutungstheorie im Stile Tarskis, im Verbund mit Davidsons Darstellung ihrer Anwendung im Zuge der *radikalen Interpretation*, die beste und erhellendste Art ist, Sprachphilosophie zu betreiben. Ich meine, dass sie das eher nicht ist. Aber dies zu begründen, würde jetzt zu weit führen.

30 Vgl. Blackburn 1984, 224-301; Blackburn 1998, 71-83; Gibbard 2003, 61ff.

31 Die Frage nach den Bedingungen des Bestehens moralischer Tatsachen deutet keineswegs auf eine realistisch verstandene Korrespondenztheorie der Wahrheit hin. Denn mit dieser Frage wird überhaupt keine Relation zwischen einerseits Überzeugungen und andererseits Tatsachen angedeutet, also auch keine Relation der Korrespondenz, von der man meint, sie könne zur Definition des Wahrheitsbegriffs taugen. Vgl. zu den Problemen korrespondenztheoretischer Definitionsversuche von „Wahrheit": Hoffmann 2007, 21-43.

32 Es gibt keine deutschen, englischen, arabischen und isländischen Tatsachen, aber es kann Tatsachen geben, die z.B. die isländische Sprache oder die arabische Kultur oder England oder die Deutschen betreffen.

33 Vgl. Horwich 1990.

34 Vgl. v.a. Horwich 1990, 19. Dort formuliert Horwich ein an Tarskis *Konvention T* angelehntes „Schema (E)" bzw. „Schema (E*)", das direkt auf Propositionen anwendbar sein soll. Aber an dem Begriff der Proposition zeigt sich schon, weshalb ein solcher Ansatz letztlich nicht gelingen kann. Will man nämlich, so wie Horwich, „... ist wahr" direkt auf translinguale Gehalte wie Propositionen, Überzeugungen oder Urteile, anwenden, so besteht das Problem, dass man diese nicht unabhängig von der Struktur und den Bedeutungen der Sätze einer je bestimmten Sprache individuieren kann. Vgl. hierzu: Hoffmann 2007, 75-94.

35 Vgl. Putnam 1983b, 81-84. Vgl. hierzu auch: Dummett 1976, 101-137; Dummett 1991.

36 Vgl. Geach 1965; Geach 1960. – Das Frege-Geach-Problem ist bekanntlich Peter Geachs Kritik am Nonkognitivismus, die eine kritische Überlegung Freges zur Analyse des freistehenden und des eingebetteten Gebrauchs von „... ist wahr" aufgreift und auf die nonkognitivistische Analyse von „... ist gut" (aber auch von allen anderen „evaluativen Prädikaten") überträgt. Sie lautet, kurz gesagt, so: Nonkognitivisten behaupten, dass die Bedeutung von „... ist gut" dadurch bestimmt ist, dass es die Expression der Pro-Einstellung eines Sprechers anzeigt. Dementsprechend analysieren sie den freistehenden Gebrauch von „… ist gut" in „Es ist gut, dass p" expressivistisch. Aber diese Analyse kann keine befriedigende Bestimmung von „… ist gut" liefern. Denn der eingebettete Gebrauch von „… ist gut" im Antezedens des Konditionals „Wenn es gut ist, dass p, dann ist es gut, dass q" kann nicht derart analysiert werden. Mit dem Antezedens kann ein Sprecher nämlich keine Expression seiner Pro-Einstellung artikulieren, da das Antezedens nicht besagt, dass p gut ist. Wäre die Bestimmung von „… ist gut" bei freistehendem Gebrauch als Anzeiger einer Expression der Pro-Einstellung des Sprechers zutreffend, so hieße das aber, dass die Bedeutung von „… ist gut" bei freistehendem und eingebettetem Gebrauch nicht dieselbe sein kann. Wäre sie dies nicht, dann läge jedoch eine bloße Äquivokation vor, schlösse man aus „Es ist gut, dass p" und „Wenn es gut ist, dass p, dann ist es gut, dass q" auf „Es ist gut, dass q". Da dieser Schluss aber eine korrekte Instanziierung von *modus ponens* ist, muss die expressivistische Bestimmung von „… ist gut" unzutreffend sein, sofern die Gesetze der klassischen Logik gelten.

37 Vgl. Blackburn 1984,145-223; Blackburn 1993; Blackburn 1998.

38 Vgl. Gibbard 1990; Gibbard 2003.

39 Blackburns Versuch, dem Frege-Geach-Problem dadurch zu entgehen, dass er „evaluative Prädikate" formal nicht als Prädikate analysiert, sondern stattdessen einen „Buh-Operator" und einen „Hurra-Operator" einführt (vgl. Blackburn 1984, 193f.), zeugt zwar von Humor, verschiebt das Problem jedoch nur. Vgl. hierzu z.B. die Einwände in: Hale 1986, 71ff.; Hale 2002, 146ff.; Wright 1985, 318f.; Wright 1988, 33ff. Vgl. auch die Zurückweisungsversuche in z.B.: Blackburn 1988; Blackburn 1998, 72; Gibbard 2003, 60-87. Vgl. zu weiteren Problemen z.B. McDowell 1987a; Zangwill 1994; Smith 2001; Smith 2002.

40 Vgl. z.B. Blackburn 1984, 180; Gibbard 2003, xii.

41 Vgl. v.a. Gibbard 1990, 36-48, 83-102, 153-188.

42 Vgl. v.a. Gibbard 1990, 55-82, 105-150. Dem Projekt der empirischen Erklärung der Moral qua Beschreibung der Genese von Moralen widmen sich in sehr viel ausführlicherer und offensiverer Weise auch Richard Joyce und Philip Kitcher – freilich mit ziemlich unterschiedlichen Einschätzungen, was den Nutzen von Moralen für die Entwicklung der menschlichen Spezies betrifft. Vgl. Joyce 2002; Joyce 2007; Kitcher 2011. Patricia Churchland hat indes kürzlich die evolutionäre und kulturelle Formung der neurobiologischen Grundlage des Moralischen beschrieben und uns über die Ursache des menschlichen Vermögens, Moralen hervorzubringen, aufgeklärt. Die Entstehung menschlicher Moralen und die menschliche Empfänglichkeit für ihre Forderungen haben demnach ihre Ursache darin, dass im Hypothalamus des menschlichen Gehirns das Hormon Oxitozin gebildet wird. Vgl. Churchland 2011.

43 Vgl. Mackie 1977, 48f.

44 Mit der Wahl des Wortes „entsprechen" versuche ich mehr schlecht als recht zu verschleiern, dass Mackie in *Ethics* eine korrespondenztheoretische Wahrheitskonzeption voraussetzt. Anstatt zu sagen, dass ein wahres Urteil einer Tatsache in der natürlichen Welt korrespondiert, sollte man meines Erachtens aber besser sagen, dass ein wahres Urteil eine Tatsache der natürlichen Welt artikuliert. Das ist zwar in wahrheitstheoretischer Hinsicht ein gewaltiger Unterschied, aber für das, worum es jetzt geht, ist es einerlei. Denn jetzt geht es nicht um die Bestimmung des Wahrheitsbegriffs, sondern darum, wie das Bestehen bestimmter Tatsachen und damit die Wahrheitsfähigkeit bestimmter Urteile möglich ist.

45 Mackie 1977, 35.

46 Mackie 1977, 15. Die Besonderheiten, die sich aus Mackies Verweis auf „Werte" und „Präskriptionen" ergeben (und seiner Auffassung, dass moralische Urteile Überzeugungen sind), wären sicherlich für eine ausführliche Mackie-Exegese interessant. Für mein jetziges Unterfangen, das nicht in der hermeneutisch gediegenen Auslegung der gelegentlich zumindest *prima facie* etwas widersprüchlichen Ausführungen Mackies besteht, ist dies meiner Ansicht nach jedoch nicht von zentraler Bedeutung.

47 Vgl. hierzu Davidson 1983, 152f.

48 Einen ethischen Fiktionalismus als beste Reaktion auf die Irrtumstheorie vorzuschlagen, läuft auf nichts anderes hinaus, als auf das, was Saul Kripke im Rahmen seiner ziemlich eigentümlichen Wittgenstein-Interpretation (vgl. Kripke 1982) als „skeptische Lösung" bezeichnet und richtigerweise Hume, aber fälschlicherweise Wittgenstein zugeschrieben hat. Denn eine solche Reaktion ist ganz analog jener Reaktion, welche Hume gegenüber seinem eigenen epistemischen Skeptizismus empfahl. Zur Linderung unseres Zweifels sollten wir, so Humes Ratschlag, schlicht versuchen, uns der „carelessness" und „inattention" hinzugeben, denn der „sceptical doubt, both with respect to reason and the senses, is a malady, which can never be radically cur'd." (Hume 1739, 218.) Das zeigt freilich schon, dass Kripkes Rede von einer „skeptischen Lösung" etwas irreführend ist. Denn eine „skeptische Lösung" ist keine Lösung eines skeptischen Problems, sondern das, was Hume uns hier empfiehlt: nämlich praktische Ignoranz gegenüber theoretischen Problemen, um im Alltag halbwegs erfolgreich zurecht zu kommen. Und genau in diesem Sinne ist Mackies Fiktionalismus eine „skeptische Lösung" seiner Irrtumstheorie, die nicht nur Blackburn und Gibbard unbefriedigt zurücklässt.

49 Vgl. Mackie 1977, 38-42.

50 Blackburn 1998, 49.

Kapitel 4

1 Und sofern nicht fälschlicherweise angenommen wird, man könne den Wahrheitsbegriff deflationieren, da man ihn vollständig disquotational, prosentientiell oder sonstwie „minimal" definieren kann. Vgl. hierzu: Davidson 1990; Davidson 1996. Vgl. hierzu auch: Hoffmann 2007, 75-94.

2 Einig waren sich die Philosophen des Wiener Kreises aber in zumindest zwei Dingen. Zum einen herrschte Einigkeit darüber, dass es „Wissen" nur noch in zwei Geschmacksrichtungen gab: entweder als analytisches Apriori oder als synthetisches Aposteriori. Die von Kant noch zugelassene Möglichkeit einer synthetischen Apriori-Erkenntnis führe indes nur auf die Holzwege verwirrter „Metaphysik", so die einhellige Meinung im damaligen Wien. Zum anderen bestand auch weitgehende Einigkeit darüber, wie die Bedeutung eines Satzes erläutert werden muss, mit dem man ein synthetisches Urteil a posteriori formuliert. Die Bedeutung eines solchen Satzes bestünde nämliche in der Methode seiner empirischen Überprüfung, das heißt: in der Art und Weise, wie er sich (zumindest prinzipiell) verifizieren lässt. Wenn es mit Blick auf den betreffenden Satz (zumindest prinzipiell) solche Methoden der Verifikation gibt, dann ist der Satz semantisch sinnvoll. Hingegen ist er sinnlos – das heißt: nicht bedeutungstragend –, wenn es solche Methoden der Verifikation (prinzipiell) nicht gibt. Während man sich also weitgehend einig über die zentrale Rolle der Verifikation war, begannen sich Neuraths und Schlicks Wege jedoch zu trennen, was die Art und Weise der Verifikation betraf. Insbesondere Neuraths zunehmend kohärentistische und holistische Ansichten bedrohten den epistemischen

Status von Schlicks „Konstatierungen", die von Wittgensteins Abbildtheorie im Tractatus inspiriert waren (vgl. Wittgenstein 1921). Unter „Konstatierungen" versteht Schlick eine Art von sehr einfachen Wahrnehmungszuständen, deren Gehalte sich durch grammatikalisch eigentümlich geformte Beobachtungssätze wiedergeben lassen. Diese zeichnen sich dadurch aus, dass sie einem Erkenntnissubjekt in Situationen unmittelbarer Bekanntschaft vorliegen und als Fundament des Erfahrungswissens von jeglichem epistemischen Zweifel entrückt sind. Jeder synthetische Satz muss auf eine oder mehrere „Konstatierungen" zurückgeführt werden können, soll er epistemisch gerechtfertigt und überhaupt ein sinnvoller Satz sein (vgl. Schlick 1932, Schlick 1934). Neurath vertrat hingegen zunehmend die kohärentistische These, dass Beobachtungssätze, die Neurath „Protokollsätze" nennt, keineswegs ein unerschütterliches epistemisches Fundament bilden (vgl. Neurath 1932). „Protokollsätze" können, wie alle anderen Sätze, letztlich nur dadurch gerechtfertigt und als sinnvoll erachtet werden, dass sie sich kohärent einfügen in das ganze System der übrigen Sätze einer umfassenden Theorie (vgl. Neurath 1935). Diese umfassende Theorie ist weder psychologischer noch soziologischer Art, sondern muss eine physikalistische Theorie sein (vgl. Neurath 1930, Neurath 1931a, Neurath 1931b). Schlicks „Konstatierungen" sind für Neurath nur das Ergebnis einer Verwechslung von Protokollsätzen mit bestimmten phänomenalen Erlebnissen eines Beobachters. Solche Erlebnisse mögen den Beobachter zwar dazu veranlassen, bestimmte Sätze in sein Beobachtungsprotokoll aufzunehmen. Aber diese Protokollsätze können weder mit Erlebnissen gleichgesetzt noch mit „Stücken der Welt" verglichen werden. Sätze können nur mit anderen Sätzen verglichen werden (vgl. Neurath 1934, Neurath 1936). Aber in letzter Konsequenz zwingen uns auch die Protokollsätze zu nichts. Denn letztlich liegt die Entscheidung beim Beobachter bzw. Theoretiker. Befinden sich Protokollsätze nicht in Übereinstimmung mit den sonstigen Sätzen seiner Theorie, kann er entweder die Theorie modifizieren oder die Protokollsätze streichen. (Notabene: Wenn man Neurath längere Zeit nicht gelesen hat, so ist es immer wieder bemerkenswert, wie viel er bereits von dem vorwegnimmt, womit Quine etwas später berühmt werden sollte und was von da an gemeinhin als originär quinesche Einsicht galt.)

3 Vgl. Carnap 1928a.

4 Vgl. Carnap 1931a; Quine 1951.

5 Carnap 1931b, 236.

6 Carnap 1932, 108. – Diese beiden Bemerkungen Carnaps stehen freilich in einer gewissen Spannung zueinander, die dann deutlich wird, wenn man sich fragt, wie „Gehalt eines Satzes" und „*Möglichkeit* derartiger Ableitungen" aus dem zweiten Zitat sich zu Carnaps Behauptung, aus dem ersten Zitat verhalten, dass „ein Satz, wenn er überhaupt etwas besagt, nur eine empirische Tatsache besagen" kann. Das Problematische an dieser Behauptung aus dem ersten Zitat besteht darin, dass sie so verstanden werden kann, als wolle Carnap damit Folgendes sagen: Eine Aussage, mit der man ein empirisches Urteil formuliert, kann nur dann bedeutungsvoll sein, wenn das, was das Urteil besagt, eine empirische Tatsache ist. Das ist natürlich ziemlich unplausibel! Denn es impliziert entweder, dass empirische Urteile, die keine empirischen Tatsachen besagen, also falsch sind, gar nichts besagen und die betreffenden Aussagen keine Bedeutung – und daher auch keinen Gehalt – haben. Oder Carnaps Behauptung impliziert, dass es so etwas wie „falsche empirische Tatsachen" geben müsste, die ein empirisches Urteil besagen muss, um falsch sein zu können, anstatt bedeutungs- und gehaltlos. Aber wenn wir Carnap mit hermeneutischem Wohlwollen begegnen, können wir diese Irritation durch eine winzige Änderung beheben, indem wir seine Behauptung aus dem ersten Zitat wie folgt reformulieren: Eine Aussage, mit der man ein empirisches

Urteil formuliert, kann nur dann bedeutungsvoll sein, wenn das, was das Urteil besagt, eine empirische Tatsache sein kann. Das ist plausibler. Teilen muss man diese Ansicht deshalb allerdings noch nicht!

7 Vgl. hierzu auch: Lewis 1929, 37f. Vgl. auch: Hoffmann 2007, 175ff.

8 Carnap 1931b, 237. – Allerdings hielten Carnap und seine Wiener Gefährten solche empirisch leeren Sätze nicht nur für sinnlos, sondern auch für philosophisch *gefährlich*. Denn solche Sätze sind ihrer Ansicht nach genau diejenigen synthetisch-apriorischen Fallstricke, die die begriffsverwirrten Scheinfragen der philosophischen Tradition hervorbringen. Sie verleiten uns nämlich zu all den haltlosen Spekulationen über unbeobachtbare Chimären jenseits der physischen Welt, die der „Metaphysik" eigen sind, in einer wissenschaftlich angemessenen Theorie aber nichts zu suchen haben. (Vgl. Carnap 1928b, Carnap 1931b.)

9 Hume 1739, 468.

10 Vgl. Frege 1879; Whitehead & Russell 1910; Wittgenstein 1921.

11 Vgl. Carnap 1931a.

12 Sellars 1962, 27.

13 Sellars 1956, 83.

14 Quine 1964, 93. (Wobei Quine mit „Psychologie" selbstverständlich nur empirische Psychologie meint.)

15 Vgl. Quine 1951.

16 Notabene: Quines semantischer und epistemischer Holismus ist kein vollständiger Kohärentismus, da er noch Beobachtungssätze und den sicheren physikalischen Fels exogener Sinnes- und Oberflächenreizungen kennt, auf dem das Gesamt seiner Theorie ruht. Das ist, laut Davidson, Ausdruck dessen, dass auch noch Quine einem Dogma des Empirismus unterliegt, nämlich dem dritten Dogma des Schema-Inhalt-Dualismus. Vgl. hierzu Davidson 1974; Davidson 1983. Vgl. hierzu auch: Hoffmann 2007, 191-204.

17 Quine 1951, 44.

18 Vgl. Fodor 1974; Fodor 1997.

19 Wenn man nämlich erstens der Ansicht ist, dass die Einzelwissenschaften Gesetze formulieren, die Arten einzelner Gegenstände oder Ereignisse in der Welt betreffen, und wenn man zweitens der Ansicht ist, dass diese Gesetze der Einzelwissenschaften nicht reduziert werden können und müssen auf die Gesetze der Physik, und wenn man drittens aber auch der Ansicht ist, dass alles, was überhaupt in der Welt ist, zumindest über dem Physischen superveniert und dessen Eigenschaften durch die Gesetze der Physik erfasst werden, dann steht man viertens vor dem Problem, wie man noch entspannt die Ansicht vertreten kann, dass die Gesetze der Einzelwissenschaften nicht auf die Gesetze der Physik reduziert werden können und reduziert werden müssen. Vgl. z.B. Papineau 2010.

20 Philosophen, die derlei behaupten, behaupten allerdings für gewöhnlich nicht, dass auch alle nicht-naturwissenschaftlichen Urteile im Alltag stets in das Vokabular der Naturwissenschaften übersetzt werden müssten, um im Alltag überhaupt bedeutsam zu sein und eine kommunikative oder sonstige Funktion erfüllen zu können. Vgl. hierzu auch schon: Carnap 1931a, 462.

21 Diese Auffassung dürfte letztlich nicht nur für die vielfältigen Reduktionsversuche szientistischer Naturalisierung verantwortlich sein, sondern auch dafür, dass viele Philosophen zumindest der grundsätzlichen Idee (wenn auch nicht immer der argumentativen Strategie) zustimmen, die hinter David Lewis' globalem Supervenienz-Physikalismus und dem Lewis-Jackson-Funktionalismus steckt. Vgl. hierzu v.a. Lewis 1986b; Jackson & Pettit 1988.

22 Blackburn 1998, 49.

23 Vgl. v.a. Putnam 1981; Putnam 2002b; vgl. auch: Putnam 1985; Putnam 1998.
24 Vgl. Williams 1985, 140-143. Dichte Begriffe sind, kurz gesagt, solche Begriffe, deren Bedeutungen man nicht angemessen charakterisieren kann, wenn man die durch den Gebrauch der Begriffe erfolgenden Zuschreibungen von Eigenschaften entweder als rein deskriptive oder rein evaluative Zuschreibungen auffasst. Der gewisse Witz besteht darin, dass sich gerade Williams in seinem Descartes-Buch mit seiner „absolute conception of the world" als szientistischer Naturalist und Realist präsentiert. (Vgl. Williams 1978, 64f.; vgl. auch Williams 1984.)
25 Einer der kompromisslosesten und ausdauerndsten Verfechter dieser Dichotomie ist z.B. der metaphysische Realist und ethische Aktutilitarist J. J. C. Smart. Vgl. z.B. Smart 1963; Smart 1989; Smart 1999.
26 Fast 30 Jahre nach Putnam wurde diese Strategie einer Analogisierung von moralischer und wissenschaftlicher Erkenntnis im deutschsprachigen Raum von Gerhard Ernst wiederholt. (Vgl. Ernst 2008)
27 Vgl. Kuhn 1962.
28 Dazu muss man nicht einmal unbedingt die Momente der Paradigmenwechsel oder gar Revolutionen abpassen, sondern einfach nur die Theorieanwendungen und das Zustandekommen von Reliabilitäts- und Validitätsstandards in der Normalwissenschaft genauer betrachten.
29 Ein Opponent Putnams könnte allerdings Folgendes anmerken: Argumentiert man wie Putnam, dann kann man vielleicht zeigen, dass die Naturwissenschaft nicht „objektiver" ist als die Moral. Dies lässt allerdings auch den Schluss zu, dass nicht nur die Moral, sondern ebenso die Naturwissenschaft einen Mangel an Objektivität aufweist. Gegenüber jemandem, der auf die Notwendigkeit von so etwas wie der „absoluten Objektivität" beharrt, könnte man auf diesem Wege daher nicht die Moral rehabilitieren, sondern lediglich die Naturwissenschaft diskreditieren. Denn überzeugt Putnams Argument einen Verehrer der „absoluten Objektivität", so wird dessen Vorbehalt gegenüber der Moral nun einfach auf die Naturwissenschaft ausgeweitet. Ich denke, man kann diesen Einwand gegen Putnam durchaus erheben. Allerdings muss man sich dazu auf den obskuren Objektivitätsbegriff stützen, den der Verehrer der „absoluten Objektivität" hochhält. Und das schwächt die Plausibilität des angedeuteten Einwands gegen Putnam doch erheblich.
30 Vgl. zum Nachfolgenden auch: Hoffmann 2013a.
31 Vgl. hierzu z.B. Cartwright 1983; Cartwright 1999.
32 Vgl. hierzu die ungemein klärenden Ausführungen in: Rödl 2003.
33 Blackburn 1998, 49.

Kapitel 5

1 Die Position des platonistischen Supernaturalismus hat also meines Erachtens so gut wie gar nichts mit dem zu tun, was Platon je vertreten hat. Verwende ich nachfolgend die Bezeichnung „platonistischer Supernaturalismus", so meine ich dementsprechend auch nur jene systematisch mögliche Position, die nicht als das Ergebnis einer ernst zu nehmenden Exegese der Philosophie ihres Namensgebers betrachtet werden sollte.
2 Vgl. Heidegger 1927; Wittgenstein 1953; Gadamer 1960, McDowell 1996a. – Wobei anzumerken bleibt, dass ich hier nicht den Anspruch erhebe, eine auch nur halbwegs

angemessene Exegese auch nur eines dieser Werke zu liefern. Dass man über den Ansatz
eines jeden der genannten Philosophen ausführliche Interpretationen und Kommentare
verfassen kann, steht außer Frage. Aber mein Anspruch orientiert sich hier eher an Richard
Rortys unbeschwertem Umgang mit der philosophischen Tradition: Ich betrachte die oben
angeführten Werke als „Werkzeugkasten" oder „Steinbruch", aus welchem ich mir die Teile
nehme, die ich als hilfreich erachte, während ich diejenigen, von denen ich glaube, dass sie
meiner Sache nicht dienlich sind, einfach links liegen lasse. Das mag elaborierte Exegeten
und orthodoxe Apologeten empören und zu Widerspruch und Kritik anstacheln. Aber auf alle
diesbezüglichen Einwände möchte ich bereits jetzt schon antworten, dass mein Anliegen hier
wirklich nicht die subtile Deutung oder die reine Lehre ist.

3 Vgl. Wittgenstein 1953, § 129: „Die für uns wichtigsten Aspekte der Dinge sind durch ihre
Einfachheit und Alltäglichkeit verborgen. (Man kann es nicht bemerken, – weil man es immer
vor Augen hat.) Die eigentlichen Grundlagen seiner Forschung fallen dem Menschen gar
nicht auf. Es sei denn, daß ihm dies einmal aufgefallen ist. – Und das heißt: das, was, einmal
gesehen, das Auffallendste und Stärkste ist, fällt uns nicht auf." Vgl. auch: Heidegger 1927, 15:
„Das Dasein ist zwar ontisch nicht nur nahe oder gar das nächste – wir *sind* es sogar je selbst.
Trotzdem oder gerade deshalb ist es ontologisch das Fernste."

4 Vgl. hierzu Wittgenstein 1953, § 66.

5 Vgl. Wittgenstein 1953, § 25: „[...] Befehlen, fragen, erzählen, plauschen gehören zu unserer
Naturgeschichte so wie gehen, essen, trinken, spielen." Vgl. Wittgenstein 1953, § 415: „Was
wir liefern, sind eigentlich Bemerkungen zur Naturgeschichte des Menschen; aber nicht
kuriose Beiträge, sondern Feststellungen, an denen niemand gezweifelt hat, und die dem
Bemerktwerden nur entgehen, weil sie ständig vor unsern Augen sind." Vgl. hierzu auch Foot
2001, 43.

6 Blackburn 1998, 49.

7 Gadamer 1960, 446f.

8 Heidegger 1957, 166.

9 Heidegger 1950, 33.

10 Der entscheidende Unterschied zwischen dem frühen und dem späteren Heidegger beläuft
sich m. E. ohnehin auf das, was Heidegger im *zweiten* Abschnitt von *Sein und Zeit* kundtut, und
dem, was er in seinen bekehrten Schriften sagt. Denn die recht existenzialistisch anmutenden
(aber dann praktisch doch eigentümlich folgenlos bleibenden) Momente der Freiheit, die sich
das entschlossene Dasein verschafft, gibt es in Heideggers späteren Schriften nicht mehr –
wie auch in den angeführten Zitaten recht deutlich wird. Man könnte sie daher als Ausdruck
eines „Seinsfatalismus" gegenüber einem unhintergehbaren „Sinnapriori" deuten. Ich glaube
allerdings, dass eine Sicht, die dem späteren Heidegger in diesem Punkt nicht widerspricht,
nicht auch zwangsläufig dazu führt, dass man die Möglichkeit der Kritik, der Modifikation oder
der Revision unserer Vokabulare von vornherein ausschließen muss. (Vgl. hierzu: Hoffmann
2007, 293-379.)

11 Vgl. Sellars 1956, 19f., 32ff.

12 Vgl. Davidson 1974; McDowell 1999; vgl. auch: Davidson 1983; McDowell 1995.

13 Hegel 1830, 313.

14 Hegel 1830, 313.

15 Heidegger 1927, 149f. Oder, wie Heidegger an späterer Stelle ergänzt: „„Zunächst" hören
wir nie und nimmer Geräusche und Lautkomplexe, sondern den knarrenden Wagen, das
Motorrad. Man hört die Kolonne auf dem Marsch, den Nordwind, den klopfenden Specht, das
knisternde Feuer. Es bedarf schon einer sehr künstlichen und komplizierten Einstellung, um

ein „reines Geräusch" zu „hören". Daß wir aber zunächst Motorräder und Wagen hören, ist der phänomenale Beleg dafür, daß das Dasein als In-der-Welt-sein je schon beim innerweltlich Zuhandenen sich aufhält und zunächst gar nicht bei „Empfindungen", deren Gewühl zuerst geformt werden müßte, um das Sprungbrett abzugeben, von dem das Subjekt abspringt, um schließlich zu einer „Welt" zu gelangen. Das Dasein ist als wesenhaft verstehendes zunächst beim Verstandenen. [...] Das Nur-herum-hören ist eine Privation des hörenden Verstehens." (Heidegger 1927, 163f.)

16 Eine Darstellung mir wichtiger Aspekte aus *Sein und Zeit* findet sich in: Hoffmann 2007, 305-317.

17 Vgl. hierzu McDowells Ausführungen zu der von ihm so genannten *„receptivity in operation"*: McDowell 1996a, 9-13, 25f. sowie Lecture II und III. Vgl. hierzu auch: McDowell 2006; Hoffmann 2007, 248-290.

18 Vgl. Aristoteles, Polit I, 2 1253a, VII, 13 1332b.

19 AA IV, 396.

20 Vgl. zu McDowells Begriff der *second nature* v.a.: 1996a, 84, 91, sowie Lecture IV-VI.

21 Was in allzu individualistischen, kontraktualistischen und konstruktivistischen Interpretationen von Kants praktischer Philosophie oft unter den Tisch fällt, sind Kants affirmative Haltung zur Naturteleologie sowie die vielfältigen Übereinstimmungen, die es zwischen Kant und Aristoteles gibt, was das praktisch Vernünftige und das Gute betrifft. Glücklicherweise hat uns aber in jüngster Zeit Stephen Engstrom diese Übereinstimmungen wieder ins Gedächtnis gerufen. (Vgl. Engstrom 2009.) Jedenfalls sollten wir nicht übersehen, dass Kant beispielsweise in seiner *Grundlegung zur Metaphysik der Sitten* ausdrücklich anmerkt, dass die Natur *nicht* „unzweckmässig" (AA IV, 396) verfährt, wenn ein Beabsichtigen und Handeln, das den Forderungen der Vernunft gehorcht, bei Menschen nicht immer zu subjektiven Glücksgefühlen wie etwa Freude und Fröhlichkeit führt – d.h. zu dem, was Kant „Glückseligkeit" nennt (vgl. AA IV, 395f.). Denn Glücksgefühle – Freude und Fröhlichkeit – gehen nach Kant bekanntlich aus der Befriedigung beliebiger subjektiver Präferenzen einzelner Individuen hervor, die auf *Neigung* beruhen. Wenn auch nicht immer zu Freude und Fröhlichkeit, so führt ein Beabsichtigen und Handeln, das den Forderungen der Vernunft gehorcht, bei Menschen jedoch sehr wohl zu einer „Zufriedenheit nach ihrer eigenen Art", wie Kant sagt (AA IV, 396). Denn Menschen, die sich aufgrund ihres natürlichen begrifflichen Vermögens als Teil der intelligiblen Welt vorstellen, empfinden eben deswegen von Natur aus auch die spezifische Zufriedenheit, die Wesen, die sich als Teil der intelligiblen Welt vorstellen, dann empfinden, wenn sie ihr Beabsichtigen und Handeln als etwas vorstellen, das den Forderungen der Vernunft gehorcht. Diese „Zufriedenheit", die nicht aus der Befriedigung von Neigungen, sondern aus der *Achtung* vor dem Gesetz der Vernunft herrührt, wie Kant sagt, ist meiner Ansicht nach nichts anderes als das, was Aristoteles als die *eudaimonia* des *phronimos* bezeichnet. Denn ebenso wie bei Kants „Zufriedenheit nach ihrer eigenen Art" muss auch bei Aristoteles die *eudaimonia* nicht notwendig die je subjektiven Glücksgefühle miteinschließen, die daher rühren, dass man als Individuum irgendwie „Glück gehabt hat" und die je subjektiven Präferenzen befriedigt wurden. Diese Art von Glück nennt Aristoteles nicht *eudaimonia*. Hat jemand lediglich individuelle Glücksgefühle – d.h. das, was Kant „Glückseligkeit" nennt – so bezeichnet Aristoteles ihn nicht allein deshalb schon als *eudaimon*, sondern als *makarios*. (Vgl. Aristoteles, EN I, 10 1100a – 11, 1101a; VII, 12 1152b.) Zufällige glückliche Fügungen nennt er hingegen *eutychia*. (Vgl. Aristoteles, EN VII, 14 1153b – 1154a.) Zwar betont Aristoteles, dass auch der *phronimos* freilich um so glücklicher ist, wenn er auch *makaria* und *eutychia* hat. Aber ganz ähnlich wie Kant weist auch Aristoteles darauf hin, dass *eudaimonia* nicht durch *makaria* und *eutychia* erklärt oder gar darauf reduziert werden kann. Denn *eudaimonia* ist eben jenes nicht-subjektive und spezifische Glück („nach seiner eigenen Art"), das aus dem Beabsichtigen und Handeln gemäß des *ergon tou anthropou* (vgl. Aristoteles, EN I, 6) resultiert, nämlich der Tätigkeit der Vernunft gemäß der *sophia*, der *phronesis* und der ethischen Tugenden, die natürlich für den Menschen sind, weil er ein *zoon logon echon* ist – weil er ein sittliches Tier der intelligiblen Welt ist.

22 Vgl. Aristoteles, Polit I, 2 1253a.

23 Das unterscheidet unsere menschliche Natur beispielsweise von derjenigen, die Algen, Pfifferlinge, Spechte oder Löwen haben, ohne dass sie dadurch weniger Natur und wir weniger natürlich wären.

24 Unsere Rede von „die Natur" und „die Kultur" ist also eine Unterscheidung, die nur möglich ist, weil uns die Welt als solche in der und durch die Praxis des In-der-Welt-Seins natürlicherweise erschlossen ist. Es ist eine bereits innerweltliche Unterscheidung: eine Unterscheidung innerhalb der Praxis des In-der-Welt-Seins, in die Menschen natürlicherweise initiiert sind. Daher ist die Frage, ob denn nun das Initiiertsein in die Praxis entweder zu „die Natur" und zu „die Kultur" gehört, falsch gestellt. Denn damit wird diese Unterscheidung auf einer begrifflichen Ebene verwendet, auf der sie nichts zu suchen hat, da diese Ebene erst die Möglichkeit einer sinnvollen Anwendung dieser Unterscheidung eröffnet. Die Frage, ob das Initiiert-sein in die Praxis des In-der-Welt-Seins entweder zu „die Natur" und zu „die Kultur" gehört, ist Ausdruck eines *Kategorienfehlers*, wie man mit Gilbert Ryle sagen kann. (Vgl. hierzu: Ryle 1938; Ryle 1949, 6ff.)

25 Vgl. Heidegger 1927, 57, 74ff., 83-88.

26 Vgl. Heidegger 1927, 64, 87, 365f.

27 Vgl. hierzu: Hoffmann 2007, 268-271. – Das heißt nicht, dass wir immer in der Lage sein müssen, dasjenige, was wir in Erfahrung bringen, mit einer Aussage zu artikulieren, in der das Prädikat nicht oszilliert. Ebenso wenig heißt es, dass wir immer nur ein Wort verwenden müssen, um zu artikulieren, dass wir etwas als dieses und jenes wahrnehmen. Wir können z.B. nicht nur sehen, dass es regnet, sondern auch, dass es gerade eine eigenartige Mischung aus Regen, Hagel und Schnee gibt, ohne uns entscheiden zu können, ob das nun entweder Regen oder Hagel oder Schnee ist. Dass wir für den eigenartigen Niederschlag nicht ein einziges Wort zur Verfügung haben, heißt aber freilich nicht, dass unsere Erfahrung nicht begrifflich geformt ist. Denn „eine eigenartige Mischung aus Regen, Hagel und Schnee" ist gewiss nicht weniger begrifflich als „Regen", „Hagel" und „Schnee". Die jetzt erwähnte Möglichkeit wird bei Geschmacksurteilen und ästhetischen Urteilen vermutlich weit öfter auftreten als bei empirischen Urteilen über Niederschläge u. ä. Wittgenstein merkte etwa an, wie schwer es eigentlich ist, Kaffeearoma befriedigend zu beschreiben. (Vgl. Wittgenstein 1953, § 610.) Und Alexander Staudacher machte mich darauf aufmerksam, dass es keineswegs leicht ist, die Empfindungen aussageförmig auf den Punkt zu bringen, die man beim Hören von – sagen wir – Ludwig van Beethovens *„Appassionata"* hat. Das stimmt! Aber oszillierende Prädikationen und umständliche Umschreibungen sowie unser daraus resultierendes Gefühl, dass wir „die Sache nicht recht in Worte fassen können", ändern nichts daran, dass unsere Erfahrungen begrifflich geformt sind. In vielen Fällen ist es zudem auch so, dass die Gehalte unserer Erfahrungen gar nicht weniger „oszillierend" und „umständlich" sind als unsere Prädikationen und Umschreibungen. Unser Gefühl, dass wir „die Sache nicht recht in Worte fassen können", resultiert dann keineswegs aus dem Verhältnis zwischen unklaren Begriffen und glasklaren phänomenalen Erfahrungen, sondern aus dem Verhältnis zu anderen Prädikationen, die wir als präzise erachten, und zu Beschreibungen, die wir nicht für Umschreibungen halten – wie etwa: „Takt 67 bis 78 von Beethovens *Klaviersonate Nr. 23* basieren auf den Takten 1 bis 4 des Hauptthemas, gehen aber von E-Dur aus." Ich glaube allerdings, dass wir dann, wenn wir darüber zu reflektieren beginnen würden, was in welchem Kontext eigentlich „Präzision" sinnvollerweise bedeuten kann, weitaus seltener das Gefühl hätten, „die Sache nicht recht in Worte fassen zu können", da wir dann erkennen würden, dass der Maßstab für Genauigkeit in unterschiedlichen Sprachspielen auch unterschiedlich ist.

28 Unser Erfahren als begrifflich geformte Rezeptivität ist insofern die passive und implizite Aktualisierung unserer begrifflichen Fähigkeiten, als beim Erfahren aufgenommen wird, was in der Welt der Fall ist. Wird nicht aufgenommen, was in der Welt der Fall ist, so machen wir auch keine Erfahrung. Das heißt: Erfahrungen sind veridisch. (Und dies ist keine epistemische Bemerkung über das menschliche Erkenntnisvermögen, sondern eine – mit Wittgenstein gesprochen – „grammatische" Bemerkung über unseren Gebrauch der Wendung „in Erfahrung bringen".) Erfahrungen werden dem Wahrnehmenden bei seiner Wahrnehmung wahrnehmbarer Substanzen und Geschehnisse in der Welt von den Substanzen und Geschehnissen gleichsam „aufgezwungen". Im passiven Akt des Aufnehmens dessen, was in der Welt der Fall ist, sind aber immer auch schon diejenigen aktiven Momente involviert, die unserem Vermögen begrifflicher Spontaneität angehören. Eben diese passive und implizite Verbindung von Spontaneität und Rezeptivität ist das, was das Erfahren vom Denken, Urteilen, Behaupten, Meinen, Überzeugtsein und auch vom Handeln unterscheidet. Die Erfahrungen, die jemand macht, bestehen zwar aus begrifflich geformten Gehalten, aber diese kommen im Erfahren passiv zustande und liegen implizit vor, da sie nicht gedacht werden. Man könnte sagen: Die Gedanken werden erfahren. Im Denken hingegen resultiert das Vorliegen der Gedanken aus der aktiven und expliziten Anwendung der begrifflichen Fähigkeiten desjenigen, der urteilt und dabei diese Gedanken denkt. Das Handeln besteht indes aus der aktiven, aber zumeist impliziten Anwendung begrifflicher Fähigkeiten. Handlungen sind insofern aktive Anwendungen von Gedanken als der Akteur die Gedanken durch absichtliche Körperbewegungen vollzieht, aber sie sind zumeist implizit, da die Gedanken beim Handeln nicht gedacht werden müssen – und zumeist auch nicht gedacht werden.

29 Vgl. McDowell 1996, 71, 82-85; Hoffmann 2007, 344ff.

30 Vgl. Wittgenstein 1953, §§ 5f.

31 Vgl. Wittgenstein 1953, § 219.

32 Vgl. hierzu auch die Unterscheidung zwischen dem *hermeneutischen Als* des *Auslegens* und dem *apophantischen Als* des *Aussagens* in: Heidegger 1927, 148-160.

33 Vgl. z.B. Dummett 1973, 295-298; vgl. hierzu auch: McDowell 1987b.

34 Vgl. hierzu McDowell 1979; McDowell 1981; McDowell 1984.

35 Vgl. hierzu auch die Unterscheidung zwischen „Norm" und „Regel" in: Stekeler-Weithofer 2004, 376ff.

36 Vgl. zum Verständnis des Wissens als vernünftige Fähigkeit, kraft derer man etwas erkennt, und zu der damit einhergehenden Auflösung der skeptizistischen Fixierung, die für den Mainstream der modernen Erkenntnistheorie kennzeichnend war und leider auch immer noch ist: Kern 2006 (insbes. 4. Teil, 313-368).

37 Vgl. Wittgenstein 1953, v.a. §§ 85ff., §§ 198-242.

38 Obgleich ich McDowells Begriff der *second nature* zuvor selbst verwendet habe, um die Pointe von Kants Bemerkung zu der für Menschen (als Teil der intelligiblen Welt) natürlichen „Kultur der Vernunft" zu verdeutlichen, scheint mir die Bezeichnung „zweite Natur" alles in allem nicht sehr glücklich gewählt zu sein. Zwar ist diese Bezeichnung, die wir etwa auch bei Karl Marx (vgl. z.B. Marx 1894, 832) oder Arnold Gehlen (vgl. Gehlen 1940, 37) finden, in gewissem Sinne einleuchtend. Nämlich dann, wenn man in bestimmten ontischen Hinsichten einige natürliche Merkmale des Menschen gegen einige andere abgrenzen will, die man seiner „ersten Natur" zurechnen kann, weil sie sich mit der gleichen Art von Vokabular beschreiben lassen, mit der man auch die Natur anderer lebender oder auch unbelebter Substanzen in der Welt beschreiben kann. Aber obgleich diese Bezeichnungen in bestimmten ontischen Hinsichten einleuchtend sein mögen, bergen die zur Bezeichnung verwendeten Ordinalia doch die große Gefahr, den „sinnapriorischen" Status bzw. ontologischen Vorrang der *„zweiten"* Natur des Menschen zu verschleiern. Beschreibt man nämlich, wie etwa Marx, die „historisch entwickelten gesellschaftlichen Bedürfnisse" als dasjenige, was die zweite Natur des Menschen ist, so ist dies dann irreführend, wenn man – anders als Marx selbst, aber heutzutage weit verbreitet – unter „Bedürfnisse" beliebige Interessen weniger, einiger oder vieler Menschen versteht. Denn dann erscheint die „zweite Natur" als beliebig gestaltetes, artifizielles Konstrukt, das man auch „Kultur" nennen kann und das zusätzlich, nachträglich oder von außen zum „rohen und ursprünglichen An-sich" der ersten Natur des Menschen hinzukommt. Diese Sicht ist aber nur ein Wiedergänger des zuvor kritisierten empiristischen Schema-Inhalt-Dualismus. Macht man sich klar, dass der in der natürlichen Welt seiende Mensch stets der in die begrifflich strukturierte Praxis des In-der-Welt-seins initiierte Mensch ist, dann scheint auch klar zu sein, dass weder der Mensch selbst noch die Welt und auch nicht die vom Menschen als solche vorgestellte Umwelt ein „rohes und ursprüngliches An-sich" sein können. Höchstens kann ein Mensch sich selbst, die Welt und die Umwelt als ein solches „rohes und ursprüngliches An-sich" vorstellen, da dies als Vorstellung ein Bestandteil bestimmter (Teil-)Praktiken der vorgängigen Praxis des In-der-Welt-Seins ist. Deshalb bin ich der Ansicht, dass es konsequenter und zutreffender wäre, sagte man, dass das, was McDowell „zweite Natur" nennt, die *erste* und letztlich *einzige* Natur des Menschen ist. Ich spreche daher auch lieber schlicht von der „Natur des Menschen". (Vgl. hierzu auch: Hoffmann 2010.)

39 Vgl. McDowell 1996a, 84, 88; vgl. auch McDowell 1998c.

40 Vgl. Neurath 1932; McDowell 1996a, 81f.; Hoffmann 2007, 372-376.

41 Vgl. McDowell, 1995, 406f.

42 Vgl. McDowell 1996a, xif., 26f..

43 Vgl. z.B. Hegel 1831a, 41f., 249; Hegel 1831b, 180.

44 Vgl. hierzu und zum Folgenden v.a.: Stekeler-Weithofer 2004, 371-378; Stekeler-Weithofer 2005a, 129-140.

45 Vgl. auch die Bestimmung in Stekeler-Weithofer 2006, 241, Fn. 12: „Das Wort „empraktisch" verweist auf ein „implizites" individuelles oder gemeinsames Können, etwa eines Klavierspielers, Tänzers oder Sprechers, ohne dass Näheres dazu gesagt wird, wie weit dies „explizit" gemacht, also sprachlich expliziert werden kann."

46 Vgl. Stekeler-Weithofer 2004, 373.

47 Vgl. Gadamer 1960, 270-286.

48 Gadamer 1960, 446f.

49 Während ethische Nonkognitivisten, wie etwa Blackburn, nach einem Platz für die Moral in der naturwissenschaftlichen Ordnung suchen, kann man uns jetzt hingegen die Frage stellen, wo die Naturwissenschaft in unserer begrifflichen Praxis des In-der-Welt-Seins eigentlich noch unterkommen kann und welche Rolle sie dann spielt. Diese Frage ist berechtigt. Wir können sie aber, wie ich glaube, kurz und bündig und ohne größere Probleme wie folgt beantworten: Naturwissenschaftliche Beschreibungen und Erklärungen der in der natürlichen Welt seienden Substanzen stellen einen speziellen Teil unserer umfassenden Praxis des In-der-Welt-Seins dar. Sie sind nämlich bestimmte Praktiken des instrumentellen und entdeckenden

Umgangs mit den Substanzen der uns vorgängig erschlossenen natürlichen Welt. Diese naturwissenschaftlichen Praktiken können mit Heidegger (vgl. Heidegger 1927,149, 164.) als absichtliche und methodologisch geleitete *Privationen* unserer umfassenden Praxis des In-der-Welt-Seins verstanden werden. Sie bestehen nämlich nicht darin, die natürliche Welt als die zuvorderst logische, teleologische, rationale und normative Totalität zu verstehen, die sie als solche ist, weil sie in unserer begrifflich strukturierte Praxis des In-der-Welt-Seins erschlossen ist. Vielmehr zielen naturwissenschaftliche Praktiken zunächst darauf ab, die in der Welt seienden Substanzen absichtlich und systematisch um all jene Momente zu „berauben", die vorgängig unseren gewöhnlichen Umgang und unsere alltäglichen Besorgungen mit ihnen ausmachen, um sie als „bloße" oder „reine" Gegenstände und Ereignisse erscheinen zu lassen. Diese „Beraubung" – die man, positiv gewendet, auch als „Befreiung" bezeichnen könnte – ist nötig, um die in der Welt seienden und als solche bereits erschlossenen Substanzen dann auf eine bestimmte Weise innerweltlich je *neu* entdecken zu können. Nämlich so, dass auf bestimmte naturwissenschaftliche Fragestellungen naturwissenschaftliche Antworten gegeben werden können. Begreift man die Naturwissenschaft in dieser Weise als eine nachträgliche Privation unserer umfassenden Praxis des In-der-Welt-Seins, so tut das der Naturwissenschaft allerdings keinen Abbruch und macht ihre Beschreibungen und Erklärungen auch keineswegs überflüssig. Denn ausgehend von naturwissenschaftlichen Fragestellungen können naturwissenschaftliche Darstellungen zu geeigneten naturwissenschaftlichen Antworten führen, die naturwissenschaftliche Erklärungen dessen liefern, was die naturwissenschaftlich begriffene Natur des innerweltlich Seienden betrifft. Und es gibt keinen Grund zu bestreiten, dass solche Antworten auf für uns oftmals nutzbringende und erhellende Weise das in der Welt Seiende innerweltlich beschreiben und erklären können. Sind wir in McDowells Sinne (der auch derjenige Humboldts und Hegels ist) *gebildet* und also offen für die Gründe, die uns die in der Praxis erschlossene Welt in Form von Tatsachen liefert, so können wir auch nicht ignorant gegenüber den naturwissenschaftlichen Beschreibungen und Erklärungen des in der Welt Seienden sein. Sind wir gebildet und offen für Gründe, so sind wir unter anderem auch offen für diejenigen Gründe, die die Naturwissenschaft liefert. Und daher werden unter anderem auch naturwissenschaftliche Beschreibungen und Erklärungen Eingang in unsere Revision oder Modifikation tradierter Normen und bestehender Vor-Urteile finden. Sie können dann dazu beitragen, dass wir die Natur einer Substanz partiell anders und vielleicht sogar besser bestimmen, so wie Neuraths Schiffer auf offener See einzelne Teile ihres Gefährts verändern. (Vgl. Hoffmann 2007, 337-378.) Dass dies möglich ist, wird dadurch nicht verneint, dass man die Naturwissenschaft als nachträgliche Privation unserer umfassenden Praxis des In-der-Welt-Seins begreift. Nicht die Wichtigkeit der Naturwissenschaft in unserem Leben wird bestritten, sondern die Plausibilität des szientistischen Naturalismus als philosophischer Versuch, die naturwissenschaftlichen Beschreibungen und Erklärungen als ontologisches *Pars pro toto* zu hypostasieren und zur basalen Ontologie punktum zu erklären.

50 Vgl. Aristoteles, Met. 1037a 28ff.

51 Vgl. hierzu auch: Stekeler-Weithofer 2010b.

52 Hegel 1831a, 26.

53 Vollzieht man solche – wie Sellars wohl sagen würde – *Meditations Hegeliènnes* hinsichtlich des Begriffs des Begriffs und erläutert man das Verhältnis von „Geist" „Natur" und „Welt" so, wie ich es in diesem Kapitel tat, so vertritt man eine Position, die von manchen Philosophen gelegentlich als „Begriffsrealismus" bezeichnet wird. (Vgl. z.B. Habermas' Kritik an Brandom und McDowell in: Habermas 1999a, 43f.; Habermas 1999c, 162, 165ff.) Manchmal wird diese Bezeichnung dabei mit einem ähnlichen Unterton verwendet wie

„Metaphysik" in den Kreisen des philosophischen Wien der frühen 1930er Jahre. Wenn mit diesem Unterton angedeutet werden soll, dass es am „Begriffsrealismus" ein prinzipielles und schwerwiegendes Problem gibt, das uns zu seiner Aufgabe zwingt, so muss ich gestehen, dass ich dieses Problem nicht erkennen kann. Und daher sehe ich den untertönig raunenden Opponenten vorerst in der argumentativen Bringschuld, etwaige Probleme verständlich zu formulieren. Soll mit „Begriffsrealismus" hingegen gesagt werden, dass diese Position – anders als der szientistische Naturalismus – nicht dem empiristischen Dogma der Moderne unterliegt und daher auch nicht der Lehrmeinung des empiristischen Nominalismus folgt, so trifft dies zweifelsohne zu. Denn ein in diesem Sinne verstandener „Begriffsrealismus" ist die konsequenteste Zurückweisung des empiristischen Schema-Inhalt-Dualismus (in welcher Variante er auch immer auftritt). Aber darin kann man eigentlich nur dann etwas Problematisches sehen, wenn einem daran gelegen ist, das empiristische Dogma oder seinen aktuellen Wiedergänger, das szientistische Dogma, aufrechtzuerhalten. Außer Gewohnheit, Nostalgie oder Trägheit fällt mir aber nichts ein, weshalb einem daran gelegen sein könnte.

54 Gadamer 1960, 447.

55 Vgl. hierzu auch die äußerst erhellende Passage in: Heidegger 1927, 202-212.

56 Vgl. Wittgenstein 1953, § 129.

57 Vgl. hierzu: Stekeler-Weithofer 2009, Stekeler-Weithofer 2010a, Stekeler-Weithofer 2005b.

58 Vgl. Stekeler-Weithofer 2004, 371-378; Stekeler-Weithofer 2005, 129-140.

59 Rödl 2005, 16.

60 Vgl. Rödl 2005, 16.

61 Den Ausdruck „zeitallgemein" übernehme ich von Sebastian Rödl. (Vgl. Rödl 2005, 188.)

62 In der Linguistik wird zumeist zwischen drei grundsätzlichen Arten unterschieden, Generizität zum Ausdruck zu bringen. Nämlich erstens so, dass sie durch einen Satz ausgedrückt wird, der lediglich eine generische Nominalphrase aufweist: „Die Kartoffel wurde 2008 von der Schweizer Post mit einer Sonderbriefmarke geehrt." Oder zweitens so, dass sie durch einen Satz ausgedrückt wird, der lediglich eine generische Verbalphrase aufweist: „Urs isst Allerheiligen Kartoffeln". Oder drittens so, dass sie durch einen Satz ausgedrückt wird, der sowohl eine generische Nominalphrase als auch eine generische Verbalphrase aufweist: „Die Kartoffel enthält die Vitamine B1 und B2". (Vgl. hierzu: Carlson & Pelletier 1995, 2-14.) Nach dem hier von mir dargelegten Verständnis werden nur Sätze der letzten Art als generische Aussagen aufgefasst. Auch mache ich keinen Gebrauch von linguistischen Typologien generischer Sätze (vgl. hierzu: Carlson & Pelletier 1995, 18), da sie mir deren logische Form nicht wirklich zu erhellen scheinen.

63 Vgl. hierzu Rödl 2005, 173-207.

64 Diese Verständnisweise geht auf Gottlob Frege zurück (vgl. v.a. Frege 1879; Frege 1893), von dem man – auch in diesem Punkt – zu Recht sagt, er sei der Begründer der (klassischen) modernen Logik.

65 Im Kalkül der gängigen Quantorenlogik erster Stufe werden nur Objektvariablen verwendet, d.h. Variablen, die für Einzelgegenstände stehen. Im Kalkül zweiter Stufe gibt es auch Mengenvariablen, wobei die (Teil-) Mengen, für die die Variablen stehen, aber wiederum als (extensional bestimmte) Einzelgegenstände aufgefasst werden, welche als Elemente einer Menge oder Klasse die Extension eines Begriffs bilden. Gleich welcher Stufe der Kalkül ist, werden Begriffe also immer nur als Satzfunktionen aufgefasst, deren Argumentstellen durch Mengen von Einzelgegenständen erfüllt werden können. Ein Begriff kann daher immer nur durch seinen quantitativen Umfang bestimmt sein, i. e. durch seine Extension. Unter diesem Verständnis von Begriff, das kennzeichnend für die moderne Logik ist, kann daher auch statt

„Umfang des Begriffs" einfach nur „Begriff" gesagt werden, wie Frege einmal anmerkte. (Vgl. Frege 1884, 100, Fn. 89.)

66 Vgl. z.B. Davidson 1995, 203.

67 Vgl. hierzu: Anscombe 1971.

68 Vgl. hierzu auch: Rödl 2003, 110ff.; Rödl 2005, 195-201.

Kapitel 6

1 Wittgenstein 1953, § 95.

2 Vgl. hierzu die für ein gediegenes Verständnis der Rede von „Lebewesen" und der damit zusammenhängenden biologischen Grundbegriffe ungemein instruktiven Ausführungen in: Heuer 2008.

3 Vgl. Thompson 2008, 63-69; Thompson 1995, 267f.; 280-288; Foot 2001, 27-37. – Um Missverständnisse hinsichtlich des in „naturhistorisch" enthaltenen Ausdrucks „historisch" zu vermeiden, folgende Anmerkung hierzu: Ich verwende „naturhistorisch" und auch „Naturgeschichte" nachfolgend nicht anders, als Michael Thompson „natural-historical" und „natural history" verwendet. Das heißt: Ich verwende „naturhistorisch" und „Naturgeschichte" im Sinne von *naturalis historia*. Der Begriff, um den es hier geht, ist also derjenige, den wir von Aristoteles über Plinius bis Carl von Linné verfolgen können und den wir heutzutage z.B. im Namen des Londoner *Natural History Museum* wiederfinden. Dieser Begriff geht auf die ursprüngliche Verwendung des griechischen Wortes ἱστορία zurück, womit nicht die geordnete Darstellung von Abläufen und Entwicklungen in der Zeit gemeint war (wie sie etwa für evolutionsbiologische Theorien des Entstehens und der Veränderungen von Arten kennzeichnend ist), sondern die zeitneutrale klassifizierende Darstellung beobachtbarer Phänomene. Im Deutschen könnte man „Naturgeschichte" daher auch durch „Naturkunde" ersetzen. Dieser Rückgriff auf einen Terminus, der seine Hochzeit hatte, bevor die moderne Biologie ihren Siegeszug antrat, soll darauf hinweisen, dass die Gehalte derjenigen Urteile, die ich mit Thompson „naturhistorische Urteile" nenne, nicht auf den Entdeckungen der modernen Naturwissenschaften beruhen müssen – obgleich sie ihnen auch nicht prinzipiell widersprechen müssen oder gar Ausdruck ihrer prinzipiellen Ablehnung sind.

4 Nur der Ordnung halber: „S" in „S ist/hat/tut F" bzw. „Se sind/haben/tun F", das ganz allgemein für Substanzformen des Unbelebten wie auch des Lebendigen stehen kann, ist jetzt durch „L" bzw. „Le" ersetzt worden, das ausschließlich für Substanzformen des Lebendigen steht – also für Lebensformen.

5 Vgl. Thompson 2008, 56-62.

6 Vgl. Anscombe 1968, 85: „When we call something an acorn, we look to a wider context that can be seen in the acorn itself. Oaks come from acorns, acorns come from oaks; an acorn is thus as such generative (of an oak) whether or not it does generate an oak."

7 Vgl. Rawls 1955, 25. – Rawls unterscheidet in seinem Aufsatz *Two Concepts of Rules* zwischen „*summary rules*" und „*practice rules*". Die Regeln, die Rawls als „summary rules" bezeichnet, können angewendet werden, um den Vollzug von Handlungstoken bereits bestehender Handlungstypen zu regeln. Sie kommen also nachträglich und gleichsam „von außen" zu den bereits bestehenden Handlungstypen hinzu. Die von Rawls so bezeichneten „practice rules" sind indes *konstitutiv* dafür, dass es bestimmte Handlungstypen überhaupt gibt. Gäbe es z.B. nicht die entsprechenden Regeln, die beim Fußballspiel den Handlungstyp des Toreschießens als solchen hervorbringen, indem sie festlegen, was es im Fußball heißt, für seine Mannschaft ein Tor zu schießen, so könnte man mit dem absichtlichen Vollzug der Körperbewegungen, die zur Folge haben, dass ein Ball in einem Netz zwischen zwei Pfosten landet, nicht die Handlung vollziehen, für seine Mannschaft ein Tor zu schießen. Denn ohne diese Regeln könnte man nicht Teil einer Mannschaft sein und einen Punktgewinn für die eigene Mannschaft erzielen, wenn man einen Ball in ein Netz zwischen zwei Pfosten schießt und dabei nicht zuvor im Abseits stand, kein Eigentor schießt, die Arme nicht zur Hilfe nimmt, kein Foul begeht etc. etc. Gibt es aber Handlungstypen, deren Bestehen davon abhängt, dass entsprechende „practice rules" vorliegen, dann kann es auch nicht das Vorliegen von Handlungstoken solcher Typen geben, unabhängig vom Bestehen der „practice rules" in einer „rule-like practice". Die „practice rules" der „rule-like practice" konstituieren also zuallererst bestimmte Typen und dadurch bestimmte Token als das, was sie sind.

8 Thompson 2008, 55.

9 Thompson 2013, 719.

10 Vgl. z.B. Aristoteles, De An, 402a 6-7, 412a 19 – b6, 412b10-11, 413a 20-22; sowie: Aristoteles, Met Θ, 6.

11 Vgl. Thompson 2008, 78f.; Thompson 1995, 293f..

12 Vgl. hierzu: Thompson 2008, 85-146; Rödl 2005, v.a. 152-187.

13 Thompson 2008, 78.

14 Ich verwende hier „Begriffsgeschichte" nicht wesentlich anders als „Naturgeschichte" – siehe hierzu: Fn. 197! Ich meine mit „Begriffsgeschichte" folglich nicht eine empirische Beschreibung der Abläufe und Entwicklungen, die den faktischen Wandel des Wortgebrauchs über die Jahrhunderte hinweg in bestimmten Regionen oder Kulturen betrifft. Ich meine vielmehr etwas, das man (wie auch schon bei „Naturgeschichte") im Deutschen vielleicht auch „Begriffskunde" nennen könnte. Oder vielleicht auch schlicht: „Logik" – sofern man unter „Logik" nicht lediglich die deduktive und extensionale Logik monoton-formalen Schließens versteht. Da diese „Logik" aber auch von einem „Gegenstand" her begrenzt wäre, nämlich dem Leben, könnte man sie auch als „Metaphysik des Lebens" bezeichnen. Aber wie auch immer man es nun nennen mag, was jetzt klar sein sollte, ist jedenfalls dies: Ich verwende „Begriffsgeschichte" hier nicht einmal ansatzweise so, wie dieser Terminus (oder auch der Terminus „Ideengeschichte") heutzutage in den Geschichts- und Kulturwissenschaften (etwa in Anschluss an Michel Foucault) oder in der historischen Semantik der Linguistik verwendet wird.

15 Materiale Default-Inferenzen sind Schlüsse, die im Allgemeinen, in der Regel und für gewöhnlich gelten. Daher könnte man sie auch als „Normalfall-Schlüsse" oder als „generische Inferenz-Normen" bezeichnen. Vgl. hierzu auch: Stekeler-Weithofer 2009, Stekeler-Weithofer 2011.

16 Vgl. zu dieser Einteilung der Lebewesen in fünf Reiche: Whittaker 1969. Vgl. zu einer neueren Einteilung in sechs Reiche: Cavalier-Smith 1998; Cavalier-Smith 2004. Wie wohl klar sein dürfte, ist es für meine Ausführungen einerlei, ob man nun (wie einst Carl von Linné) von nur zwei Reichen ausgeht, ob man von 200 Reichen ausgeht oder ob man die Kategorie „Reich" ganz über Bord wirft, wie in: Adl 2005.

17 Vgl. hierzu: Haase 2010. – Dort wird davon ausgegangen, dass Selbsterhaltung und Reproduktion in einem naturalistischen Ansatz als das oberste formale Telos alles Lebendigen aufgefasst werden müssen, um diese Voraussetzung dann kritisch gegen einen ethischen Naturalismus im Stile Foots zu wenden.

18 Codex Iuris Canonici, C. 277 § 1.

19 Zwecke sind nicht *eo ipso* Ziele. Ziele können nur solche Zwecke sein, die von demjenigen, dessen Selbstbewegungen auf diese Zwecke gerichtet sind, als seine von ihm verfolgten Zwecke vorgestellt werden können.

20 Mit Blick auf Kühe können wir diese Unterscheidung zwischen intrinsischen und extrinsischen Zwecken treffen, weil Kühe Lebewesen sind. Anders als bei Lebewesen kann diese Unterscheidung bei unbelebten Substanzen nicht sinnvoll getroffen werden. Denn man kann nicht sinnvoll sagen, die Zustände und Bewegungen unbelebter Substanzen folgten intrinsischen Zwecken. Sofern unbelebte Substanzen in teleologischen Erklärungen auftauchen, muss ihre Rolle in solchen Erklärungen daher stets durch Zwecke bestimmt sein, die den Substanzen extrinsisch sind. Unbelebte Substanzen können also *nur* extrinsischen Zwecken dienen, d.h. den Zwecken von Lebewesen. So dienen morsche Holzstückchen der Hornisse zum Nestbau. Steine dienen dem Otter zum Öffnen von Muscheln. Zweige dienen dem Elefanten zum Vertreiben von Fliegen. Lebewesen können indes *auch* den extrinsischen Zwecken anderer Lebewesen dienen. Die Biene dient der Linde zur Bestäubung. Die Seeanemone dient dem Clownfisch als Schutz vor Fressfeinden. Die Kuh dient dem Menschen zur Milchproduktion. Während Biene und Linde oder Seeanemone und Clownfisch jedoch symbiotische Beziehungen eingehen, ist es dem Menschen gegeben, sich andere Lebewesen untertan zu machen und sie einseitig instrumentell zu nutzen. Diese einseitige instrumentelle Nutzung dient ausschließlich unseren Zielen, die dem genutzten Lebewesen extrinsisch sind. Die Resultate bestimmter Lebensvollzüge von Exemplaren einer bestimmten Lebensform, die auf ihre intrinsischen Zwecke gerichtet sind, können zwar auch zugleich unseren Zielen entsprechen: So sind z.B. manche Bauern in den letzten Jahren dazu übergegangen, auf ihren Wiesen Alpakas zu halten, um diese Wiesen nicht mähen zu müssen. Zumeist entsprechen unsere Ziele jedoch nicht den intrinsischen Zwecken anderer Lebewesen, die wir instrumentell nutzen (wie z.B. in der Lebensmittelindustrie oder zu Versuchszwecken). Was daraus tierethisch folgt, ist ein weites Feld, das hier nicht beackert werden kann, aber prinzipiell dringend beackert werden sollte. Denn vergegenwärtigt man sich die dominante Debatte in der Tierethik der letzten Jahrzehnte, die vor allem um Peter Singers und Tom Regans Ansätze kreiste, so scheint mir, dass dem Begriff der Lebensform und seinen vielleicht weitreichenden tierethischen Implikationen bisher zu wenig Aufmerksamkeit gezollt wurde. (Vgl. v.a. Singer 1975; Singer 1980; Regan 1992; Armstrong & Botzler 2008.)

21 Mit dem zuletzt Gesagten wird nicht behauptet, dass Lebensformen selbst auch einen ihnen übergeordneten (End-)Zweck haben müssten. Es wird nämlich lediglich etwas über die intrinsischen Zwecke und den Endzweck der natürlichen Lebensvollzüge der einzelnen Exemplare einer Lebensform gesagt, die durch die Lebensform bestimmt sind. Die jeweilige Lebensform bestimmt zwar die Zwecke der Lebensvollzüge ihrer Exemplare. Aber das heißt nicht ohne weiteres, dass die Lebensform selbst einen Zweck hat! Daher hindert einen das jetzt Gesagte nicht daran, zu behaupten, dass eine Lebensform zwar das Telos ihrer Exemplare bestimmt, aber selbst überhaupt keinen (höheren) Zweck hat. Allerdings hindert einen das jetzt Gesagte auch nicht daran, an solch höhere Zwecke zu glauben. Man kann sogar glauben, dass deren Realisierung in der Absicht Gottes liegt, aber man muss es nicht notwendig glauben, um überhaupt verstehen zu können, wie eine Lebensform teleologisch strukturiert sein kann.

22 Vgl. Foot 2001, v.a. 25-37.

23 Und davon abgeleitet auch: das entsprechende Verständnis der Worte „richtig" und „falsch", wenn es um deren Anwendung auf das geht, was ein Lebewesen tut und hat.

24 Vgl. Foot 2001, 2f.; vgl. Geach 1956.

25 Vgl. Geach 1956, 64.

26 Geach 1956, 64.

27 Vgl. Moore 1903.

28 Moore 1903, § 7.

29 Vgl. Moore 1903, § 24.

30 Moore 1903, § 24.

31 Vgl. Moore 1903, Kap. II und III.

32 Vgl. Moore 1903, § 10: „It may be true that all things which are good are also something else, just as it is true that all things which are yellow produce a certain kind of vibration in the light. And it is a fact, that Ethics aims at discovering what are those other properties belonging to all things which are good. But far too many philosophers have thought that when they named those other properties they were actually defining good; that these properties, in fact, were simply not "other," but absolutely and entirely the same with goodness. This view I propose to call the „naturalistic fallacy" [...]."

33 Vgl. Moore 1903, § 13.

34 Notabene: Dies gilt m. E. nicht nur für den klassischen Utilitarismus, sondern für alle allzu simplen Ansätze eines ethischen Naturalismus, die mehr oder minder nur darauf hinauslaufen, das Natürliche als das Urwüchsige und Reine zu glorifizieren. Vgl. zur Kritik an einer derart simplen Sicht: Birnbacher 2006.

35 Vgl. hierzu jedoch: McDowell 1985.

36 Geach 1956, 64.

37 Geach 1956, 64.

38 Foot 2001, 3.

39 Auch unbelebte Substanzen, die Artefakte sind, haben keine intrinsischen Zwecke, obgleich sie *intendierte* Zwecke haben können – das sind: ihnen extrinsische Zwecke, deren Realisierung ihr Hersteller mit und bei der Herstellung beabsichtigt.

40 Vgl. zum Begriff intrinsischer Zwecke von Lebewesen: Foot 2001, v.a. 25ff.

41 Das Folgende gilt aber freilich auch in gleicher Weise für Pharmakologe und Maus, für Milchbauer und Kuh sowie für weitere Fälle der instrumentellen Nutzung von Lebewesen, die einem in den Sinn kommen mögen.

42 Das in diesem Paragraphen dargelegte und auch schon zuvor erläuterte Verständnis der Natur- und Begriffsgeschichte besagt, dass in ihr eine Lebensform (vermittels ihrer Zustands- und Bewegungsformen) als solche durch das material je lebensformspezifische Gedeihen ihrer Exemplare bestimmt ist. Und mir scheint, dass mit diesem Verständnis eine Anmerkung überflüssig wird, die Foot im Zuge ihrer ohnehin schon sehr vorsichtigen Kritik an Thompson macht. Foot sieht in Thompsons Darstellung naturhistorischer Urteile nämlich eine Lücke, die gefüllt werden muss, weil Thompson ihrer Ansicht nach „has not said enough to isolate the kind of propositions that will yield evaluations of individual organism." (Foot 2001, 30.) Denn, so Foot: „His talk of „natural-history propositions" was perhaps misleading in that it did not explicitly seperate out what I would like to call the teleological from the non-teleological attachment of predicates to a subject term that is the name of a species." (Foot 2001, 30.) Nach meinem Verständnis der Sache (und auch der Ausführungen in Thompson 2008) ist eine solche zusätzliche Hervorhebung des Teleologischen aber überflüssig, ebenso wie das Unterscheiden teleologischer und nonteleologischer prädikativer Verknüpfungen. Denn in wahren naturhistorischen Urteilen tauchen ohnehin nur solche prädikativen Einheiten von Lebensform und Zustands- oder Bewegungsformen auf, die sich mittels natur-teleologischer Urteile ohne Widerspruch einfügen lassen in die teleologisch strukturierte Naturgeschichte (bzw. in die inferentiell strukturierte Begriffsgeschichte), die auf das material je lebensformspezifische Gedeihen hin strukturiert ist und auch nur so als solche begriffen werden kann. Zudem, so scheint mir, können nonteleologische prädikative Verknüpfungen überhaupt erst als solche erkannt werden, *nachdem* man bereits über ein hinreichendes – teleologisch strukturiertes – naturhistorisches Wissen über die Lebensform verfügt, das in ihrer Natur- und Begriffsgeschichte zum Ausdruck kommt. Aufgrund dieses Ausgerichtetseins der Natur- und Begriffsgeschichte auf das je lebensformspezifische und also natürliche Gedeihen der Exemplare einer Lebensform, können wir sagen, dass es im Allgemeinen schlecht ist für ein Exemplar – d.h. einen „individual organism" –, wenn seine Zustände und Bewegungen nicht bzw. mangelhaft die Zustands- und Bewegungsformen seiner Lebensform manifestieren. (Vgl. hierzu Foot 2001, 30-34.) Deshalb sehe ich auch keinen Bedarf, neben der Natur- und Begriffsgeschichte, eigens noch jene natürlichen Notwendigkeiten des Gedeihens anzuführen, die Foot im Anschluss an Anscombe „aristotelian necessities" nennt. (Vg. Foot 2001, 15f., Anscombe 1978b, 100; Anscombe 1978a, 139; Anscombe 1969, 15, 18f.) Damit meine ich aber nicht, dass das, was *aristotelian necessities* besagen, irrelevant wäre, sondern vielmehr, dass die Natur- und Begriffsgeschichte einer Lebensform bereits all das vollständig zum Ausdruck bringt, was *aristotelian necessities* besagen.

43 Vgl. Foot 2001, 52.

44 Vgl. Aristoteles EN, 1098a 15-19.

45 Vgl. hierzu Aristoteles' Bestimmungen von *kinesis* und *energeia* in: Aristoteles, Met Θ, 6.

46 Vgl. zum Verständnis des Progressiven und Perfektiven: Rödl 2005, 152-172; Thompson 2008, 85-146. Vgl. hierzu auch: Rödl 2010b.

47 Vgl. Wittgenstein 1953, § 84.

48 Vgl. hierzu auch die erhellenden Ausführungen zum Begriff der Privation in: Beier 2010, 101-118.

49 Vgl. Verordnung (EG) Nr. 2257/94 der Kommission vom 16. September 1994 zur Festsetzung von Qualitätsnormen für Bananen, in: Amtsblatt Nr. L 245 vom 20. 09. 1994, 0006 – 0010.

50 Vgl. Hume 1739, 469f.

51 Stemmer 2008, 40f.

Kapitel 7

1 Das heißt: Obgleich man die menschliche Lebensform selbst exemplifiziert, reduziert sich das Wissen über diese Lebensform nicht auf die Erfahrungen, die man als Exemplar dieser Lebensform in seinem Leben selbst gemacht hat.

2 Im Deutschen kann mit „Wollen" sowohl Beabsichtigen als auch Begehren gemeint sein, was nach der jetzt angeführten Charakterisierung zwei sehr unterschiedliche Aktivitäten sind. Beachtet man diesen Unterschied nicht, so kann das nicht nur im Alltag zu merkwürdigen vermenschlichten Beschreibungen des Tuns subrationaler Tieren führen, sondern vor allem auch in der Philosophie zu nicht minder merkwürdigen „animalisierten" Beschreibungen menschlichen Tuns. In solchen philosophischen Beschreibungen menschlichen Tuns erscheint dann das Beabsichtigen nicht ohne weiteres als ein Wollen, sondern muss stets durch ein Begehren ergänzt werden, das die dranghafte Begierde oder appetitive Neigung des subrationalen Tiers ist. Das liegt dann aber allein daran, dass nicht zwischen Beabsichtigen und Begehren unterschieden, sondern alles Wollen stets als Begehren aufgefasst wird.

3 Vgl. hierzu die aus der Vielzahl von Veröffentlichungen zum Thema „Selbstbewusstsein" hervorstechende Behandlung in: Stekeler-Weithofer 2005a und Rödl 2007.

4 Vgl. zur Unterscheidung von „Zweck" und „Ziel": Ros 2005, 329f.

5 Dass nicht-menschliche Tiere darauf keine Antworten geben können, bedeutet nicht, dass unsere empirischen Beschreibungen ihres Tuns und ihres Wollens ungerechtfertigte Projektionen oder bloße Phantasiegebilde sind. Aber es bedeutet, dass es keinen guten Grund gibt, unser naturhistorisches Wissen zu revidieren, indem wir damit beginnen, die bestehenden teleologischen und logischen Strukturen unserer Natur- und Begriffsgeschichten nicht-menschlicher Lebensformen neu zu organisieren, um das Vermögen begrifflicher Spontaneität als Vermögen der uns bekannten nicht-menschlichen Tiere auffassen zu können. Geben nicht-menschliche Tiere uns keine Antworten auf die gerade genannten Fragen, so gibt es indes gute Gründe, weiterhin ihr empirisch beschreibbares Tun und Wollen durch je lebensformspezifische Triebe und Instinkte zu erklären sowie durch die je lebensformspezifischen Fähigkeit zur zuverlässigen Diskriminierung der je lebensformspezifischen Umwelt. Insofern ist die allgemeine Fähigkeit desjenigen, der etwas tut, eine verständliche Antwort auf die gerade genannten Fragen zu geben, keine vernachlässigbare Petitesse, wie uns manche Kognitionswissenschaftler und tierkognitivistisch interessierte Philosophen nahezulegen scheinen. Der Unterschied zwischen menschlichen und nicht-menschlichen Tieren beläuft sich nicht etwa darauf, dass Spechte kein Deutsch sprechen und wir Löwen nur deshalb nicht verstehen, weil sie ihre Englischvokabeln nicht ordentlich gelernt haben. Die allgemeine Fähigkeit desjenigen, der etwas tut, eine verständliche Antwort auf die oben genannten Fragen zu geben, macht vielmehr aus, ob wir ihn gerechtfertigterweise als jemanden begreifen können, der Absichten hegt und Ziele setzt und sich somit im Reich der Freiheit und der Vernunft bewegt, welches der Raum der Gründe ist. Kann derjenige, der etwas tut, das wir beobachten können, verständliche Antworten auf die oben genannten Fragen geben, so ist dies folglich auch kein mehr oder minder erfreuliches Surplus, das zu unseren empirischen Beschreibungen seines beobachtbaren Tuns hinzukommen kann oder auch nicht. Vielmehr macht die allgemeine Fähigkeit, derartige Antworten geben zu können, einen kategorialen Unterschied unseres Verständnisses und daher auch unserer Beschreibung seines beobachtbaren Tuns aus. Kann er nämlich im Allgemeinen solche Antworten geben, so ist sein Tun in der Regel durch ein Wollen bestimmt, das Beabsichtigen ist.

6 Vgl. Anscombe 1957; Thompson 2008, 85-146; Rödl 2007, 17-63: Rödl 2011.

7 Vgl. Davidson 1963, Davidson 1971, Davidson 1978. Vgl. zur kausalen Handlungstheorie z.B. die ausdauernd vertretene Position von Alfred Mele etwa in: Mele 1992; Mele 2000; Mele 2003; Mele 2009.

8 Aristoteles, EN 1102a 16.

9 Vgl. hierzu auch: Foot 2001, 66.

10 Hat man dies begriffen, so gibt es eigentlich keinen Grund, zu bestreiten, dass körperliche oder geistige Krankheiten bzw. Behinderungen natürliche Defekte sind. Aber es gibt freilich die kaum zu besiegende Angst, von unaufmerksamen Lesern gründlich missverstanden und in eben jene Ecke gedrängt zu werden, wo die Sklavenhändler und Nazis schon warten.

11 Auf das sogenannte „Problem der Willensfreiheit" werde ich hier und im Folgenden nicht eingehen. Mir scheint nämlich, dass nicht derjenige in der argumentativen Bringschuld ist, der behauptet, dass das Beabsichtigen des Menschen eine Aktivität in Freiheit ist, d.h. dass der Mensch sein Handeln durch Gründe frei und selbst bestimmt, sondern dass derjenige, der dies bestreitet, gute Argumente vorbringen muss. Um jetzt irgendwelche Argumente gegen das Bestehen des freien Willens zu antizipieren und zurückzuweisen, fehlt mir hier allerdings nicht nur der nötige Platz, sondern auch das nötige philosophische Interesse. Denn meiner Ansicht nach gibt es keinerlei Experimente, deren Ergebnisse in irgendeiner Weise Anlass böten, vom Nichtbestehen des freien Willens auszugehen. Was es gibt, ist die rein hypothetische Voraussetzung dieses Nichtbestehens, um die sich dann die Debatte zwischen deterministischen Inkompatibilisten, libertarischen Inkompatibilisten und Kompatibilisten entspinnt. Weshalb diese rein hypothetische Voraussetzung jedoch so faszinierend sein sollte, wie sie es für viele Philosophen und Nicht-Philosophen im vergangenen Jahrzehnt anscheinend war, ist mir mehr oder minder schleierhaft. (Vgl. hierzu auch v.a.: Keil 2007, 30-42, 178-191; Bennett & Hacker 2003, 224-236.)

12 Vgl. hierzu z.B.: AA IV, 412.

13 Vgl. hierzu: Anscombe 1957, 37-47.

14 Das heißt aber auch: Das Gedeihen als formales Telos alles Lebendigen besteht nicht *eo ipso* in dem lebensformspezifischen Endzweck eines Exemplars der menschlichen Lebensform, bar jeglicher Gründe und fern aller Rationalität, sich selbst zu erhalten und fortzupflanzen. (Vgl. hierzu: Foot 2001, 51-65, 95ff.) Sofern nämlich Selbsterhalt oder Fortpflanzung in diesem oder jenem situativen Kontext, in dem sich ein Mensch befinden kann, irrational wäre, wäre es keineswegs die Erfüllung des lebensformspezifischen Endzwecks und damit des Gedeihens als formalen Telos alles Lebendigen, sich selbst zu erhalten oder sich fortzupflanzen. Das unterscheidet den materialen Gehalt des Endzwecks der Exemplare rationaler Lebensformen von denen subrationaler Lebensformen, obgleich das Gedeihen als formales Telos alles Lebendigen bestehen bleibt. Insofern ist es – wie bereits im vorherigen Kapitel erwähnt – keineswegs un- oder widernatürlich, wenn ein Mensch etwa sein Leben für seine Überzeugungen aufs Spiel setzt und also in Kauf nimmt, dass es um seinen Selbsterhalt schlecht bestellt sein wird. Ebenso wenig ist es aber un- oder widernatürlich, wenn ein Mensch gelobt, „vollkommene und immerwährende Enthaltsamkeit um des Himmelreiches willen zu wahren" (*Codex Iuris Canonici*, C. 277 § 1.). Einige Menschen, die derlei gelobt haben, muss man aber offensichtlich auch ausdrücklich darauf hinweisen, dass es ebenso wenig un- oder widernatürlich ist, wenn Menschen Formen der Sexualität praktizieren, die nicht lediglich auf Kopulation zum Zweck der Reproduktion hinauslaufen. Eben dies unterscheidet die Sexualität von Menschen, die über das Vermögen begrifflicher Spontaneität verfügen sowie beabsichtigen und handeln können, von der dranghaften Begierde subrationaler Tiere. Daher sind bestimmte Sexualpraktiken von Menschen, die offenkundig nicht der Reproduktion dienen, nicht un- oder widernatürlich für Menschen. Das Gleiche gilt auch für sexuelle Handlungen zwischen Menschen unterschiedlichen Geschlechts, die zur Reproduktion führen könnten, es faktisch jedoch nicht tun, da diese Handlungen unter Einsatz empfängnisverhütender Mittel vollzogen werden. Und das Gleiche gilt auch für sexuelle Handlungen zwischen Menschen des gleichen Geschlechts, die aufgrund der körperlichen Gegebenheiten der Beteiligten nicht zur Reproduktion führen können. Wer beispielsweise mit Blick auf Menschen Oral- oder Analverkehr, Empfängnisverhütung, Homosexualität oder einvernehmlichen Sadomasochismus für un- oder widernatürlich hält, weil all dies nicht der Reproduktion dient, reduziert den Endzweck der natürlichen Lebensvollzüge von Menschen in absurd unzulässiger Weise auf denjenigen subrationaler Tiere. Er begreift dann Menschen nicht als Exemplare einer rationalen Lebensform, sondern als subrationale Tiere. Das heißt aber, dass er Menschen nicht als Menschen in den Blick bekommt, sondern den Menschen als Menschen verfehlt bzw. die menschliche Lebensform als solche nicht begriffen hat.

15 Aufgrund der jetzt angeführten Überlegungen zur Form ergeben irgendwelche Varianten des notorischen „Überforderungseinwands", den manche Philosophen jetzt vielleicht geradezu reflexartig vorzubringen geneigt sind, keinen Sinn. Ein solcher Einwand, wie ihn seinerzeit schon Hermann Andreas Pistorius in seiner *Rezension zur Kritik der praktischen Vernunft* gegen Kant vorbrachte (vgl. Pistorius 1794, 88), verfehlt seinen Gegenstand, weil nicht verstanden wird, was eine Form (als Norm) ist. Die Form praktischer Rationalität kann nur die Form der vollständig entwickelten praktischen Rationalität sein, sonst könnte sie überhaupt nicht die Form praktischer Rationalität sein. Obgleich es mit Blick auf Kants „Grundgesetz der reinen praktischen Vernunft" (vgl. Kant 1788, AA V, § 7, 30.) m. E. ein anderes gewichtiges Problem gibt, auf das ich gleich noch zu sprechen kommen werde, scheint mir, dass man an dem Punkt, um den es jetzt geht, Kant in jeder Hinsicht zustimmen muss.

16 Alle Zitate: Aristoteles EN 1098a 2-18. – Wobei das *„ergon"*, das „der gute Mensch" makellos erfüllt, nicht als „Funktion" in einem kausal-mechanistischen Sinne zu verstehen ist, sondern als teleologischer und inferentieller Ort innerhalb der Natur- und Begriffsgeschichte des Menschen, die durch das Gedeihen als formales Telos alles Lebendigen bestimmt ist, das für Menschen als Menschen der lebensformspezifische Endzweck des Rationalseins ist.

17 Vgl. Thomas von Aquin, S. th. I-II, q. 18, a. 9; Anscombe 1974, 34; Foot 2001, 75f. – Viele Philosophen meinen, man müsse noch einmal eigens zwischen einem „gelingenden Leben" und einem „guten Leben" unterscheiden. Daraus würde folgen, dass man nicht sagen kann, dass alles, was für ein Exemplar einer Lebensform als Exemplar seiner Lebensform in keiner Weise natürlich schlecht ist, für dieses Exemplar einer Lebensform als Exemplar seiner Lebensform natürlich gut ist, sondern dass das Leben dieses Exemplars entweder natürlich gelingend oder natürlich gut sein kann. Und manch andere Philosophen würden auch noch behaupten, dass es etwas viertes gibt, nämlich etwas, das weder schlecht noch gelingend noch gut wäre, sondern sich einfach völlig neutral zur der Frage nach der Qualität des Lebens eines Exemplars verhält. Die letztere Position verstehe ich überhaupt nicht, da mir nicht klar ist, was „neutral" hier heißen könnte. Die erstgenannte Position scheint mir indes *einerseits* davon abzuhängen, ob man „Leben" material je lebensformspezifisch begreift oder ob man den Fehler begeht, eine lebensformübergreifende bloß formale Bestimmung von „Leben", wie sie etwa die Biologie auf ihrer abstraktesten Ebene gibt, für eine material reichhaltige Bestimmung zu halten. Begeht man diesen Fehler nicht, so wird man z.B. nicht sagen, dass ein Mensch, der genug zu essen hat, um sich selbst zu erhalten, und es auch hinbekommt, einen Sexualpartner zu finden, um sich fortzupflanzen, deshalb auch schon ein gelingendes menschliches Leben führt, während z.B. die Möglichkeit der freien Meinungsäußerung und die der Partizipation an einem Gemeinwesen gleichsam die zusätzlichen Bonuspunkte darstellen, die dazu kommen müssen, um ein gutes menschliches Leben zu führen. Begreift man, wie ich es im vierten Kapitel tat, den Menschen mit Aristoteles natürlicherweise als *zoon logon echon*, das als solches zugleich *zoon politikon* ist, so wird man das, was jetzt gerade als „gelingendes menschliches Leben" bezeichnet wurde, nicht so bezeichnen. Vielmehr wird man dann mit „gelingend" auch von vornherein nur dasjenige menschliche Leben bezeichnen, das in der jetzt angedeuteten Position unter „gut" firmiert. Daher, so scheint mir, sollte man auch von vornherein lediglich von einem „natürlich guten menschlichen Leben" sprechen und die Unterscheidung zwischen „gelingend" und „gut" schlichtweg fallen lassen. (Und dies sollte nicht nur für die menschliche, sondern für alle Lebensformen gelten.) *Andererseits* scheint mir die Unterscheidung zwischen „gelingendem Leben" und „gutem Leben" mit Blick auf den Menschen aber auch viel damit zu tun zu haben, wie man Aristoteles' Ausführungen zum „Glück" genau versteht und ob man *„eudaimonia"* und *„makaria"* hinreichend unterscheidet. Dies ist ein exegetisch interessantes Thema, das ich jetzt allerdings nicht ausweiten kann – hier nur soviel: Da ein eudaimonisches Leben von Aristoteles als ein gutes Leben bezeichnet wird, er jedoch zugleich betont, dass der *eudaimon* keineswegs *eo ipso* auch der *makarios* ist, scheint es mir viel treffender, nicht zwischen „gelingendem menschlichen Leben" und „gutem menschlichen Leben" zu unterscheiden, sondern – ähnlich wie Foot (vgl. Foot 2001, 76) – zwischen einem „guten menschlichen Leben" und einem „außerordentlich guten menschlichen Leben".

18 Vgl. auch die 111 Hinweise darauf, was im Allgemeinen natürlich gut für Menschen ist, in Seel 2011.

19 Auch hierzu finden sich zahlreiche weitere Hinweise in Seel 2011.

20 Natürlich schlecht für Menschen ist das Beabsichtigen und Handeln eines Menschen, wenn es irrational ist, weil es darin besteht, mit prinzipiell ungeeigneten Mitteln die von diesem Menschen frei und selbst gesetzten Ziele, die natürlich gut für Menschen sind, nicht oder mangelhaft zu realisieren. Natürlich schlecht ist es auch, wenn es irrational ist, weil es darin besteht, mit im Allgemeinen natürlich schlechten, aber faktisch erfolgreichen Mitteln die von einem Menschen frei und selbst gesetzten Ziele zu realisieren, die natürlich gut für Menschen sind. Es ist gleichfalls natürlich schlecht, wenn es irrational ist, weil es darin besteht, mit im Allgemeinen natürlich schlechten, aber faktisch erfolgreichen Mitteln, die von einem Menschen frei und selbst gesetzten Ziele zu realisieren, die natürlich schlecht für Menschen sind. Und es ist auch natürlich schlecht, wenn es irrational ist, weil es darin besteht, mit prinzipiell ungeeigneten Mitteln die von einem Menschen frei und selbst gesetzten Ziele, die natürlich schlecht für Menschen sind, nicht oder nur mangelhaft zu realisieren. Wie jetzt leider nur allzu leicht zu sehen ist, ist der Garten des natürlichen Defekts der Irrationalität und des für den Menschen natürlich Schlechten weitaus größer als jener der Rationalität und des natürlich Guten.

21 Das ist das im ersten Kapitel thematisierte *instrumentelle Prinzip* des rationalen Instrumentalismus.

22 Foot 2001, 62. (im Orig. kursiv). Vgl. Quinn 1993a; Quinn 1993b.

23 Vgl. hierzu: AA IV, 395f.

24 Vgl. hierzu: Anscombe 1957, 70f.

25 Vgl. Milton 1674, IV, Vers 110.: „Evil, be thou my good."

26 Vgl. Nietzsche 1888, 365: „Aber meine Wahrheit ist furchtbar: denn man hiess bisher die Lüge Wahrheit. – Umwerthung aller Werthe: das ist meine Formel für einen Akt höchster Selbstbesinnung der Menschheit, der in mir Fleisch und Genie geworden ist. Mein Loos will, dass ich der erste anständige Mensch sein muss, dass ich mich gegen die Verlogenheit von Jahrtausenden im Gegensatz weiss... Ich erst habe die Wahrheit entdeckt, dadurch dass ich zuerst die Lüge als Lüge empfand — roch... Mein Genie ist in meinen Nüstern... Ich widerspreche, wie nie widersprochen worden ist und bin trotzdem der Gegensatz eines neinsagenden Geistes. Ich bin ein froher Botschafter, wie es keinen gab, ich kenne Aufgaben von einer Höhe, dass der Begriff dafür bisher gefehlt hat; erst von mir an giebt es wieder Hoffnungen."

27 Vgl. z.B. Aristoteles, EN, 1110b9-15, 1113a15-35; Aristoteles, De An 433a28-29. Eben dies besagt auch der Slogan der Scholastiker, der „*quidquid appetitur, appetitur sub ratione boni*" lautet und heutzutage im anglo-amerikanischen Raum als „*Guise-of-the-good*-These" firmiert. (Vgl. hierzu: Velleman 1992, aber v.a. Tenenbaum 2007 und Tenenbaum 2010, sowie Boyle & Lavin 2010, Evans 2010, Raz 2010, Rödl 2010a.)

28 Dies ist allerdings keine psychologische, sondern eine begriffliche oder – im Sinne Wittgensteins – „grammatische" Bemerkung. Das Erheben dieses Anspruchs ist keine individualpsychologisch zu beschreibende bewusste oder vorsätzliche Aktivität dieser oder jener Person, sondern – wenn man es so ausdrücken möchte – ein „Zug in diesem Spiel". Sich so vor- und darzustellen, bedeutet: diesen Anspruch zu erheben.

29 Dass dies recht unkantisch wäre, wird vielleicht auf einfache Weise am deutlichsten, wenn Kant sich in *Beantwortung der Frage: Was ist Aufklärung?* (vgl. Kant 1784, AA VIII, 33-42) auf das bezieht, was Offiziere, Finanzräte, Geistliche und sonstige „Vormünder des Volks" so sagen. Und es zeigt – notabene – gewiss auch, dass solche Leute wie Adolf Eichmann nicht nur widerliche Nazi-Schergen, sondern offenbar auch sehr unaufmerksame und dumme Kant-Leser sind. Denn war es so, wie Hannah Arendt in *Eichmann in Jerusalem* berichtet, dann hat Eichmann bei seinem Verhör in Israel mit großem Nachdruck beteuert, „sein Leben lang den Moralvorschriften Kants gefolgt zu sein, und vor allem im Sinne des kantischen Pflichtbegriffs gehandelt zu haben" (Arendt 1964, 232). War dies nicht nur eine bloße Schutzbehauptung Eichmanns, sondern ernst gemeint, so war es – um mit Harry G. Frankfurt zu sprechen – einfach nur *bull-shit*. Aber eine Kant-Interpretation zu liefern, die *bullshit* ist, war freilich Eichmanns geringstes Vergehen.

30 Vgl. Hume 1739, 275-621.

31 AA IV, 409.

32 AA IV, 405.

33 Vgl. Hegel 1803, 459-471; Hegel 1807, 316-323; Hegel 1821, 252ff.

34 Wenn auch ungemein scharfsinnig und seinerzeit revolutionär neuartig formuliert, so bewegt sich Kants Sicht, was diesen Punkt betrifft, m. E. noch sehr stark innerhalb der neuzeitlichen Vorstellung vom Menschen, in der das *animal rationale* als *Chimäre* erscheint, die einerseits mit der empirischen Sinnlichkeit des Tiers geschlagen und andererseits mit der metaphysischen Vernunft der Engel beschlagen ist. Mir scheint, dass diese neuzeitliche „Dr. Jekyll-und-Mr. Hyde-Vorstellung" vom Menschen ein Rückschritt hinter Aristoteles' Bestimmung des Menschen als *zoon logon echon* ist, in der auch die Sinnlichkeit des Menschen nicht außerhalb des Reichs des *logos* liegt, sondern als solche durch *phronesis* und *sophia* geformt ist und vom betreffenden Menschen auch selbst geformt werden kann. Meine Ausführungen im vierten Kapitel, die u.a. von McDowells Darstellung der Erfahrung als begrifflich tätiger Rezeptivität inspiriert sind und darauf verweisen, dass die Praxis des In-der-Welt-Seins *in toto* begrifflich strukturiert ist, kann auch als Versuch verstanden werden, diese dualistische – wenn nicht gar schizophrene – Wir-über-uns-Sicht zu vermeiden.

35 AA IV, 421. Vgl. auch: AA IV, 434, 436f.

36 Kant 1788, AA V, § 7, 30.

37 Kant 1788, AA V, § 7, 30.

38 Vgl. Mill 1859, 87; Habermas 1991d, 149; Habermas 1988.

39 Dass in diesen Bereichen material verschiedene Arten von Gehalten als Gründe eine Rolle spielen, trifft zweifelsohne zu. Aber daraus verschiedene, eigenständige Sphären praktischer Rationalität abzuleiten, ist ein wenig so, als sagte man, es gäbe eine spezielle praktische Rationalität für Autoschlosser, eine spezielle praktische Rationalität für Krankenschwestern und eine spezielle praktische Rationalität für Rundfunkmoderatoren. Denn sicherlich spielen auch in diesen Bereichen jeweils material ganz verschiedene Gehalte als Gründe eine mehr oder minder wichtige Rolle. Und material ganz verschiedene Gehalte können als Gründe freilich auch für Gertrud und Margarete montags, mittwochs und samstags eine Rolle spielen. Trotzdem würden wir wohl zu Recht davor zurückschrecken, zu sagen, es gäbe eine spezielle Margarete-am-Montag-Rationalität im Gegensatz zur speziellen Margarete-am-Mittwoch-Rationalität und zur speziellen Gertrud-am-Samstag-Rationalität.

40 Kant 1788, AA V, § 7, 31.

41 AA IV, 413.
42 Vgl. hierzu z.B. AAAA VI, § 3, 418.
43 Vgl. hierzu z.B. Foot 1958, 105: „I do not know what could be meant by saying that it was someone's duty to do something, unless there was an attempt to show why it mattered if this sort of thing was not done."
44 Vgl. Putnam 1975b.
45 Vgl. AA IV, 421: „Weil die Allgemeinheit des Gesetzes, wonach Wirkungen geschehen, dasjenige ausmacht, was eigentlich Natur im allgemeinsten Verstande (der Form nach), d. i. das Dasein der Dinge, heißt, so fern es nach allgemeinen Gesetzen bestimmt ist, so könnte der allgemeine Imperativ der Pflicht auch so lauten: handle so, als ob die Maxime deiner Handlung durch deinen Willen zum allgemeinen Naturgesetze werden sollte."
46 Vgl. AA IV, 414-420.
47 Vgl. AA IV, 420-436.
48 Vgl. Kant 1788, AA V, § 7, 30-33.
49 Vgl. hierzu auch: Hennig 2007, 256-261. – Wobei dieses generische Ich, das ich hier im Blick habe, unberührt sein soll von all den pejorativen Konnotationen des heideggerischen Man, von denen Heidegger zwar auffällig vehement behauptet, dass sie gar nicht bestehen, die er zugleich aber selbst beständig provoziert, indem er das Man z.B. mit Begriffen in Verbindung bringt, die er durch Wörter wie „Gerede" oder „Verfallen" markiert (von denen er behauptet, dass auch sie nicht pejorativ konnotiert seien). Dass Heidegger dies tut, ist freilich nicht Ausdruck sprachlicher Unbeholfenheit, sondern soll unter den Hand den nötigen theoretischen Platz schaffen für das „entschlossene Dasein", mit dem ich allerdings wenig anfangen kann.
50 Es ist zugegebenermaßen kein erschöpfender Beleg, sich auf Aristoteles und Kant zu berufen, um zu zeigen, dass wir uns mit nichts anderem beschäftigt haben als mit der Moral. Immerhin ist es ja möglich, dass sich die beiden auch geirrt haben. Sollte es in der Ethik jedoch nicht um die Erläuterung der Qualität menschlichen Beabsichtigens und Handelns und menschlicher Charaktere gehen und sollte die Moral nicht Gegenstand der Ethik sein, dann ist mir allerdings unklar, worum es in der Ethik eigentlich geht.
51 Diesen wichtigen Punkt situativ-kontextueller Abhängigkeit macht auch McDowell in *Virtue and Reason* mit seiner Kritik an dem klar, was ich zuvor als „stumpf-mechanisches Regelfolgen" bezeichnet habe. (Vgl. McDowell 1979; vgl. hierzu auch: McDowell 1981; McDowell 1984.)
52 Vgl. hierzu auch: Hoffmann 2013b.

Kapitel 8

1 Vgl. Anscombe 1957; Davidson 1963.
2 Abgesehen davon, dass Eitelkeit gewiss keine Tugend ist, bin ich mir aber auch nicht wirklich sicher, ob es meines Versuchs überhaupt noch so recht bedarf. Denn es gibt bereits die instruktiven Weiterentwicklungen von Anscombes Position, die Michael Thompson in *Life and Action* und Sebastian Rödl in *Self-Consciousness* vorgelegt haben. Wie auch immer: Sollte ich den Versuch wagen, meine handlungstheoretischen Ansichten *in extenso* auszuformulieren, so muss dies noch etwas warten und in einem anderen als dem vorliegenden Text geschehen. Vgl. Thompson 2008; Rödl 2007. Vgl. auch: Rödl 2011. Vgl. zudem die Beiträge in: Ford, Hornsby & Stoutland 2011 sowie Horst 2012.
3 Vgl. Velleman 1992; Setiya 2003; Setiya 2007; Setiya 2010.

4 All denjenigen, die das Thema interessiert, sei vor allem die Lektüre von Sergio Tenenbaums *Appearances of the Good* empfohlen sowie die Lektüre der Beiträge in *Desire, Practical Reason, and the Good*. Vgl. Tenenbaum 2007; Tenenbaum 2010.

5 Sehr viel ausfühlicher habe ich dies darzulegen versucht in: Hoffmann 2007, 101-105.

6 Vgl. Brandom 1994. – Auf Brandoms reduktionistische Absichten hinsichtlich des Wahrheitsbegriffs gehe ich jetzt nicht weiter ein, vgl. hierzu aber: Hoffmann 2007, 106. Zu meiner allgemeinen Haltung gegenüber dem Versuch, den Wahrheitsbegriff qua Reduktion bestimmen zu wollen, vgl. Hoffmann 2007, 135-151.

7 Aristoteles EN 1106b 32-35.

8 Thomas von Aquin, S. th. I-II, q. 18, a. 4 ad 3.

9 Ich meine damit nicht nur, dass es Situationen im Leben von Menschen gibt, in denen das Brechen eines Versprechens moralisch zumindest entschuldbar ist. Vielmehr meine ich damit vor allem, dass es auch Fälle gibt, in denen es gar kein Fehler ist, ein Versprechen zu brechen, weil es gute Gründe gibt, dies zu tun. Das sind solche Fälle, in denen es nur stumpf mechanisch, bar jeder kontextsensiblen praktischen Urteilskraft und daher sowohl irrational also auch unmoralisch wäre, hielte einer unter allen Umständen sein Versprechen. Man stelle sich nur vor, jemand käme an Peter Singers berühmtem Teich vorbei (vgl. Singer 1972, 231), übersähe aber das ertrinkende Kind geflissentlich, da er versprochen hat, pünktlich zum Kaffeekränzchen zu erscheinen, und er dieses Versprechen brechen müsste, würde er das ertrinkende Kind retten. *Notabene:* Man sollte nicht ignorieren, dass Kant in der *Grundlegung*, wenn er die Denkunmöglichkeit des lügenhaften Versprechens erläutert, tatsächlich weder lediglich über die Lüge noch lediglich über das Brechen von Versprechen spricht. (Vgl. Kant 1786, AA IV, 402f., 422.) Obgleich Kant, wie mir scheint, gerne etwas zur Lüge sagen möchte, spricht er in der *Grundlegung* (anders als in *Über ein vermeintes Recht aus Menschenliebe zu lügen*, vgl. Kant 1797a, AA VIII, 423-430) jedoch ausschließlich über das lügenhafte Versprechen, von dem er sagt, dass es unmöglich kohärent zu denken wäre. Dass es unmöglich kohärent zu denken wäre, liegt daran, dass man den Begriff des Versprechengebens nicht so erläutern kann, dass die begriffliche Erläuterung besagt, ein Versprechender könne, während er sein Versprechen gibt, auch beabsichtigen, dieses Versprechen zu brechen. Würde man eine solche Erläuterung geben, so hätte man nämlich nicht die Form des illokutionären Akts des Versprechengebens beschrieben, zu der es wesentlich gehört, dass der Versprechende dasjenige, was er zu tun verspricht, auch zu tun beabsichtigt. Will man also etwas tun, das unter die Form des Sprechakts des Versprechengebens fällt, so kann man dabei schon aus begrifflichen Gründen nicht zugleich vernünftigerweise beabsichtigen, das Versprechen, das man gibt, zu brechen. Beabsichtigt man derlei, so kann man höchstens beabsichtigen, das Geben eines Versprechens vorzutäuschen. Wird das Geben eines Versprechens vorgetäuscht, so wird aber kein Versprechen gegeben. Und daher kann man gewiss sagen: Täuschten alle nur noch vor, Versprechen zu geben, so gäbe es keine Versprechen. Das ist aber eine andere Begründung als diejenige, die besagt, dass man nicht widerspruchsfrei wollen kann, dass die Lüge oder der Bruch von Versprechen zu einer allgemeinen Praktik wird, da man sich sonst auf nichts mehr verlassen kann, was Mitmenschen sagen. Dies kann man zwar in der Tat nicht widerspruchsfrei wollen, aber man kann es denken. Das hieße aber, dass es zwar eine vollkommene Pflicht ist, keine lügenhaften Versprechen zu geben, dass es aber nicht eine vollkommene Pflicht wäre, nicht zu lügen oder nicht Versprechen zu brechen. Da dies nicht denkunmöglich ist, wäre es eine unvollkommene Pflicht. Was daraus für das Verhältnis zweier unvollkommener Pflichten, wie etwa der Pflicht, nicht zu lügen, und der Pflicht, zu helfen, folgen würde, wenn sie miteinander konfligieren, ist ein interessanter Punkt, wie ich finde. Dies gilt insbesondere dann, wenn man sich fragt, inwiefern das, was im Allgemeinen gut begründet ist, nämlich z.B. das Lügenverbot, im Besonderen womöglich durch einen besseren Grund übertrumpft werden kann, der es z.B. rechtfertigt, durch eine Lüge Hilfe zu leisten. Dies würde freilich weitere Fragen nach sich ziehen, was die heutzutage gängigen Ansichten zur Geltung negativer und positiver Pflichten betrifft, samt der Priorität negativer Pflichten. Vielleicht ist diese Priorität ja allzu stark dem Juridischen entlehnt und somit der Moral von außen übergestülpt worden. Aber anstatt diese Vermutung jetzt in einer Fußnote des *Nachworts* ernsthaft zu diskutieren, sei hier vielmehr auf die ausführliche Beschäftigung mit negativen und positiven Pflichten verwiesen, die zu finden ist in: Mieth 2012.

10 Vgl. Aristoteles EN 1094b 13f, 19ff., 1098a 25ff, 1104a 4ff.; vgl. Wittgenstein 1953, v.a. § 69, § 77, § 88.

Literatur

Adl, S. M. et al., 2005, „The New Higher Level Classification of Eukaryotes with Emphasis on the Taxonomy of Protists", *Journal of Eukaryotic Microbiology* 52 (2005), 399-451.

Anscombe, G. E. M., 1957, *Intention*, Cambridge (Mass.) 2000.

Anscombe, G. E. M., 1958, „Modern Moral Philosophy", in: Anscombe 1981b, 26-42.

Anscombe, G. E. M., 1968, „You Can have Sex without Children", in: Anscombe 1981b, 82-96.

Anscombe, G. E. M., 1969, „On Promising and its Justice, and Whether it Need be Respected in Foro Interno", in: Anscombe 1981b, 10-21.

Anscombe, G. E. M., 1971, Causality and Determination, in: Anscombe 1981a, 133-147.

Anscombe, G. E. M., 1974, „Practical Inference", in: Hursthouse, Lawrence & Quinn 1995, 1-34.

Anscombe, G. E. M., 1978a, „On the Source of the Authority of the State", in: Anscombe 1981b, 130-155.

Anscombe, G. E. M., 1978b, „Rules, Rights and Promises", in: Anscombe 1981b, 97-103.

Anscombe, G. E. M., 1981a, *Metaphysics and the Philosophy of Mind. Collected Philosophical Papers, Vol. II*, Oxford.

Anscombe, G. E. M., 1981b, *Ethics, Religion and Politics. Collected Philosophical Papers, Vol. III*, Oxford.

Apel, K.-O., 1988, *Diskurs und Verantwortung. Das Problem des Übergangs zur postkonventionellen Moral*, Frankfurt a.M.

Apel, K.-O., 1998, *Auseinandersetzungen in Erprobung des transzendentalpragmatischen Ansatzes*, Frankfurt a.M.

Arendt, H., 1964, *Eichmann in Jerusalem. Ein Bericht von der Banalität des Bösen*, München 2003.

Aristoteles, 1981, *Politik*, Hamburg. [= Polit]

Aristoteles, 1994, *Metaphysik*, Reinbek bei Hamburg. [= Met]

Aristoteles, 1995, *Über die Seele (De Anima)*, Hamburg. [=De An]

Aristoteles, 2006, *Nikomachische Ethik*, neu übers. v. U. Wolf, Reinbeck bei Hamburg. [= EN]

Armstrong, D., 1973, *Belief, Truth, and Knowledge*, Cambridge.

Armstrong, S. J. & R. G. Botzler (Hg.), 2008, *The Animal Ethics Reader*, 2. Aufl., London.

Ayer, A. J., 1936, *Language, Truth and Logic*, New York, 1952.

Baier, K., 1995, *The Rational and the Moral Order. The Social Roots of Reason and Morality*, LaSalle.

Barth, C. & H. Sturm (Hg.), 2011, *Robert Brandoms expressive Vernunft. Historische und systematische Untersuchungen*, Paderborn.

Beier, K., 2010, *Selbsttäuschung*, Berlin/New York.

Bennett, M. R. & P. M. S. Hacker, 2003, *Philosophical Foundations of Neuroscience*, Malden.

Birnbacher, D., 2006, *Natürlichkeit*, Berlin/New York.

Blackburn, S., 1984, *Spreading the Word. Groundings in the Philosophy of Language*, Oxford.

Blackburn, S., 1988, „How to Be an Ethical Antirealist", *Midwest Studies In Philosophy* 12 (1988), 361-375.

Blackburn, S., 1993, *Essays in Quasi-Realism*, Oxford.

Blackburn, S., 1998, *Ruling Passions. A Theory of Practical Reasoning*, Oxford.

Boyle, M. & D. Lavin, 2010, „Goodness and Desire", in: Tenenbaum 2010, 161-201.

Brandom, R. B., 1994, *Making It Explicit. Reasoning, Representing, and Discoursive Commitment*, Cambridge (Mass.).

Bratman, M., 1987, *Intentions, Plans, and Practical Reason*, Cambridge (Mass.).

Broome, J., 1999, „Normative Requirements", Ratio 12 (1999), 398-419.

Broome, J., 2008, „Is rationality Normative?", *Disputatio* 11 (2008), 153-71.

Brosow, F. & R. Rosenhagen (Hg.), 2013, *Moderne Theorien praktischer Normativität. Zur Wirklichkeit und Wirkungsweise des praktischen Sollens*, Paderborn.

Carlson, G. & F. J. Pelletier (Hg.), 1995, *The Generic Book*, Chicago.

Carnap, R., 1928a, *Der logische Aufbau der Welt*, Neuaufl., Hamburg 1998.

Carnap, R., 1928b, *Scheinprobleme in der Philosophie. Das Fremdpsychische und der Realismusstreit*, Neuaufl., Hamburg 2004.

Carnap, R., 1931a, „Die physikalische Sprache als Universalsprache der Wissenschaft", *Erkenntnis* 2 (1931/32), 432-465.

Carnap, R., 1931b, „Überwindung der Metaphysik durch logische Analyse der Sprache", *Erkenntnis* 2 (1931/32), 219-241.

Carnap, R., 1932, „Psychologie in physikalischer Sprache", in: *Erkenntnis* 3 (1932), 107-142.

Cartwright, N., 1983, *How the Laws of Physics Lie*, Oxford.

Cartwright, N., 1999, *The Dappled World. A Study of the Boundaries of Science*, Cambridge.

Cavalier-Smith, T., 1998, „A Revised Six-Kingdom System of Life", *Biological Reviews of the Cambridge Philosophical Society* 73 (1998), 203-266.

Cavalier-Smith, T., 2004, „Only Six Kingdoms of Life", *Proceedings of the Royal Society of London B* 271 (2004), 1251-1262.

Chalmers, D., 2003, „Consciousness and its Place in Nature", in: Stich & Warfield, 102-142.

Churchland, P. S., 2011, *Braintrust. What Neuroscience Tells Us about Morality*, Princeton.

Codex Iuris Canonici (22. 04. 2012), http://www.vatican.va/archive/DEU0036/__PY.HTM

Davidson, D., 1963, „Actions, Reasons, and Causes", in: Davidson 1980, 3-21.

Davidson, D., 1967, „Truth and Meaning", in: Davidson 1984, 17-42.

Davidson, D., 1971, „Agency", in: Davidson 1980, 43-62.

Davidson, D., 1973, „Radical Interpretation", in: Davidson 1984, 125-140.

Davidson, D., 1974, „On the Very Idea of a Conceptual Scheme", in: Davidson 1984, 183-198.

Davidson, D., 1975, „Thought and Talk", in: Davidson 1984, 155-170.

Davidson, D., 1978, „Intending", in: Davidson 1980, 83-102.

Davidson, D., 1979, „Moods and Performances", in: Davidson 1984, 109-121.

Davidson, D., 1980, *Essay on Actions and Events*, 2. Aufl., Oxford 2001.

Davidson, D., 1983, „A Coherence Theory of Truth and Knowledge", in: Davidson 2001, 137-153.

Davidson, D., 1984, *Inquiries into Truth and Interpretation*, 2. Aufl., Oxford 2001.

Davidson, D., 1986, „A Nice Derangement of Epitaphs", in: Davidson 2005, 89-107.

Davidson, D., 1990, „The Structure and Content of Truth", *The Journal of Philosophy* 87 (1990), 279-328.

Davidson, D., 1991, „Three Varieties of Knowledge", in: Davidson 2001, 205-220.

Davidson, D., 1995, „Laws and Cause", in: Davidson 2005, 201-219.

Davidson, D., 1996, „The Folly of Trying to Define Truth", in: Davidson 2005, 19-37.

Davidson, D., 2001, *Subjective, Intersubjective, Objective*, Oxford 2001.

Davidson, D., 2005, *Truth, Language, and History*, Oxford.

DeGeorge, R. T. (Hg.), 1966, *Ethics and Society*, New York.

Dummett, M., 1973, *Frege. Philosophy of Language*, London.

Dummett, M., 1976, „What is a Theory of Meaning? (II)", in: Evans & McDowell 1976, 67-137.

Dummett, M., 1991, *The Logical Basis of Metaphysics*, Cambridge (Mass.).

Engstrom, S. P., 2009, *The Form of Practical Knowledge. A Study of the Categorical Imperative*, Cambridge (Mass.).

Ernst, G., 2008, *Die Objektivität der Moral*, Paderborn.

Evans, G. & J. McDowell (Hg.), 1976, *Truth and Meaning. Essays in Semantics*, Oxford.

Evans, M., 2010, „A Partisan's Guide to Socratic Intellectualism", in: Tenenbaum 2010, 6-33.

Fodor, J., 1974, „Special Sciences. Or the Disunity of Science as a Working Hypothesis", Synthese 28 (1974), 97-115.

Fodor, J., 1997, „Special Sciences: Still Autonomous After All These Years", in: Tomberlin 1997, 149-164.

Foot, P., 1958, „Moral Arguments", in: Foot 1978, 96-109.

Foot, P., 1972, „Morality as a System of Hypothetical Imperatives", in: Foot 1978, 157-173.

Foot, P., 1978, *Virtues and Vices and Other Essays in Moral Philosophy*, Neuaufl. Oxford 2002.

Foot, P., 1995, „Does Moral Subjectivism Rest on a Mistake?", in: Foot 2002, 189-208.

Foot, P., 2001, *Natural Goodness*, Paperback-Aufl., Oxford 2003.

Foot, P., 2002, *Moral Dilemmas and Other Topics in Moral Philosophy*, Oxford.

Foot, P., (Hg.), 1967, *Theories of Ethics (Oxford Readings in Philosophy)*, Oxford 2002.

Ford, A., J. Hornsby & F. Stoutland (Hg.), 2011, *Essays on Anscombe's Intention*, Cambridge (Mass.).

Frege, G.,1879, „Begriffsschrift, eine der arithmetischen nachgebildete Formelsprache des reinen Denkens", in: Frege 1964, IIV-88.

Frege, G., 1884, *Die Grundlagen der Arithmetik. Eine logisch mathematische Untersuchung über den Begriff der Zahl*, Stuttgart 1987.

Frege, G., 1893, *Grundgesetze der Arithmetik. Begriffsschriftlich abgeleitet. Bd. I & II*, Paderborn 2009.

Frege, G., 1964, *Begriffsschrift und andere Aufsätze*, Hildesheim 2007.

Frey, R. G. (Hg.), 1984, *Utility and Rights*, Minneapolis.

Gadamer, H.-G., 1960, *Wahrheit und Methode. Grundzüge einer philosophischen Hermeneutik*, 6. Aufl., Tübingen 1990.

Gauthier, D., 1986, *Morals by Agreement*, Oxford.

Gauthier, D., 1988, „Morality, Rational Choice, and Semantic Representation. A Reply to My Critics", in: Paul, Miller & Paul 1988, 173-221.

Gauthier, D., 1990, *Moral Dealing: Contract, Ethics, and Reason*, Ithaca.

Gauthier, D., 1991, „Why contractarianism?", in: Vallentyne 1991, 15-30.

Geach, P. T., 1956, „Good and Evil", in: Foot 1967, 64-73.

Geach, P. T., 1960, „Ascriptivism", *The Philosophical Review* 69 (1960), 221-225.

Geach, P. T., 1965, „Assertion", *The Philosophical Review* 74 (1965), 449-465.

Gehlen, A., 1940, *Der Mensch. Seine Natur und seine Stellung in der Welt*, Frankfurt a.M. 1993.

Gesang, B. (Hg.), 2007, *Kants vergessener Rezensent. Die Kritik der theoretischen und praktischen Philosophie Kants in fünf frühen Rezensionen von Hermann Andreas Pistorius*, Hamburg.

Gerhard, M. & C. Zunke (Hg.), 2013, *Die Natur denken*, Würzburg.

Gettier, E. L., 1963, „Is Justified True Belief Knowledge?", *Analyses*, 23 (1963), 121-123.

Gibbard, A., 1990, *Wise Choices, Apt Feelings. A Theory of Normative Judgment*, Oxford.

Gibbard, A., 2003, *Thinking How to Live*, Cambridge.

Goldman, A., 1967, „A Causal Theory of Knowing", in: *The Journal of Philosophy* 64 (1967), 357-372.

Haase, M., 2010, „Drei Formen des Wissens vom Menschen", in: Hoffmann & Reuter 2010, 25-74.

Habermas, J., 1973, „Wahrheitstheorien", in: Habermas 1984, 127-183.

Habermas, J., 1983, Moralbewußtsein und kommunikatives Handeln, Frankfurt a.M.

Habermas, J., 1983a, „Diskursethik – Notizen zu einem Begründungsprogramm", in: Habermas 1983, 53-125.

Habermas, J., 1983b, „Moralbewußtsein und kommunikatives Handeln", in: Habermas 1983, 127-206.

Habermas, J., 1984, Vorstudien und Ergänzungen zur Theorie des kommunikativen Handelns, Frankfurt a.M.

Habermas, J., 1988, „Vom pragmatischen, ethischen und moralischen Gebrauch der praktischen Vernunft", in: Habermas 1991a, 100-118.

Habermas, J., 1991a, Erläuterungen zur Diskursethik, Frankfurt a.M.

Habermas, J., 1991b, „Erläuterungen zur Diskursehtik", in: Habermas 1991a, 119-226.

Habermas, J., 1991c, „Transzendenz von innen, Transzendenz ins Diesseits", in: Habermas 1991d, 127-156.

Habermas, J., 1991d, Texte und Kontexte, Frankfurt a.M.

Habermas, J., 1992, Faktizität und Geltung, Frankfurt a.M.

Habermas, J., 1999a, „Einleitung: Realismus nach der sprachpragmatischen Wende", in: Habermas 1999d, 7-64.

Habermas, J., 1999b, „Richtigkeit vs. Wahrheit. Zum Sinn der Sollgeltung moralischer Urteile und Normen", in: Habermas 1999d, 271-318.

Habermas, J., 1999c, „Von Kant zu Hegel. Zu Robert Brandoms Sprachpragmatik", in: Habermas 1999d, 138-185.

Habermas, J., 1999d, Wahrheit und Rechtfertigung. Philosophische Aufsätze, Frankfurt a.M.

Habermas, J., 1999e, „Wege der Detranszendentalisierung. Von Kant zu Hegel und zurück", in: Habermas 1999d, 186-229.

Habermas, J., 2001, „Kommunikatives Handeln und detranszendentalisierte Vernunft", in: Habermas 2005, 27-83.

Habermas, J., 2003, „Zur Architektonik der Diskursdifferenzierung. Kleine Replik auf eine große Auseinandersetzung", in: Habermas 2005, 84-105.

Habermas, J., 2005, Zwischen Naturalismus und Religion. Philosophische Aufsätze, Frankfurt a.M.

Halbig, C., M. Quante & L. Siep (Hg.), 2004, Hegels Erbe, Frankfurt a.M.

Hale, B., 1986, „The Compleat Projectivist", The Philosophical Quarterly 36 (1986), 65-84.

Hale, B., 2002, „Can Arboreal Knotwork Help Blackburn out of Frege's Abyss?", Philosophy and Phenomenological Research 65 (2002), 144-149.

Hare, R.M., 1952, The Language of Morals, Oxford.

Hare, R.M., 1963, Freedom and Reason, Oxford.

Hare, R.M., 1981, Moral Thinking: Its Levels, Method, and Point, Oxford.

Hare, R.M., 1984, „Rights, Utility, and Universalization. Reply to J. L. Mackie", in: Frey 1984, 106-120.

Hegel, G. W. F., 1803, „Über die wissenschaftlichen Behandlungsarten des Naturrechts, seine Stelle in der praktischen Philosophie und sein Verhältnis zu den positiven Rechtswissenschaften", in: Hegel 1986, 434-530.

Hegel, G. W. F., 1807, Phänomenologie des Geistes, Werke, Bd. 3, Frankfurt a.M. 1986.

Hegel, G. W. F., 1821, *Grundlinien der Philosophie des Rechts oder Naturrecht und Staatswissenschaft im Grundrisse, Werke, Bd. 7*, Frankfurt a.M. 1986.

Hegel, G. W. F., 1830, *Enzyklopädie der philosophischen Wissenschaften im Grundrisse I, Werke, Bd. 8*, Frankfurt a.M. 1986.

Hegel, G. W. F., 1831a, *Wissenschaft der Logik I, Werke Bd. 5*, Frankfurt a.M. 1986.

Hegel, G. W. F., 1831b, *Wissenschaft der Logik II, Werke Bd. 6*, Frankfurt a.M. 1986.

Hegel, G. W. F., 1986, Jenaer Schriften 1801-1807, Werke, Bd. 2, Frankfurt a.M.

Heidegger, M., 1927, *Sein und Zeit*, 15., durchges. Aufl., Tübingen 1979.

Heidegger, M., 1950, „Die Sprache", in: Heidegger 1959, 9-34.

Heidegger, M., 1957, „Das Wesen der Sprache", in: Heidegger 1959, 157-216.

Heidegger, M., 1959, *Unterwegs zur Sprache*, Stuttgart.

Hennig, B., 2007, „Social Facts Explained and Presupposed", in: Psarros & Schulte-Ostermann 2007, 243-263.

Heuer, P., 2008, *Art, Gattung, Begriff. Eine logisch-systematische Analyse biologischer Grundbegriffe*, Freiburg i. Br..

Hindrichs, G. & Honneth, A. (Hg.), 2013, *Freiheit. Stuttgarter Hegel-Kongress 2011*, Frankfurt a.M..

Hoffmann, T., 2007, *Welt in Sicht. Wahrheit, Rechtfertigung, Lebensform*, Weilerswist 2007.

Hoffmann, T., 2010, „Erste Natur, Zweite Natur und das Gute für den Menschen", in: Hoffmann & Reuter 2010, 74-104.

Hoffmann, T., 2013a, „Hermeneutischer Naturalismus", in: Gerhard & Zunke 2013, 27-55.

Hoffmann, T., 2013b, „Praktische Normativität und aristotelische Notwendigkeiten", in: Brosow & Rosenhagen 2013, 141-163.

Hoffmann, T. & M. Reuter (Hg.), 2010, *Natürlich gut. Aufsätze zur Philosophie von Philippa Foot*, Frankfurt a.M..

Horst, D., 2012, *Absichtliches Handeln*, Paderborn.

Horwich, P., 1990, *Truth*, Oxford.

Hume, D., 1739, *A Treatise of Human Nature*, Oxford 1978.

Hursthouse, R., G. Lawrence und W. Quinn (Hg.), 1995, *Virtues and Reasons. Philippa Foot and Moral Theory. Essays in Honour of Philippa Foot*, Oxford.

Jackson, F., 1982, „Epiphenomenal Qualia", *The Philosophical Quarterly* 32 (1982), 127-136.

Jackson, F. & P. Pettit, 1988, „Functionalism and Broad Content", *Mind* 97 (1988), 381-400.

Joyce, R., 2002, *The Myth of Morality*, Cambridge.

Joyce, R., 2007, *The Evolution of Morality*, Cambridge (Mass.).

Kant, I., 1784, „Beantwortung der Frage: Was ist Aufklärung?", in: Kant 1971b, 33-42.

Kant, I., 1786, *Grundlegung zur Metaphysik der Sitten*, in: Kant 1978, 385-464.

Kant, I., 1788, *Kritik der praktischen Vernunft*, in: Kant 1971a, 1-164.

Kant, I., 1797, *Die Metaphysik der Sitten*, in: Kant 1968, 203-494.

Kant, I., 1797a, „Über ein vermeintes Recht aus Menschenliebe zu lügen", in: Kant 1971b, 423-430.

Kant, I., 1968, *Werke. Akademie-Textausgabe, Bd. VI: Die Religion innerhalb der Grenzen der bloßen Vernunft, Die Metaphysik der Sitten*, Berlin. [= AA VI]

Kant, I., 1971a, *Werke. Akademie Textausgabe, Bd. V: Kritik der praktischen Vernunft, Kritik der Urtheilskraft*, Berlin. [= AA V]

Kant, I., 1971b, *Werke. Akademie-Textausgabe, Bd. VIII: Abhandlungen nach 1781*, Berlin. [= AA VIII]

Kant, I., 1978, *Werke. Akademie-Textausgabe, Bd. IV: Kritik der reinen Vernunft (1. Auflage 1781), Prolegomena, Grundlegung zur Metaphysik der Sitten, Metaphysische Anfangsgründe der Naturwissenschaften*, Berlin. [= AA IV]

Keil, G., 2007, *Willensfreiheit*, Berlin/New York.

Kern, A., 2006, *Quellen des Wissens*, Frankfurt a.M..

Kitcher, P., 2011, *The Ethical Project*, Cambridge (Mass.).

Kolodny, N., 2005, „Why Be Rational?", *Mind* 114 (2005), 509-563.

Kolodny, N., 2008, „The Myth of Practical Consistency", *European Journal of Philosophy* 16 (2008), 366-402.

Korsgaard, C., 1986, „Scepticism about Practical Reason", in: Korsgaard 1996, 311-334.

Korsgaard, C., 1996, *Creating the Kingdom of Ends*, Cambridge.

Korsgaard, C., 1997, „The Normativity of Instrumental Reason", in: Korsgaard 2008, 27-68.

Korsgaard, C., 2008, *The Constitution of Agency. Essays on Practical Reason and Moral Psychology*, Oxford.

Kripke, S. A., 1982, *Wittgenstein on Rules and Private Language*, Oxford.

Kuhn, T. , 1962, *The Structure of Scientific Revolutions*, Chicago 1996.

Kutschera, F. v., 2009, *Philosophie des Geistes*, Paderborn.

Leist, A., 2000, *Die gute Handlung. Eine Einführung in die Ethik*, Berlin.

Lewis, C. I., 1929, *Mind and the World-Order. Outline of a Theory of Knowledge*, New York 1956.

Lewis, D., 1970, „General Semantics", *Synthese* 22 (1970), 18-67.

Lewis, D., 1986a, *Philosophical Papers, Volume II*, Oxford.

Lewis, D., 1986b, „Causal Explanation", in: in Lewis 1986a, 214-240.

Macdonald, C. & G. Macdonald (Hg.), 2010, *Emergence in Mind*, Oxford.

Mackie, J. L., 1977, *Ethics: Inventing Right and Wrong*, London 2011.

Marx, K., 1894, *Das Kapital. Kritik der politischen Ökonomie. 3. Bd.*, Berlin 2004.

McDowell, J., 1979, „Virtue and Reason", in: McDowell 1998a, 50-73.

McDowell, J., 1981, „Non-Cognitivism and Rule-Following", in: McDowell 1998a, 198-218.

McDowell, J., 1984, „Wittgenstein on Following a Rule", in: McDowell 1998a, 221-262.

McDowell, J., 1985, „Values and Secondary Qualities", , in: McDowell 1998a, 131-150.

McDowell, J., 1987a, „Projection and Truth in Ethics", in: McDowell 1998a, 151-166.

McDowell, J., 1987b, „In Defence of Modesty", in: McDowell 1998b, 87-99.

McDowell, J., 1995, „Knowledge and the Internal", in: McDowell 1998b, 395-413.

McDowell, J., 1996a, *Mind and World*, 2. Aufl. Cambridge (Mass.).

McDowell, J., 1996b, „ Two Sorts of Naturalism", in: McDowell 1998a, 167-197.

McDowell, J., 1998a, *Mind, Value, and Reality*, Cambridge (Mass.).

McDowell, J., 1998b, *Meaning, Knowledge, and Reality*, Cambridge (Mass.).

McDowell, J., 1998c, „Some Issues in Aristotle's Moral Psychology", in: McDowell 1998a, 23-49.

McDowell, J., 1999, „Scheme-Content Dualism and Empiricism", in: McDowell 2009a, 115-133.

McDowell, J., 2004, „Naturalism in the Philosophy of Mind", in: McDowell 2009a, 257-275.

McDowell, J., 2006, „Conceptual Capacities in Perception", in: McDowell 2009b, 127-144.

McDowell, J., 2009a, *The Engaged Intellect. Philosophical Essays*, Cambridge (Mass.).

McDowell, J., 2009b, *Having the World in View. Essays on Kant, Hegel, and Sellars*, Cambridge (Mass.).

Mele, A. R., 1992, *Springs of Action. Understanding Intentional Behavior*, Oxford.

Mele, A. R., 2000, „Goal-Directed Action: Teleological Explanations, Causal Theories, and Deviance", *Philosophical Perspectives* 14 (2000), 279-300.

Mele, A. R., 2003, *Motivation and Agency*, Oxford.

Mele, A. R., 2009, *Effective Intentions. The Power of Conscious Will*, Oxford.

Mieth, C., 2012, *Positive Pflichten. Über das Verhältnis von Hilfe und Gerechtigkeit in Bezug auf das Weltarmutsproblem*, Berlin.

Mill, J. S., 1859, „On Liberty", in: Mill 2008, 5-128.

Mill, J. S., 2008, *On Liberty and Other Essays*, Oxford.

Milton, J., 1674, *Paradise Lost*, London 2000.

Moore, G. E., 1903, *Principia Ethica*, Cambridge 2000.

Munz, V., K. Puhl & J. Wang (Hg.), 2009, *Language and World Part Two: Signs, Minds and Actions. Proceedings of the 32th International Ludwig Wittgenstein-Symposium in Kirchberg am Wechsel*, Frankfurt a M.

Neurath, O., 1930, „Wege der wissenschaftlichen Weltauffassung", *Erkenntnis* 1 (1930), 106-125.

Neurath, O., 1931a, „Physikalismus", *Scientia* 50 (1931), 297-303.

Neurath, O., 1931b, „Soziologie im Physikalismus", *Erkenntnis* 2 (1931/32), 393-431.

Neurath, O., 1932, „Protokollsätze", *Erkenntnis* 3 (1932), 204-214.

Neurath, O., 1934, „Radikaler Physikalismus und „wirkliche Welt"„, *Erkenntnis* 4 (1934), 346-362.

Neurath, O., 1935, „Einheit der Wissenschaft als Aufgabe", *Erkenntnis* 5 (1935), 16-22.

Neurath, O., 1936, „Physikalismus und Erkenntnisforschung", *Theoria* 2 (1936), 97-105.

Nietzsche, F., 1888, *Ecce homo*, in: Nietzsche 1988, 255-374.

Nietzsche, F., 1988, *Kritische Studienausgabe, Bd. 6: Der Fall Wagner. Götzen-Dämmerung. Der Antichrist. Ecce homo. Dionysos- Dithyramben. Nietzsche contra Wagner*, Berlin 1988.

Papineau, D., 2010, „Can any Sciences be Special?", in: Macdonald & Macdonald 2010, 179-197.

Paul, E. F., F. D. Miller, & J. Paul (Hg.), 1988, *The New Social Contract: Essays on Gauthier*, Oxford.

Pistorius, H. A., 1794, „Rezension zur Kritik der praktischen Vernunft", in: Gesang 2007, 78-98.

Platon, 1994, *Sämtliche Werke Bd. 3: Kratylos, Parmenides, Theaitetos, Sophistes, Politikos, Philebos, Briefe*, Reinbek bei Hamburg.

Psarros, N. & K. Schulte-Ostermann (Hg.), 2007, *Facets of Sociality*, Frankfurt a.M..

Putnam, H., 1975a, *Mind, Language, and Reality*, Cambridge.

Putnam, H., 1975b, „The Meaning of „Meaning"„, in: Putnam 1975a, 215-271.

Putnam, H., 1981, *Reason, Truth, and History*, Cambridge.

Putnam, H., 1983a, *Realism and Reason. Philosophical Papers, Volume III*, Cambridge.

Putnam, H., 1983b, „Reference and Truth", in: Putnam 1983a, 69-86.

Putnam, H., 2002a, *The Collapse of the Fact/Value Dichotomy and Other Essays*, Cambridge (Mass.).

Putnam, H., 2002b, „The Collapse of the Fact/Value Dichotomy", in: Putnam 2002a, 7-64.

Putnam, R. A., 1985, „Creating Facts and Values", *Philosophy* 60 (1985), 187-204.

Putnam, R. A., 1998, „Perceiving Facts and Values", *Philosophy* 73 (1998), 5-19.

Quine, W. V. O., 1951, „Two Dogmas of Empiricism", in: Quine 1953, 20-46.

Quine, W. V. O., 1953, *From a Logical Point of View. Nine Logico-Philosophical Essays*, 2. Aufl., Cambridge (Mass.) 1980.

Quine, W. V. O., 1964, „Smart´s Philosophy and Scientific Realism", in: Quine 1981, 92-95.

Quine, W. V. O., 1981, *Theories and Things*, Cambridge (Mass.).

Quinn, W., 1993, *Morality and Action*, Cambridge.

Quinn, W., 1993a, „Rationality and the Human Good", in: Quinn 1993, 210-227.

Quinn, W., 1993b, „Putting Rationality in its Place", in: Quinn 1993, 228-255.

Rawls, J., 1955, „Two Concepts of Rules", in: *Philosophical Review* 64 (1955), 3-32.
Rawls, J., 1971, *A Theory of Justice*, Cambridge (Mass.).
Raz, J., 2005, „The Myth of Instrumental Rationality", *Journal for Ethics and Social Philosophy* 1 (2005), (14. 07. 2011), http://www.jesp.org/PDF/6863_Raz-vol-1-no-1-rev.pdf
Raz, J., 2010, „On the Guise of the Good", in: Tenenbaum 2010, 111-137.
Regan, T., 1992, *The Case for Animal Rights*, 2. Aufl., Berkeley 2004.
Rentsch, T. (Hg.), 2005, *Einheit der Vernunft? Normativität zwischen Theorie und Praxis*, Paderborn.
Rödl, S., 2003, „Norm und Natur", *Deutsche Zeitschrift für Philosophie* 51 (2003), 99-114.
Rödl, S., 2005, *Kategorien des Zeitlichen. Eine Untersuchung der Formen des endlichen Verstandes*, Frankfurt a.M.
Rödl, S., 2007, *Self-Consciousness*, Cambridge (Mass.).
Rödl, S., 2010a, „The Form of the Will", in: Tenenbaum 2010, 138-160.
Rödl, S., 2010b, „Praktisches Wissen um die menschliche Lebensform: ein Widerspruch?", in: Hoffmann & Reuter 2010, 207-222.
Rödl, S., 2011, „Two Forms of Practical Knowledge and Their Unity", in Ford, Hornsby & Stoutland 2011, 211-241.
Ros, A., 2005, *Materie und Geist. Eine philosophische Untersuchung*, Paderborn.
Ryle, G., 1938, „Categories", in: Ryle 1971, 178-193.
Ryle, G., 1949, *The Concept of Mind*, London 2000.
Ryle, G., 1971, *Collected Essays 1929-1968. Collected Papers, Vol. 2*, London 2009.
Sandkühler, H. J. (Hg.), 2010, *Enzyklopädie Philosophie*, Hamburg.
Scanlon, T., 1998, *What We Owe to Each Other*, Cambridge (Mass.).
Schlick, M., 1932, „Positivismus und Realismus", *Erkenntnis* 3 (1932), 1-31.
Schlick, M., 1934, „Über das Fundament der Erkenntnis", *Erkenntnis* 4 (1934), 79-99.
Schroeder, M. 2007, *Slaves of the Passions*, Oxford.
Seel, M., 2011, *111 Tugenden, 111 Laster. Eine philosophische Revue*, Frankfurt a.M.
Sellars, W., 1956, *Empiricism and the Philosophy of Mind*, Cambridge (Mass.) 1997.
Sellars, W., 1962, „Philosophy and the Scientific Image of Man", in: Sellars 1963, 1-40.
Sellars, W., 1963, *Science, Perception and Reality*, London.
Setiya, K., 2003, „Explaining Action", *The Philosophical Review* 112 (2003), 339-393.
Setiya, K., 2007, *Reasons without Rationalism*, Princeton.
Setiya, K., 2010, „Sympathy for the Devil", in: Tenenbaum 2010, 82-110.
Singer, P., 1972, „Famine, Affluence, and Morality", *Philosophy and Public Affairs* 1 (1972), 229-243.
Singer, P., 1975, *Animal Liberation*, New York 2001.
Singer, P., 1980, *Practical Ethics*, Cambridge 2011.
Smart, J. J. C., 1963, *Philosophy and Scientific Realism*, London 2008.
Smart, J. J. C., 1989, *Our Place in the Universe. A Metaphysical Discussion*, Oxford.
Smart, J. J. C., 1999, „Ruth Anna Putnam and the Fact-Value Distinction", *Philosophy* 74 (1999), 431-437.
Smith, M., 1987, „The Humean Theory of Motivation", in: *Mind* 96 (1987), 36-61.
Smith, M., 1994, *The Moral Problem*, Oxford.
Smith, M., 2001, „Some Not-Much-Discussed Problems for Non-Cognitivism in Ethics", *Ratio* 14 (2001), 93-115.
Smith, M., 2002, „Which Passions Rule?", *Philosophy and Phenomenological Research* 65 (2002), 157-163.

Stekeler-Weithofer, P., 2004, „Formen, Normen und Begriffe", in: Halbig, Quante & Siep 2004, 368-400.

Stekeler-Weithofer, P., 2005a, *Philosophie des Selbstbewußtseins. Hegels System als Formanalyse von Wissen und Autonomie*, Frankfurt a.M.

Stekeler-Weithofer, P., 2005b, „Was ist eine Praxisform? Bemerkungen zur Normativität begrifflicher Inhalte", in: Rentsch 2005, 181-205.

Stekeler-Weithofer, P., 2006, *Philosophiegeschichte*, Berlin/New York.

Stekeler-Weithofer, P., 2009, „Generisches Wissen in kategorialen Inferenzstrukturen: Zur Metaphysik des Begrifflichen", in: Munz, Puhl & Wang 2009, 191-215.

Stekeler-Weithofer, P., 2010a, „Explikation von Praxisformen", *Allgemeine Zeitschrift für Philosophie* 3 (2010), 265-290.

Stekeler-Weithofer, P., 2010b, „Allgemeines, Besonderes, Einzelnes", in: Sandkühler 2010, 71-83.

Stekeler-Weithofer, P., 2011, „Das Einzelne und das Allgemeine – Normen des Richtigen und ihre Anwendung im Inferentialismus", in: Barth & Sturm, 349-374.

Stemmer, P., 2008, *Normativität. Eine ontologische Untersuchung*, Berlin.

Stevenson, C. L., 1944, *Ethics and Language*, New Haven 1967.

Stevenson, C. L., 1966, „Ethical Fallibility", in: DeGeorge 1966, 197-217.

Stich, S., & F. Warfield (Hg.), 2003, *The Blackwell Guide to the Philosophy of Mind*, Malden.

Tarski, A., 1944, „The Semantic Conception of Truth and the Foundations of Semantics", *Philosophy and Phenomenological Research* 4 (1944), 341-375.

Tenenbaum, S., 2007, *Appearances of the Good*, Cambridge.

Tenenbaum, S., (Hg.), 2010, *Desire, Practical Reason, and the Good*, Oxford.

Thomas von Aquin, *Summa Theologiae* (03.02.2012), http://www.corpusthomisticum.org/ sth1015.html

Thompson, M., 1995, „The Representation of Life", in: Hursthouse, Lawrence & Quinn 1995, 247-297.

Thompson, M., 2008, *Life and Action*, Cambridge.

Thompson, M., 2013, „Forms of Nature: „First", „Second", „Living", „Rational" and „Phronetic"„, in: Hindrichs & Honneth 2013, 701-735.

Tomberlin, J. (Hg.), 1997, *Mind, Causation, and World*, Boston.

Tugendhat, E., 1981, „Drei Vorlesungen über Probleme der Ethik", in: Tugendhat 1984, 57-131.

Tugendhat, E., 1984, *Probleme der Ethik*, Stuttgart.

Tugendhat, E., 1989, „Zum Begriff und zur Begründung von Moral", in: Tugendhat 1992, 315-333.

Tugendhat, E., 1992, *Philosophische Aufsätze*, Frankfurt a.M.

Tugendhat, E., 1993, *Vorlesungen über Ethik*, Frankfurt a.M.

Tugendhat, E., 1996, „Gibt es eine Moderne Moral?", *Zeitschrift für Philosophische Forschung* 50 (1996), 323-338.

Tugendhat, E., 1997, *Dialog in Leticia*, Frankfurt a.M.

Tugendhat, E., 1998, „Was heißt es, moralische Urteile zu begründen?", in: Tugendhat 2001, 91-108.

Tugendhat, E., 1999, „Wie sollen wir Moral verstehen", in: Tugendhat 2001, 163-184.

Tugendhat, E., 2001, *Aufsätze 1992-2000*, Frankfurt a.M.

Tugendhat, E., 2006, „Das Problem einer autonomen Moral", in: Tugendhat 2010, 114-135.

Tugendhat, E., 2010, *Anthropologie statt Metaphysik*, München.

Vallentyne, P., 1991, *Contractarianism and Rational Choice. Essays on David Gauthier's Morals by Agreement*, Cambridge.

Velleman, D., 1992, „The Guise of the Good", in: Velleman 2000, 99-122.

Velleman, D., 2000, *The Possibility of Practical Reason*, Oxford.

Weber, M., 1922, *Wirtschaft und Gesellschaft. Grundriss der verstehenden Soziologie*, Tübingen 2002.

Wellmer, A., 1986, *Ethik und Dialog. Elemente des moralischen Urteils bei Kant und in der Diskursethik*, Frankfurt a.M.

Wellmer, A., 1991, „Wahrheit, Kontingenz, Moderne", in: Wellmer 1993, 157-177.

Wellmer, A., 1993, *Endspiele. Die unversöhnliche Moderne*, Frankfurt a.M.

Wellmer, A., 2003, „Der Streit um die Wahrheit. Pragmatismus ohne regulative Ideen", in: Wellmer 2007, 180-207.

Wellmer, A., 2004, *Sprachphilosophie. Eine Vorlesung*, Frankfurt a.M.

Wellmer, A., 2007, *Wie Worte Sinn machen. Aufsätze zur Sprachphilosophie*, Frankfurt a.M.

Whitehead, A. N. & B. Russell, 1910, *Principia Mathematica*, Cambridge 1997.

Whittaker, R. H., 1969, „New Concepts of Kingdoms or Organisms", *Science* 163 (1969), 150-160.

Williams, B., 1978, *Descartes. The Project of Pure Inquiry*, London.

Williams, B., 1981a, *Moral Luck. Philosophical Papers 1973-1980*, Cambridge.

Williams, B., 1981b, „Internal and External Reasons", in: Williams 1981a, 101-113.

Williams, B., 1984, „The Scientific and the Ethical", *Royal Institute of Philosophy Lecture Series* 17 (1984), 209-228.

Williams, B., 1985, *Ethics and the Limits of Philosophy*, Cambridge (Mass.).

Williams, B., 1995a, *Making Sense of Humanity and Other Philosophical Papers*, 1982-1993, Cambridge.

Williams, B., 1995b, „Internal Reasons and the Obscurity of Blame", in: Williams 1995a, 35-45.

Wittgenstein, L., 1921, *Tractatus logico-philosophicus*, in: Wittgenstein 1984, Bd. 1, 7-85.

Wittgenstein, L., 1953, *Philosophische Untersuchungen*, in: Wittgenstein 1984, Bd. 1, 225-618.

Wittgenstein, L., 1956, *Bemerkungen über die Grundlagen der Mathematik*, in: Wittgenstein 1984, Bd. 6.

Wittgenstein, L., 1984, *Werkausgabe in 8 Bänden*, Frankfurt a.M.

Wright, C., 1985, „Review of „Spreading the Word"", *Mind* 94 (1985), 310-19.

Wright, C., 1988, „Realism, Antirealism, Irrealism, Quasi-Realism", *Midwest Studies in Philosophy* 12 (1988) 25-49.

Zangwill, N., 1994, „Moral Mind-Independence", *Australasian Journal of Philosophy* 72 (1994), 205- 219.

Namensregister

Sachregister